D1876009

Freiburger Studien zur Verteilung
von Einkommen und Vermögen
Band 1

FREIBURGER STUDIEN ZUR VERTEILUNG VON EINKOMMEN UND VERMÖGEN

herausgegeben von Hanns Abele

Band 1

DIE AUSWIRKUNGEN DER WELTWIRTSCHAFTSKRISE DER DREISSIGER JAHRE AUF DIE PERSONELLE EINKOMMENS- UND VERMÖGENSVERTEILUNG

Methodische und theoretische Probleme,
Ergebnisse einer Fallstudie

Georges Enderle

Universitätsverlag Freiburg Schweiz
1982

Veröffentlicht mit Unterstützung des Hochschulrats
Freiburg Schweiz und der Moser-Nef-Stiftung
für rechts- und wirtschaftshistorische Forschung

© 1982 by Universitätsverlag Freiburg Schweiz
Paulusdruckerei Freiburg Schweiz
ISBN 3-7278-0267-7

Meinen Eltern

Vorwort des Herausgebers

“Personelle Einkommens- und Vermögensverteilung in der Schweiz: 1876 - 1976. Messversuche und Erklärungsansätze“ war das Thema eines umfangreichen, langjährigen Forschungsvorhabens, das mit der Unterstützung des Schweizerischen Nationalfonds zur Förderung der wissenschaftlichen Forschung durchgeführt werden konnte. Die wichtigsten Forschungsergebnisse sollen in der Reihe “Freiburger Studien zur Verteilung von Einkommen und Vermögen“ der interessierten Oeffentlichkeit zugänglich gemacht werden.

Aufgrund der Fülle des Materials, das in mühevoller Feldarbeit zusammengetragen werden konnte, aber der beschränkten Mittel ist es nicht möglich, den angegebenen Zeitraum gleichmässig abzudecken. Es mussten daher Schwerpunkte gebildet werden. Die vorliegende Arbeit von G. Enderle behandelt die Verteilungswirkungen der Weltwirtschaftskrise anhand einer Fallstudie. Sie gibt einen guten Einblick in die datenanalytischen Intentionen des Forschungsvorhabens.

Ohne vielfältige Unterstützung wäre das Forschungsprojekt nicht durchführbar gewesen. Dazu gehört neben der Förderung durch den Nationalfonds auch die Benutzung der Einrichtungen der Universität Freiburg. Last but not least wurde das Gelingen des Forschungsvorhabens durch den Enthusiasmus und Teamgeist der Mitarbeiter entscheidend gefördert. Ihnen allen sei an dieser Stelle für ihr Verständnis, ihre Unterstützung und ihren Einsatz herzlich gedankt.

Wissenschaftliche Buchproduktionen bedürfen heutzutage entsprechender Zuschüsse, um die Preise nicht über alle Massen hoch ansetzen zu müssen. Für die wohlwollende Förderung der Veröffentlichung der Ergebnisse danken wir dem Hochschulrat Freiburg.

Hanns Abele

Vorwort

Begonnen hat diese Studie mit Plänen, die weder etwas mit den dreissiger Jahren noch mit der Gemeinde dieser Untersuchung zu tun hatten. Während meines Aufenthaltes in Peru im Sommer 1975 prüfte ich die Möglichkeit einer Doktorarbeit über Verteilungsprobleme zwischen Stadt und Land, musste dann aber aus verschiedenen Gründen den Plan fallen lassen. Und auch die Idee, in Weiterführung meiner Lizentiatsarbeit eine Untersuchung über die Armut in der Schweiz durchzuführen, konnte wegen datentechnischen und finanziellen Gründen nicht Gestalt annehmen.

An Stelle dessen startete im Herbst 1977 unser Seminar für Nationalökonomie unter der Leitung von Prof. Dr. H. Abele ein vom Schweizerischen Nationalfonds unterstütztes Forschungsprojekt über die "Personelle Einkommens- und Vermögensverteilung in der Schweiz: 1876-1976". Die breit angelegten Voruntersuchungen bezüglich Datenmaterial eröffneten uns eine Fülle von möglichen Fragestellungen, von denen ich mich aufgrund verschiedener, in der Fallstudie erörterter Ueberlegungen auf die Gemeinde J in den dreissiger Jahren beschränkte.

Bei der Ausarbeitung dieser Studie standen mir zahlreiche Personen mit Rat und Tat bei, denen ich an dieser Stelle herzlich danken möchte. Mein spezieller Dank gebührt meinem Freund und Lehrer Prof. Hanns Abele. Von Anfang an begleitete er mich in meiner Arbeit mit vielen guten und weitsichtigen Ratschlägen und machte mich immer wieder auf relevante Literatur zu theoretischen und methodischen Problemen aufmerksam. Dank seiner kritischen Durchsicht des Textes konnte ich manche Unklarheiten und Mängel beheben. Ebenfalls herzlich danken möchte ich Herrn Prof. R. Lucchini, der insbesondere die soziologischen Aspekte dieser Untersuchung durchgesehen hat, und meinen Kollegen des Nationalfonds-Projektes für die freundschaftliche Zusammenarbeit und die wertvollen Anregungen. Ein besonderer Dank gilt meinem Freund Ambros Lüthi, der mir seine FORTRAN-Programme (zur Messung der wirtschaftlichen Ungleichheit u. a. m.) und den "SUPERBRAIN" mit dem Textverarbeitungssystem in grosszügiger Weise zur Verfügung stellte und mir bei meinem manchmal nervenaufreibenden Umgang mit dem Computer stets wieder weiterhalf, wenn meine Künste versagten.

Auch wenn sich die Fallstudie "nur" mit einer kleineren Gemeinde beschäftigt, war die Datenerhebung und -zubereitung doch sehr zeitaufwendig und streckenweise mühsam. Umso dankbarer bin ich all den Personen, die mich darin in irgendeiner Weise unterstützt haben: Herrn Prof. P.-L. Pelet, Lausanne, der mein Interesse für die Gemeinde J geweckt und mit zahlreichen wichtigen Hinweisen geholfen hat; Herrn M. Depoisier, Kantonsarchivar in Lausanne, Herrn E. Rochat, dem ehemaligen Gemeindekassier, Herrn F. May, Ingenieur, den Herren der heutigen Gemeindeverwaltung von J, des Office cantonal du travail in Lausanne, der Personalämter der Schweizerischen Bundesbahnen und der Eidgenössischen Oberzolldirektion, den Rechenzentren der Universität und des Kantons Freiburg sowie der Lichtsatzabteilung der Firma Salzer-Ueberreuter, Wien. Schliesslich danke ich dem Hochschulrat Freiburg für die finanzielle Unterstützung und der Moser-Nef-Stiftung für den grosszügigen Druckkostenbeitrag.

Die Motivation zu dieser Studie wäre missverstanden, wenn man sich mit der Beschreibung und Analyse einer grossen Zahlenfülle begnügen wollte. Es ist zu hoffen, dass dabei die Menschen, die hinter diesen Zahlen stehen und z. T. sehr hart von der Weltwirtschaftskrise betroffen wurden, nicht vergessen werden. In diesem Sinn vermag vielleicht die Untersuchung der Vergangenheit das Bewusstsein für Probleme von heute und morgen zu schärfen - eine differenzierte Analyse der Verteilungswirkungen von wirtschaftlicher Rezession und Krise ist eine wichtige Voraussetzung, um entsprechende wirtschafts- und sozialpolitische Massnahmen zu Gunsten der Zumeistbetroffenen realisieren zu können.

Freiburg/Schweiz, im Januar 1982

Georges Enderle

Inhaltsverzeichnis

I.TEIL: FRAGESTELLUNG 15
II.TEIL: METHODISCHE FRAGEN
1. Einleitung 23
2. Quantitativer Ansatz in der Wirtschaftsgeschichte
2.1. Kliometrie 23
2.2. Prozess-produzierte Daten 26
3. Analytische Ansätze zur Untersuchung von Paneldatenmaterial
3.1. Komplexität der Panelanalyse 29
3.2. Verschiedene Ansätze: ihre Möglichkeiten und Grenzen 31
4. Operationalisierungsprobleme
4.1. Einleitung 36
4.2. Charakterisierung und Vergleich von Verteilungen 37
4.3. Mobilitätstypen 40
III.TEIL: THEORETISCHE ERKLÄRUNGSANSÄTZE
1. Einleitung 49
2. Forschungsgegenstand 49
3. Beschreiben und Erklären 52
4. Krise 55
5. Ein Ansatz zur Erklärung der Verteilung der Erwerbseinkommen: das Alter-Beruf-Modell
5.1. Die "Nachfrage-Angebots-Schule" 57
5.2. Das Alter-Beruf-Modell 60
IV.TEIL: FALLSTUDIE
1. Einleitung 71
2. Beschreibung der Gemeinde J im allgemeinen
2.1. Aus der Gemeindechronik 73
2.2. Bevölkerungsentwicklung 74
2.3. Produktionsstruktur 77
2.4. Indikatoren der Krise 85
2.5. Zusammenfassung 94
3. Datenmaterial
3.1. Allgemeines 95
3.2. Hauptquelle des Datenmaterials: Steuerregister von J . . . 96
3.3. Auswanderer, Einwanderer 100
3.4. Einkommen, Vermögen 101
3.5. Konsumpotential, Konsumäquivalent 107
3.6. Geschlecht, Zivilstand, Kinderzahl, Haushaltgrösse 110

3.7. Alter, Heimat 110
3.8. Beruf, Berufsgruppe, Branchenstruktur 110
3.9. Sektor, Ausbildung, Stellung im Beruf 113
4. Jährliche Verteilungen in der Menge aller Steuerpflichtigen von 1929 bis 1937
4.1. Einleitung 115
4.2. Entwicklung der jährlichen Einkommensverteilung 115
4.3. Entwicklung der jährlichen Vermögensverteilung 124
4.4. Entwicklung der Verteilung des Konsumpotentials 128
4.5. Entwicklung der Verteilung der Konsumäquivalente . . . 129
4.6. Zusammenfassung 132
4.7. Entwicklung der Verteilung von soziodemographischen Variablen 134
4.8. Entwicklung der Verteilung von sozioökonomischen Variablen 138
4.9. Implementierung des Alter-Beruf-Modells 140
5. Verteilungen in ausgewählten Untermengen in verschiedenen Jahren 146
6. Jährliche individuelle Veränderungen von Einkommen, Vermögen, Konsumpotential und Konsumäquivalent 173
7. Wanderungen
7.1. Einleitung 176
7.2. Migratorische Prozesse 177
7.3. Charakterisierung der Auswanderer 179
7.4. Charakterisierung der Einwanderer 183
7.5. Gegenüberstellung der Auswanderer- und Einwanderermengen 187
8. Permanent Anwesende
8.1. Charakterisierung der permanent Anwesenden 190
8.2. Analyse der Mobilitätstypen 197
9. Längsschnittanalysen von Einkommens-, Vermögens- und Konsumäquivalentsgruppen
9.1. Einleitung 207
9.2. Längsschnittmengen von Einkommensgruppen 207
9.3. Längsschnittmengen von Vermögensgruppen 216
9.4. Längsschnittmengen von Konsumäquivalentsgruppen . . 220
10. Längsschnittanalysen von Altersgruppen
10.1. Prozesse des Verschwindens und Erscheinens von Haushalten 227
10.2. Dynamik der Einkommen und Vermögen 228
10.3. Charakterisierung nach soziodemographischen und sozioökonomischen Merkmalen 233

11. Längsschnittanalysen von Berufsgruppen
11.1. Einleitung 235
11.2. Bauern 235
11.3. Berufstätige in der Nahrungsmittel-, Bekleidungs-, Holzbearbeitungs- und Baubranche 242
11.4. Arbeiterinnen und Arbeiter der Feilenindustrie 243
11.5. Angestellte der Schweizerischen Bundesbahnen 243
11.6. Lehrerinnen und Lehrer 244
12. Einkommens- und Vermögensanalyse der Politiker der Gemeinde J
12.1. Einleitung 246
12.2. Die Situierung der Politiker im Vergleich zur Gesamtbevölkerung 247
12.3. Parteispezifische Unterschiede 253
13. Zusammenfassung: Krisenauswirkungen 256

ANHANG I: Statistische Verfahren
1. Kolmogorov-Smirnov-Test 267
2. Chi-Quadrat-Test 268
3. Ungleichheitsmasse 270
4. Relative Häufigkeiten 271
5. Masszahlen der Verbundenheit (Korrelation) 272

ANHANG II: Auszüge aus der Chronik der Gemeinde J 279

ANHANG III: Zur Steuergesetzgebung im Kanton Waadt 1923–1937 287

LITERATURVERZEICHNIS 295

I. TEIL: Fragestellung

Die Auswirkungen von konjunkturellen Schwankungen und insbesonders von Rezession und Krise auf die personelle Einkommens- und Vermögensverteilung wurden bisher nur selten untersucht[1]. Wichtige Uebersichtsartikel zum Thema Konjunktur (Mitchell 1949, Burns 1972) diskutieren zwar ausführlich deren Natur und Ursachen, lassen aber deren Verteilungswirkungen praktisch unerwähnt. Die gleiche Feststellung muss bei der Bestandesaufnahme und den Desiderata der historischen Konjunkturforschung in Deutschland (Schröder et al. 1980a) gemacht werden. Offenbar gehören die Verteilungswirkungen nach Auffassung dieser Autoren in den ausserökonomischen Bereich.

Dass diesen ausserökonomischen Aspekten auch eine sehr grosse Bedeutung zukommt, kann wohl nicht bestritten werden und kommt auf exemplarische Weise in der berühmt gewordenen soziographischen[2] Studie über die Wirkungen langandauernder Arbeitslosigkeit "Die Arbeitslosen von Marienthal" von M. Jahoda, P.F. Lazarsfeld und H. Zeisel unvergesslich zum Ausdruck (Jahoda et al. 1.Aufl. 1933, 1975).

Gleichwohl dürfen die ökonomischen Verteilungswirkungen nicht übergangen werden, wenn man – wie North u. a. – von einem umfassenden Verständnis der Wirtschaftsgeschichte ausgeht. Dazu gehören zwei Hauptgebiete (North 1972,468):

1. das allgemeine Wachstum, die Stagnation oder der Rückgang der Volkswirtschaft über die Zeit und die Bestimmungsgründe dieser Entwicklung,
2. die Verteilung der Einkommen innerhalb der Volkswirtschaft im Laufe ihres Wachstums oder Rückgangs.

Gemäss dieser Konzeption müssen also Verteilungsaspekte einen integrierten Teil (auch) der wirtschaftlichen Analyse darstellen. Dass dieses Forschungsziel immer noch weitgehend unerreicht ist bzw. nicht einmal angestrebt wird, geht nicht nur aus dem gegenwärtigen Stand der Konjunkturforschung, sondern auch aus der Literatur zur personellen Einkommens- und Vermögensverteilung hervor. Zwar ist sie in den letzten zwanzig Jahren enorm angewachsen (vgl. den Uebersichtsartikel von Sahota 1978), nachdem sich die Forschung lange Zeit fast ausschliesslich nur mit der funktionellen, nicht aber mit der personellen Verteilung aus-

[1] Ausnahmen sind Beach (1977), Mendershausen (1946), Metcalf (1969), Mirer (1973), Schultz (1969) in Soltow (1969). Wichtige Arbeiten zum Wirtschaftswachstum und zur Einkommensungleichheit in den USA sind Kuznets (1955), Chiswick et al. (1972), Williamson (1976). Zur Problematik der Messung und Konjunktur und allgemein der Methode der Theorie der Messung vgl.Koopmans (1947,1949,1957), Vining (1949,1949a).

[2] Zur Bedeutung der Soziographie vgl. de Vries Reilingh (1974), Jahoda et al. (1975),142-161.

einandergesetzt hat. Die Verteilung, die - implizit oder explizit - zumeist als erklärende Variable des Konsums und des Sparens verstanden wurde, wird nun zunehmend auch als zu erklärende Variable untersucht.

Trotz dieser Vielzahl von Studien finden konjunkturelle Aspekte jedoch kaum Erwähnung. Immerhin stellen diese Forschungsarbeiten mit aller Deutlichkeit die Vielschichtigkeit und Komplexität der personellen Einkommens- und Vermögensverteilung heraus, was sowohl für die Messung der wirtschaftlichen Ungleichheit (vgl.Lüthi 1981) wie auch für die Erklärung dieser Phänomene äusserst differenzierte Vorgehensweisen erforderlich macht.

In der vorliegenden Studie wird nun der Versuch unternommen, die komplexen Phänomene der Verteilung mit denen der Krise - eines besonders dramatischen Beispiels wirtschaftlicher Entwicklung - in Beziehung zu setzen. Inspiriert von den Untersuchungen von Mendershausen (1946) und Jahoda et al. (1975) sollen anhand einer Fallstudie, in der ein komplexer und zugleich noch einigermassen überschaubarer Mikrokosmos untersucht werden kann, die Auswirkungen der Weltwirtschaftskrise der dreissiger Jahre auf die personelle Einkommens- und Vermögensverteilung in einer ländlichen Industriegemeinde beschrieben und, soweit als möglich, erklärt werden.

Neben dem wirtschaftsgeschichtlichen Erkenntnisinteresse, das diese Studie leitet, wird den methodischen (II. Teil) und theoretischen (III. Teil) Reflexionen ein wichtiger Platz eingeräumt. In der Fallstudie (IV. Teil) werden zuerst die Auswahlkriterien des Untersuchungsgegenstandes diskutiert (1. Kapitel) und die ausgewählte Gemeinde J mit Hilfe verschiedener Informationsquellen beschrieben (2. Kapitel). Das Datenmaterial, das die Grundlage der weiteren Untersuchungen bildet, wird ausführlich im 3. Kapitel erläutert. Die folgende Panelanalyse beginnt mit der Untersuchung von jährlichen Querschnittmengen der Gesamtbevölkerung (4. Kapitel) sowie ausgewählter Untermengen (5. Kapitel). Jährliche Veränderungen, die Uebergänge vom Zeitpunkt t zum Zeitpunkt t+1 darstellen, werden für die Einkommen und Vermögen im 6. Kapitel untersucht. Den Wanderungen, definiert als Veränderungen der Anwesenheit von t zu t+1, die in der Gemeinde J von hervorragender Bedeutung waren, wird im 7. Kapitel besondere Beachtung geschenkt. Als Kontrollgruppe wird ihnen im 8. Kapitel die über alle 9 Jahre anwesende, "permanente" Bevölkerung gegenübergestellt. Anschliessend folgen Längsschnittanalysen von Einkommens-, Vermögens- und Konsumäquivalentsgruppen (9. Kapitel) sowie von Alters- (10. Kapitel) und Berufsgruppen (11. Kapitel); sie werden als Anfangs- und Zielmengen von 1929 bzw. 1937 konstituiert und in ihrem Verhalten während der neunjährigen Beobachtungsperiode untersucht. Als Beispiel einer wichtigen Bevölkerungsgruppe werden schliesslich die Politiker der Gemeinde J nach ihrer sozioökonomischen Situation in den Wahljahren 1929, 1933 und 1937 analysiert. Zum Schluss fasst das 13. Kapitel die Ergebnisse der Fallstudie zusammen.

II. TEIL: Methodische Fragen

1. Einleitung

Eine Fallstudie, wie sie im vierten Teil durchgeführt wird, stellt neben den Besonderheiten dieses "Falles" eine Fülle von methodischen und theoretischen Fragen, die allgemeiner Natur sind und deshalb zuvor behandelt werden sollen, Methodisches im zweiten und Theoretisches im dritten Teil.

Die wirtschaftsgeschichtliche Fragestellung und das zur Verfügung stehende Datenmaterial involvieren drei Problemkreise:

1. Möglichkeiten und Grenzen der "Neuen Wirtschaftsgeschichte", der "Kliometrie", und Bedeutung der "prozess-produzierten" Daten,
2. analytische Ansätze zur Untersuchung des Paneldatenmaterials,
3. Operationalisierungsprobleme.

2. Quantitativer Ansatz in der Wirtschaftsgeschichte

2.1. Kliometrie

Unter den heutigen Schulen der Wirtschaftsgeschichte[1] stellt die Kliometrie eine neue, in der Nachkriegszeit entstandene Forschungsrichtung dar, die die Quantifizierung und Analyse geschichtlicher Phänomene mit Hilfe von mathematischen und statistischen Methoden und Techniken zum Ziel hat.[2] Ihr Name, der sich vor allem im Bereich der Wirtschaftswissenschaften in den USA eingebürgert hat, stammt von Reiter (McCloskey 1976,437 Fn40) und bedeutet die Messung dessen, was Kleio, die Muse der Geschichte in der griechischen Mythologie, webt. Diese Tendenz der Quantifizierung in den Geschichtswissenschaften, die früher und schneller in Frankreich[3] und in den USA[4], später und ver-

---

[1] Vgl. die Beiträge zu "Economic History in the Nineteen Seventies: A Contemporary Reckoning and New Departures", veröffentlicht in: The Journal of Economic History, Vol.38, March 1978, Nr.1, insbes. Landes (1978), McCloskey (1978), Cohen (1978), Forster (1978), North (1978), mit einschlägiger Literatur.

[2] Der Beginn wird gewöhnlich mit der gemeinsamen Konferenz der Economic History Association und dem National Bureau of Economic Research auf 1957 angesetzt (North 1977).

[3] Einen hochinformativen Ueberblick über die neuere französische Sozialgeschichtsforschung unter besonderer Berücksichtigung der Gruppe um die "Annales" gibt - neben Forster (1978) - Erbe (1979), wobei deren Beziehungen zur quantitativen Geschichtswissenschaft ausdrücklich gewürdigt wird.

[4] Vgl. vor allem McCloskey (1976, 1978).

zögert im deutschsprachigen Raum [5] zugenommen hat, ist auf verschiedene Ursachen zurückzuführen (vgl. Kocka 1977):

1. Die elementare Erfahrung von der Geschichtsmächtigkeit kollektiver Kräfte und das Gefühl von der weitgehenden Abhängigkeit des einzelnen von den "Verhältnissen" schlugen auf die Paradigmen der Geschichtswissenschaft durch. "Das einstmals eindeutig vorwiegende Interesse der Historiker an individuellen Motivationen und Handlungen, Personen und Ereignissen wurde zunehmend ergänzt und teilweise verdrängt vom Interesse an überindividuellen Strukturen und Prozessen."(Kocka 1977,5) Untersuchungsgegenstände und Fragestellungen - wie das Leben der gewöhnlichen bzw. aussergewöhnlichen Leute in der Vergangenheit oder in der Forschung vernachlässigte soziale Institutionen - rückten in den Vordergrund, die sich der Quantifizierung weniger entzogen als die ältere historiographische Praxis.
2. Zwar sind strukturgeschichtliche Ansätze auch im Bereich der Politik und Geistesgeschichte möglich, wünschenswert und mit Erfolg durchgeführt worden. Sie sind aber insbesonders in der Wirtschafts- und Sozialgeschichte von unverzichtbarem Wert. Erinnert sei nur an die wegleitenden Untersuchungen über die Gründe der Abschaffung der Sklaverei in den USA und zur Bedeutung des Eisenbahnbaus für die amerikanische Entwicklung (Fogel 1975, McCloskey 1976). Dieses strukturgeschichtliche Interesse brachte im übrigen die Entdeckung neuer und die Erschliessung auch früher kaum bearbeiteter Quellenbestände mit sich.
3. In Ergänzung zur Deskription oder Erzählung ging mit der Tendenz zur analytischen Geschichtswissenschaft ein wachsendes methodisches Bewusstsein einher, dessen steigende Genauigkeitsanforderungen oftmals mit dem Bedürfnis nach Quantifizierung verbunden waren.
4. Schliesslich ermöglichten bzw. bewirkten verschiedene äussere Einflüsse, vor allem die revolutionäre Entwicklung der elektronischen Datenverarbeitung, eine starke Verbreitung der Anwendung quantitativer Methoden.

Wegen ihres Interesses an quantitativen Methoden und geschichtlichen Fragestellungen und vielleicht auch wegen ihres zum Teil missionarischen Eifers (Erickson 1975,359) und "excess of réclame" (Landes

[5] Wichtige Beiträge sind erschienen in: Historisch-Sozialwissenschaftliche Forschungen. Quantitative sozialwissenschaftliche Analysen von historischen und prozessproduzierten Daten. Herausgegeben von H. Best, W. Bick, R. Mann, P.J. Müller, H. Reinke, W.H. Schröder. Zentrum für histor. Sozialforschung. Band 1-14.

1978,4) stiess die Kliometrie vielfach auf offenen Widerspruch oder Indifferenz in den von ihr betroffenen Wissenschaftsdisziplinen.

Einerseits massen vorwiegend qualitativ ausgerichtete Geschichts- und Sozialwissenschafter den quantitativen Aspekten eine zumeist geringe Bedeutung bei. Stellvertretend sei die Aeusserung von A. Schlesinger jr. zitiert: "Almost all important questions are important precisely because they are *not* susceptible to quantitative answers." (zit. in Fogel 1975,333).

Anderseits sind die Wirtschaftswissenschafter (leider) mehrheitlich an der Geschichte nicht interessiert, sodass die Nützlichkeit der Vergangenheit für die Oekonomie eigens hervorgehoben werden muss; so weist u. a. McCloskey (1976) auf die vielfältigen Vorteile des kliometrischen Ansatzes bezüglich Datenfülle und -qualität hin und belegt mit soliden Argumenten und Beispielen seinen Nutzen für wirtschaftstheoretische und -politische Fragestellungen und für die Ausbildung der Oekonomen.

Inzwischen hat sich die Kliometrie – vor allem in den Wirtschafts- und Sozialwissenschaften – als bedeutsame Forschungsrichtung durchgesetzt und kann wegen ihrer Vielfältigkeit und Vitalität ansehnliche Ergebnisse vorweisen (McCloskey 1976, 1978; North 1977, 1978). Sie trägt Wesentliches zur Verwissenschaftlichung der Wirtschaftsgeschichte bei. "The explicit use of theoretical models and the systematic use of statistical inference in testing procedures are the most distinctive contributions of this approach. While evidence is seldom conclusive ... the concern with the testability of historical explanations sets the cliometric approach distinctly apart from the other two schools." (i. e. Marxist and Annales Schools; North 1978,78).

Das bedeutet jedoch nicht, dass ihr nicht auch Grenzen gesetzt wären. Sie sind – von technischen Problemen ganz abgesehen – insofern gegeben, als bei der Anwendung quantitativer Methoden – implizit oder explizit – immer bestimmte theoretische Voraussetzungen gemacht werden müssen.[6] So basieren die meisten kliometrischen Arbeiten auf Verhaltensannahmen der neoklassischen Wirtschaftstheorie. Individualistische und rationale Entscheidungskalküle werden vorausgesetzt und ideologische Faktoren aus den Ueberlegungen ausgeschlossen. Diese Annahmen bilden aber, wie North feststellt (1978,78f), ein theoretisch ungenügendes Fundament zur Erklärung struktureller Veränderungen im Laufe der Wirtschaftsgeschichte.

Aus der Sicht des Historiker ergeben sich die Grenzen der Kliometrie aufgrund der unersetzbaren Eigenständigkeit seines Faches und des "du-

---

6 Die entscheidende Bedeutung der Wirtschaftstheorie für die Wirtschaftsgeschichte hebt u. a. - im Gefolge von Sombart (1929) - Immenkötter (1978) hervor.

alen“ Charakters der Wirtschaftsgeschichte, die Wirtschafts- und Geschichtswissenschaft zugleich ist: “There is a side of economic history that needs the attention of historians. This is not only because invariably we get into questions that transcend the numerical. It is also because historians often ask different questions altogether than the economists do. They work from different premises.“ (Landes 1981,8) Auch prominente Kliometriker wie R. W. Fogel gestehen die Grenzen ihres Ansatzes ein. Um ein historisches Gesamtbild zu rekonstruieren, wie dies die Geschichtsforschung anstrebt, muss zwangsläufig der Bereich der Spekulation und der “educated guesses“ betreten werden. “Because historians aspire to comprehend the totality of human behavior, their concerns transcend the subject matter of social sciences ....“ (Fogel 1975,342).

Unter Berücksichtigung dieser Grenzen stehen der Kliometrie auch noch eminent wichtige Aufgaben bevor. Zu nennen sind insbesondere die Erweiterung, das Testen und die Verfeinerung der Wirtschaftstheorie (North 1977).

Aus dem Gesagten versteht sich von selbst, dass sich der kliometrische Ansatz für unsere Fallstudie im vierten Teil hervorragend eignet, um die Auswirkungen der Weltwirtschaftskrise der dreissiger Jahre auf die personelle Einkommens- und Vermögensverteilung zu untersuchen. Andere, ergänzende Methoden werden freilich auch zu berücksichtigen sein.

2.2. Prozess-produzierte Daten

Mit der Anwendung quantitativer Methoden stellt sich die Frage nach der Art, dem Umfang und der Qualität des Datenmaterials. Sie muss je nach der konkreten Fragestellung der Untersuchung unterschiedlich beantwortet werden und wird deshalb in unserer Fallstudie eingehend behandelt (vgl. IV.2.und 3.). Zuvor lassen sich aber doch einige allgemeine Ueberlegungen anstellen, die die Art der prozess-produzierten Daten – eine von Stein Rokkan eingeführte Bezeichnung (Scheuch 1977,25) – betreffen. Darunter “werden alle diejenigen Daten verstanden, die als Aufzeichnungen öffentlicher und privater Organisationen im Rahmen ihrer Tätigkeit und nicht nur zum Zwecke wissenschaftlicher bzw. statistischer Auswertung gesammelt werden bzw. wurden.“ (Müller 1977,1) Sie sind das Medium, in dem sich soziale Interaktionen, und zwar nicht nur die zwischen Institutionen und staatlichen Organen, sondern auch die zwischen dem einzelnen Bürger und staatlichen oder nichtstaatlichen Institutionen, vornehmlich und vor allem greifbar abbilden.

Einerseits unterscheiden sich also diese Daten von jener Datenkategorie, die der Sozialforscher selber in einer Primärerhebung mit Hilfe des

Interviews, der Beobachtung, des Experiments usw. erfasst[7]. Anderseits grenzen sie sich auch von den "statistischen" Daten ab, die zwar wie die prozess-produzierten Daten nicht vom Forscher selbst erhoben werden, aber aufgrund direkter wissenschaftlicher bzw. statistischer Zielsetzung entstehen.

Die Verwendung und z. T. auch das Zustandekommen dieser verschiedenen Datenarten stehen in engem Zusammenhang mit unterschiedlichen Konzeptionen der Sozialforschung (Scheuch 1977). Die Umfragemethoden und -techniken erfuhren gerade in den USA während der Zwischenkriegszeit eine starke Entwicklung und Institutionalisierung, weil sich die praxisorientierte Forschung bei der damaligen grossen Lükkenhaftigkeit der amtlichen Statistiken das Datenmaterial für die gegenwartsbezogenen Fragestellungen selber beschaffen musste. Das Interesse an prozess-produzierten Daten ist hingegen auf die in Kapitel 2.1. erwähnten konzeptionellen Hintergründe der Sozialforschung zurückzuführen.

Mit der obigen Definition der prozess-produzierten Daten sind auch deren Möglichkeiten und Grenzen angezeigt. Da die öffentlichen und privaten Organisationen im Laufe der Geschichte eine enorme Vielfalt von Tätigkeiten mit dem "Nebenprodukt" der Datensammlung entfalten, stehen dem Sozialforscher aufgrund dieser Datenbasis weite Untersuchungsfelder offen, die ihm mit seinen eigenen Erhebungsmethoden wegen der Vergänglichkeit der Ereignisse für immer verschlossen blieben oder aus Kosten- und andern Gründen nur sehr schwer zugänglich wären.

Die amtlichen Statistiken ermöglichen dem Forscher zwar auch bis zu einem gewissen Grad den Rückgang in die Vergangenheit. Sie enthalten aber bei weitem nicht die Informationsfülle, wie sie die prozess-produzierten Daten darstellen, und bestehen zumeist aus Aggregaten, sodass die Verknüpfung der verschiedenen Merkmale mit den individuellen Merkmalsträgern nur sehr schwer oder überhaupt nicht mehr hergestellt werden kann[8].

Freilich sind der Forschung vom prozess-produzierten Datenmaterial her auch deutliche Grenzen gesteckt. Viele Untersuchungen, die insbesondere die Analyse gesellschaftlicher Gegenwartsprobleme zum Ziel

---

7 Zu den Methoden und Techniken der empirischen Sozialforschung vgl. König (1973, 1973a, 1974, 1974a, 1974b), bes. E. K. Scheuch, Das Interview in der Sozialforschung, in: König (1973a), 66-190; R. König, Die Beobachtung, in: König (1973a), 1-65; R. Pagès, Das Experiment in der Soziologie, in: König (1974), 273-342.

8 Zur Problematik der Erstellung von Merge-Files siehe Kortmann et al. (1977), Ruggles et al. (1975), Budd (1971).

haben, könnten ohne Primärerhebungen ganz einfach nicht durchgeführt werden.

Darüber hinaus bringt der Umstand, dass die prozess-produzierten Daten ursprünglich nicht für die wissenschaftliche Forschung, sondern für andere Zwecke erfasst werden, zahlreiche Probleme mit sich. So können die wissenschaftlichen Zielsetzungen der Datenauswertung in erheblichem Masse von den administrativen, datenproduzierenden Aufgaben abweichen, sodass die Datenanalyse – wenn überhaupt – oft nur mit grossen Einschränkungen vorgenommen werden kann.

Das Beispiel der Armenstatistik in der Schweiz (vgl. Baechtold 1914) zeigt, wie sich administrative und statistische Zielsetzungen bei der Entstehung des Datenmaterials gegenseitig ergänzen, von anderen interessanten, wissenschaftlichen Fragestellungen zur Datenauswertung aber unterscheiden können. Zunächst wurden nämlich die kantonalen Armenberichte vom Redaktor der Zeitschrift für Schweizerische Statistik nur gesammelt und verglichen, bis die Armenbehörden auf Druck der Kantonsregierungen und des Bundesrates und unter Einfluss der englischen Regierung zur Beantwortung von Frageformularen über das Armenwesen bewegt werden konnten. Das Werk von G. Niederer "Statistik des Armenwesens in der Schweiz im Jahre 1870" (Niederer 1878) gibt ein minutiöses Bild der Armenfürsorge auf Gemeinde-, Kantons- und Bundesebene. Es macht aber keine Aussagen über die Bedürfnisse nach solcher Fürsorge. Es wäre demnach ein Fehlschluss, von der Statistik des Armenwesens auf die Zahl der Armen schlechthin schliessen zu wollen; das hiesse, wo mehr für die Armen getan wird, gäbe es auch mehr Arme.

Unterschiedliche Zielsetzungen bei der Datensammlung und -auswertung und die damit verbundenen Probleme können sich im übrigen auch bei Umfragedaten ergeben. Es ist nicht zum vorneherein sicher, dass die vom Wissenschaftsbetrieb produzierten Daten auch späteren Forschergenerationen noch nützlich sein werden. Clubb könnte sich vorstellen, dass von ihrem Standpunkt her gesehen vielleicht die falschen Fragen gestellt, die falschen Daten gesammelt werden und die zugrundeliegenden Annahmen und Methoden ebenso fraglich wie die bei der Sammlung und Auswertung der prozess-produzierten Daten erscheinen (Clubb 1980,20).

Aber selbst bei hinreichender Eignung des Datenmaterials für die Fragestellung ist die Gefahr der Störanfälligkeit vorhanden, wenn die Verzerrungen und Entstehungszusammenhänge der Datenproduktion unbekannt sind. Es ist deshalb äusserst wichtig, "den vorgegebenen Abbildungscharakter der administrativen Buchführung zu untersuchen" (Bick 1977,42). Analog zur historischen Quellenkritik muss für die prozess-produzierten Daten eine Fehlerlehre entwickelt werden, und zwar nicht nur für Akten von Entscheidungsprozessen, sondern für massenhaft und gleichförmig anfallende Personenakten. Von einer solchen Fehlerlehre sind aber bisher nur einige Umrisse und Elemente vorhanden (Bick 1977), die bei der Ueberprüfung der Störanfälligkeit des konkreten Datenmaterials der Fallstudie so weit als möglich berücksichtigt werden sollten.

3. Analytische Ansätze zur Untersuchung von Paneldatenmaterial

3.1. Komplexität der Panelanalyse

Unter einem Panel versteht man eine Menge von Merkmalsträgern, die während einer gewissen Zeitperiode beobachtet werden. Da es sowohl eine Vielzahl von Beobachtungseinheiten wie auch mehrere aufeinanderfolgende Zeitpunkte umfasst, erlaubt es eine Fülle von Fragestellungen und eignet sich hervorragend zur Beschreibung und Analyse von individuellen und strukturellen Veränderungen im Laufe der Zeit. Aus diesen Gründen wurde für die Fallstudie im vierten Teil eine Panelerhebung in der Untersuchungsgemeinde J von 1929 bis 1937 durchgeführt.

Bevor auf die Komplexität der analytischen Aspekte näher eingegangen wird, ist darauf hinzuweisen, dass selbstverständlich schon die Auswahl der zu beobachtenden Merkmale sowie der Beginn und das Ende des Beobachtungszeitraumes von mannigfachen Faktoren beeinflusst wird. Stichwortartig seien u. a. erwähnt: Bedeutung einer gewissen Zeitperiode für die Fragestellung; Interesse an wirtschaftlichen und soziologischen Aspekten, zu deren empirischer Untersuchung entsprechende Merkmale erforderlich sind; Vorhandensein und Verfügbarkeit des für den Forschungsansatz notwendigen Datenmaterials usw..

Ganz allgemein kann das Panel als vieldimensionale Matrix dargestellt werden, die die Merkmale der Anwesenheit, der sozioökonomischen Charakterisierung, der Zeitindexierung u. a. m. umfassen kann. Dabei sind zwei fundamentale methodische Gesichtspunkte klar zu unterscheiden (zur Veranschaulichung siehe Figur 3.1). Zum einen wird man je nach Fragestellung einen *mikro-* oder *makroanalytischen* Ansatz wählen. Beim ersten Ansatz untersucht man die kleinsten im Datenmaterial vorhandenen Beobachtungseinheiten (z. B. steuerpflichtige Individuen, Haushalte) und abstrahiert von deren Einbettung in strukturelle Zusammenhänge. Der Makroansatz hingegen interessiert sich nicht für "Einzelfälle" und analysiert aggregierte Grössen, Grundgesamtheiten (z. B. alle Steuerpflichtigen pro Jahr) und Untermengen (z. B. alle Auswan-

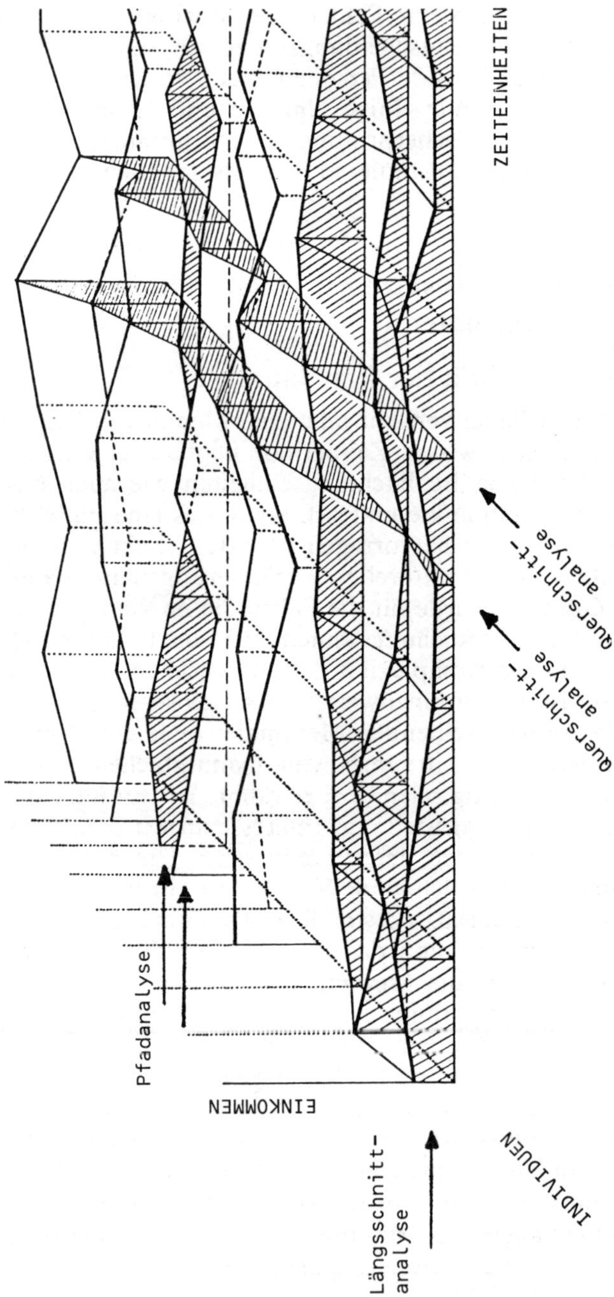

Figur 3.1 Verschiedene Ansätze zur Analyse von Panelmaterial

derer, eine bestimmte Berufsgruppe). Im Verlauf der methodischen Ueberlegungen und der Fallstudie soll gezeigt werden, dass beide Ansätze vollauf berechtigt sind und nicht aufeinander reduziert werden können, dass deren Integration aber eine Menge von Problemen mit sich bringt.

Der zweite fundamentale methodische Gesichtspunkt betrifft die *Zeitdimension*. Das Panel kann erstens als eine Grundgesamtheit interpretiert werden, bestehend aus Elementen, deren Zeitbezug nur zu ihrer Unterscheidung, nicht zu ihrer zeitlichen Einordnung dient. Diese statische Betrachtungsweise hat trotz ihres Informationsverlustes Bedeutung, wenn es z. B. darum geht, zeitindexierte Verteilungsstrukturen und Verbundenheitsmasse mit "zeitlosen" (d. h. von den einzelnen Zeitpunkten weniger beeinflussten) Strukturen und Massen in Beziehung zu setzen. Die Zeitdimension wird, zweitens, bei der dynamischen Betrachtungsweise – wofür sich die Panelanalyse besonders gut eignet – berücksichtigt, und zwar in dem Sinn, dass die Zeitindexierung nicht nur ein weiteres Unterscheidungsmerkmal darstellt (Zustand Z im Zeitpunkt t ist ungleich Zustand Z im Zeitpunkt $t+n$), sondern ein metrisches Nacheinander beinhaltet (Z_{t+n} ist um n Zeiteinheiten später als Z_t).

3.2. Verschiedene Ansätze: ihre Möglichkeiten und Grenzen

In Weiterführung der bisherigen Ueberlegungen können nun verschiedene analytische Ansätze unterschieden werden[9]. Dabei wird als Einteilungskriterium die Grösse der Untersuchungsmenge und die Zeitdimension verwendet. Von der grössten Grundgesamtheit (alle Beobachtungseinheiten aller Jahre) wird ausgegangen, um immer kleinere Untersuchungsmengen (Untermengen, die nach dem Kriterium der Zeit, Anwesenheit und sozioökonomischen Merkmale gebildet werden) zu wählen und schliesslich die kleinsten Beobachtungseinheiten (individuelle Pfade und Positionen) zu untersuchen. Nach dieser schrittweisen Reduzierung der Grösse der Untersuchungsmenge ist der Blick wieder von der Mikro- auf die Makroanalyse auszuweiten.
Demzufolge können fünf Ansätze unterschieden werden:
1. Grundgesamtheit des Panels
2. Querschnittanalysen
3. Längsschnittanalysen
4. Individuelle Pfadanalysen
5. Integration von Mikro- und Makroaspekten.

---

[9] Zahlreiche Beiträge zu "The Econometrics of Panel Data" finden sich in den Annales de l'INSEE 30-31 (1978).

Während in diesem Kapitel nur allgemeine methodische Reflexionen über diese verschiedenen Betrachtungsweisen angestellt werden, werden im folgenden Kapitel Operationalisierungsprobleme diskutiert. Die Fallstudie im vierten Teil enthält konkrete Beispiele, die die Bedeutung der unterschiedlichen Ansätze veranschaulichen.

3.2.1. Grundgesamtheit des Panels

Die grösste Untersuchungseinheit des Panels umfasst alle Beobachtungseinheiten aller Paneljahre; ein Individuum mit der Anwesenheit von n Jahren stellt folglich n "Fälle" oder n Beobachtungseinheiten dar. Diese Betrachtungsweise ist insofern gerechtfertigt, als eine empirisch feststellbare Referenzmenge gesucht wird, die die Fälle aller Jahre in gleicher Weise gewichtet und dadurch die jahresspezifischen Einflüsse bis zu einem gewissen Grade neutralisiert. Auf dem Hintergrund einer solchen gewissermassen "zeitlosen" Grundgesamtheit ist es möglich, die zeitindexierten, für die Fragestellung dieser Arbeit relevanten krisenspezifischen Veränderungen deutlicher hervortreten zu lassen. Freilich erlaubt diese Verfahrensweise nur, den Einfluss des Faktors Zeit (und von allem, was damit zusammenhängt) zu reduzieren, nicht aber ihn völlig auszuschliessen.

Eine solche Betrachtungsweise impliziert, dass die konstanten Merkmale der Individuen nach deren Anwesenheitsdauer gewichtet werden. Das "Aufsplittern" der Individuen in jährliche Fälle darf ferner nicht darüber hinwegtäuschen, dass zwischen den verschiedenen Fällen eines Individuums grosse Abhängigkeiten bestehen. Ist man sich dieser Tatsache bewusst, ist ein solches Vorgehen für deskripitive Zwecke durchaus sinnvoll.

Die Grundgesamtheit des Panels kann nach verschiedenen Gesichtspunkten unterteilt werden. Wird die Zeitdimension als Unterscheidungsmerkmal genommen, kann man grundsätzlich zwischen Quer- und Längsschnittbetrachtungen unterscheiden.

3.2.2. Querschnittanalyse

Die Querschnittmenge im Zeitpunkt t ist dadurch charakterisiert, dass sie aufgrund des einzigen Kriteriums der Anwesenheit im Zeitpunkt t als Untermenge der Grundgesamtheit des Panels gebildet wird und alle in t anwesenden, mit einer Vielzahl von Merkmalen ausgestatteten Beobachtungseinheiten enthält. Weitere, zusätzliche Kriterien können Untermengen dieser Querschnitte konstituieren.

Werden mehrere Querschnittmengen miteinander in Beziehung gebracht, liegen die zeitpunktbezogenen Ergebnisse der in der Zeit stattfindenden Prozesse vor. Die zeitlichen Prozesse selber sind aber noch nicht

Figur 3.2 Uebergangsdynamik, dargestellt am Beispiel der Zugehörigkeit zum 1. Sektor

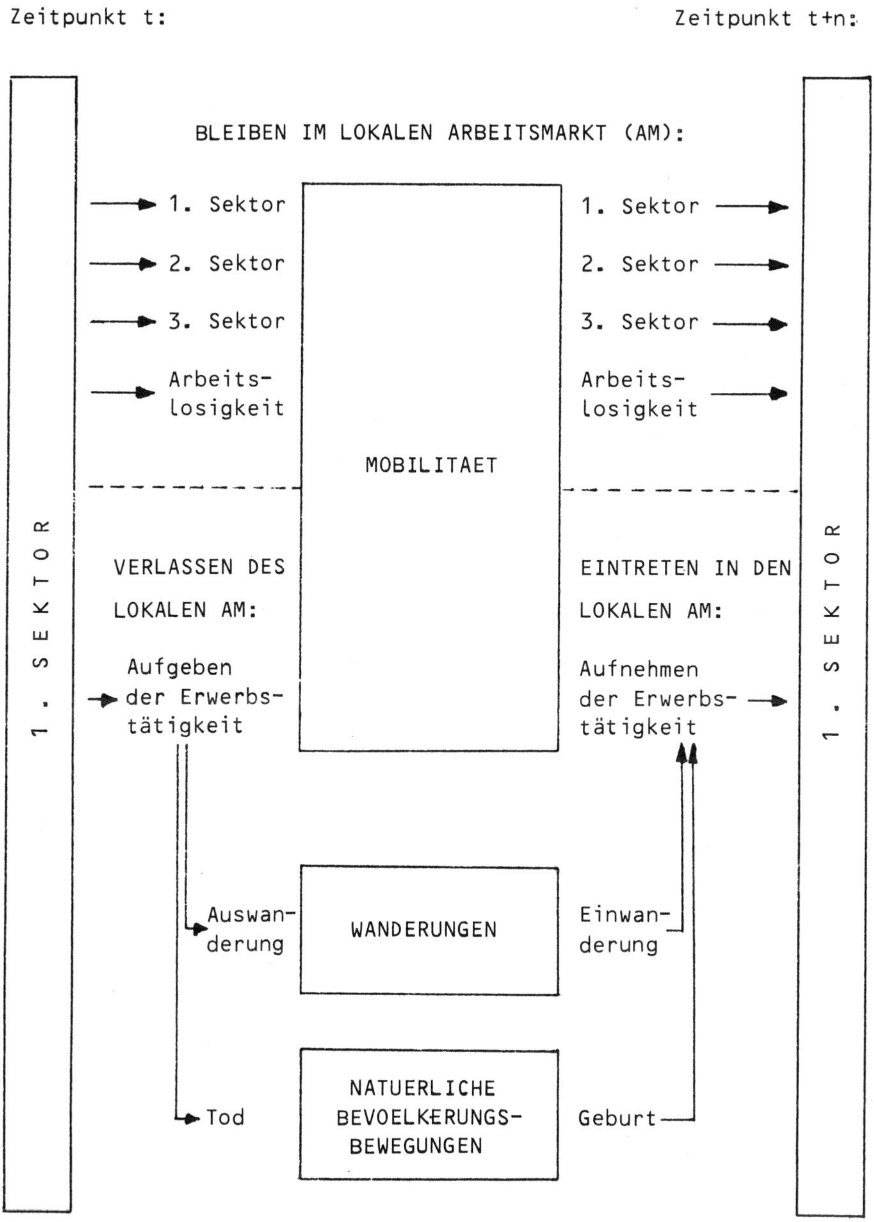

ins Blickfeld gekommen. Mit dem Vergleich von Querschnitten in den Zeitpunkten t, t+1, ... tn kann deshalb das Phänomen der *Mobilität* – vereinfachend verstanden als Veränderung von Merkmalen in der Zeit unter Wahrung der zeitlichen Kontinuität der Merkmalsträger (Individuen und/oder Gruppen) – nicht erfasst werden (vgl. Figur 3.2). Strukturveränderungen der Querschnittmengen und deren Untermengen im Lauf der Zeit sind jedoch feststellbar.

Erst wenn die Beziehung von t zu t+n ausdrücklich in der Analyse Berücksichtigung findet, können die zeitlichen Prozesse und Phänomene der Mobilität analysiert werden.

3.2.3. Längsschnittanalysen

Die Längsschnittmenge stellt eine Menge von Merkmalsträgern dar, die über eine Mehrzahl von Zeitperioden beobachtet werden.[10] Wesentliches Kriterium ist also die zeitliche Kontinuität der Identität bzw. gewisser Merkmale der Untersuchungsmenge. Aufgrund dieser Kontinuität wird es erst möglich, die verschiedenartigen Mobilitätsphänomene – wie Einkommens- und Berufsmobilität, aber auch Wanderungen und Geburts- und Sterbeprozesse – zu erfassen.

Als Beispiel einer solchen Längsschnittmengenuntersuchung sei die *Kohortenanalyse* genannt, bei der üblicherweise eine Gruppe von Gleichaltrigen (Geburtenkohorte) über die Zeit hinweg untersucht wird. Von den Beziehungen zwischen dieser Untermenge und den Querschnittmengen in den Zeitpunkten t, t+1, ... tn wird abstrahiert.

Wenn die Gesamtheit der Individuen über die Zeit analysiert wird, so handelt es sich im eigentlichen Sinn um eine *Panelanalyse*. Dabei sind nach dem Kriterium der Anwesenheit zwei Formen zu unterscheiden. Entweder liegt eine über die Zeit konstante Population vor – d. h. alle Individuen sind zu allen Zeitpunkten anwesend – oder es gibt Geburts- und Sterbeprozesse bzw. Ein- und Auswanderungen, wobei das Netto-Resultat dieser Prozesse konstant, fluktuierend, zunehmend oder abnehmend sein kann. Eine solche variable Grundgesamtheit, die die Realität der demographischen Prozesse am getreuesten abbildet, bringt für die Analyse eine Fülle von statistischen und interpretatorischen Schwierigkeiten mit sich.

---

[10] Die Längsschnittanalysen haben insbesondere in der Entwicklungspsychologie Bedeutung erlangt; vgl. Wall et al. (1970), die einen Ueberblick über solche Forschungsarbeiten geben und vor allem praktische Probleme diskutieren. - Aus der Sicht des Soziologen behandelt Glenn (1977) eingehend Methodenprobleme; vgl. auch Mason et al. (1973), Ryder (1965).

3.2.4. Individuelle Pfadanalysen

Gemäss dem Einteilungskriterium der zunehmenden Disaggregierung der Untersuchungsmenge ist schliesslich die individuelle Pfadanalyse zu nennen. Sie hat gegenüber den bisher erwähnten makroanalytischen Ansätzen den Vorteil, dass sie die kleinsten Beobachtungseinheiten (Individuen, Haushalte) ins Blickfeld rückt, um deren zeitliche Entwicklung als eine Form der Längsschnittanalyse zu untersuchen.

Der dabei zugrundegelegte Begriff des Individuums liegt zwischen der sozial strukturierten Position im Zeitpunkt t und dem unverwechselbaren, einmaligen Personkern. Er bedeutet die kleinste, nach aussen sichtbar gewordene Entscheidungseinheit, die mit einer Laufnummer charakterisiert und mit einigen sozioökonomischen Variablen ausgestattet ist und über die Zeit identisch bleibt.

Mit guten Gründen heben Soltow (1969,XI) u. a. die Wichtigkeit des mikroanalytischen Ansatzes hervor. Gleichwohl ist nicht zu übersehen, dass mit diesem Ansatz Makrozusammenhänge ausser acht gelassen werden müssen. Es können keine Aussagen über die Einbettung dieser individuellen Pfade in die Strukturen und deren Veränderungen des Panels gemacht werden.

Der Vollständigkeit halber sei zum Schluss erwähnt, dass bei der Konzentration des Blickfeldes auf die kleinsten Beobachtungseinheiten von der Zeitdimension abstrahiert werden kann. So werden nur die Positionen der Individuen in den einzelnen Zeitpunkten festgehalten und in ihrer Vieldimensionalität der sozioökonomischen Merkmale untersucht. Sie stellen die kleinsten Elemente der in Abschnitt 3.2.1. diskutierten Grundgesamtheit des Panels dar.

3.2.5. Integration von Mikro- und Makroanalyse?

Die vorangegangene Darstellung und Diskussion der verschiedenen analytischen Ansätze zeigte deren Möglichkeiten und Grenzen auf. Dabei wurde immer wieder ein grundsätzliches Dilemma deutlich: entweder bilden die Makroaspekte, Aggregate und deren Strukturen, Gegenstand der Untersuchung, sodass unvermeidbar Mikroaspekte vernachlässigt werden. Oder es stehen individuelle Gesichtspunkte im Zentrum des Interesses, sodass strukturelle Zusammenhänge unberücksichtigt bleiben müssen.

Das Dilemma verschärft sich noch, wenn anstatt der statischen Betrachtungsweise die individuelle und strukturelle Dynamik untersucht wird. So kann beispielsweise ein konstantes individuelles Verhalten über die Zeit in einer beträchtlichen strukturellen Veränderung eingebettet sein. Kann es dann noch zu Recht als "konstant" angesehen werden? Wohl nur vom mikroanalytischen Standpunkt aus, der jedoch ungenügend ist. Analoges gilt, wenn z. B. Strukturkonstanz besteht, aber hohe Mobilitäten vorhanden sind. Weil die Beziehungen zwischen Mikro- und Makroaspekten nicht ausdrücklich untersucht werden, kann nichts darüber ausgesagt werden, inwieweit die Mobilitäten strukturbedingt und die Strukturen mobilitätsabhängig sind.

Lässt sich also dieses Dilemma von Mikro und Makro – ein auch in andern ökonomischen und in ausserökonomischen[11] Bereichen häufig auftretendes Problem – aus der Welt schaffen oder wenigstens abschwächen? Ein Versuch einer mindestens teilweisen Integration der beiden gegensätzlichen Gesichtspunkte könnte darin bestehen, dass die relativen sich verändernden Positionen der Individuen mit Strukturindikatoren in Beziehung gesetzt werden. Für die individuelle, strukturell eingebettete Einkommensmobilität würde dies z. B. bedeuten, dass die individuellen Einkommen als relative Werte des jeweiligen (jährlichen) medianen Einkommens ausgedrückt werden. Auf diese Weise wird sowohl der Makroentwicklung wie auch der Mikrodynamik bis zu einem gewissen Grade Rechnung getragen. Als Beispiel sei auf die Längsschnittanalyse von Konsumäquivalentsgruppen in IV.9.4. hingewiesen. Trotz solcher Versuche bleibt aber das Dilemma im wesentlichen bestehen.

4. Operationalisierungsprobleme

4.1. Einleitung

Entsprechend den Makro- und Mikroaspekten einer Panelanalyse, wie sie im vorangegangenen Kapitel diskutiert wurden, kann die Problematik der Operationalisierung in zwei Bereiche eingeteilt werden. Wenn Aggregate betrachtet werden, handelt es sich im wesentlichen um Verteilungen. Werden hingegen individuelle Aspekte untersucht, geht es in erster Linie um individuumsbezogene Veränderungen. Diese zwei Betrachtungsweisen können sich zunächst auf eine einzige Variable beziehen. Sie sind aber auch anwendbar auf eine Vielzahl von Variablen, was über die in 4.2. und 4.3. erörterten Aspekte hinaus zusätzliche Probleme der Mehrdimensionalität und Verbundenheit mit sich bringt.

Die folgenden Ausführungen beschränken sich auf einige grundsätzliche Ueberlegungen zu Operationalisierungsproblemen. Allgemein bekannte und in der Fallstudie verwendete Operationalisierungstechniken (Verteilungstests, Ungleichheitsmasse und Masse der Verbundenheit) finden sich im Anhang I.

[11] Zu einer mikrosoziologischen Fundierung der Makrosoziologie siehe u. a. Collins (1981).

4.2. Charakterisierung und Vergleich von Verteilungen

Einen genauen und vollständigen Ueberblick über alle Eigenschaften erhält man für metrische Variablen aus der zugehörigen Verteilungsfunktion oder aus der Wahrscheinlichkeitsfunktion bzw. Dichte.

Graphisch lässt sich eine solche Verteilung auf verschiedene Arten darstellen (vgl. Lüthi 1981,14-22). Als ein Beispiel sei die Lorenzkurve erwähnt, die auf besonders deutliche Weise die Ungleichheit veranschaulicht (vgl. Figur 4.1). Im Diagramm werden die kumulierten relativen Bevölkerungsanteile zu ihren geordneten relativen Anteilen am Gesamteinkommen in Beziehung gesetzt. Besteht absolute Gleichheit, entspricht jedem kumulierten Bevölkerungsprozentsatz der genau gleiche kumulierte Einkommensprozentsatz (Diagonale). Erhalten die unteren Einkommensgruppen einen proportional geringeren, die oberen einen proportional höheren Einkommensanteil – liegt also Ungleichheit vor –, befindet sich die Lorenzkurve unterhalb der Diagonalen.

Figur 4.1 Lorenzkurve

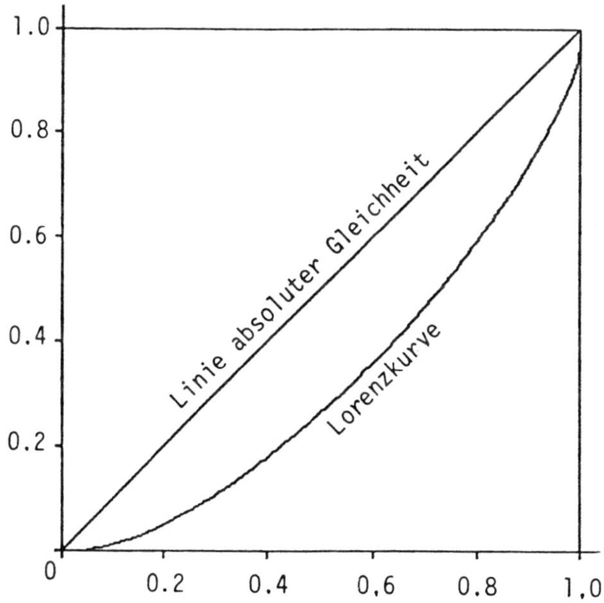

Eine Verteilung kann man auch mehr "summarisch" kennzeichnen und auf ihre "Struktur" hin untersuchen. Was damit gemeint ist, kann sehr unterschiedlich sein und lässt sich auf vielfältige Weisen operationalisieren.

Im mathematischen Sinn bedeutet Struktur der innere, von Relationen erzeugte Aufbau von Mengen. "Eine strukturierte Menge ist eine Menge M, in der eine Familie $\{R_i\}$ von Relationen erklärt ist." (Reinhardt et al. 1978,37) Dabei sind die algebraische, topologische und die Ordnungsstruktur sowie deren Mischstrukturen zu unterscheiden.

In den Wirtschaftswissenschaften kann die Struktur einer Volkswirtschaft u. a. als "Aufgliederung gesamtwirtschaftlicher Niveaugrössen in relevante Teilgrössen verstanden werden, wobei die Teile untereinander und zur Gesamtheit in einen Beziehungszusammenhang gebracht werden. Da es sich im Gegensatz zum Wirtschaftsprozess bei Strukturtatbeständen um relativ konstante, sich nur längerfristig ändernde Grössen handelt, werden hier auch der innere Aufbau und die Proportionen der gesamten Volkswirtschaft sichtbar" (Gabler 1980,1667), insbesondere die Struktur des gesamtwirtschaftlichen Angebots (Produktionsstruktur einer Volkswirtschaft u.a.), der gesamtwirtschaftlichen Nachfrage (Struktur der Konsum- und Investitionsnachfrage, Einkommens- und Vermögensstruktur u.a.) und die Preisstruktur der Gesamtwirtschaft (Güterpreis-, Lohn- und Zinsstruktur u.a.).

In einem umfassenderen, in unserer Fallstudie nicht verwendeten Sinn sind Strukturen die "Beschränkungen" ("constraints", vgl. North 1978a), innerhalb deren sich die Wirtschaftsprozesse ("performances") abspielen. In diesen "basic determinants of performance" sind "the economic and political institutions, technology, demography, and ideology" (North 1979,1) eingeschlossen.

Die Struktur und ihre Erfassung ist von der Skalenart und vom Verteilungstyp der Variablen bestimmt. Bei den Skalenarten unterscheidet man bekanntlich drei Gruppen:

- Die *metrischen* Variablen sind auf einem Kontinuum abbildbar und additiv (z. B. Alter, Vermögen).
- Die *ordinalen* Variablen lassen sich mit Rängen klassifizieren, deren metrische Abstände nicht bestimmbar sind (z. B. Ausbildungsstufen; dichotome Variablen wie Geschlecht usw.) oder sich aufgrund der Aggregierung metrischer Werte innerhalb bestimmter Intervalle bewegen (z. B. Altersklassen, Rangpositionen in der geschichteten Einkommensverteilung).
- Schliesslich können die *nominalen* Variablen weder auf ein Kontinuum abgebildet noch in eine Rangordnung eingefügt werden und enthalten eigenständige Kategorien (z. B. Branchen, Nationalitäten).

Bei den Verteilungstypen sind die parametrischen und die nichtparametrischen Verteilungen zu unterscheiden. Erstere lassen sich mit zumeist wenigen Parametern (z. B. arithmetisches Mittel und Streuung bei der Normalverteilung) kennzeichnen. Letztere sind schwieriger typisierbar, sind aber in der sozioökonomischen Realität sehr häufig anzutreffen. Sie können bei metrischen Variablen z. B. mit Hilfe von Ungleichheitsmassen charakterisiert werden; bei nominalen und ordinalen Variablen sind sie mittels relativer Häufigkeiten u. a. m. der verschiedenen Kategorien und Ränge zu kennzeichnen (vgl. Anhang I).

Während die qualitative Bestimmung von Strukturen schon schwierig ist, stellt auch ihre Quantifizierung erhebliche Probleme. Dies kommt besonders gut beim Vergleich von Verteilungen zum Ausdruck. Ob ein struktureller Unterschied besteht oder nicht, hängt davon ab, wo man die quantitative "Strukturschwelle" definiert. Sie aber muss von aussen, aufgrund theoretischer Annahmen oder Erfahrungswerten festgelegt werden.

Allgemein formuliert, ist beim Vergleich von zwei Verteilungen zu prüfen, ob sich die Verteilung F(x) signifikant von der Verteilung G(x) unterscheidet. Signifikant heisst hier zunächst nur bei einer vorher bestimmten Bedeutungsschwelle. Als Nullhypothese H_0 wird angenommen, dass kein signifikanter Unterschied bestehe:

$$H_0 : F(x) = G(x).$$

Ist die empirisch ermittelte Signifikanz gleich oder kleiner als die zuvor festgelegte (oder liegt bei gegebener Bedeutungsschwelle der empirische über dem theoretischen Testwert), muss H_0 verworfen werden, und es gilt:

$$H_1 : F(x) \neq G(x).$$

Es besteht ein signifikanter Unterschied zwischen den zwei Verteilungen F(x) und G(x).

Wenn Tests von dieser Art zur Ueberprüfung struktureller Unterschiede und Veränderungen von Verteilungen verwendet werden, wird die Bedeutungsschwelle als Strukturschwelle interpretiert.

Auch beim Vergleich von Verteilungen ohne solche Tests, wobei Aussagen nicht einfach über die Tatsache einer signifikanten Differenz, sondern über das Ausmass der Unterschiede gemacht werden, müssen Schwellenwerte von aussen definiert werden. Denn es ist aus den Daten selber nicht unmittelbar ersichtlich, wie gross die Grösse einer relativen Häufigkeit, eines Ungleichheitsmasses oder einer bestimmten Korrelation sein muss, damit sie sich vom Referenzwert "strukturell" unterscheidet. [12] Stellte die prozentuale Abnahme der Erwerbstätigen von 50% auf 46%, die der zweite Sektor in der Gemeinde J während der Weltwirtschaftskrise erfuhr, eine "strukturelle" Veränderung dar? Oder wann tritt ein Strukturwandel ein, wenn die Veränderungen von Jahr zu Jahr nur klein sind, aber immer in derselben Richtung erfolgen?

Zusammenfassend kann gesagt werden, dass die Verteilungsstrukturen nicht einfach aus der Empirie ablesbar sind. Vielmehr sind zu ihrer Erfassung gewisse theoretische Annahmen notwendig.

Bisher wurde nur von univariaten Verteilungen gesprochen. Die Charakterisierung und der Vergleich von Verteilungen wird bedeutend komplexer, wenn es sich um multivariate Verteilungen handelt (z. B. Einkommens- und Vermögensdynamik verschiedener Alters- und Berufsgruppen während unterschiedlicher Zeitperioden). Im Idealfall wären n-variate Verteilungen (von n Variablen) zu analysieren, was mit dem gegenwärtig zur Verfügung stehenden statistischen Instrumentarium nicht zu bewältigen ist. Da möglicherweise die strukturellen Veränderungen einer Vielzahl von Variablen nicht alle gleichgerichtet sind, können sich je nach Variable verschiedene Entwicklungen ergeben, die sich – wenn überhaupt – nur schwer in ihrer Gesamtheit betrachten lassen.

4.3. Mobilitätstypen

Wie im 2. Kapitel dargelegt wurde, vermögen Vergleiche von Querschnittmengen die Phänomene der Mobilität nicht zu fassen, weil die Beziehung der Individuen von t zu t+1 dabei nicht berücksichtigt wird. Hinter den zeitpunktbezogenen Strukturen spielen sich aber vielfältige dynamische Prozesse in der Zeit ab, die in mikroanalytischer Hinsicht zu untersuchen sind.

---

[12] Vgl. Landes' Diskussion mit Bob Fogel (Landes 1978,7): "Among the topics we got into were Bob's calculations of the savings yielded by the railroad over hypothetical alternative means of transport, including canals that run uphills: 5 percent? 4 percent? 7 percent? Abbot Payson Usher, then over eigthy and within a few weeks of his premature demise, asked the $64 question. He was still as sharp as he had ever been. How much, he asked, is 5 percent? Is it a lot? Is it a little? There was a question that was conceivably susceptible of a quantitative answer, at least in relative terms (in fact it is a relative statement), but not until you pursued it in all its social and political, as well as economic, ramifications. We did not come up with an answer that evening, and I do not know if anyone has yet come up with a satisfactory answer. The railroad was not 'indispensable' to American economic growth. Bob Fogel showed that. But it made a difference. A big difference? How big is big? Well, we will continue to need the help of historians on that."

Zur Veranschaulichung dieser individuellen Dynamik sei als Beispiel die Einkommensentwicklung einer Gruppe von Steuerpflichtigen in J von 1929 bis 1937 in einem Plot-Diagramm (Figur 4.2) dargestellt.

Figur 4.2 Einkommensentwicklung einiger Steuerpflichtigen

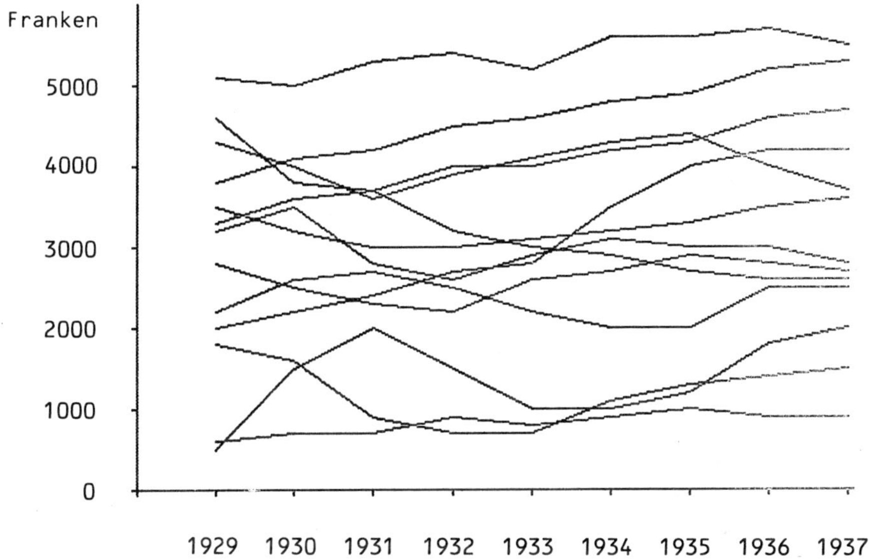

Die verschiedenartigen Einkommensverläufe lassen sich, wie Figur 4.3 zeigt, vereinfachend auf sechs Typen zurückführen:

Typ 1: konstanter Verlauf

Typ 2: monoton steigender Verlauf: Für jeden Zeitpunkt t gilt, dass sein Variablenwert gleich oder grösser als der in t-1 ist.

Typ 3: monoton fallender Verlauf: Für jeden Zeitpunkt t gilt, dass sein Variablenwert gleich oder kleiner als der in t-1 ist.

Typ 4: Verlauf mit einem Maximum: Die Werte sind bis zum Maximum monoton steigend, nachher monoton fallend.

Typ 5: Verlauf mit einem Minimum: Die Werte sind bis zum Minimum monoton fallend, hernach monoton steigend.

Typ 6: restliche Fälle: Die Pfade weisen mehrere Maxima und Minima auf und sind durch einen "Zickzack"-Verlauf charakterisiert.

Figur 4.3 Mobilitätstypen

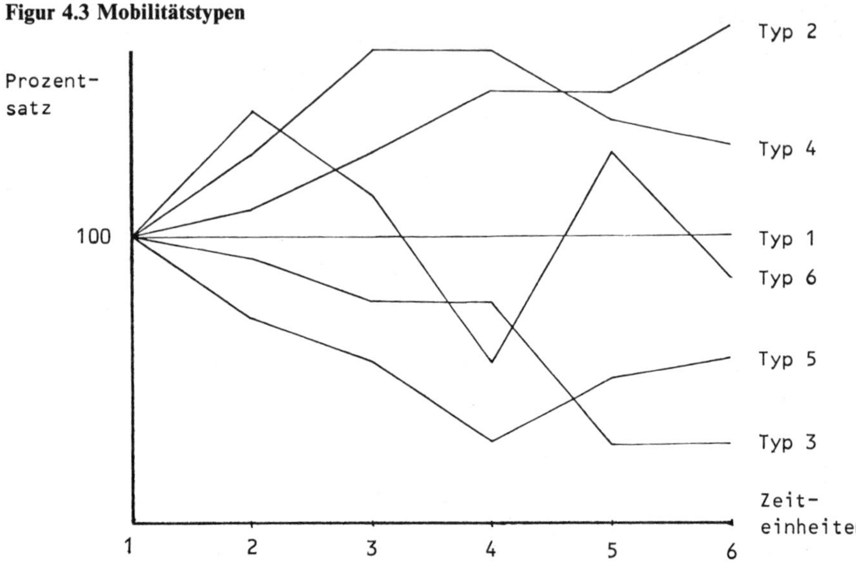

Diese Typisierung eignet sich besonders für metrische Variablen, worauf wir uns im folgenden beschränken. Sie liesse sich aber auch in analoger Form für ordinale Variablen durchführen und wäre mutatis mutandis bei nominalen Variablen anwendbar, wo es sich freilich nicht um steigende und fallende Verläufe, um Minima und Maxima handelt, sondern lediglich um ein- oder mehrmalige Kategorienänderungen.

Aus Figur 4.3 wird wegen der Vereinfachung auch die Problematik ersichtlich, die Typisierung zahlenmässig zu charakterisieren. Während sich die Typen 1, 2 und 3 ohne Schwierigkeiten mit Hilfe von Niveau und (linearem) Trend beschreiben lassen, sind die übrigen Typen bedeutend schwieriger zu erfassen. Als Indikatoren des Variablenverlaufs müssen neben dem Niveau und Trend auch die Schwankungen der Variablenwerte berücksichtigt werden, weil sie für die Beurteilung der Instabilität z. B. der Einkommen und somit der individuellen Wohlfahrtsposition von hervorragender Bedeutung sind (vgl. Benus 1974, Mirer 1974, Kohen et al. 1975). Denn nicht nur das tatsächliche Einkommensniveau, sondern auch der Unsicherheitsgrad, mit dem dieses Niveau in der Zeit gehalten werden kann, beeinflussen den individuellen Nutzen.

Wenn nur (Einkommens-)Niveau und Streuung zur Beschreibung der individuellen (Einkommens-)Pfade verwendet werden, lässt man die Dimension der historischen, d. h. irreversiblen Zeit ausser acht. Der Zeitbezug der Beobachtungen dient lediglich zu ihrer Unterscheidung, nicht aber zu ihrer Einfügung in ein Nacheinander.

Solche Typen seien deshalb *"Variabilitätstypen"* genannt. Steigende und fallende Verläufe (Typ 2 und 3), Pfade mit einem Maximum und Minimum (Typ 4 und 5) sowie "Zickzack"-Verläufe (Typ 6) können mit diesem Ansatz grundsätzlich nicht unterschieden werden. Zur Illustration dieser Begrenztheit werden in Figur 4.4 fünf mögliche Pfade gezeigt, die auf gleichen Einkommenswerten (mit gleichem Durchschnittseinkommen und gleicher Streuung), aber zu unterschiedlichen Zeitpunkten beruhen. Solche Methoden sind deshalb für die Untersuchung zeitspezifischer Erscheinungen wie z.B. des konjunkturellen Einflusses auf die Einkommensdynamik ungenügend.

Figur 4.4 Mögliche Verlaufstypen bei gleichen Einkommenswerten und unterschiedlichen Zeitpunkten

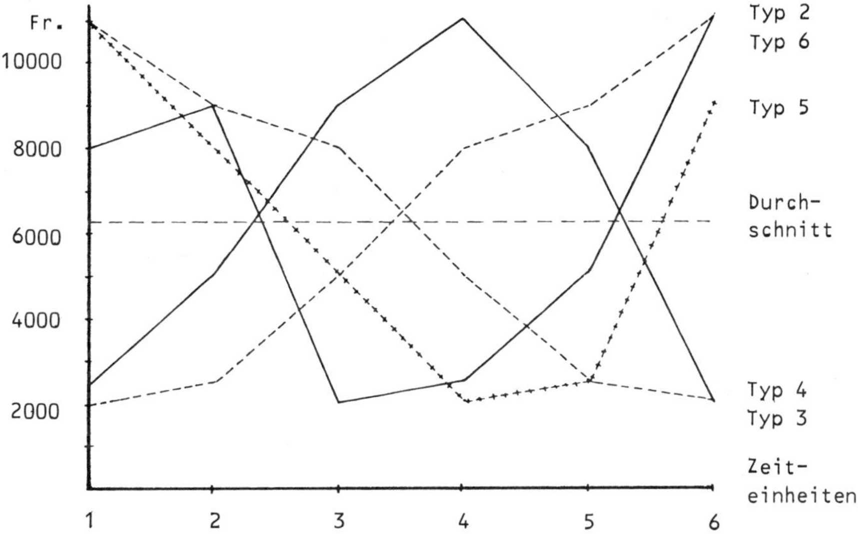

Um dem zeitlichen Nacheinander der Beobachtungen ausdrücklich Rechnung zu tragen, können beispielsweise Trendschätzungen vorgenommen werden. Sie sind aber mit grossen Schwierigkeiten verbunden, sobald es sich um nichtlineare Trends handelt, die bei konjunkturellen Schwankungen zu vermuten sind.

Eine andere beschreibende Methode besteht darin, dass die Richtungsänderung (grösser, gleich, kleiner) des Variablenwertes im Zeitpunkt t mit allen vorangegangenen Richtungsänderungen in t-1, t-2, ..., t-n in Beziehung gesetzt wird. Die so definierten Typen seien *Mobilitätstypen* genannt, weil die Dimension der Zeit im Wort Mobilität – im Unterschied zu Variabilität – mitenthalten ist. Im Hinblick auf die Quantifizierung hat diese Typisierung den grossen Vorteil, dass sie im Gegensatz zu andern Methoden leicht durchführbar ist. Sie eignet sich besonders für mittlere Beobachtungszeiträume (ca. 10 Zeiteinheiten), wo die Auftretenswahrscheinlichkeiten aller Typen zwischen 0 und 1 liegen und sich nicht allzu stark voneinander unterscheiden, und für Variablen, die für kleine Veränderungen wenig sensitiv sind (z. B. gerundete Beträge in Steuerregistern). Wie andere Indikatoren können auch die Mobilitätstypen nicht alle Dateninformationen berücksichtigen. Die Konzentration auf die blossen Richtungsänderungen eines Pfades im Laufe der Zeit vernachlässigt das Ausmass der relativen und absoluten Veränderungen. Figur 4.5 enthält einige unterschiedliche Einkommenspfade, die mit demselben Mobilitätstyp 6 klassifiziert werden.

Figur 4.5 Unterschiedliche Einkommenspfade desselben Mobilitätstyps 6

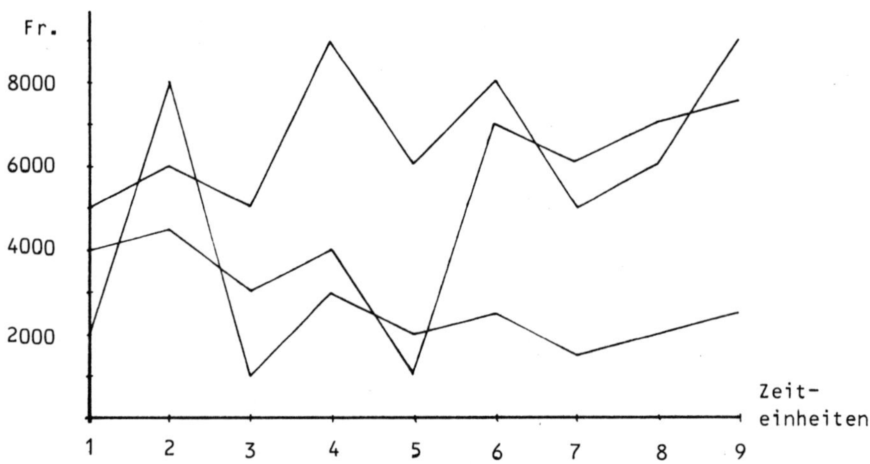

Zur genaueren Charakterisierung der individuellen Pfade sind darüber hinaus weitere Angaben notwendig: (Einkommens-)Niveau (z. B. zu Beginn, am Ende der Beobachtungsperiode), absolute Brutto- und Nettoveränderungen, relative Veränderungen (vgl. Figur 4.6). Im übrigen impliziert diese Klassifizierung, dass wegen der Abhängigkeit der Auftretenswahrscheinlichkeit der Mobilitätstypen von der Beobachtungsdauer nur Individuen von gleicher Anwesenheitsdauer (mit "gleich langen" Pfaden) miteinander vergleichbar sind. Das heisst, nur geschlossene Systeme können auf diese Art betrachtet werden; Zu- und Wegzüger während der Beobachtungsdauer müssen ausgeschlossen werden (vgl. Kapitel 8.2.).

Figur 4.6 Mobilitätstyp 6 mit absoluten Brutto- und Nettoveränderungen

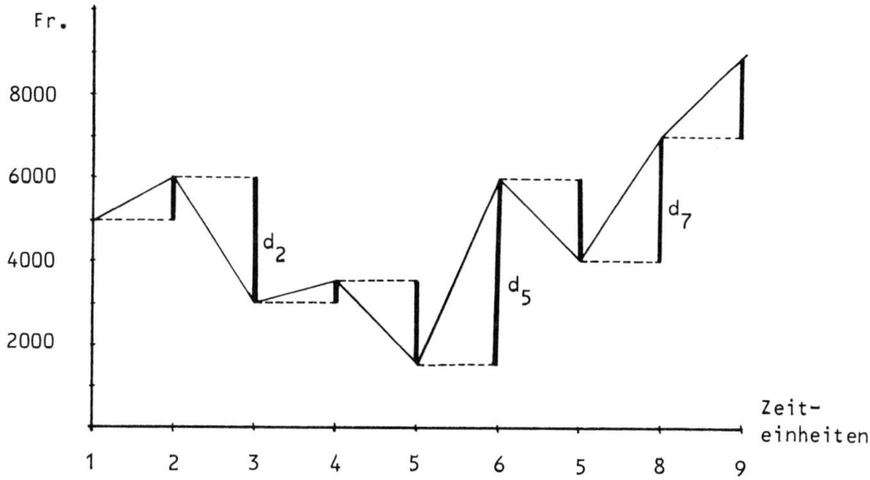

Absolute Bruttoveränderung: $\Sigma |d_i| = 18'000$
Absolute Nettoveränderung: $\Sigma\ d_i = 4'000$

III. TEIL: Theoretische Erklärungsansätze

1. Einleitung

Wie im ersten Teil skizziert wurde, geht es in der Fallstudie um die Untersuchung der Auswirkungen der Weltwirtschaftskrise auf die personelle Einkommens- und Vermögensverteilung. Nachdem im zweiten Teil allgemeine methodologische Ueberlegungen, die vor allem die Analyse von Paneldatenmaterial betrafen, angestellt wurden, sind nun grundsätzliche theoretische Probleme zu diskutieren, die für die Fallstudie von entscheidender Bedeutung sind. Dabei kann es sich hier nur um einige, wenn auch wichtige Reflexionen handeln, die nicht in alle Einzelheiten ausgearbeitet und zu einem geschlossenen System zusammengefügt werden. Eine systematische Zielsetzung wäre bei der Komplexität der Fragestellung in konjunktur- und verteilungstheoretischer Hinsicht wohl auch vermessen, umso mehr als beim gegenwärtigen Forschungsstand viele Fragen noch kaum bearbeitet, geschweige denn befriedigend beantwortet sind.

Gleichwohl geht es nicht ohne Theorie. Denn jede empirische Untersuchung – und sei sie "nur" beschreibend – setzt implizit oder explizit theoretische Annahmen voraus. Die berühmte Kontroverse zwischen Koopmans und Vining (vgl. Anmerkung I.1) gibt davon beredtes und unmissverständliches Zeugnis. Dass wissenschaftliche Forschung und Theorie nicht künstlich voneinander getrennt werden können, vertreten u. a. auch Blau und Duncan in ihrem wichtigen Werk "The American Occupational Structure" (1967). Und auch bei unserer Diskussion von Operationalisierungsproblemen (vgl.II.3. und II.4) wurde immer wieder auf theoretische Aspekte hingewiesen.

2. Forschungsgegenstand

Gemäss der Fragestellung der Fallstudie sollen in erster Linie die Verteilungen von Einkommen, Vermögen und Konsumpotential (vgl. IV.4., 5., 6.) und deren Veränderungen über mehrere Jahre untersucht werden. Darüber hinaus sind auch mikroanalytische Aspekte zu untersuchen.

Was kann damit über die *Wohlfahrt* und ihre Veränderung in der Gemeinde J ausgesagt werden? Ohne Zweifel ermöglicht die Berücksichtigung von Verteilungsaspekten eine viel differenziertere Betrachtungsweise, als dies Gesamtzahlen und Durchschnittswerte erlauben. Sie ist selbstverständlich notwendig (aber nicht hinreichend), wenn die wirtschaftliche Lage der Gemeinde nach Kriterien der Gerechtigkeit, die als eine wichtige Komponente der Wohlfahrt eines Gemeinwesens verstanden sei, beurteilt werden soll.[1]

Die mehrdimensionale Bestimmung der wirtschaftlichen Position der Untersuchungseinheiten (Haushalte, Individuen) macht es ferner möglich, sowohl Stromgrössen (Einkommen) wie auch Bestandesgrössen (Vermögen) in ihrer eigenen Entwicklung und wechselseitigen Interaktion zu untersuchen. Gleichzeitig können und sollen soweit als möglich diese einzelnen Variablen in separater Weise auf ihre Erklärungsgründe zurückgeführt werden.[2]

Trotz der interessanten Perspektiven, die sich bei diesem mehrdimensionalen Verteilungsansatz eröffnen, sind - von immateriellen Aspekten ganz abgesehen - Aussagen über die materielle Wohlfahrt in einem umfassenden Sinn nicht möglich. Dies trifft auch zu, wenn die Einkommens- und Vermögensangaben im Steuerregister über jeden Zweifel bezüglich Verlässlichkeit erhaben wären und die Realität exakt widerspiegeln würden. Denn die Konzeption des materiellen Wohlstandes, die den Begriffen des Volkseinkommens und des Sozialprodukts zugrundeliegt und auch die steuerrechtlichen Einkommens- und Vermögensdefinitionen entscheidend beeinflusst, ist sozusagen an der "Türe des Haushaltes" begrenzt, "where goods and services produced in the market sector were acquired by households for final consumption purposes. Thus, national income was defined to include the 'value added' to products at various stages of extraction, manufacture, and distribution, but quite specifically excluded value added within the household in the process of transforming purchased consumer goods into consumable services, e. g. the manufacturing and distribution costs of food were counted, but not the time spent in cooking or preparing food for eating."(Juster et al.1981,2) [3]

Was also im "Innern" geschieht – die Umwandlung der verschiedenen Inputs in Outputs, die schliesslich Nutzen stiften –, wird völlig ausser acht gelassen.[4] Diese "Blackbox" kann auch nicht wesentlich dadurch erhellt werden, dass die Einkommen bzw. Vermögen pro Kopf und pro Konsumeinheit errechnet werden. Solche Werte stellen bestenfalls nur

---

1 Einen wichtigen Beitrag zur theoretischen Gerechtigkeitsproblematik leistet Rawls (1971).

2 Leider weist das verfügbare Datenmaterial nur globale Einkommens- und Vermögensgrössen aus, sodass die einzelnen Komponenten nicht unterschieden und auf ihre jeweiligen Bestimmungsfaktoren zurückgeführt werden können (vgl. IV.3.4).

3 Sen (1979) diskutiert verschiedene Wohlstandskonzeptionen, die den Realeinkommensvergleichen zugrundeliegen. Aber auch sie machen vor der "Türe des Haushaltes" halt.

4 Die neuen "Home Economics" versuchen, diesen Aspekten Rechnung zu tragen (vgl. Juster et al. 1981,4).

sehr grobe Wohlstandsindikatoren dar, die von den sozial und geschichtlich bedingten Organisationsformen der Haushalte abhängig sind (vgl. Lazear et al. 1980).

Darüber hinaus muss auf eine weitere wichtige Beschränkung hingewiesen werden. Wenn die Haushalte aus irgendwelchen Gründen unterschiedliche Preis- und Mengenverhältnisse auf dem Güter-, Geld- und Kapitalmarkt vorfinden, ist die einkommensseitige Betrachtungsweise selbst bei Berücksichtigung der Vermögensbestände (vgl. IV.3.5., Konsumpotential) und unter Ausschluss der innerhaushaltlichen Unterschiede (vgl. IV.3.5., Konsumäquivalent) für die Beurteilung des Wohlstandes und der Armut ungenügend. Denn auch den unterschiedlichen güter- und kreditseitigen Bedingungen aufgrund von Informationsdifferenzen, Diskriminierung usw. müsste gebührend Rechnung getragen werden.

Aus diesen Ueberlegungen ergibt sich für den Aussagewert der Fallstudie, dass die beobachteten Verteilungswirkungen der Weltwirtschaftskrise nicht im strengen Sinn den Wohlstand betreffen, sondern höchstens Hinweise darauf darstellen, wobei innerhaushaltliche Produktions- und Verteilungsprozesse sowie güter- und kreditseitige Bedingungen unbeachtet bleiben müssen.

Der zu erklärende Gegenstand umfasst nicht nur eine mehrdimensionale Verteilung zu einem bestimmten Zeitpunkt, sondern eine *Vielzahl solcher Verteilungen im kontinuierlichen Zeitablauf.* Dies beinhaltet zwei Arten von Problemen. Zum einen müssen die Phänomene in ihrer Zeitbezogenheit ernst genommen werden. Für die Erklärung der konjunkturellen Entwicklung und ihrer Auswirkungen ist es von eminenter Bedeutung, was zu welchem Zeitpunkt geschieht und nicht geschieht. Die aus Erhebungsgründen jährlich vorliegenden Daten müssen deshalb sowohl nach ihrer jährlichen Verschiedenheit wie auch nach ihrer jährlichen Aufeinanderfolge analysiert werden.

Zum andern erfahren nicht nur die Einkommens- und Vermögensverteilungen im Laufe der Zeit Veränderungen, sondern auch die Bevölkerung selbst ist variabel. Es gibt Geburts- und Sterbeprozesse, Ein- und Auswanderungen, Auftreten in und Verschwinden aus der Beobachtungsmenge (des Steuerregisters), was auf andere (nämlich steuerrechtliche, erhebungstechnische u. a.) Gründe zurückzuführen ist.

Wenn nun nach der Veränderung der Ungleichheit über die Zeit gefragt wird, muss zuerst genauer bestimmt werden, welche Mengen aus welchen Gründen miteinander verglichen werden sollen, bevor nach Erklärungsgründen gesucht werden kann.

Bezieht sich die Veränderung der Ungleichheit auf die gleichen Individuen – werden also bei einer variablen Bevölkerung die Zu- und Wegzüge aus der Betrachtung ausgeschlossen (wie z. B. Hart 1976) –, so wird selbstverständlich nur die Ungleichheit in einer Teilmenge ohne jeweiligen Bezug zur Grundgesamtheit im Zeitpunkt t, t+1, ... tn untersucht. Diese von der Analyse ausgeklammerten Beziehungen können jedoch in der Realität von grosser Bedeutung sein. Wenn aber die Analyse der Gesamtheit der Beziehungen in den jeweiligen Zeitpunkten Vorrang hat, kann die Kontinuität bzw. Diskontinuität der Individuen in der Zeit, d. h. im besondern ihre Mobilität, nicht berücksichtigt werden. Die Mengen sind wegen der Bevölkerungsveränderungen je nach Zeitpunkt verschieden, so dass die Vergleichsbasis zur Erfassung der Veränderung der Ungleichheit ein Abstraktum (z. B. "Gemeinde") darstellt (vgl. auch II.3). So ist es beispielsweise denkbar, dass eine starke Nettoauswanderung von Armen oder von jungen Bewohnern mit niedrigen Einkommen eine Reduzierung der Einkommensungleichheit in der Untersuchungsgemeinde bewirkt. Diese Egalisierungstendenz kann jedoch, längerfristig betrachtet, schwerwiegende Folgen für die Gemeinde haben (vgl. IV.4.f.).

3. Beschreiben und Erklären

Die Entwicklung der personellen Einkommens- und Vermögensverteilung im Konjunkturablauf stellt ein hochkomplexes Phänomen dar, dessen Untersuchung in vieler Hinsicht grosse Probleme mit sich bringt. Weil es sich um multivariate Verteilungen mit wechselnder Grösse der Mengen im Zeitablauf handelt, verlangt nur schon die Beschreibung dieser Vorgänge eine sehr differenzierte Vorgehensweise. Die Fülle des Datenmaterials böte zwar die Gelegenheit, verschiedenste intuitiv formulierte Hypothesen sofort zu "überprüfen". Bevor jedoch voreilig dieser Erkenntnisschritt gemacht wird, ist es notwendig, den empirischen Befund in seinem genauen Aussagegehalt und mit seinen Begrenzungen eingehend zu beschreiben. Denn eine sorgfältige Beschreibung macht nicht nur den Leser mit dem Datenmaterial vertraut, sondern ermöglicht auch dem Forscher, überhaupt erst sinnvolle Hypothesen aufzustellen, die anhand des Datenmaterials überprüft werden sollen. Aus diesen Gründen wird der deskriptive Teil in der Fallstudie einen breiten Raum einnehmen müssen.

Trotz der sehr wichtigen Bedeutung der deskriptiven Arbeit – die im übrigen für jede empirische Wissenschaft selbstverständlich sein sollte – wird hier nicht die wissenschaftstheoretische Position des radikalen Empirismus vertreten.[5] Nach dieser Auffassung sind die Beobachtungsaussagen das unabänderliche Fundament unseres Wissens, wonach sich alles auszurichten hat, aber das selbst von nichts anderem beeinflusst ist. Dagegen ist einzuwenden, dass der wissenschaftstheoretische Standpunkt des Beobachters, die Eigentümlichkeiten der Analyseinstrumente und der theoretische Bezugsrahmen zur Ueberprüfung einer Theorie auf die Beobachtungsaussagen einen nichteliminierbaren Einfluss ausüben. "Beobachtungsaussagen stecken schon voll von Theorien und können daher keinesfalls als die unverrückbare Basis gelten, auf der sich der weit weniger sichere theoretische Ueberbau erhebt." (Feyerabend 1965,332)

Das Ziel der empirischen Wissenschaft ist nicht bloss die Beschreibung; es besteht letztlich darin, *"befriedigende Erklärungen* zu finden für alles, was uns einer Erklärung zu bedürfen scheint. Mit einer *Erklärung* ist eine Klasse von Sätzen gemeint, von denen einer den Sachverhalt beschreibt, der erklärt werden soll (das *explicandum*), während die anderen, die erklärenden Aussagen, die 'Erklärung' im engeren Sinne des Wortes bilden (das *explicans* des *explicandums*)." (Popper 1972,29) Wie Popper weiter ausführt, wird in der Regel angenommen, dass das explicandum (vgl. 2.) mehr oder weniger als wahr erkannt ist oder dass von ihm vorausgesetzt wird, es sei als wahr erkannt. Das explicans hingegen, das gefunden werden soll, ist gewöhnlich nicht bekannt; es muss entdeckt werden. "Daher wird die wissensschaftliche Erklärung, wenn immer sie eine Entdeckung ist, die *Erklärung des Bekannten durch das Unbekannte* sein." (Popper 1972,29f)

Um von einer befriedigenden Erklärung sprechen zu können, müssen verschiedene Bedingungen erfüllt sein. Erstens muss das explicandum logisch aus dem explicans folgen. "Zweitens sollte das explicans wahr sein, obwohl es im allgemeinen nicht als wahr bekannt sein wird; auf jeden Fall darf es, selbst nach strengster kritischer Prüfung, nicht als falsch erkannt werden. Wenn es nicht als wahr erkannt ist (wie dies gewöhnlich der Fall sein wird), dann müssen *unabhängige* Zeugnisse zu seinen Gunsten sprechen, oder, in anderen Worten, es muss auf *unabhängige* Weise prüfbar sein; und es wird desto befriedigender sein, je unabhängiger und strenger die Prüfungen waren, denen es standgehalten hat." (Popper 1972, 30) Mit dem Ausdruck "unabhängig" wird dabei

[5] Zur allgemeinen wissenschaftstheoretischen Diskussion sei auf Feyerabend (1965) sowie auf die gesammelten Beiträge in Topitsch (1967) und Albert (1972) verwiesen. Zu den Methoden der Wirtschaftswissenschaft siehe v. Beckerath et al. (1965) und Jochimsen et al. (1971). Eine verständliche und übersichtliche Einführung in die Wissenschaftstheorie geben Kromphardt et al. (1979) und Jöhr (1979), Jöhr et al. (1980).

gemeint, dass "ad hoc"- und "zirkelförmige" Erklärungen auszuschliessen sind. Eine Erklärung ist dann befriedigend, wenn sie mit Hilfe von prüfbaren und falsifizierbaren universellen Gesetzen und Anfangsbedingungen erfolgt. Und sie ist desto befriedigender, je besser prüfbar diese Gesetze (und auch die Anfangsbedingungen) sind und je besser sie tatsächlich geprüft werden.

Nach dem Kriterium der Falsifizierbarkeit muss also eine wissenschaftliche Theorie so gebaut sein, dass sie an der Erfahrung scheitern kann. Man kann Experimente angeben, deren negativer Ausgang den Forscher zwingt, entweder die Theorie ganz aufzugeben oder sie jedenfalls wesentlich zu modifizieren. Sie bleibt immer eine Hypothese, eine vorläufig erfolgreiche Annahme, die im nächsten Augenblick an der Erfahrung widerlegt werden kann. Diese wissenschaftliche Methode zielt deshalb auf die Eliminierung des Falschen.

Damit unterscheidet sie sich von derjenigen Wissenschaftskonzeption, wonach eine intuitiv aufgefundene Theorie durch die Erfahrung zu bestätigen und dadurch als wertvoll zu erweisen sei, die mit andern Worten das Wahre begründen ("verifizieren") will. Auch nach dieser Auffassung ist die Erfahrung für die Theorie von sehr grosser Bedeutung. Sie kann aber nur zu ihren Gunsten sprechen. Wenn eine Schwierigkeit auftritt, so trifft das nicht die Theorie, sondern nur jene Menschen, die unfähig sind, sie auf diese besondere Situation anzuwenden und dadurch zu zeigen, dass auch diese Situation sie empirisch bestätigt (vgl. Feyerabend 1965, 334f).

Aus dem Gesagten geht hervor, dass befriedigende Erklärungen Theorien voraussetzen, die falsifizierbar sind. Dabei ist die Ueberprüfung einer Theorie mit Hilfe des Kriteriums der Falsifizierbarkeit als ein fortschreitender Prozess zu verstehen, der verschiedene Grade der Befriedigung aufweist. Dementsprechend kann ein Modell in verschiedenen Graden implementiert werden.

Wie weit der Erklärungsprozess in der Fallstudie vorangebracht werden kann, muss sich aufgrund des konkreten Datenmaterials erweisen. Es wird sich dabei auch die Frage stellen, ob die Beschreibung und die Erklärung klar voneinander zu trennen sind oder ob die deskriptive Arbeit nicht in mehr oder weniger kontinuierlicher Weise in die explikatorische Arbeit übergeht.

4. Krise

Wenn von "Krise" die Rede ist, scheint es auf den ersten Blick klar zu sein, was damit gemeint ist. Bei näherem Zusehen wird man aber gewahr, dass dieser Sammelbegriff eine grosse Komplexität von Phänomenen umfasst. Neben zahlreichen ausserökonomischen Bedeutungen (vgl. Robinson 1972) meint Krise im wirtschaftlichen Sinn einen makroökonomischen Sachverhalt mit monetären und realwirtschaftlichen Aspekten, der gewöhnlich Depression genannt wird und insbesondere durch folgende Merkmale gekennzeichnet ist: plötzlicher Fall der Güterpreise (vor allem der Metalle), Kreditknappheit, Zahlungseinstellungen von Grossbanken, Zusammenbrüche in den Wertpapiermärkten, Bankrotte, aussergewöhnliche Goldbewegungen, Produktionsrückgänge und hohe Arbeitslosigkeit (Lescure 1949,595). Eine gründliche und umfassende Untersuchung der komplexen Vorgänge der Weltwirtschaftskrise 1929 – 1939 gibt u. a. Kindleberger (1973).

Die Krise unterscheidet sich vom konjunkturellen Abschwung (Rezession) durch die Heftigkeit und das Ausmass des wirtschaftlichen Rückgangs in quantitativer und qualitativer Hinsicht sowie durch das hartnäckige Andauern des gesamtwirtschaftlichen Tiefs. Während sich der Krisenbeginn über eine relativ kurze Zeitspanne erstreckt, ist die Ueberwindung der Krise ein allmählicher Prozess, der viele Jahre in Anspruch nimmt und in den verschiedenen Wirtschaftsbereichen unterschiedlich rasch vorangeht. Deshalb lässt sich der Anfang der Krise bedeutend leichter zeitlich bestimmen als das Ende.

Diese beschreibende Charakterisierung der Krise kann mit Hilfe von Definitionen zusammengefasst werden, die in engem Zusammenhang mit wirtschaftstheoretischen Auffassungen stehen. Wenn Krise als "schwere und plötzliche Störung des wirtschaftlichen Gleichgewichts" (Lescure 1949,595) verstanden wird, ist damit implizit gesagt, dass sich die Wirtschaft im Normalzustand im Gleichgewicht befindet und höchstens unbedeutenden und vorübergehenden Störungen unterworfen ist. Dieser Sicht des Wirtschaftslebens liegt ein gleichgewichtstheoretischer Ansatz zugrunde, der in der Geschichte der Lehrmeinungen zahlreiche Ausformungen erfahren hat (vgl. Weintraub S. 1977,105-177, bes. Weintraub E.R. 1977).

Demgegenüber gehen andere Wirtschaftstheoretiker, die sich insbesondere mit dem Phänomen der Arbeitslosigkeit beschäftigen, von Ungleichgewichtssituationen aus und versuchen auf diese Weise, der wirtschaftlichen Realität besser gerecht zu werden. Ein prominenter Vertreter dieser Lehrrichtung ist bekanntlich John M. Keynes mit seinem 1936 erschienenen Werk "The General Theory of Employment, Interest and

Money“ (vgl. Wells 1977). Neuere Arbeiten zur Ungleichgewichtsproblematik stammen von Barro und Grossman (1971, 1976), Barro (1979), Grossman (1979) und Howitt (1979). Uebersichtsartikel zu diesem Fragenkreis schrieben Muellbauer et al. (1978) und Drazen (1980).

In der Beurteilung der Funktionsweise des Arbeitsmarktes kommt auf besonders deutliche Weise die alte Spannung zwischen Markteffizienz und Marktversagen zum Ausdruck. “Should one think of the labor market as mostly clearing, or at worst in the process of quick return to market-clearing-equilibrium? Or should one think of it as mostly in disequilibrium, with transactions habitually taking place at non-market-clearing wages?“ (Solow 1980,2)

Der fundamentale wirtschaftstheoretische Unterschied zwischen dem Gleichgewichts- und dem Ungleichgewichtsansatz besteht nicht nur im Verständnis des Arbeitsmarktes, sondern der Wirtschaft insgesamt. Je nach Auffassung wird die “Krise“ als Ausnahmefall im Unterschied zur Normalsituation oder als eine besonders ausgeprägte Erscheinung eines instabilen Wirtschaftssystems schlechthin betrachtet. Diese unterschiedlichen Standpunkte machen deutlich, dass jede Krisendefinition wirtschaftstheoretische Implikationen enthält, die für die Krisenerklärung und Krisenbekämpfung massgeblich sind.[6]

Sie werden aber hier nicht weiter diskutiert, da sich die Fallstudie nur mit den Auswirkungen der Krise, die zudem bloss in begrenzten Bereichen untersucht werden, befasst. Die Ursachen der Krise werden darin als ein Komplex von Phänomenen (als eine Menge exogener sozioökonomischer Variablenveränderungen) verstanden, die ausserhalb der Gemeinde J liegen, aber einen bedeutenden Einfluss auf ihre wirtschaftliche Entwicklung ausüben. Weil direkte Relationen zwischen den exogenen Krisenvariablen und den in J beobachteten Variablen zwar bestehen, aber nicht erfasst werden können, kann nicht im eigentlichen Sinne von “Auswirkungen“ der Krise gesprochen werden.

Dennoch findet die Krise ihren Niederschlag in gewissen Variablen, die in J beobachtbar sind und in Beziehung zu den Variablen des Einkommens und des Vermögens gesetzt werden können. Sie werden aufgrund theoretischer Annahmen (vgl. 5.) als krisenbedingte Faktoren definiert. Ihr Einfluss auf Einkommen und Vermögen wird dementsprechend als “Krisenwirkung“ interpretiert. Nur in diesem eingeschränkten Sinn kann von den “Auswirkungen der Weltwirtschaftskrise“ auf die personelle Einkommens- und Vermögensverteilung die Rede sein.

6 Den engen Zusammenhang zwischen Definition, Erklärung und Bekämpfung im Bereich der Armut untersucht Enderle (1981).

5. Ein Ansatz zur Erklärung der Verteilung der Erwerbseinkommen: das Alter-Beruf-Modell (AB-Modell)

5.1. Die "Nachfrage-Angebots-Schule"

Nachdem in den vorangegangenen Kapiteln der Forschungsgegenstand präzisiert und genauer definiert wurde, was unter "Beschreiben und Erklären" und "Krisenauswirkung" zu verstehen ist, wird nun der Versuch unternommen, ein Modell zur Erklärung der Verteilung der Erwerbseinkommen zu konstruieren, das im vierten Teil anhand des in der Gemeinde J erhobenen Datenmaterials implementiert werden soll. Unter Einkommen wird im folgenden, wenn nicht anders vermerkt, stets das Erwerbseinkommen verstanden.

Der Verlauf der Einkommensverteilung in J während der dreissiger Jahre (vgl. IV.4.f.) legt die Vermutung nahe, dass die Einkommen nicht nur von Angebots-, sondern auch von Nachfragefaktoren des Arbeitsmarktes beeinflusst werden, die von der kurzfristigen wirtschaftlichen Entwicklung in J abhängig sind. Denn es ist wohl nicht einzusehen, weshalb die Erwerbstätigen mit einer gegebenen Ausstattung an Leistungsqualitäten innerhalb weniger Jahre zum Teil starke Einkommensverluste erfahren, wenn diese nicht auf Veränderungen der Nachfrageseite zurückgeführt werden können.

Zur Erklärung dieser Verteilungen ist deshalb ein theoretischer Ansatz erforderlich, der sowohl einkommensrelevante Ausstattungen der Individuen wie auch nachfragebestimmte Strukturen und Prozesse berücksichtigt. Dies ist mit Hilfe eines *Angebot-Nachfrage-Modells* möglich, wobei die beiden Gruppen von Erklärungsvariablen grundsätzlich sehr verschiedene, ökonomische und ausserökonomische Faktoren umfassen können. (Zur letzteren Gruppe gehören z. B. soziale Einrichtungen wie das Kastensystem in Indien oder soziale Vorurteile der Minderwertigkeit der Handarbeit gegenüber der Kopfarbeit in westlichen Gesellschaften). Ein solcher für Oekonomen natürlicher Ansatz ist wesentlich flexibler, als gewisse Vertreter anderer Sozialwissenschaftler (Juristen, Soziologen) glauben, und eignet sich besonders gut für die Behandlung unserer Fragestellung in der Fallstudie.

In der wirtschaftswissenschaftlichen Literatur über Theorien der personellen Einkommensverteilung (vgl. Sahota 1978) sind jedoch nur wenige Vertreter der sogenannten *"Nachfrage-Angebots-Schule"* zu finden.

Bedeutende Beiträge hat vor allem Jan Tinbergen (bes. Tinbergen 1978, mit Bibliographie) geleistet, der nach Ansicht von L. Osberg (1976) das Paradigma der Human-Capital-Theorie hat "verblassen" lassen. Tinbergen betrachtet die (Erwerbs-) Einkommen als Preise, die für die verschiedenen Produktionsfaktoren, insbesondere Arbeit unterschiedlicher Art, bezahlt werden. Sie werden auf bestimmten Teilarbeitsmärkten erzielt, die prinzipiell durch eine Reihe von Merkmalen (z. B. Schuljahre) charakterisiert werden können sowie durch die Grösse, die diese Märkte haben müssen. In jedem Teilarbeitsmarkt sind die erforderlichen (nachgefragten) von den tatsächlich vorhandenen (angebotenen) Arbeitsqualitäten zu unterscheiden. Entsprechend der neoklassischen Gleichgewichtstheorie wird der Preis aus dem Zusammenspiel von Angebot und Nachfrage zu erklären versucht.

"Dazu werden zwei Beziehungen eingeführt, die als *Angebots-* und *Nachfragefunktion* bekannt sind. Beide enthalten den Preis und die 'angebotene' bzw. 'nachgefragte' Menge als Variable. Diese Mengen werden als in der Gleichgewichtslage identisch angesehen und als 'Beschäftigung' der betreffenden Arbeitsart bezeichnet. In der Regel enthalten diese Funktionen noch andere Variablen. Diejenigen, die in die Angebotsfunktion eingehen, werden üblicherweise *Angebotsfaktoren*, die in die Nachfragefunktion eingehen, *Nachfragefaktoren* genannt. In einem Partialmodell für einen einzelnen Markt stellen Preis und Beschäftigung die endogenen Variablen des Modells dar. Nach den beiden endogenen Variablen aufgelöst, erhalten wir die sogenannte *Preisgleichung* und die *Beschäftigungsgleichung*, wobei die erstere den Preis, die letztere die Beschäftigung als Funktion der Angebots- und Nachfragefaktoren ausdrückt. Diese beiden Gleichungen können auch als *reduzierte Form* der Marktgleichungen angesehen werden." (Tinbergen 1978,38f)

Ein solcher kombinierter Nachfrage-Angebots-Ansatz ist im übrigen nach Tinbergen's Auffassung (Tinbergen 1978,159) von grosser verteilungspolitischer Bedeutung:

1. Für eine Angleichung der Einkommen sind *gleiche Fähigkeiten aller Individuen nicht erforderlich*, sondern vielmehr ein Ausgleich der Nachfrage nach und des Angebots an unterschiedlichen Arbeitsarten bei dem jeweils gleichen Einkommensniveau.
2. *Wesentliche Verschiebungen* der Einkommensanteile stehen natürlicherweise im Widerspruch zu der von den Privilegierten bevorzugten Aufrechterhaltung der historischen Einkommensrelationen.
3. Die *hinter dem Arbeitsmarkt* stehenden Angebots- und Nachfragefaktoren (Steuersystem, Bildungsbereich, technologische Entwicklung usw.) können ermittelt und verteilungspolitisch beeinflusst werden.

Auch wenn Tinbergen's Auffassung bezüglich der Reduzierbarkeit der Einkommensungleichheit durch den Ausbau des Bildungssystems für viele Oekonomen und Bildungsexperten zu optimistisch ist (vgl.

Bronfenbrenner 1977,410), bleibt dennoch sein theoretischer Ansatz ausgewogen und vielversprechend, weil er die Erklärung der personellen Einkommensverteilung sowohl von den individuellen Entscheidungen wie auch von den den Individuen unmittelbar vorgegebenen, aber doch wandelbaren Strukturen her konzipiert. Ohne Zweifel ist ein solcher umfassender Ansatz für die Untersuchung der Zusammenhänge von Einkommensverteilung und konjunktureller Entwicklung besonders geeignet.

Die "Nachfrage-Angebots-Schule" unterscheidet sich somit einerseits von der "Human-Capital-Schule" (vgl. Sahota 1978,11-19), die mit Ausnahme von Becker (1967) und wenigen andern (vgl. dazu Sahota 1978,31) ihr Augenmerk nur auf die Angebotsseite des Marktes für Arbeit verschiedener Art richtet. Anderseits grenzt sie sich auch von der "Ausbildungsplanungs-Schule" ab, die nur nachfrageseitige Aspekte berücksichtigt (vgl. Tinbergen 1978,14).

Für beide Schulen gilt, dass sie versuchen, nur auf einem Bein zu gehen, wie Blaug dies den bisherigen Untersuchungen zur Einkommensfunktion (earnings function) vorwirft. "The fact remains that no one has so far succeeded in specifying and testing the simultaneous demand and supply equations that generate the earnings function, without which empirical work on earnings function amounts to little more than trying to walk on one leg." (Blaug 1976a,845)

Die Angebot-Nachfrage-Modelle gehen von folgenden Annahmen aus:

1. Das geographische Gebiet muss so gross sein, dass es das gesamte Angebot und die gesamte Nachfrage des betrachteten Arbeitsmarktes umfasst (Tinbergen 1978,45). Damit sind tägliche Pendelwanderungen und mehrmonatige Saisonwanderungen über das Untersuchungsgebiet hinaus ausgeschlossen, weil sich dabei der Arbeitsort, an dem die Nachfrage entfaltet wird, vom Wohnort, an dem das Angebot auftritt, unterscheidet.
2. Das Untersuchungsgebiet sollte eine gewisse Homogenität in soziopolitischer und kultureller Hinsicht insofern aufweisen, als die Angebots- und Nachfragefaktoren in mehr oder weniger gleicher Weise davon affiziert werden.
3. Die einkommensrelevanten Faktoren wie Ausbildung, Erfahrung usw. sind nach angebots- und nachfrageseitigen Aspekten zu unterscheiden. Was der Arbeitnehmer an Qualitäten anbietet, muss sich nicht notwendig mit den Qualitäten, die vom Arbeitsplatz her erforderlich sind, decken.

Nur wenn eine solche Zweidimensionalität vorhanden ist, können

zwei unterschiedliche Substitutionsarten unterschieden werden: die *Substitution der Arbeitskräfte*, wodurch Arbeitnehmer mit einem bestimmten Ausbildungsniveau durch anders qualifizierte ersetzt und in die mit dem gleichen Forderungsprofil ausgestatteten Arbeitsplätze eingesetzt werden; und die *Substitution der Arbeitsplätze*, wobei Arbeitskräfte mit einem gegebenen Ausbildungsstand von einer bestimmten Kategorie von Arbeitsplätzen zu einer andern Kategorie überwechseln (vgl. Tinbergen 1978,95).
Eine klare Unterscheidung zwischen angebots- und nachfrageseitigen Aspekten fordert Blaug für die Definition der Berufe, weil nur so die Substituierbarkeit und damit der optimale Einsatz der Arbeitskräfte überhaupt erfassbar sind. "We conclude that occupations must be defined in terms of the nature of the job that is to be performed, without any reference to the characteristics of the people who take them up. Unfortunately, most official occupational classificatory schemes fail to satisfy this criterion.“ (Blaug 1976,154)
4. Schliesslich muss vorausgesetzt werden können, dass die Faktoren der Angebotsseite von denen der Nachfrageseite unabhängig sind.

Diese vier Annahmen stecken den Rahmen für die Ausarbeitung des Alter-Beruf-Modells (vgl. 5.2.) ab und müssen bei der Implementierung dieses Modells im vierten Teil erfüllt sein.

5.2. Das Alter-Beruf-Modell

Der in Kapitel 5.1. diskutierte theoretische Ansatz soll nun genauer umschrieben und spezifiziert werden, indem ein einfaches Alter-Beruf-Modell (AB-Modell) erarbeitet wird. Dabei ist dem verfügbaren Datenmaterial im Hinblick auf eine Implementierung im vierten Teil Rechnung zu tragen (vgl. IV.4.9.). Das AB-Modell, das der Erklärung der Verteilung der Erwerbseinkommen dient und somit ein Partialmodell in der Theorie der personellen Einkommensverteilung darstellt, übernimmt verschiedene Elemente anderer Forschungsarbeiten, wobei deren theoretische Ansätze und detaillierte Ausarbeitungen nicht weiter dargestellt werden.

5.2.1. Spezifizierung des Angebots

In verschiedenen Studien (Modigliani et al. 1960, Lydall 1968, Thatcher 1976 u. a. m.; vgl. Figur 5.1), die gewöhnlich auf Querschnittserhebungen beruhen, wurde die Beobachtung gemacht, dass die Erwerbseinkommen von Individuen im Lebenszyklus[7] in etwa den Verlauf einer invertierten Parabel annehmen: zuerst steigt das Einkommen mit zunehmendem Alter an, bis es einen Höhepunkt erreicht, um dann wieder zu fallen, je näher das Pensionsalter kommt. Aufgrund solcher Beobachtungen und theoretischer Ueberlegungen ist Bronfenbrenner's Auffassung gut vertretbar, dass "age is a major factor (perhaps even *the* major factor) in measured inequality of personal income" (Bronfenbrenner 1977,397). Mit Altern wird selbstverständlich nicht nur das kalendarische Fortschreiten gemeint; vielmehr steht das Alter (als "proxy variable") stellvertretend für vielfältige Faktoren, die im Leben des Individuums Aenderungen unterworfen sind. "First, there are changes in effective abilities, resulting from biological changes and the effects of experience. Secondly, there are changes in health and strength, and in personality characteristics, such as ambition, which again are the result of biological and environmental influences. And, thirdly, there are changes of status, resulting from promotion or other shifts in position within the hierarchy of employees within organizations. We should also add a fourth category, of miscellaneous factors as yet unidentified, which go under the heading of 'chance'." (Lydall 1968,113)

Weil dem *Alter* eine so weitreichende Bedeutung zukommt, wird es als hauptsächliche Erklärungsvariable auf der Angebotsseite verstanden. Dieser Faktor kann, kurz- und mittelfristig betrachtet, für die Erwerbsbevölkerung als unabhängig von konjunkturellen Schwankungen angenommen werden.

Als weitere im Datenmaterial verfügbare Angebotsfaktoren sind zu nennen: Zivilstand, Kinderzahl, Haushaltgrösse. Es ist zu vermuten, dass sie in einem gewissen Zusammenhang mit dem Alter stehen und die Einkommen als Einkünfte, nicht als Wohlstandsindikatoren, in dem Sinne beeinflussen, dass nichtverheiratete gegenüber verheirateten Personen eher ein tieferes Einkommen aufweisen und Familien mit mehr Kindern, was eng korreliert, aber nicht identisch mit der Haushaltgrösse ist, in der Regel ein höheres (reines) Gesamteinkommen haben, wobei das pro Kopf-Einkommen durchaus tiefer sein kann.

Ein wichtiger Bestimmungsgrund des Einkommens ist ferner die *Ausbildung*. Gemäss den meisten theoretischen Ansätzen, insbesondere bei der Human-Capital-Theorie, beeinflusst sie neben dem "On-the-job-trai-

---

[7] Der Ausdruck "Lebenszyklus" (life cycle) enthält die Vorstellung der Zirkularität des Lebens; Anfang und Ende schliessen sich zu einem Kreis; das Einkommen steigt von null auf und geht wieder auf null zurück. Obschon dieser Ausdruck weit verbreitet ist, scheint er mir ungeeignet zu sein, das lebensgeschichtlichte Nacheinander, das eine gewisse Linearität beinhaltet, auszudrücken. Ich ziehe es deshalb vor, von "lebensgeschichtlichen" Einkommen und Einflussfaktoren zu sprechen.

Figur 5.1 Alter-Einkommensprofile in vier Ländern (Blaug 1976)

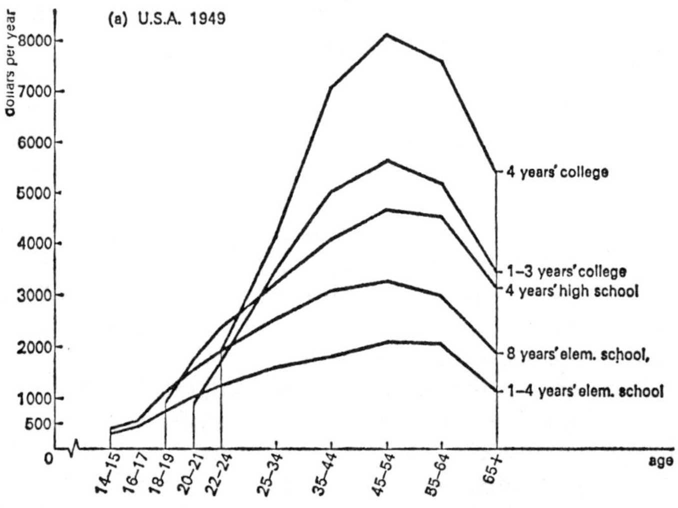

Quelle: Hansen (1963)

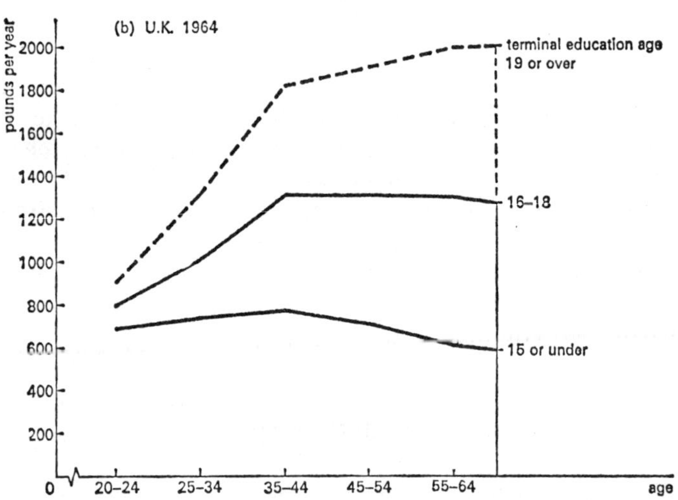

Note: the sample sizes for each age cohort for the TEA group 19 or over are too small to provide reliable results

Quelle: Henderson-Stewart (1965)

Figur 5.1 Alter-Einkommensprofile in vier Ländern (Forts.)

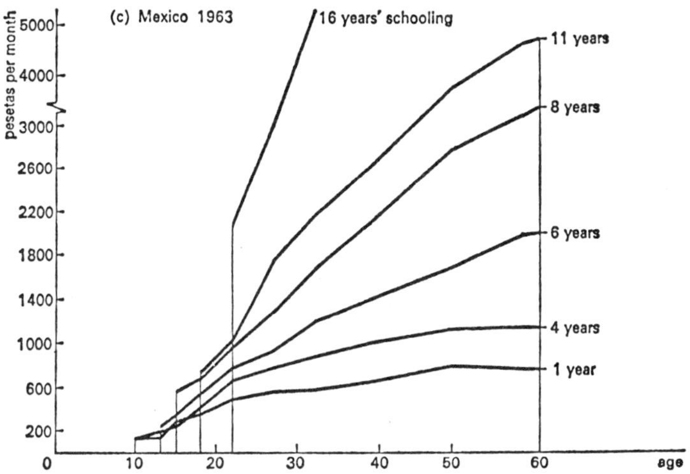

Quelle: Carnoy (1967)

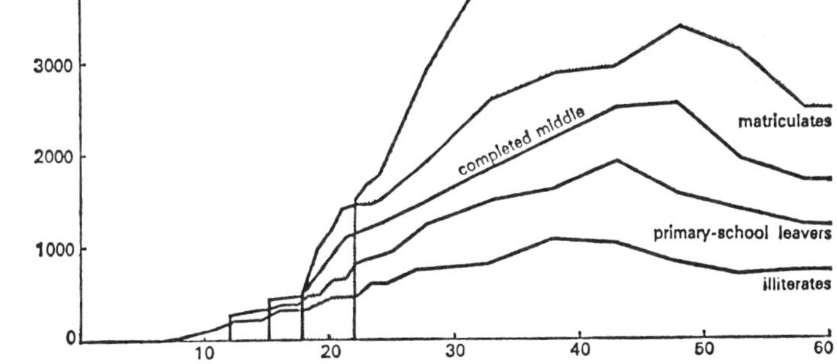

Quelle: Blaug et al. (1969)

ning“ die Produktivität der Arbeitskräfte in entscheidender Weise. Sie kann deshalb als Angebotsfaktor verstanden werden, obschon die Human-Capital-Theorie u. a. m. nicht von einem Angebot-Nachfrage-Modell ausgehen und Produktivität und Einkommenserzielung implizit eng korreliert voraussetzen. Andere Theorien messen der Ausbildung nur eine “Signal-Funktion“ ohne direkten Bezug zur Produktivität bei, weil der Arbeitsmarkt wesentlich durch unvollkommene Information und Unsicherheit gekennzeichnet ist und die “Ausbildung“ der Arbeitsproduktivität zum grossen Teil erst nach der Anstellung firmenintern geschieht.

Zur wachsenden Bedeutung der “Theory of Signaling“ und der “Screening Hypothesis“ gegenüber der Human-Capital-Theorie schreibt Blaug (1976,850): “In all likelihood, the human-capital research program will never die, but it will gradually fade away to be swallowed up by the new theory of signaling, the theory of how teachers and students, employers and employees, and indeed all buyers and sellers select each other when their attributes matter but when information about these attributes is subject to uncertainty. In time, the screening hypothesis will be seen to have marked a turning point in the ’human investment revolution in economic thought’, a turning point to a richer, still more comprehensive view of the sequential lifecycle choices of individuals.“

Wie die Produktivität sind auch die “Signale“ Indikatoren des Angebots, nach denen das Arbeitsangebot durch die Arbeitsnachfrage “ausgefiltert“ wird. Dabei wird deutlich, dass die Signalfunktion nur dann sinnvoll bestimmt werden kann, wenn sie in Beziehung zum Filtrierraster der Nachfrage gebracht wird. Das heisst theoretisch, dass der Selektionsprozess bei Unsicherheit nicht nur von den angebotenen Signalen abhängt, sondern auch davon, welcher Standard auf der Nachfrageseite zur Aufnahme der Signale gesetzt wird. So kann beispielsweise ein bestimmtes Ausbildungsniveau je nach Standard stark oder schwach nachgefragt werden, ohne dass weder das Niveau noch der Standard direkt von Produktivitätsüberlegungen bestimmt sein müssen. Auf diese Weise lassen sich u. a. auch Phänomene der Diskriminierung auf dem Arbeitsmarkt erklären.

Es wäre wünschenswert, wenn neben dem Alters- auch der Ausbildungseffekt auf die Einkommen ermittelt werden könnte. Denn verschiedene Gründe sprechen dafür (vgl. Blaug 1976, bes. 22-46; Thatcher 1976), dass die Lage und der Zeitpunkt des Maximums der konkaven Einkommensfunktion u. a. vom Ausbildungsniveau der Individuen beeinflusst ist (zur Illustration dieser Unterschiede vgl. Figur 5.1). Aus der obigen kurzen Diskussion hat sich aber ergeben, dass schon vom theoretischen Standpunkt die Unterscheidung von angebots- und nachfrageseitigen Aspekten Probleme schafft. In der Empirie ist sie mit dem verfügbaren Datenmaterial oft noch schwieriger durchzuführen.

5.2.2. Spezifizierung der Nachfrage

Während sich eine Fülle von Forschungsarbeiten für angebotsseitige Erklärungsansätze eignet, gibt es nur relativ wenige Studien, die die Untersuchung der personellen Einkommensverteilung von der Nachfrageseite her angehen. Dies mag mit ein Grund dafür sein, dass der Zusammenhang zwischen Einkommensverteilung und konjunkturellen Schwankungen bzw. Krisen nur selten erforscht wurde (vgl. I.).

Die Autoren, die sich gleichwohl auch mit nachfrageseitigen Aspekten beschäftigten, untersuchten insbesondere das Funktionieren des Arbeitsmarktes (vgl. den Uebersichtsartikel von Cain 1976; Gordon 1972). Lester C. Thurow entwarf im Unterschied zum Wage-Competition-Modell ein Job-Competition-Modell (Thurow 1969, 1975, 1976), mit dem er hartnäckige Ungleichgewichte auf dem Arbeitsmarkt (Arbeitslosigkeit, Diskriminierung, Armut in den USA) zu erklären versucht. P. B. Doeringer und M. J. Piore (1971) führten die Einkommensungleichheit mit Hilfe der Segmentierungshypothese auf (firmen-) interne Arbeitsmärkte zurück. Einen strukturellen Ansatz unternahm L. Osberg (1975). Andere Studien, die die Nachfrage nach verschiedenen Arbeitsarten aus Produktionsfunktionen ableiten, lassen sich der sogenannten Ausbildungsplanungs-Schule zuordnen (vgl. Tinbergen 1978,14).

Das verfügbare Datenmaterial der Fallstudie erlaubt es nicht, diese Hypothesen im einzelnen zu überprüfen. Sie weisen aber wenigstens auf ein Problemfeld hin, das für die Erklärung der Einkommensverteilung von hervorragender Bedeutung ist. Denn man kann wohl nicht bestreiten, dass neben den Angebotsfaktoren die Produktionsstruktur und die Funktionsweise des Arbeitsmarktes die Erwerbseinkommen und deren Verteilung stark beeinflussen. Dies trifft ganz allgemein für sogenannte "normale" Zeiten zu und kommt besonders augenscheinlich in Krisenzeiten zum Ausdruck.

Angesichts der erwähnten Beschränkungen wird im folgenden auf sehr einfache Weise versucht, die Nachfrageseite bei der Erklärung der Einkommensverteilung zu berücksichtigen. Als wichtigster Nachfragefaktor wird die *Berufsstruktur* gewählt.

Welche zentrale Bedeutung die Berufsposition und Berufsstruktur in der modernen Industriegesellschaft unter *soziologischem* Blickwinkel einnehmen, heben u. a. Blau und Duncan (1967,6f) hervor. "Occupational position does not encompass all aspects of the concept of class, but it is probably the best single indicator of it (although more refined measures should take economic influence directly into account)."

"The occupational structure in modern industrial society not only constitutes an important foundation for the main dimensions of social stratification but also serves as the connecting link between different institutions and spheres of social life, and therein lies its great significance. The hierarchy of prestige strata and the hierarchy of economic classes have their roots in the occupational structure; so does the hierarchy of political power and authority, for political authority in modern society is largely exercised as a full-time occupation. It is the occupational structure that manifests the allocation of manpower to various institutional spheres, and it is the flow of movements among occupational groups that reflects the adjustment of the demand for diverse services and the supply of qualified manpower. The occupational structure also is the link between the economy and the family, through which the economy affects the family's status and the family supplies manpower to the economy. The hierarchy of occupational strata reveals the relationship between the social contributions men make by furnishing various services and the rewards they receive in return, whether or not this relationship expresses some equitable functional adjustment, as assumed by the functional theory of stratification. Indeed, there is good reason to suspect that such adjustment is often disturbed, because the occupational hierarchy is not only an incentive system for eliciting services in demand but also a power structure that enables men in controlling positions, such as corporation managers, to influence the distribution of rewards."[8]

In *ökonomischer* Hinsicht ist die Berufsstruktur – wie die Ausbildung (vgl. oben) – grundsätzlich sowohl von der Angebots- wie auch von der Nachfrageseite her zu betrachten. Im einen Fall stellt sie die von den Individuen angebotenen beruflichen Qualitäten und Quantitäten dar; im andern Fall bedeutet sie die von der Produktionsstruktur und der wirtschaftlichen Konjunktur erforderlichen qualitativen und mengenmässigen Berufskategorien.

In unserem Angebot-Nachfrage-Modell werden die Berufe als Nachfragefaktoren definiert, weil aufgrund der Datenquelle angenommen werden muss, dass es sich bei der Berufsangabe um die tatsächlich ausgeübten Berufe handelt. Diese aber sind mit viel grösserer Wahrscheinlichkeit als nachgefragte denn als angebotene Berufe zu interpretieren (zur Definition der Berufe und Berufsgruppen siehe IV.3.8.).

In engem, wenn auch nicht eindeutigen Zusammenhang zum Berufsfaktor steht die Branchen- und Sektorzugehörigkeit. Dies ist nicht notwendigerweise gegeben, kann jedoch bei der einigermassen überschau-

---

[8] Eine reich dokumentierte Uebersicht zur Berufssoziologie mit ausgewählter Bibliographie gibt Daheim (1977). Vgl. auch die gesammelten Beiträge in Luckmann et al. (1972).

baren Datensituation in J als durchaus plausibel vorausgesetzt werden.

Ein weiterer Nachfragefaktor ist schliesslich die Stellung der Individuen im Beruf. Der Umstand, dass sie selbständig oder unselbständig erwerbstätig sind, beeinflusst das Einkommen in dem Sinne, dass die Selbständigen trotz der Gewinnungskosten, höherer Risiken usw. in der Regel höhere Einkommen als die Unselbständigen erzielen. Auch diese Aussage ist in ihrer Gültigkeit auf die Gemeinde J in den dreissiger Jahren eingeschränkt.

IV. TEIL: Fallstudie

1. Einleitung

Die Bestimmung der Fragestellung im ersten Teil sowie die methodologischen und theoretischen Ueberlegungen im zweiten und dritten Teil zeigten vielfältige Aspekte auf, die bei der Untersuchung der Zusammenhänge zwischen konjunkturellen Schwankungen und personeller Einkommens- und Vermögensverteilung zu berücksichtigen sind. Bei einer empirischen Studie stellen sich zusätzlich mannigfache Probleme bezüglich Erhebung, Stichprobenverfahren, Repräsentativität usw. Um die Komplexität des Untersuchungsgegenstandes nicht weiter zu erhöhen, sollen deshalb die erwähnten Zusammenhänge nicht im landesweiten Kontext, sondern anhand einer begrenzten *Fallstudie einer Gemeinde* aufgrund einer *Vollerhebung* analysiert werden. Die Beschränkung auf einen solchen "Fall" ermöglicht eine umso tiefer gehende Analyse und kann wertvolle methodologische und theoretische Hinweise für weitere Studien geben, die für andere Gemeinden, für grössere Gebiete oder gar auf nationaler oder internationaler Ebene durchgeführt werden. Bei einer Uebertragung der Ergebnisse dieser Fallstudie auf die Schweiz wäre die begrenzte Aussagekraft einer Klumpenstichprobe zu beachten.

Trotz dieser Eingrenzung der Aussagekraft müssen Ort und Zeitperiode des zu untersuchenden "Falles" nach wohlüberlegten *Kriterien* ausgewählt werden. Die Untersuchungsgemeinde sollte eine relativ geschlossene Einheit bilden, die gewissermassen einen Mikrokosmos darstellt. Dies ist nicht nur als Voraussetzung für das Alter-Beruf-Modell (vgl. III.5.2.) erforderlich, sondern auch ganz allgemein für die Erforschung der zahlreichen und verschiedenartigen Beziehungen – insbesondere der Verteilungen – innerhalb dieser Entität wichtig. Freilich bedeutet diese Geschlossenheit nicht Autarkie, das gänzliche Fehlen von Aussenkontakten.

Welche soziologischen Gesichtspunkte zu berücksichtigen sind, ist Aufgabe der Soziologie der Gemeinde (vgl. Arensberg 1974, König 1972, 1974c).

Vom ökonomischen Standpunkt aus sind die wirtschaftlichen Strukturen und Prozesse zu untersuchen. Ein wichtiger Aspekt ist dabei die Frage, inwiefern die Gemeinde einen lokalen Wirtschaftskreislauf aufweist und inwiefern sie in überlokale Kreisläufe eingebunden ist. Wenn die Krise im wesentlichen als etwas von aussen Kommendes (vgl. III.4.) betrachtet wird, ist die Einbindung in den überlokalen, gegebenenfalls internationalen Kreislauf für den Kriseneinfluss Voraussetzung; ohne Aussenkontakte wäre keine Krisenauswirkung möglich. Gleichzeitig ist für die Eigenständigkeit des Gemeinwesens auch ein bedeutsamer lokaler Wirtschaftskreislauf notwendig, in dem im Unterschied zum "aussenwirtschaftlichen" Sektor eventuell andere Verhaltensweisen während der Krisenzeit oder verzögerte indirekte Kriseneinflüsse festgestellt werden können. Bei der Wahl der Gemeinde ist ferner darauf zu achten, dass sowohl der private wie auch der öffentliche Sektor von Bedeutung sind, weil wegen der unterschiedlichen Krisenbetroffenheit und Anstellungsverhältnisse in diesen Sektoren auch unterschiedliche Verhaltensweisen in der Krise anzunehmen sind.

Schliesslich ist die Frage nach der Zeitperiode zu stellen. Krisen traten bekanntlich immer wieder in der Wirtschaftsgeschichte auf; aber nicht jede Krise eignet sich in gleicher Weise für die gegebene Fragestellung. Die Weltwirtschaftskrise der dreissiger Jahre zeichnet sich durch ihre Heftigkeit und Dauer aus und gilt geradezu als "exemplarische" Krise. Trotz ihrer enormen wirtschaftlichen und politischen Auswirkungen auf Jahrzehnte hinaus ist diese Krisenzeit in der Schweiz noch relativ wenig erforscht[1]. Gegenüber der starken Rezession von 1974/75 (vgl. u. a. Eckstein 1976) bietet die Krise der dreissiger Jahre eine hinreichende wirtschaftsgeschichtliche Distanz, die eine Beurteilung der Vorgänge mit grösserer Nüchternheit zulässt. Dieser Abstand mag gerade für die Untersuchung von Verteilungsaspekten von besonderem Vorteil sein. Zugleich ist diese Zeit noch nicht in eine allzu ferne Vergangenheit gerückt. Eine grosse Fülle von prozess-produzierten Daten (vgl. II.2.) ist in vielen Gemeinden der Schweiz verfügbar, und es ist noch möglich, persönliche mündliche Erinnerungen aus jener Zeit zu sammeln.[2]

Was die genaue Bestimmung der Beobachtungsperiode für die Fallstudie betrifft, sollte sie so gewählt werden, dass ein erster Uebergang aus einer relativ "normalen" Wirtschaftslage in die Krise und ein zweiter Uebergang aus der Krise in eine wirtschaftlich wieder mehr oder weniger "normale" Situation betrachtet werden kann. Konkret ist damit die Zeit von 1929 bis 1937 gemeint. Dabei kann freilich nicht zum vorneherein genau festgelegt werden, welche Jahre als "Krisenjahre" zu definieren sind. Dies wird erst aufgrund des empirischen Befundes genau zu bestimmen sein.

---

[1] Zur Lage der Schweiz in der Zwischenkriegszeit vgl. Ruffieux (1974), von Greyerz (1977). Spezielle wirtschaftswissenschaftliche Themen behandeln zahlreiche Dissertationen, besonders Kneschaurek (1952), Rutz (1970); ferner Frei (1941), Mumenthaler (1953), Pechota (1938), Schenkel (1940), Scherrer (1949), Schwarb (1948), Studer (1956), Winkler (1939), Zenger (1953). Vgl. auch die Auswahlbibliographie zur Vorlesung von R. Braun "Schweizerische Sozial- und Wirtschaftsgeschichte des 20. Jahrhunderts (bis 1939)", Sommer 1978, Universität Freiburg.

[2] In diesem Zusammenhang möchte ich Herrn E. Rochat, dem ehemaligen Gemeindekassier, und Herrn F. May, Ingenieur, für ihre bereitwilligen Auskünfte herzlich danken.

Neben den erwähnten Kriterien für die Wahl einer Untersuchungsgemeinde musste abgeklärt werden, welches für Makro- und Mikroanalysen geeignete Datenmaterial in der Schweiz vorhanden und verfügbar ist. Die Umfrage, die das Seminar für Nationalökonomie an der Universtität Freiburg (Schweiz) bei allen 3051 Schweizer Gemeinden im Winter 1977/78 durchführte, ergab glücklicherweise, dass die Datensituation bedeutend günstiger ist, als zunächst angenommen werden musste. Damit waren von der praktischen Seite nicht allzu enge Grenzen gesetzt.

2. Beschreibung der Gemeinde J im allgemeinen

2.1. Aus der Gemeindechronik

Die Gemeinde J erfüllt die Kriterien, die im 1. Kapitel für die Fallstudie aufgestellt wurden. Sie bildet eine relativ geschlossene Einheit in geographischer, administrativer, soziologischer und arbeitsmarktlicher Hinsicht. Neben einem wichtigen lokalen Wirtschaftskreislauf sind verschiedene Branchen in überlokale Kreisläufe integriert. Sowohl der private wie der öffentliche Sektor sind bedeutsam, und die Krisenauswirkungen in den dreissiger Jahren sind wegen des enormen Ausmasses noch heute unvergessen.

Der Chronist schildert die wirtschaftliche Entwicklung seiner Gemeinde von 1929 bis 1937 in knappen und eindrücklichen Worten (vgl. Anhang II: Auszüge aus der Chronik der Gemeinde J). Nachdem sich die wirtschaftliche Lage 1929 etwas verbessert hat, wirkt sich die Krise schon Ende 1930 auf die Gemeinde aus. In den folgenden zwei Jahren verschlimmert sich die Situation zusehends: starker Auftrags- und Produktionsrückgang in den exportierenden Industriefirmen, hohe Arbeitslosigkeit. Zur Milderung der Krisenwirkungen werden an Weihnachten Lebensmittelpakete an die Arbeitslosen verteilt, ein Unterstützungskomitee wird gebildet, Gemeindestrassen werden gebaut bzw. ausgebessert. Man versucht, einheimische Arbeiter für andere Tätigkeiten auszubilden. Bis zum Herbst 1936 dauert die Krise an. Erst nach der Abwertung des Schweizer Frankens scheint sich eine Besserung abzuzeichnen. Das Jahr 1937 bringt wieder eine gewisse Zuversicht auf eine günstigere wirtschaftliche Lage.

Um dieses impressionistische Bild der Gemeinde J zu präzisieren, werden im folgenden einige Aspekte der Bevölkerungsentwicklung, der Produktionsstruktur und ausgewählte Indikatoren der Krise dargestellt.

2.2. Bevölkerungsentwicklung

Wie Tabelle 2.1 zeigt, nahm die gesamte Wohnbevölkerung der Gemeinde J von 4182 Einwohnern Ende 1928 auf 3799 Einwohner Ende 1936 ab, d. s. fast 10 %. Erst im folgenden Jahr war wieder ein leichter Anstieg zu verzeichnen. Während der Ausländeranteil mit Ausnahme von 1937 mehr oder weniger konstant blieb (ca. 14 %), fand unter der schweizerischen Bevölkerung eine leichte Strukturverlagerung statt: der Anteil der Gemeindebürger von J verringerte sich zu Gunsten von Einwohnern mit ausserkantonalem Bürgerort (vgl. Tabelle 2.2). Dies lässt vermuten, dass neben dem Auswanderungsprozess von Einheimischen mehr oder weniger parallel ein Einwanderungsprozess von ausserkantonalen Schweizern stattfand (vgl. 7. Kapitel).

Die jährlichen Bevölkerungsveränderungen sind von zwei Arten demographischer Prozesse bestimmt. Die *natürlichen Veränderungen* bestehen aus Geburten und Todesfällen, die, soweit die verfügbaren Quellen es erlauben, in Tabelle 2.3 statistisch erfasst sind. Dabei stellen die Zahlen mit grosser Wahrscheinlichkeit zu tiefe Werte dar, weil die Geburten- und Sterberegister des Zivilstandsamtes nur die in der Gemeinde auftretenden Fälle registrierten, Geburten und Todesfälle von Einwohnern, die sich ausserhalb der Gemeinde ereigneten, aber nicht zählten. (Der umgekehrte Fall – Geburten und Todesfälle von Ausserkommunalen in J – ist viel weniger wahrscheinlich.) Im Unterschied zur Einwohnerkartei weisen die Zivilstandsregister einen höheren Erfassungsgrad der Geburten und Todesfälle auf und sind diesbezüglich zuverlässiger, was sich klar aus einem Vergleich der Angaben beider Quellen ergab.

Trotz des beschränkten Erfassungsgrades der natürlichen Bevölkerungsveränderungen stellt sich deutlich heraus, dass die natürliche Nettozunahme in der zweiten Hälfte des Beobachtungszeitraumes, d. h. mit kurzer zeitlicher Verzögerung in der Krisenzeit, gegen null tendiert.

Die *Wanderungsbewegungen* sind in stark aggregierter Form in Tabelle 2.4 dargestellt, wo ein markanter Rückgang der Nettowanderung schon 1932 feststellbar ist (zur Definition der Ein- und Auswanderer siehe 3.3.). Offenbar ist die Reaktionszeit auf wirtschaftliche Krisenerscheinungen bei den migratorischen Prozessen kleiner als bei den natürlichen Veränderungen.

Wegen der grossen Wichtigkeit der Wanderungsdynamik für die Entwicklung der personellen Einkommens- und Vermögensverteilung wird eine detaillierte Analyse dieser Aspekte im 7. Kapitel durchgeführt.

Krisenspezifische Unterschiede sind weniger deutlich aus den *Heiratsregistern* (HR) ersichtlich, die ähnlichen Beschränkungen wie die Geburten- und Sterberegister unterworfen sind (vgl. Tabelle 2.5). Es scheint aber die Tendenz vorhanden zu sein, dass während der Krisenzeit vermehrt Heiraten mit einem ausserkommunalen Partner stattfinden.

Tabelle 2.1 In– und ausländische Wohnbevölkerung, Haushalte in J von 1928 bis 1937

Jahr	Gesamtbevölk. abs.	rel. zu 1928	Schweizer abs.	rel. zu (2)	Ausländer abs.	rel. zu (2)	Haushalte total
(1)	(2)	(3)	(4)	(5)	(6)	(7)	(8)
1928 *)	4182	100	3609	86	573	14	n. v.
1929	n. v.		n. v.		n. v.		n. v.
1930**)	4112	98	3548	86	564	14	1229
1931	n. v.		n. v.		n. v.		n. v.
1932 +)	3930	94	3416	87	514	13	1125
1933 +)	3838	92	3308	86	530	14	1130
1934 +)	3863	92	3327	86	536	14	1132
1935 +)	3800	91	3285	86	515	14	1149
1936 +)	3799	91	3311	87	488	13	1164
1937 +)	3955	95	3467	88	488	12	1197

Stichtag, Quellen: *): 31. 12. 1928, Zeitung von J (18. 6. 1929)
**): 1. 12. 1930, Eidg. Stat. Amt (1934)
+): 31. 12. des Jahres, Chronik von J

n. v.: nicht verfügbar

Tabelle 2.2 Schweiz. Wohnbevölkerung in J von 1929 bis 1937 nach Bürgerort

Jahr	Gesamte schweiz. Bevölk.	Bürgerort in J		Bürgerort im Kt. VD		Bürgerort in and. Kt.	
1928 *)	3609	889	25%	1838	51%	882	24%
1929	n. v.	n. v.		n. v.		n. v.	
1930**)	3548	877	25%	1824	51%	847	24%
1931	n. v.	n. v.		n. v.		n. v.	
1932 +)	3416	870	25%	1744	51%	802	23%
1933 +)	3308	794	24%	1694	51%	820	25%
1934 +)	3327	817	25%	1685	51%	825	25%
1935 +)	3285	775	24%	1700	52%	810	25%
1936 +)	3311	796	24%	1675	51%	840	25%
1937 +)	3467	790	23%	1778	51%	899	26%

Stichtag, Quellen: *): 31. 12. 1928, Zeitung von J (18. 6. 1929)
**): 1. 12. 1930, Eidg. Stat. Amt (1934)
+): 31. 12. des Jahres, Chronik von J

n. v.: nicht verfügbar

Tabelle 2.3 Natürliche Bevölkerungsveränderungen in J von 1929 bis 1937: Geburten und Todesfälle

Jahr	Geburten gem. GR	zusätzl. Geburten gem. EK	Geburten total	Todesf. total gem. SR	Natürl. Netto-Bevölkerungs-veränderungen
1929	45	6	51	33	18
1930	48	14	62	37	25
1931	50	9	59	24	35
1932	41	14	55	31	24
1933	32	10	42	21	19
1934	26	10	36	31	5
1935	21	17	38	34	4
1936	8	15	23	22	1
1937	21	12	33	30	3

Quellen: GR: Geburtenregister des Zivilstandsamtes von J
SR: Sterberegister des Zivilstandsamtes von J
EK: Einwohnerkartei von J

Tabelle 2.4 Brutto- und Nettowanderungen der Steuerpflichtigen in J von 1929 bis 1937

Jahr	Einwanderer	Auswanderer	Nettowanderung
1930	210	185	+ 25
1931	168	152	+ 16
1932	145	189	- 44
1933	122	157	- 35
1934	128	128	0
1935	133	126	+ 7
1936	142	147	- 5
1937	139	175	- 36

Quelle: Steuerregister von J (vgl. 3.2.1)

Tabelle 2.5 Heiraten in J von 1929 bis 1937 gemäss HR

Jahr	Heiraten total	beide Part. in J wohnh.	nur 1 Part. in J wohnh.	kein Part. in J wohnh.
1929	36	25	9	2
1930	29	19	9	1
1931	33	22	10	1
1932	21	11	6	4
1933	33	16	16	1
1934	17	7	10	0
1935	21	10	11	0
1936	19	10	5	4
1937	35	19	13	3

Quelle: HR: Heiratsregister des Zivilstandsamtes von J

2.3. Produktionsstruktur

Obschon der Produktionsstruktur eine grosse Bedeutung für die Krisenauswirkungen auf die personelle Einkommens- und Vermögensverteilung zukommt, ist es nicht möglich, sie aus einer einzigen Quelle systematisch und detailliert in der Gemeinde J zu erfassen und zu beschreiben. Es müssen deshalb verschiedene Angaben aus unterschiedlichen Quellen herangezogen werden, bevor mit Hilfe des Steuerregisters eine genauere Analyse in den Kapiteln 4.f. vorgenommen wird (vgl. auch Pelet 1974, Rieben et al. 1980). Einige wenige Angaben über die Produktionsstruktur in J zu gewissen Zeitpunkten finden sich in *eidgenössischen Statistiken.*

2.3.1. Fabrikstatistiken

Zunächst wird ein Blick in die beiden schweizerischen Fabrikstatistiken vom 22. August 1929 und vom 16. September 1937 geworfen, die den Beginn und das Ende der Beobachtungsperiode von J markieren. Darin sind sämtliche von den eidg. Fabrikinspektoraten kontrollierten Fabrikbetriebe enthalten, die der Definition gemäss Art.1 des Bundesgesetzes betreffend die Arbeit in den Fabriken vom 18. Juni 1914 entsprechen.

Fabriken sind:

a) industrielle Anstalten, die, bei Verwendung von Motoren, sechs und mehr Arbeiter beschäftigen;
b) industrielle Anstalten, die, ohne Verwendung von Motoren, sechs und mehr Arbeiter und darunter wenigstens eine jugendliche Person beschäftigen;
c) industrielle Anstalten, die, ohne Verwendung von Motoren und jugendlichen Personen, elf und mehr Arbeiter beschäftigen;
d) industrielle Anstalten, die eine unter den genannten Grenzen stehende Zahl von Arbeitern beschäftigen, aber aussergewöhnliche Gefahren für Gesundheit und Leben der Arbeiter bieten oder in ihrer Arbeitsweise den Charakter von Fabriken unverkennbar aufweisen. (Eidg. Stat. Amt 1930,4*)

Die in den Statistiken von 1929 und 1937 aufgeführten "Betriebe" sind in der Regel Fabriken, ausgenommen der Fall, wo eine Fabrik Tätigkeiten in mehreren Industriezweigen und dementsprechend mehrere "Betriebe" (z. B. Spinnerei und Weberei) umfasst. Unter der "Betriebskraft", ausgedrückt in PS, wird die gesamte für den eigenen Betrieb zur Verfügung stehende Energie verstanden, wovon im schweizerischen Durchschnitt 1930 die Elektrizität den grössten Teil ausmacht (Eidg. Stat. Amt 1930,20* f.).

Tabelle 2.6 Fabrikbetriebe in J, 1929 und 1937

	Betriebe	Arbeiter männl.	Arbeiter weibl.	Arbeiter total	PS
22. 8. 1929	12	534	204	738	1277
16. 9. 1937	12	499	126	625	1932
Differenz:					
absolut	keine	- 35	- 78	-113	+ 655
relativ	keine	- 7%	- 38%	- 15%	+ 51%

Quellen: Eidg. Stat. Amt (1930, 1939)

Wenn auch diese schweizerischen Statistiken für die Gemeinde J nur spärliche Angaben enthalten, werden daraus doch einige deutliche Ergebnisse der wirtschaftlichen Entwicklung von 1929 bis 1937 ersichtlich: zwar ist die Anzahl der definitionsgemässen Betriebe gleich geblieben; die Zahl der Arbeitnehmer ist aber um 15 % zurückgegangen, wobei der Anteil der Arbeiterinnen besonders stark, nämlich um 38 %, gesunken ist. Die verfügbare Energie ist dagegen um das Doppelte gestiegen. Während dieser Krisenzeit fand offensichtlich in den erfassten Betrieben eine "Wegrationalisierung von Arbeitsplätzen" statt.

Eine zweite Information aus den beiden Fabrikstatistiken betrifft die Grösse, Altersstruktur und Geschlechtsverteilung in den drei Feilenfabriken des Kantons Waadt, von denen sich die weitaus grösste in J befindet. Aus der Tabelle 2.7 geht hervor, dass von 1929 bis 1937 eine grosse Abnahme und Alterung der Belegschaft der drei Firmen stattfand und der Anteil der Frauen stark zurückging.

Tabelle 2.7 Drei Feilenfabriken im Kanton Waadt, 1929 und 1937, nach Grösse, Alter und Geschlecht

Altersklassen	Jahr 1929 männl.	weibl.	total	(%)	Jahr 1937 männl.	weibl.	total	(%)
15–18 Jahre	16	30	46	(9)	14	14	28	(7)
19–40 Jahre	131	118	249	(51)	141	55	196	(47)
41–50 Jahre	72	23	95	(20)	56	24	80	(19)
51–65 Jahre	82	6	88	(18)	85	13	98	(23)
über 65 J.	9	–	9	(2)	16	2	18	(4)
total	310	177	487		312	108	420	
	64%	36%	100%		74%	26%	100%	

Quelle: Eidg. Stat. Amt (1930, 1939)

2.3.2. Statistik der Gewerbe- und Landwirtschaftsbetriebe

Die eidg. Betriebszählungen von 1929 umfassen neben den erwähnten Fabrikstatistiken auch die Gewerbe- und Landwirtschaftsbetriebe in der Schweiz. In J gibt es insgesamt 190 Betriebe ("technische" Einheiten) mit 1516 Beschäftigten, wovon 1079 Arbeiter und 164 kaufmännische Angestellte sind (Eidg. Stat. Amt 1931a).

Für den Landwirtschaftssektor im besonderen weist die Statistik (Eidg. Stat. Amt 1933) für die Gemeinde J folgende Zahlen aus:

Landwirtschaftsbetriebe im ganzen mit 0,25 ha und mehr Boden; ferner kleinere Betriebe, die gewisse Voraussetzungen bzgl. Rindviehbestand o.ä. erfüllen, vgl. Eidg. Stat. Amt 1933a, 3 f.)	71
Berufsverhältnis: Betriebe von hauptberuflichen Landwirten	7
Besitzverhältnis: Betriebe mit vorwiegend eigenem Land	50
Grössenverhältnisse:	
Zahl der Betriebe mit einer Kulturfläche von	
bis 1 ha	6
über 1 ha bis 5 ha	31
über 5 ha bis 10 ha	17
über 10 ha	17
Mittlere Betriebsgrösse in a (ohne Wald)	591
Bodenbenützung:	
Betriebe mit 0 - 2 % Ackerland	10
2,1 - 10 % Ackerland	4
über 10 % Ackerland	52
Parzellierung:	
Parzellen pro Betrieb (ohne Wald)	8
Mittlere Grösse einer Parzelle in a (ohne Wald und Weide)	71
Ständige Arbeitskräfte von 15 und mehr Jahren	149

2.3.3. Eidg. Volkszählung

Auch die Publikationen der eidg. Volkszählung vom 1.12.1930 enthalten einige nach Gemeinden gegliederte Angaben, die Einblick in die Produktionsstruktur von J geben.

Tabelle 2.8 Erwerbstätige Personen in J 1930

	total		selbständig	
	abs.	rel.	abs.	rel.
in Landwirtschaft, Rebbau	98	5,0	41	10,8
in Industrie, Gewerbe	962	48,9	95	25,0
in Handel, Gastgew., Verkehr	440	22,4	56	14,7
Hausangestellte	64	3,3	–	–
nicht ausgewiesen	404	20,6	188	49,5
insgesamt	1968	100,2 *	380	100,0

Quelle: Eidg. Stat. Amt (1934) (*: Rundungsfehler)

Obschon die Gemeinde bei der eidg. Betriebszählung von 1929 als Arbeitsort, bei der eidg. Volkszählung von 1930 aber als Wohnort verstanden wird, sind für den Fall von J Wohn- und Arbeitsort weitgehend dekkungsgleich und lassen deshalb den Vergleich der beiden Zählergebnisse zu.

Die hohe Zahl der nicht ausgewiesenen Fälle ist darauf zurückzuführen, dass als "Erwerbende" nicht nur die Berufstätigen (einschliesslich Hausangestellte in Privatfamilien), sondern auch Rentner und Pensionierte sowie Personen mit unbekannter Erwerbsquelle gezählt werden (Eidg. Stat. Amt 1933b,7f).

Wenn nur die Berufstätigen betrachtet und die Hausangestellten zum Dienstleistungssektor gehörend definiert werden, resultiert folgende Sektorstruktur von J:

Tabelle 2.9 Sektorstruktur von J 1930 nach Erwerbstätigen

	total		selbständig	
	abs.	rel.	abs.	rel.
Landwirtschaft, Rebbau	98	6	41	21
Industrie, Gewerbe	962	62	95	50
Handel, Gastgew., Verkehr und Hausangestellte	504	32	56	29
insgesamt	1564	100	192	100

2.3.4. Schweizerisches Ragionenbuch

Umfassendere Informationen über die Produktionsstruktur von J sind aus dem schweizerischen Ragionenbuch zu gewinnen, das seit 1894 jährlich erscheint, alle im schweizerischen Handelsregister eingetragenen Firmen enthält und im Firmenregisterband nach Gemeinden gegliedert ist. Dazu gehören 1930 alle Firmen des Handelsgewerbes, Fabrikgewerbes und anderer nach kaufmännischer Art betriebener Gewerbe mit Ausnahme derjenigen Gewerbe, deren Warenlager nicht durchschnittlich einen Wert von mindestens 2000 Franken hat oder deren Jahresumsatz bzw. Wert ihrer jährlichen Produktion unter der Summe von 10'000 Franken bleibt (Schweiz. Ragionenbuch 1930,VII-XVI).

Aus den Ragionenbücher der Jahre 1929 bis 1937 liess sich für die Gemeinde J die Tabelle 2.10 zusammenstellen. Da die vollständige Liste der Firmen jeder Gemeinde nur alphabetisch geordnet ist, – der Branchenband kann keine Vollständigkeit beanspruchen –, wurde die Gliederung der Firmen (Stichwort: erstgenannte Tätigkeit) nach dem Schema der Unternehmerberufe der eidg. Volkszählung von 1930 (Eidg. Stat. Amt 1931) vorgenommen.

Tabelle 2.10 gibt einen konkreten Einblick in einen grossen Teil der Produktionsstruktur und deren Veränderung in J. Nicht enthalten sind darin definitionsgemäss die kleinen Gewerbe und der öffentliche Sektor. Es figurieren keine Landwirtschaftsbetriebe (nur eine Aufzucht- und Alpgenossenschaft ist im Ragionenbuch erwähnt, die hier aber nicht aufgeführt ist). Auch fehlen einige wenige Eintragungen, die die Produktionsstruktur nicht direkt betreffen (Pensionskassen von Firmen, religiöse Gemeinschaften, Dachverband der Gesellschaften des Ortes, Schützen- und Militärgesellschaften, Kino).[3]

Obschon die Firmenangaben im Ragionenbuch nur spärliche Informationen bezüglich deren Grösse und Struktur enthalten, ergeben sich aus der Tabelle 2.10 doch einige wichtige Erkenntnisse. In der Nahrungsmittelbranche sowie im Gastgewerbe ist über die neun Jahre eine grosse Konstanz zu verzeichnen, wenn von ein paar wenigen Konkursen abgesehen wird (zur Entwicklung der Betreibungen und Konkurse siehe die Abschnitte 2.4.2. und 2.4.3.). In der Baubranche fanden grosse Umwälzungen statt. Nur eine Firma sowie die Sägerei des Ortes haben die Krise überstanden. Im Transportwesen hatten private Unternehmen im Unterschied zu ausserkommunalen Transportgesellschaften (zumeist Aktiengesellschaften) in diesen Jahren keine grossen Ueberlebenschancen. Demgegenüber ist während der Beobachtungsperiode eine deutliche Vermehrung von Betrieben feststellbar, die technologisch neue Produkte herstellen bzw. vertreiben (Autos, Photoapparate, Radios, elektrische Apparate).

[3] Weil das Ragionenbuch zahlreiche, kleine Betriebe und Dienstleistungen nicht erwähnt, könnte es mit den Angaben der kommunalen Adress- und Branchenbücher ergänzt werden. Wegen der beschränkten Verlässlichkeit solcher Quellen wird hier jedoch von einer darauf beruhenden Darstellung der Branchenstruktur in Analogie zur Tabelle 2.10 abgesehen. Sie werden aber im Kapitel 3.9. Verwendung finden, um die Berufsangaben im Steuerregister genauer bezüglich des Status der Erwerbstätigkeit (selbständig/unselbständig erwerbstätig) bestimmen zu können.

Tabelle 2.10 Firmen in J nach Branchen von 1929 bis 1937 (Eine Zeile stellt eine Firma dar.)

2. SEKTOR	1929	1930	1931	1932	1933	1934	1935	1936	1937
Müllerei EG	*****	*****	*****	*****	*****	*****	*****	*****	*****
Bäckerei	*****	*****	*****	*****	*****	*****	*****	*****	*****
Bäckerei	*****	*****	*****	*****	*****	*****	*****		
Bäckerei	*****	*****	*****	*****	*****	*****	*****	*****	*****
Bäckerei	*****	*****	*****	*****	*****	*****	*****	*****	*****
Käserei Gen	*****	*****	*****	*****	*****	*****	*****	*****	*****
Käse,Wurstw.	*****	*****	*****	*****	*****	*****	*****		
Molkerei	*****	*****	*****	*****	*****	*****			
Molkerei							*****	*****	*****
Metzgerei	*****	*****	*****	*****	*****	*****			
Pferdemetzg.								*****	*****
Wurstwaren	*****	*****	*****	*****	*****	*****	*****	*****	*****
Zuckerverarb.	*****	*****	*****						
Schneiderei	*****	*****	*****	*****	*****	*****	*****	*****	*****
Coiffure				*****	*****	*****	*****	*****	*****
Coiffure	*****	*****	*****	*****	*****	*****			
Sägerei(Gér)	*****	*****	*****						
Sägerei AG	*****	*****	*****	*****	*****	*****	*****	*****	*****
Möbelfabr.	*****	*****	*****	*****					
Bauuntern.	*****	*****	*****	*****	*****	*****	*****		
Bauuntern.	*****								
Bauuntern.	*****	*****	*****	*****	*****	*****			
Bauuntern.	*****	*****	*****	*****	*****	*****	*****		
Bauuntern.	*****								
Gips.,Mal.	*****								
Gips.,Mal.							*****	*****	*****
Gips.,Mal.	*****	*****	*****	*****	*****	*****	*****	*****	*****
Gips.,Mal.									*****
Zahnpastafab.								*****	*****
Chem. Stoff AG	*****	*****	*****	*****	*****				
Haftmittel AG	*****	*****	*****	*****	*****	*****	*****	*****	*****
Bindemitt. AG	*****	*****	*****	*****	*****				
El. ch. Prod.	*****	*****	*****	*****	*****	*****	*****	*****	*****
Kettenfabr.	*****	*****	*****						
Kettenfabr.				*****	*****	*****	*****	*****	*****
Werkz. fab. AG	*****	*****	*****	*****	*****	*****	*****	*****	*****
Feilenfab. AG	*****	*****	*****	*****	*****	*****	*****	*****	*****
Schleifappar.					*****	*****	*****	*****	*****
Garage AG				*****	*****	*****	*****	*****	*****

Tabelle 2.10 (Forts.1)

2. SEKTOR	1929	1930	1931	1932	1933	1934	1935	1936	1937
Isolierm. AG	*****	*****	*****	*****	*****	*****	*****	*****	*****
Photoappar. AG							*****	*****	*****
Pfeifenfabr.	*****	*****	*****	*****	*****	*****	*****	*****	
Uhren, Teile	*****	*****	*****	*****	*****	*****	*****	*****	*****
Uhren, Teile	*****	*****	*****	*****	*****	*****	*****	*****	*****
Uhren, Teile	*****	*****	*****	*****	*****	*****	*****	*****	*****
Uhren, Teile							*****	*****	*****
Uhren, Teile	*****	*****	*****	*****	*****	*****	*****	*****	*****
Elektrizität	*****	*****	*****	*****	*****	*****	*****	*****	*****
Gas	*****	*****	*****	*****	*****	*****	*****	*****	*****
Druckerei	*****	*****	*****	*****	*****	*****	+++++	+++++	+++++
Druckerei	*****								
Zeitung AG	*****	*****	*****	*****	*****	*****	*****	*****	*****
Photographie					*****	*****	*****	*****	*****
Photographie									*****
3. SEKTOR									
Gemischtw.	*****	*****	*****	*****	*****	*****	*****	*****	*****
Gemischtw.	*****	*****	*****	*****	*****	*****	*****	*****	*****
Gemischtw.	*****								
Gemischtw.		*****	*****	*****	*****	*****	*****	*****	
Gemüse	*****	*****	*****	*****	*****	*****			
Getreide, Mehl	*****	*****	*****	*****	*****	*****	*****	*****	*****
Wein	*****	*****	*****	*****	*****	*****	*****		
Milchprod. AG	*****	*****	*****	*****	*****	*****	*****	*****	*****
Milch	*****	*****	*****	*****	*****	*****	*****	*****	*****
Mineralw.	*****	*****	*****	*****	*****	*****	*****	*****	*****
Rauchwaren	*****	*****	*****	*****	*****	*****	*****	*****	*****
Rauchwaren							*****	*****	*****
Mercerie	*****	*****	*****	*****	*****	*****	*****	*****	*****
Stoffe	*****	*****	*****	*****	*****				
Kleider	*****	*****	*****	*****	*****	*****	*****	*****	*****
Kleider	*****	*****	*****	*****	*****	*****			
Hemden					*****	*****	*****	*****	*****
Schuhe							*****	*****	*****
Schuhe	*****	*****	*****	*****	*****	*****	*****	*****	*****
Schuhe	*****	*****	*****	*****	*****	*****			

Tabelle 2.10 (Forts.2)

3. SEKTOR	1929	1930	1931	1932	1933	1934	1935	1936	1937
Heizmaterial	*****	*****	*****	*****	*****	*****	*****	*****	*****
Möbel	*****	*****	*****	*****	*****	*****	*****	*****	*****
Papierwaren					*****	*****	*****	*****	*****
Papierwaren	*****	*****	+++++	+++++	+++++	+++++	+++++	+++++	+++++
Chem. Prod.					*****	*****	*****	*****	*****
Droguerie					*	*****	*****	+++++	+++++
Feilen	*****								
Metallwaren	*****	*****	*****	*****	*****	*****	*****	*****	*****
Metallw. AG	*****	*****	*****	*****	*****	*****	*****	*****	*****
Radio					*****	*****	*****	*****	*****
Elektr. Appar.					*****	*****	*****	*****	*****
Musikinstr.	*****	*****	*****	*****	*****	*****	*****	*****	*****
Bestatt. Art.						*****	*****	*****	*****
Konsumg. Gen	*****	*****	*****	*****	*****	*****	*****	*****	*****
Konsumg. Gen	*****	*****	*****	*****					
Warenhaus	*****	*****	*****						
Import/Exp.	*****	*****	*****	*****	*****	*****			
Import/Exp. AG			*****	*****	*****	*****	*****	*****	*****
Immob. ges.	*****	*****	*****	*****	*****	*****	*****	*****	*****
Immob. ges.	*****	*****	*****	*****	*****	*****	*****	*****	*****
Immob. ges.	*****	*****	*****	*****					
Immob. ges.	*****	*****	*****	*****	*****	*****	*****	*****	*****
Beratung	*****	*****							
Vertreter	*****	*****							
Gasthof	*****	*****	*****	*****	*****	*****		+++++	+++++
	*****	*****	*****	*****	*****	*****	*****		
Gasthof		*****	*****	*****	*****	*****	*****	*****	*****
Café	*****								
Café	*****	*****	*****	*****	*****	*****	*****	*****	*****
Café	*****	*****							
Café	*****	*****	*****	*****	*****	*****	*****	*****	*****
Café	*****	*****	*****	*****	*****	*****	*****	*****	*****
Café	*****	*****	*****	*****	*****	*****	*****	*****	*****
Café	*****	*****	*****	*****	*****	*****	*****	*****	*****
Café	*****	*****	*****	*****	*****	*****	*****	*****	*****
Café	*****	*****	*****	*****	*****	*****	*****	*****	*****
Café	*****	*****	*****	*****	*****	*****	*****		
Café	*****	*****	*****	*****	*****	*****	+++++	+++++	+++++
Café	*****	*****	*****	*****	*****	*****	*****	*****	*****
Café						*****	*****	*****	*****
Café	*****	*****	*****	*****	*****	*****			
Buffet	*****	*****	*****	*****	*****	*****	*****	*****	*****

Tabelle 2.10 (Forts.3)

3. SEKTOR	1929	1930	1931	1932	1933	1934	1935	1936	1937
Int. Transp.	*****	*****							
Int. Transp. EG	*****	*****	*****	*****	*****	*****	*****	*****	*****
Int. Transp. Co	*****	*****	*****	*****	*****	*****	*****	*****	*****
Int. Transp.				*****	*****				
Int. Transp.							*****	*****	*****
Int. Transp. AG	*****	*****	*****	*****	*****	*****	*****	*****	*****
Int. Transp. AG						*****	*****	*****	
Int. Transp. AG	*****	*****	*****	*****	*****	*****	*****	*****	*****
Int. Transp. AG	*****	*****	*****	*****	*****				
Transp.				*****	*****	*****			
Transp. EG	*****	*****	*****	*****	*****	*****	*****	*****	*****
Fuhrmann	*****	*****	*****	*****	*****	*****	*****		
Fuhrmann	*****	*****	*****	*****	*****	*****			
Apotheke	*****	*****	*****	*****	*****	*****	*****	*****	*****
Apotheke	*****								

Quellen: Schweiz. Ragionenbücher von 1929 bis 1937

Abkürzungen:
EG: einfache Gesellschaft
AG: Aktiengesellschaft
Gen: Genossenschaft
Co: Compagnie (franz.)

**** Anwesenheit des ersten Inhabers
++++ Anwesenheit des zweiten Inhabers

2.4. Indikatoren der Krise

Nach der Darstellung der Bevölkerungsentwicklung und der Produktionsstruktur werden nun einige Indikatoren der Krise untersucht, die das allgemeine Bild der Gemeinde J in den dreissiger Jahren abschliessen. Gegenüber den bisher besprochenen Aspekten, die grösstenteils struktureller Natur waren, beziehen sich diese Indikatoren auf Wirtschaftsprozesse und weisen auf drei unterschiedliche Bereiche hin:

- die Arbeitslosenziffern zeigen auf die Krisenbetroffenheit der unselbständig erwerbstätigen Bevölkerung hin;
- die Betreibungen indizieren u. a. die Zahlungsschwierigkeiten insbesondere der Haushalte und
- die Konkurse beleuchten das Wirtschaftsgeschehen aus der Sicht der Firmen.

Selbstverständlich vermögen diese drei Aspekte nur einige Hinweise auf die wirtschaftliche Entwicklung in J zu geben, zu deren vollständiger Darstellung zahlreiche andere Gesichtspunkte berücksichtigt werden müssten.

2.4.1. Arbeitslosigkeit

Die im Arbeitsamt des Kantons Waadt verfügbaren Arbeitslosenzahlen der dreissiger Jahre beginnen Ende Januar 1931 und decken den Beobachtungszeitraum bis Ende 1937 ab (vgl. Tabelle 2.11). Sie wurden aufgrund der von den Gemeinden ausgefüllten Formulare zusammengestellt und auf Beschluss des Grossen Rates vom 26.8.1931 seit Oktober 1931 systematisch erfasst. Sie stellen freilich mit grosser Wahrscheinlichkeit zu tiefe Werte dar, die die Krisenarbeitslosigkeit nur beschränkt wiedergeben. So sind beispielsweise für Oktober 1931 nur 84 Ganz- und 176 Teilarbeitslose aufgeführt (Tabelle 2.11), während in der Chronik (vgl. Anhang II) von 200 Ganz- und 120 Teilarbeitslosen im Herbst 1931 gesprochen wird.

Für die Gemeinde J sind die Angaben im ersten Jahr nur sporadisch vorhanden, geben aber dafür präzise Auskunft über die von der Arbeitslosigkeit betroffenen Berufe.

Die für Ende Januar 1931 erwähnten 39 Ganz- und 337 Teilarbeitslose sind ausschliesslich als Arbeiter ausgewiesen.

Ende Oktober 1931 verteilen sich die 260 Arbeitslosen (davon 80 Frauen) auf folgende Berufskategorien:

Metall- und Maschinenbranche:
Giesser (2), Schmiede (14), andere qualifizierte und halbqualifizierte Arbeiter (66), nichtqualifizierte Arbeiter (55),

andere Branchen:
Bauer, Bäcker (2), Schreiner, Pierristes (3), Magaziner (3), Chauffeure (2), Angestellte (2), nichtqualifizierte Männer (84), nichtqualifizierte Frauen (22).

Einen Monat später zählt man 271 Ganz- und Teilarbeitslose. Davon sind 189 Männer:
Giesser (2), Schmiede (14), Drahtzieher (5), Schleifer (13), Feilenhauer (18), Feiler (18), Kuhhirt, Schreiner, Mechaniker, Pierristes (3), Magaziner (5), Chauffeure (2), Handlanger (106),

82 Frauen:
Einpackerinnen von Feilen (61), Pierristes (3), Polisseuses (5), Hilfsarbeiterinnen (13).

Im Jahr 1932 klettern die monatlichen Arbeitslosenziffern immer weiter hinauf bis auf 346 Ganzarbeitslose Ende November. Nach diesem Extremwert nehmen im Lauf der folgenden Monate und Jahre die Ziffern mehr oder weniger kontinuierlich ab.

Tabelle 2.11 Arbeitslosigkeit in der Gemeinde J von 1931 bis 1937

Monat	1931		1932		1933		1934		1935		1936		1937	
	G	T	G	T	G	T	G	T	G	T	G	T	G	T
Januar	39	337	203	109	207	67	114	36	94	18	82	22	49	
Februar			204	109	207	64	116	23	82	25	78	12	32	
März			188	108	125	49	110	26	89	14	62	10	23	
April			185	105	110	52	101	15	83	4	54	7		
Mai			200	102	113	39	98	11	47	2	46			
Juni			229	85	107	40	98	7	47	2	33	22		
Juli			287	95	75	37	93	7	39	12	17	59	10	
August			300	81	86	38	85		40	44	5	34	2	
September			302	76	130	39	82	2	36	74	26	19	10	
Oktober	84	176	291	75	113	35	86	9	69	77	36	25	6	
November	92	179	346	27	112	51	80	40	73	57	45	1	10	
Dezember	118	192	216	21	130	35	96	14	92	15	42	7	13	

G: ganzarbeitslos. T: teilarbeitslos.

Quelle: Office du travail du Canton de Vaud

Figur 2.1 Ganzarbeitslose in J und im Kanton Waadt von Anfang 1932 bis Ende 1937

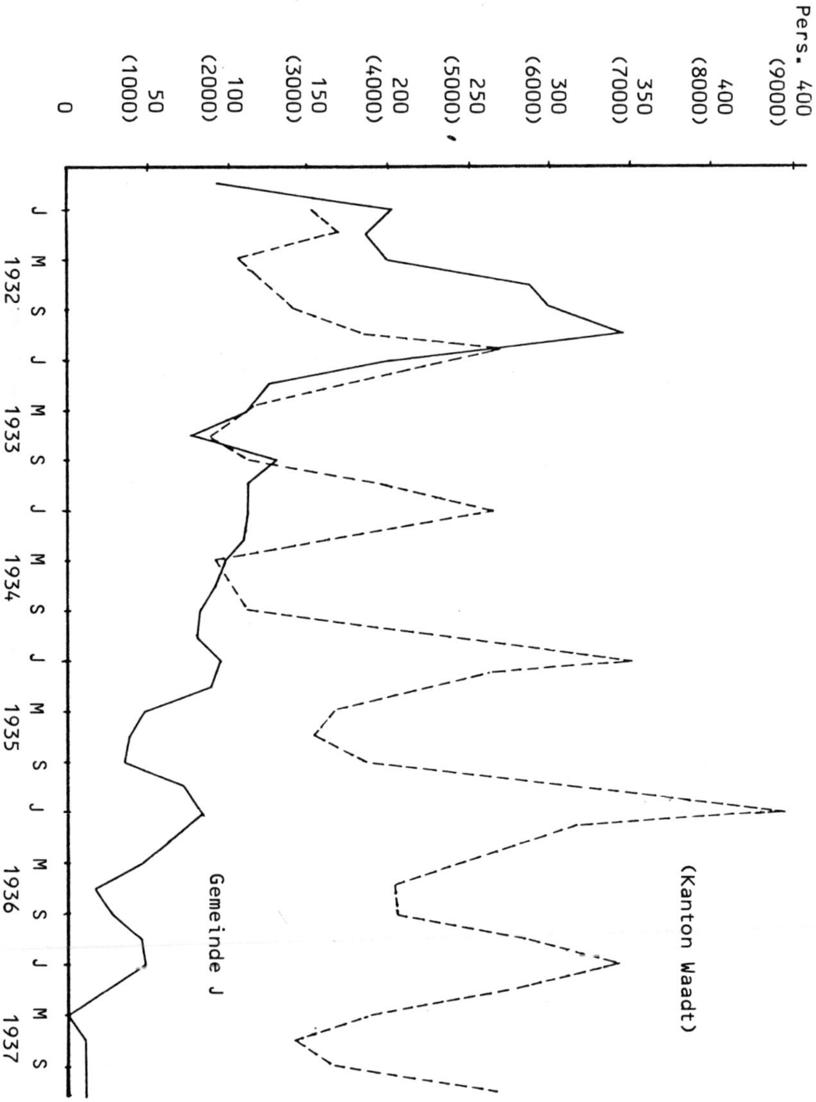

Dieser Verlauf der Arbeitslosigkeit in J unterscheidet sich grundlegend von der kantonalen Entwicklung (vgl. Figur 2.1). Zwar laufen von Ende 1931 bis September 1933 die kommunalen und kantonalen Schwankungen im grossen und ganzen parallel. Danach aber nimmt die Arbeitslosigkeit im Kanton mit grossen Schwankungen noch bis November 1935 zu, während sie in J eindeutig und ohne erhebliche Schwankungen bis Mai 1937 auf null zurückgeht. Die Vermutung, die freilich mit dem verfügbaren Datenmaterial nicht überprüft werden kann, liegt nahe, dass angesichts der Abwanderungsbewegung aus J (vgl. 7. Kapitel) der Kanton gewissermassen als "Auffangbecken" für Arbeitslose gedient hat.

Leider gestatten es die Arbeitslosenziffern nicht, die von den Individuen erlittene Dauer der Arbeitslosigkeit zu untersuchen, die von hervorragender Bedeutung zur Beurteilung der Markträumungsmechanismen auf dem Arbeitsmarkt ist (vgl. Akerlof 1979).

2.4.2. Betreibungen

Das Datenmaterial wurde den Betreibungsbüchern des Bezirks (Registres des poursuites), Nr. 41 bis Nr. 48, entnommen und umfasst die Zeit vom 18.6.1932 bis 31.12.1937. Dabei wurden nur diejenigen betriebenen Personen erfasst, die in einem Band (durchschnittliche Registrierdauer: 9 Monate) mindestens drei Betreibungen aufwiesen. Die Gesamtzahl der Betriebenen und Betreibungen liegt deshalb über den hier tabellierten Zahlen und ist somit hier unterschätzt wiedergegeben. Was die Beträge der Betreibungen betrifft, sind sie stark gestreut. Sie liegen zwischen ca. 5 und 1000 Franken, wobei ihr Durchschnittswert etwa 80 Franken ausmachen dürfte.

Tabelle 2.12 zeigt die absoluten jährlichen Häufigkeiten der Betreibungen sowie deren Anteil pro steuerpflichtigen Haushalt. Auffallend ist der grosse Sprung von 1932 auf 1933, selbst wenn die tatsächlich erfasste Betreibungszahl vom 18.6. bis 31.12.1932 (287) für das ganze Jahr aufgerechnet wird (530). Der Rückgang der Betreibungen bzw. deren Anteile geht langsamer vor sich, so dass erst 1937 wiederum der Stand von 1932 erreicht ist.
Die Verteilung der Betreibungen auf die Betriebenen während dieser 5 1/2 Jahre ergibt folgendes Bild:

Gruppe 1: 1 - 15 Betreibungen	111 Personen
Gruppe 2: 16 - 30 Betreibungen	17 Personen
Gruppe 3: 31 - 60 Betreibungen	12 Personen
Gruppe 4: über 60 Betreibungen (Höchstzahl: 218)	15 Personen
total	155 Personen

Tabelle 2.12 Betreibungen in J vom 18.6.1932 bis 31.12.1937

Zeitraum	Betreibungen absolut	Betreibungen pro steuerpfl. Haush.
18.6. - 31.12.1932	287	
aufgerechnet fürs ganze Jahr 1932	530	0,39
1.1. - 31.12.1933	678	0,53
1.1. - 31.12.1934	663	0,52
1.1. - 31.12.1935	626	0,48
1.1. - 31.12.1936	545	0,42
1.1. - 31.12.1937	504	0,39
total	3.303	

Quellen: Betreibungsbücher des Bezirks, Nr. 41 bis Nr. 48

Tabelle 2.13 Charakterisierung der Betriebenen in J nach Beruf

Gruppe 1 (1–15 Betreibungen): 111 Personen (78 identifizierbar)

1. Sektor: Bauern (4), Knecht, Waldarbeiter (5), Weinbauexperte,
2. Sektor: Metzger, Schuhmacher, Modistin, Schreiner, Küfer, Maurer, Gipser, Spengler, Bauunternehmer, Schmied, Feilenhauer (4), Arbeiter (17), Mechaniker (3), Elektriker, Werkmeister, Uhrenmacher, Garagist,
3. Sektor: Händler (2), Verkäuferin, Hotelangestellte, Serviertochter, Bahnangestellte (9), Postangestellte (2), Bankangestellter, Spediteur, Fuhrmann, Tierarzt, Gemeinderat, Buchhalter,

ohne Berufsangabe (4), Rentner (2).

Gruppe 2 (16–30 Betreibungen): 17 Personen (14 identifizierbar)

1. Sektor: Bauer, Waldarbeiter,
2. Sektor: Hufschmied, Vorarbeiter, Arbeiter (4),
3. Sektor: Bahnangestellter, Zollangestellter, Angestellter, Buchhalter, Hausfrau.

Gruppe 3 (31–60 Betreibungen): 12 Personen (9 identifizierbar)

1. Sektor: Bauern (4),
2. Sektor: Maurer,
3. Sektor: Händler (2), Cafetier, Fuhrmann.

Gruppe 4 (Über 60 Betreibungen): 15 Personen (13 identifizierbar)

2. Sektor: Bäcker, Tapezierer, Schreiner, Fabrikant,
3. Sektor: Händler (5), Hoteliers (2), Fuhrmann, Unterhaltung

Tabelle 2.14 Häufigkeit der Betriebenen nach Einkommensschichten

Gruppe	Anzahl	0–2000 Fr.	2001–3500 Fr.	über 3500 Fr.
1	78	37	21	20
2	13	6	6	1
3	9	1	3	5
4	13	1	4	8

Werden die Personen mit Hilfe anderer Informationsquellen (vgl. Kapitel 3.2. und 3.9.) nach Beruf, Stellung im Beruf und Einkommenshöhe (Stichjahr: das am nächsten bei 1932 liegende Jahr) untersucht, sind deutliche gruppenspezifische Unterschiede sichtbar (vgl. Tabellen 2.13 und 2.14).

In der Gruppe 1 finden sich Vertreter der meisten in J. vorhandenen Branchen. Sie sind aber, von vier Fällen abgesehen, alle unselbständig erwerbstätig und haben fast zur Hälfte ein Einkommen von weniger als 2000 Franken im Jahr. In der Gruppe 2 gibt es nur unselbständig Erwerbstätige, die in der ersten und zweiten Einkommensschicht gleich stark vertreten sind, in der dritten Schicht jedoch mit einer Ausnahme nicht vorkommen. Die Gruppe 3 umfasst beinahe nur selbständig Erwerbstätige und ist praktisch nur in der zweiten und dritten Einkommensschicht anwesend. Schliesslich besteht die Gruppe 4 vorwiegend aus selbständig erwerbstätigen Personen , die mehrheitlich über ein Einkommen von über 3500 Franken verfügen.

2.4.3. Konkurse

Das zugrundeliegende Datenmaterial stammt aus den Konkursakten (Dossiers des faillites) des Kantons Waadt und betrifft die Zeit von 1920 bis 1950. (Auf Bundesebene liegt eine Konkursstatistik für 1937 (La Vie Economique 1938, 468-476) vor, die aber nur sehr indirekt mit dem vorliegenden Zahlenmaterial vergleichbar ist.) Ein quantitativer Ueberblick über diese drei Jahrzehnte (vgl. Tabelle 2.15) zeigt deutlich, dass die Konkurse, Nachlassverträge (NV), Notstundungen (NSt) und verweigerten Erbschaften (VE) in den Jahren von 1927 bis 1937 (*) meistens grössere Häufigkeiten aufweisen als im vorausliegenden und nachfolgenden Zeitabschnitt. Eine genauere Analyse der von einem Konkurs-, Nachlassverfahren o. ä. betroffenen Betriebe ist in Tabelle 2.16 zusammengestellt. Neben einzelnen Firmen im ersten und zweiten Sektor ist insbesondere der dritte Sektor von argen Schwierigkeiten getroffen. Die Verlustsumme im Gastgewerbe beträgt 87'100 Franken, verteilt auf 114 Gläubiger; in der Transportbranche macht sie 81'100 Franken (137 Gläubiger) und im Handel 103900 Franken (64 Gläubiger) aus. Die beiden in Konkurs gegangenen Fabriken bringen einen Verlust von 188'000 Franken für 100 Gläubiger. Beim Alter fällt auf, dass in den ersten Jahren der Beobachtungsperiode 1929-1937 mehrheitlich junge, in den späteren Jahren vorwiegend ältere Personen in Konkurs gehen.

Die vom Konkursverwalter notierten Gründe für das wirtschaftliche Scheitern sind zum Teil Selbstverschulden mit entsprechendem Entzug der bürgerlichen Rechte für 1 bzw. 2 Jahre (6 Fälle), zum Teil schlechte Geschäftsbedingungen oder Kriseneinfluss (9 Fälle).

Tabelle 2.15 Konkurse, Nachlassverträge, Notstundungen, erweigerte Erbschaften in J von 1920 bis 1950

Jahr	Konkurse	NV, NSt	VE	total
1920	–	–	–	–
21	–	1	–	1
22	3	–	–	3
23	1	1	–	2
24	1	–	1	2
25	1	–	–	1
26	1	–	–	1
1927	5	2	–	7 *
1928	1	1	1	3 *
1929	3	–	1	4 *
1930	5	–	1	6 *
1931	–	–	1	1 *
1932	–	–	1	1 *
1933	3	–	1	4 *
1934	2	1	1	4 *
1935	1	1	1	3 *
1936	1	–	–	1 *
1937	1	–	1	2 *
38	1	–	–	1
39	1	–	–	1
1940	–	–	–	–
41	–	–	–	–
42	1	–	–	1
43	1	–	–	1
44	–	–	–	–
45	–	–	1	1
46	–	–	–	–
47	–	–	2	2
48	–	1	–	1
49	–	–	1	1
1950	–	2	–	2

Tabelle 2.16 Konkurse, Nachlassverfahren, Notstundungen, erweigerte Erbschaften in J von 1929 bis 1937 nach Betrieb, Alter des Inhabers, Verfahrensart, Gläubigerzahl, Verlust

Jahr	Betrieb	Alter des Inhabers	Verfahrensart	Anzahl aller tot.	Gläubiger Klassen mit über 1000 Fr.	Verlustsumme
1929	Fabr. industr.					
	Material	jung	OK	71	11	90.700.–
	Transport	28	SK	28	5	13.200.–
	Uhren	37	OK	25	2	7.700.–
	landw. Betrieb	35	VE	12	1	2.700.–
1930	Café	29	SK	21	5	11.800.–
	Fahrräder	23	NSt	34	4	(1.800.)
	Vertretung	52	VE	32	8	36.900.–
	Café	–	OK	26	3	11.200.–
	Schweinehandel	40	SK	19	11	45.400.–
	Molkerei	44	OK	52	11	25.600.–
1931	Schlosserei	51	VE			1.600.–
1932	?		VE			160.–
1933	Molkerei	62	OK	32	15	56.900.–
	Gipserei, Mal.	29	SK	48	3	14.400.–
	Garage	26	SK	45	4	21.800.–
	Transporte	30	NSt	79		(51.200.)
1934	Transporte	31	OK	109	16	67.900.–
	Hotel	42	OK	67	10	64.100.–
	Handelsreisender	25	VE	5	1	2.100.–
	Gemischtwaren	29	NSt	54	2	(2.000.)
1935	?	63	VE			
	Uhren	28	SK	81	7	54.700.–
	Bäckerei	48	NV	137	13	(88.700.)
1936	Fabr. v. Pfeifen	45	SK	29	6	97.300.–
1937	Weinhandel	42	OK	8	3	19.500.–
	Schuhmacherei	61	VE	2		400.–

Quellen: Konkursakten des Kantons Waadt 1929 bis 1937

Abkürzungen:
OK: ordentliches Konkursverfahren
SK: summarisches Konkursverfahren
NV: Nachlassvertrag
NSt: Notstundung
VE: verweigerte Erbschaft

2.5. Zusammenfassung

Für eine erste, allgemeine Beschreibung der Gemeinde J in den dreissiger Jahren diente eine Vielzahl verschiedenartiger Quellen: Gemeindechronik, Gemeindezeitung, Geburten-, Sterbe- und Heiratsregister, Einwohnerkartei, Steuerregister, Betreibungsbücher des Bezirks, Akten des kantonalen Arbeitsamtes, Konkursakten des Kantons, schweizerische Ragionenbücher, eidgenössische Statistiken. Auch wenn diese Angaben zahlreiche Aspekte der Krisenbetroffenheit nicht zum Ausdruck bringen können, zeigen sie doch deutlich, welch dramatische Zeit die Bewohner von J während der Weltwirtschaftskrise erlebten.

Im Laufe dieser wenigen Jahre nahm die Bevölkerung vor allem wegen starken Auswanderungen um fast 16 % (bis 1936) ab. Der Anteil der Ausländer ging um etwa 2 % auf 12 % (1937) zurück. Um gleichviel sank auch der Prozentsatz der Ortsbürger auf 23 % (1937). Konstant blieb über die ganze Zeit bei 51 % der Anteil der übrigen Waadtländer und grösser wurde die relative Häufigkeit der Schweizer; sie stieg von 24 % auf 26 %.

Die 190 Betriebe mit etwa 1500 Beschäftigten (1929) wurden von der Krise je nach Branche unterschiedlich getroffen. Während in der Nahrungsmittelbranche und im Gastgewerbe wegen ihrer Integration in den lokalen Wirtschaftskreislauf eine recht grosse Konstanz festgestellt werden konnte, fanden in der Baubranche grosse Umwälzungen statt, und auch die privaten Transportunternehmen hatten geringe Ueberlebenschancen. Einzig die Herstellung und der Vertrieb technologisch neuer Produkte sowie die Energiewirtschaft verzeichneten einen leichten Aufschwung.

Wie sehr vor allem die Metall- und Maschinenbranche, die stark in den internationalen Wirtschaftskreislauf eingebunden war, unter der Krise zu leiden hatte, geht u. a. aus den Arbeitslosenzahlen hervor. Im November 1932 zählte man insgesamt 346 Ganzarbeitslose (vorwiegend aus diesen Branchen) bei einer Bevölkerung von ca. 3900 Personen und ca. 1100 Haushalten. Sehr viele Haushalte mussten also die Arbeitslosigkeit auf sehr direkte Weise in ihrem engsten Kreis erfahren. Darüber hinaus weisen die hohen Betreibungs- und Konkurszahlen der Krisenjahre auf die schwere wirtschaftliche Bedrängnis hin, in der sich zahlreiche Bewohner von J befanden.

3. Datenmaterial

3.1. Allgemeines

Nach der Beschreibung der Gemeinde J im allgemeinen soll nun die Art, der Umfang und die Qualität des Datenmaterials, das die Grundlage für die weitere Untersuchung von J darstellt, diskutiert werden. Es handelt sich um prozess-produzierte Daten, also um "Aufzeichnungen öffentlicher und privater Organisationen im Rahmen ihrer Tätigkeit" (Müller 1977,1). Neben gewissen Nachteilen bietet diese Datenart zahlreiche Vorteile (vgl. II.2.2.) und ist die einzige Informationsquelle für eine systematische Analyse von J in den dreissiger Jahren, da weder Primärerhebungen gemacht wurden noch detaillierte "statistische" Daten vorliegen. (Die Untersuchung von Marienthal (Jahoda et al. 1. Aufl. 1933, 1975) beruht im wesentlichen auf Primärerhebungen und kann deshalb nur begrenzt mit dieser Fallstudie verglichen werden.) Dennoch enthält das vorhandene Datenmaterial eine Fülle von Angaben, die für eine Panelanalyse von grösstem Wert sind. Gleichzeitig sind sie aber auch – selbst als prozess-produzierte Daten – Fragmente mit klaren Beschränkungen bezüglich der Aussagekraft der untersuchten Variablen (vgl. z.B. die Erfassung des Wohlstandes und der Armut, III.2., IV.3.5.) sowie bezüglich des Fehlens anderer ("latenter") Variablen, die für Erklärungszwecke unter Umständen von Bedeutung sein können.

Bei der Auswahl und Aufbereitung des Datenmaterials wurde insbesonders zwei methodischen Erfordernissen möglichst weitgehend Rechnung getragen. Zum einen wurden die einzelnen Daten aus verschiedenen Quellen *"gelinkt"* (vgl. McCloskey 1976, 444; u. a. m.); d. h. wegen der zumeist eindeutigen Identifizierbarkeit der Individuen konnten Angaben aus unterschiedlichen Dokumenten (Steuerregister, Einwohnerkartei, Adressbücher, Geburten-, Sterbe- und Heiratsregister, Ragionenbücher, Beamtenverzeichnisse, Betreibungs- und Konkursakten) den entsprechenden Individuen zugeordnet werden, wodurch ein Vielfaches an zusätzlicher Information zu gewinnen war – freilich mit der dazu notwendigen Akribie und Ausdauer.

Zum andern wurde auf das Kriterium der *Wiederholbarkeit* geachtet: eine solche Fallstudie sollte grundsätzlich und ohne allzu grosse Schwierigkeiten auch für andere Gemeinden durchführbar sein. In der Tat ist es angesichts des überaus reichhaltigen Datenmaterials auf der Ebene der Schweizer Gemeinden (vgl. die Befragung der Schweizer Gemeinden durch das Seminar für Nationalökonomie an der Universität Freiburg, 1977/78, unveröffentlicht) mit dem erforderlichen Arbeitseinsatz ohne weiteres möglich, eine Fülle solcher Fallstudien für unterschiedliche Zeitabschnitte der letzten 100 Jahre durchzuführen.

3.2. Hauptquelle des Datenmaterials: Steuerregister von J

Als wichtigste Datengrundlage der Fallstudie dienten die nach Jahr und Gemeinde geordneten Steuerregisterbände des Kantons Waadt[4]. Ihr Zustandekommen regelten die Art. 49 – 59 des Steuergesetzes (siehe Anhang III: Zur Steuergesetzgebung im Kanton Waadt von 1923 bis 1937). Die Register umfassen folgende Spalten: jährliche Nummerierung des Steuerpflichtigen, Name, Vorname, z. T. Zivilstandsangabe, Beruf, Liegenschaftsvermögen (fortune immobilière), steuerbares Vermögen (fortune imposable), steuerbares Einkommen (produit du travail), Anzahl der vom Steuerpflichtigen zu unterhaltenden Personen.

3.2.1. Steuersubjekte

Als natürliche Steuerpflichtige von J gelten die in J wohnhaften und niedergelassenen Personen. Grundsätzlich sind dazu auch diejenigen Personen zu rechnen, die, ohne in J zu wohnen, an bewirtschafteten Unternehmen in J beteiligt sind, Liegenschaften in J besitzen (Art. 3) oder von J aus in eine ausserkommunale Anstalt eingeliefert wurden (Art. 11). Abgesehen von den Liegenschaften mit ausserkommunalen Besitzern, die separat aufgeführt sind und nicht zur Vermögenssumme der Ortsansässigen gerechnet werden, sind die erwähnten Ausnahmefälle im Steuerregister nicht besonders vermerkt, sehr wahrscheinlich aber höchst selten.

Aus diesen Gründen können praktisch alle im Steuerregister von J aufgeführten Personen als ortsansässig betrachtet werden, was jedoch nicht heisst, dass alle Ortsansässigen im Steuerregister aufgeführt sind (vgl. 3.2.4.).

Von der Steuerpflicht befreit sind Personen, die sich weniger als 90 Tage in J aufhalten (z. B. Feriengäste), Armengenössige, Ausländer, die weder in der Schweiz geboren noch hier je erwerbstätig waren und hier höchstens seit fünf Jahren leben, und schliesslich die Personen, die im Veranlagungsjahr kein Einkommen aufweisen, wohl aber im Steuerjahr. Neben diesen von der Steuerpflicht Befreiten werden diejenigen Steuerpflichtigen nicht erfasst, die infolge der Abzüge auf ein Einkommen und Vermögen von null kommen (vgl. 3.4.); im Steuerregister sind nur diejenigen Steuerpflichtigen enthalten, die mindestens einen positiven Betrag beim Einkommen oder Vermögen ausweisen.

Gemäss Steuergesetz gilt das Prinzip der Haushaltbesteuerung. Der Haushalt im steuerrechtlichen Sinn kann bestehen aus einem verheirateten Paar ohne rechtliche Gütertrennung mit oder ohne minderjährige Kinder im gleichen Haushalt, aus einer unvollständigen Familie oder

[4] Für die verständnisvolle Mitarbeit bei der Datenbeschaffung sei Herrn M. Depoisier, Kantonsarchivar in Lausanne, bestens gedankt.

aus einer alleinstehenden Person, die entweder volljährig ist und keinem Steuerpflichtigen untersteht oder minderjährig und erwerbstätig ist, aber nicht im Haushalt der Eltern lebt. Dieser Haushaltsbegriff entspricht oft dem wirtschaftlich definierten Haushalt, kann jedoch auch kleiner als dieser sein. Dies trifft zu, wenn der ökonomische Haushalt verschiedene steuerpflichtige Verwandte, Bekannte oder Mitarbeiter umfasst.

Hauptsächlich aus diesem Grund ist die Differenz der Anzahl der Haushalte gemäss eidg. Volkszählung und Chronik von J einerseits und Steuerregister anderseits in der Tabelle 3.1 zu erklären. Ein Viertel bis ein Drittel der Differenz ist ferner auf die Eintragungen im Zusatzregister zurückzuführen, die erst nach Abschluss des jährlichen Steuerregisters anfangs Februar erfolgten (vgl. 3.2.2.).

Der steuerrechtlich definierte Haushalt wird als einziges Steuersubjekt betrachtet und fasst als solches die Einkommen und Vermögen seiner einzelnen Mitglieder zu einem Gesamteinkommen und -vermögen zusammen. Weil in den Steuerregistern die gepoolten Einkommens- und Vermögensbeträge ausgewiesen sind und eine Aufgliederung dieser Globalbeträge mit Hilfe der Steuererklärungen nicht mehr möglich ist, können über die Zusammensetzung von Einkommen und Vermögen eines Steuerpflichtigen keine Aussagen mit letzter Sicherheit gemacht werden. Es lassen sich aber dennoch einige sinnvolle Annahmen treffen, die ein differenzierteres Bild vor allem der Einkommensverteilung ermöglichen und die Wohlstandsverteilung beeinflussen (vgl.Kapitel 4.f.).

Tabelle 3.1 Haushalte in J von 1929 bis 1937 gemäss eidg. Volkszählung 1.12.1930, Chronik und Steuerregister von J

Jahr (Beginn)	Haushalte gemäss Volkszählung und Chronik von J (vgl. Tab. 2.1)	Haushalte gemäss Steuerregister	Differenz
1929	n. v.	1407	–
1930	n. v.	1420	–
1931	1229	1447	218
1932	n. v.	1347	–
1933	1125	1282	157
1934	1130	1281	151
1935	1132	1296	164
1936	1149	1302	153
1937	1164	1287	123

3.2.2. Die zeitliche Abgrenzung

Die im jährlichen Steuerregister enthaltenen Einkommens- und Vermögensangaben indizieren die wirtschaftliche Lage der Steuerpflichtigen im vorangegangenen Jahr. So bezieht sich beispielsweise das (registrierte) "Einkommen von 1935" auf das im Laufe von 1934 realisierte Einkommen und das (registrierte) "Vermögen von 1935" auf den Vermögensbestand vom 1. Januar 1935.

Wer während des laufenden Jahres in die Gemeinde eingewandert war und steuerpflichtig wurde, wurde in einem Zusatzregister erfasst, das durchschnittlich 3 – 5 % der Steuerpflichtigen von J enthielt. Bei diesen Neuhinzugekommenen, die noch zum laufenden Steuerjahr gerechnet wurden, wurde gewöhnlich das Einkommen und Vermögen desselben Jahres als Steuerbemessungsgrundlage vorausgesetzt. Die geringe, nicht mehr zu bereinigende Vermischung von Steuerdaten zweier Jahre dürfte jedoch die Zuverlässigkeit der jährlichen Angaben nicht wesentlich beeinträchtigen.

3.2.3. Erscheinen im Register und Verschwinden aus dem Register

Aus dem Vergleich der jährlichen Steuerregister kann die Anwesenheitsveränderung der Steuerpflichtigen ermittelt werden. Ist der Steuerpflichtige im ersten von zwei aufeinanderfolgenden Jahren anwesend und im zweiten abwesend, gilt er als "Verschwinder" des ersten Jahres. Der umgekehrte Fall, Abwesenheit im ersten und Anwesenheit im zweiten Jahr, wird als "Auftaucher" des zweiten Jahres definiert. Infolgedessen kann es im ersten Beobachtungsjahr des Panels (1929) keine "Auftaucher" und im letzten Beobachtungsjahr (1937) keine "Verschwinder" geben.

Das Erscheinen und Verschwinden von Steuerpflichtigen in das bzw. aus dem Steuerregister kann im wesentlichen von demographischen und steuerrechtlichen Gründen verursacht sein.

Das Erscheinen ist entweder durch Einwanderung (mit der sich daraus ergebenden Steuerpflicht) bewirkt oder auf folgende steuerrechtliche Bestimmungen zurückzuführen: Aufnahme der Erwerbstätigkeit von Minderjährigen, die in eigenem Haushalt leben; Eintritt ins steuerpflichtige Alter; Loslösung der verheirateten Frau von ihrem Gatten durch rechtliche Gütertrennung, durch Trennung, Scheidung, Tod; Eintritt in den Arbeitsmarkt; Erzielung eines positiven steuerbaren Einkommens (wegen eines höheren reinen Einkommens oder geringerer Familienabzüge; Erwerb eines steuerbaren Vermögens von 500 Franken und mehr).

Das Verschwinden aus dem Steuerregister kann bestimmt sein durch den Tod oder die Auswanderung des Steuerpflichtigen, durch die Heirat der weiblichen Steuerpflichtigen, durch den Rückgang des steuerbaren Einkommens (infolge einer Abnahme des reinen Einkommens oder einer Zunahme der Familienabzüge), durch die Reduzierung des steuerbaren Vermögens unter 500 Franken.

Bei dieser Vielzahl von Möglichkeiten kann nicht ohne weiteres bestimmt werden, welche Gründe in jedem Fall für das Erscheinen bzw. Verschwinden des Steuerpflichtigen massgeblich waren. Erst mit Hilfe von zusätzlichen Informationsquellen und sinnvollen Hypothesen ist eine Diskriminierung bis zu einem gewissen Grade möglich (vgl. 3.3.).

3.2.4. Erfassungsgrad der Wohnbevölkerung von J durch das Steuerregister

Aufgrund der Anzahl der Steuerpflichtigen und der von ihnen unterhaltenen Personen lässt sich der jährliche Anteil der vom Steuerregister abgedeckten Wohnbevölkerung von J errechnen. Wie Tabelle 3.2 zeigt, beträgt der kalkulierbare Erfassungsgrad in den ersten Jahren etwa 75 %, danach etwa 70 %. Er läge noch etwas tiefer, wenn die Personen im Zusatzregister ausser acht gelassen worden wären.

Der fehlende Anteil von 25 – 30 % lässt sich auf verschiedene steuerrechtliche Gründe zurückführen, die in den vorangegangenen Abschnitten genannt sind. Der weitaus häufigste Grund wird darin bestehen, dass der Steuerpflichtige wegen eines steuerbaren Einkommens von null und eines steuerbaren Vermögens von weniger als 500 Franken nicht bzw. nicht mehr im Register aufgeführt ist. Bei einem grösseren Haushalt mit bescheidenem Einkommen und Vermögen war dies aufgrund der ausserordentlich hohen Familienabzüge im Kanton Waadt relativ leicht möglich. (Der Gesetzesentwurf sei, wie es im Kommissionsbericht des Grossen Rates, (vgl. Anhang III) heisst, "un des plus libéraux de la Suisse entière" (S. 14).)

Tabelle 3.2 Erfassungsgrad der Wohnbevölkerung von J durch das Steuerregister von 1929 bis 1937

Jahr Beginn)	Wohnbevölkerung (vgl. Tab. 2.1)	Personen gemäss Steuerregister	Erfassungsgrad in %
1929	4182	3117	75
1930	n. v.	3134	–
1931	4112	3178	77
1932	n. v.	2921	–
1933	3930	2749	70
1934	3838	2718	71
1935	3863	2734	71
1936	3800	2744	72
1937	3799	2704	71

Diese Tatsache – der beschränkte Erfassungsgrad und die z. T. unterschiedliche sozioökonomische Charakterisierung der fehlenden Untermenge – ist für die spätere Interpretation der Statistiken, die auf dem Steuerregister basieren und folglich nur für eine Untermenge der Bevölkerung von J gelten, von erheblicher Bedeutung.

Eine Möglichkeit, einen höheren Erfassungsgrad der Bevölkerung dennoch zu erreichen, schien zunächst bei der Personalsteuer zu liegen. Sie wurde jährlich durch Parlamentsbeschluss festgelegt und betrug für den betrachteten Zeitraum sechs Franken pro Person. Davon betroffen waren alle volljährigen Männer und Frauen, Schweizer und Ausländer, die im Kanton Waadt wohnhaft oder niedergelassen waren oder hier eine permanente Berufstätigkeit ausübten. Ausgenommen waren nur die Armen und die verheirateten Frauen, die nicht in rechtlicher Gütertrennung lebten und deren Mann der Personalsteuer unterworfen war (vgl. jährliches Steuergesetz des Kantons Waadt). Mit Hilfe der Personalsteuerliste liesse sich die vom Steuerregister nicht erfasste Bevölkerung in die Gruppe der "offiziell" Armen und in die Gruppe der bescheidenen Einkommens- und Vermögensgbesitzer unterscheiden. Leider wurde die Erhebung der Personalsteuer getrennt vom Steuerregister verwaltet. Die Listen konnten nicht gefunden werden, so dass auf diese zusätzliche Informationsquelle verzichtet werden musste.

3.3. Auswanderer, Einwanderer

Die Angaben bezüglich Wanderung stützen sich hauptsächlich auf das Steuerregister.

Weil der Wechsel der Anwesenheit im Register mannigfache Gründe haben kann (vgl. 3.2.3.), mussten sie zur Erfassung der eigentlichen Wanderungen soweit als möglich unterschieden werden. Zunächst einmal wurde angenommen, dass ein vorübergehendes Verschwinden aus dem Panel steuerrechtlich, nicht migratorisch bedingt sei; mit andern Worten, es gebe definitionsgemäss während der neun Jahre nur definitive Auswanderungen aus J, keine Rückkehrer. So wird beispielsweise ein "Verschwinder" von 1929, der 1937 wieder auftaucht, nicht als Auswanderer verstanden, wohl aber ein "Verschwinder" von 1936, der ausserhalb des Beobachtungszeitraumes (z. B. 1938) wieder im Steuerregister figuriert.

Zur weiteren Bestimmung der Gründe der Anwesenheitsveränderung dienten soweit als möglich zusätzliche Informationsquellen. Auf einen Rückgriff auf die Einwohnerkartei musste jedoch wegen des erforderlichen Arbeitsaufwandes und der z. T. unvollständigen Angaben verzichtet werden.

Mit Hilfe der Heirats- und Sterberegister von J konnten diejenigen Fälle aus der Menge der "Verschwinder" eliminiert werden, die mit Sicherheit aus Heirats- oder Todesgründen erfolgten; die vermutlich seltenen auswärtigen Heiraten und Todesfälle bleiben dabei unberücksichtigt.

Demzufolge gelten als Auswanderer eines bestimmten Jahres all diejenigen Steuerpflichtigen, die echte "Verschwinder" dieses Jahres sind und nicht wegen Heirat oder Tod im Register fehlen. Sie sind somit zwischen Januar und Dezember dieses Jahres ausgewandert.

Bei den "Auftauchern" war es nicht möglich, zusätzliche Hinweise auf die Erscheinungsgründe zu finden. Auch schien es nicht statthaft, mit Hilfe gewisser Annahmen die Einwanderer von den übrigen "Auftauchern" zu separieren. Eine mögliche Hypothese hätte darin bestanden, diejenigen als Nichteinwanderer zu interpretieren, die aufgrund ihres Alters (z. B. 20 Jahre oder 20–24 Jahre) steuerpflichtig werden und deshalb, obgleich schon immer in J wohnhaft, im Register erscheinen. Diese Annahme liesse sich durchaus vertreten. Sie würde aber die Fälle junger Einwanderer, die sehr wahrscheinlich auch vorkamen (bes. Serviertöchter, Verkäuferinnen), ausschliessen, weshalb davon abgesehen wurde.

Die Einwanderer sind also mit den echten "Auftauchern" gleichgesetzt, deren Erscheinen zwischen Januar und Dezember des vorangegangenen Jahres bzw. bis zum Datum der Eintragung ins Zusatzregister erfolgte. Ihre Anzahl ist sehr wahrscheinlich überschätzt, sodass die Nettoauswanderungen dementsprechend grösser sind (vgl. Tabelle 2.4 und Kapitel 7).

3.4. Einkommen, Vermögen

3.4.1. Definitionen

Gemäss Steuergesetz (vgl. Anhang III) gehören zum Einkommen (produit du travail) jegliche Erwerbseinkommen des steuerpflichtigen Haushaltes (vgl. 3.2.1.) sowie Renten und Pensionen bis zum Wert von 6000 Franken, nicht aber Vermögenseinkommen (Art. 22). Davon können verschiedene Abzüge für Entstehungskosten u. a. m. gemacht werden (Art. 24), woraus sich das reine Einkommen ergibt. Werden ferner davon die Familienabzüge substrahiert (Art. 25, 26), erhält man das im Steuerregister eingetragene steuerbare Einkommen.

Die Summe des Liegenschaftsvermögens wurde aus der Grundbuchliste übernommen und stellt 80 % des offiziell geschätzten Wertes ohne Schuldenabzug dar (fortune immobilière). Im ausgewiesenen steuerbaren Vermögen (fortune imposable) des steuerpflichtigen Haushaltes sind diese Liegenschafswerte und das bewegliche Vermögen abzüglich aller hypothekarischer und anderer Schulden sowie gewisser Abzugsmöglichkeiten zusammengefasst (Art. 17 – 21, 31 – 34). Wenn der Steuerpflichtige seine Familienabzüge nicht oder nur teilweise beim Einkommen vornehmen kann, darf er sie vom Vermögen abziehen (Art. 25, 26).

Als Grundlage der Einkommensanalyse der Fallstudie wird das reine Einkommen vor Steuerabzug genommen, weil es im Vergleich zum steuerbaren dem tatsächlich realisierten Einkommen näher liegt und von familiären Veränderungen des Steuerpflichtigen unabhängig ist. Für die Vermögensanalyse ist im Normalfall das steuerbare Vermögen (W_s) vorausgesetzt. Nur wo der Steuerpflichtige während seiner ganzen Anwesenheit ein steuerbares Einkommen von null hat, wird sein "reines" Vermögen zugrundegelegt.

Bei der Aufrechnung der reinen Beträge ist zu beachten, dass annahmegemäss alle Steuerpflichtigen von den gesetzlichen Familienabzügen (A) vollen Gebrauch machen. Ist das steuerbare Einkommen (Y_s) positiv, wird das reine Einkommen (Y_r) wie folgt errechnet:

$$Y_r = Y_s + A \qquad \text{bei } Y_s > 0, W_s \geqq 0.$$

Wenn das steuerbare Einkommen null ist, kann das reine Einkommen bzw. Vermögen nur geschätzt werden, weil nicht mehr feststellbar ist, von welcher Grösse (von Y_s oder von W_s) und in welchem Ausmass (k) die Familienabzüge vorgenommen wurden. Allgemein gilt:

$$\begin{aligned} &Y_r - k\,A = 0 \quad \text{und} \\ &W_r = W_s + (1 - k)\,10\,A \qquad \text{bei } Y_s = 0, W_s > 0. \end{aligned}$$

Als Beispiel sei ein Arbeiterhaushalt von vier Personen mit einem jährlichen reinen Einkommen von 2800 Fr. genommen. Die Familienabzüge von 700 Fr. pro Person ergeben gerade ein steuerbares Einkommen von null. Ist Y_s kleiner als 2800 Fr. oder wird der Haushalt bei gleichem Einkommen grösser (infolge der Geburt eines Kindes, des Zuzugs der Grossmutter u. a. m.), sinkt Y_s unter null. Entweder scheidet bei $W_s = 0$ der Steuerpflichtige aus dem Register aus oder er kann vom positiven Vermögen das Zehnfache des restlichen Familienabzuges abziehen.

Die *Schätzung* der reinen Beträge wird in diesem Sonderfall $Y_s = 0$ wie folgt vorgenommen:

Wenn der Steuerpflichtige während seiner Anwesenheit zum Teil ein positives Einkommen aufweist, erfolgt die Schätzung ausschliesslich beim Einkommen (k = 1), weil sehr grosse, weitgehend durch die Familienabzüge bedingte Einkommensveränderungen von null aus oder auf null hin nicht plausibel erscheinen. Das geschätzte Y_r ist somit gleich oder grösser als das tatsächliche Y_r, das im Intervall von 0 bis A liegt.

Ist hingegen während der ganzen Anwesenheit $Y_s = 0$, gilt das Vermögen als Berechnungsgrundlage (k = 0), weil vermutlich kein oder nur ein geringes Erwerbseinkommen vorhanden war. Das geschätzte W_r ist also gleich oder grösser als das tatsächliche W_r, das sich im Intervall von W_s bis W_s + 10 A befindet.

Zusammenfassend kann folgendes gesagt werden:

1. In den meisten Fällen (ca. 90 %) ist das steuerbare Einkommen grösser als null, sodass mit grosser Sicherheit das reine Einkommen errechenbar ist und das steuerbare Vermögen verwendet wird.
2. Wenn das steuerbare Einkommen null ist, kann das reine Einkommen und Vermögen nicht mit Sicherheit kalkuliert werden.

3.4.2. Zuverlässigkeit der Angaben

Nachdem die Definitionen von Einkommen und Vermögen diskutiert wurden, stellt sich die Frage der Zuverlässigkeit dieser Angaben. Bekanntlich wird oft angenommen, dass die Steuererklärungen im Vergleich zur tatsächlichen wirtschaftlichen Lage der Steuerpflichtigen zu tiefe Beträge angeben. Wie gross der Anteil einer solchen Unterbewertung ist, bleibt dabei freilich meistens unbekannt.

Eine gewisse Kontrolle für bestimmte Einkommens- und Vermögenskategorien ist heute mit der Lohnausweispflicht und der Verrechnungssteuer gegeben. In den dreissiger Jahren existierten diese Vorschriften jedoch nicht. So musste nach andern Kontrollmöglichkeiten gesucht werden.

Eine äusserst wertvolle Quelle stellen zu diesem Zweck die Beamtenverzeichnisse der Schweizerischen Bundesbahnen und der Eidgenössischen Oberzolldirektion[5] dar. Aufgrund dieser Unterlagen konnten 636 (reine) Einkommen des Steuerregisters (Y) mit den entsprechenden individuellen und jährlichen Einkommen (einschliesslich Familienbeilagen) der Verzeichnisse (Y1) verglichen werden. Figur 3.1 zeigt die 636 Ein-

[5] Den beiden Personalämtern sei an dieser Stelle für ihre zuvorkommende Zusammenarbeit herzlich gedankt.

kommensvergleichspaare der Bahn- und Zollangestellten während der Jahre 1929 bis 1937, die relativ hohe Einkommen aufweisen (Mittelwert von Y: 4747 Fr., von Y1: 5108 Fr.). Die Schätzung einer Regressionsgeraden ergibt für das Interzept einen Wert von – 57,5 Fr. und eine Steigung von 0,9407 bei einem Beta von 0,9408 und einer sehr guten Signifikanz (F = 4887,2). Es besteht also eine sehr hohe Uebereinstimmung der Steuerregisterdaten mit den Verzeichnisangaben. (Eine gänzliche Uebereinstimmung wäre vorhanden, wenn das Interzept 0 Fr., die Steigung 1 und Beta 1,0 betrüge.)

Wie sich die relativen Einkommensdifferenzen ((Y1-Y)/Y) verteilen, geht aus Tabelle 3.3 hervor. Bei 11 % der Steuerpflichtigen liegt das reine Einkommen um mehr als 15 % tiefer als das Vergleichseinkommen. Drei Viertel der Einkommensbezieher (76 %) geben im Steuerregister das Einkommen um 0 bis 15 % tiefer, als was im Verzeichnis eingetragen ist, an. Und bei den restlichen 13 % ist das reine Einkommen grösser als das Vergleichseinkommen.

Diese Resultate sind im wesentlichen bestätigt, wenn die nach Beruf und Jahr gebildeten Untermengen betrachtet werden. Bei den 314 Bahnangestellten liegen die Mittelwerte von Y bei 4687 Fr. und von Y1 bei 4921 Fr., also etwas tiefer als bei den Zollangestellten (Y: 4807 Fr., Y1: 5290 Fr.). Für die erste Gruppe wird ein Interzept von 362,6 Fr. und eine Steigung von 0,8786 mit einem Beta von 0,9184 errechnet; bei der zweiten Gruppe sind die entsprechenden Werte – 416,2 Fr., 0,9874 und 0,9570. Daraus kann geschlossen werden, dass die Bahnbeamten mit tieferem Einkommen tendenziell eher mehr deklarieren als ihre Kollegen mit höherem Einkommen, während bei den Zollbeamten die Differenz in allen Einkommensschichten in etwa gleichbleibt. Die Bähnler haben einen Median der relativen Einkommensdifferenz von – 5 %, die Zöllner einen solchen von – 9 %.

Die nach Jahren gebildeten Untermengen mit sehr schwankenden Häufigkeiten zeigen stark fallende Mittelwerte (Y_{1929}: 5136 Fr., Y_{1937}: 4153 Fr.). Die Betawerte variieren zwischen 0,9904 und 0,9145 1929 bis 1934 und sinken 1935 auf etwas weniger als 0,9. Die Medianwerte der relativen Einkommensdifferenzen liegen 1930, 1933 und 1936 (bei grossen Häufigkeiten der jährlichen Untermengen) unter dem Durchschnitt von – 7 %.

Zusammenfassend kann gesagt werden, dass bei den Bahn- und Zollangestellten von 1929 bis 1937 eine relativ hohe "Steuerehrlichkeit" in bezug auf die Haupteinkommensquelle festzustellen ist. Inwieweit dieses Ergebnis auf andere Berufsgruppen übertragbar ist, lässt sich nur schwer sagen. Es scheint jedoch wahrscheinlich, dass die andern Gruppen zwar durchschnittlich einen höheren Grad der Differenz von tatsächlichem

Figur 3.1 Regression von reinen Einkommen (Y) und Vergleichseinkommen (Y1)

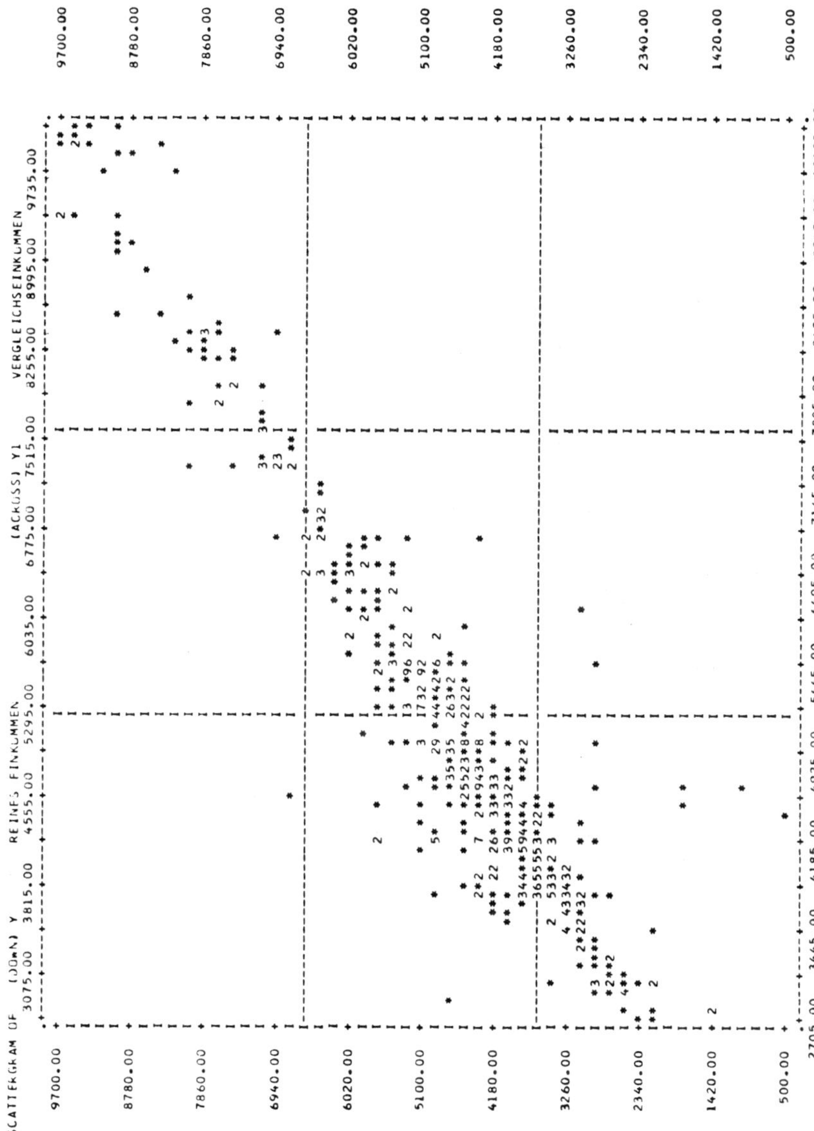

und deklariertem Einkommen aufweisen, dass dieser Grad aber doch nicht allzu gross sein dürfte. Es ist ausserdem zu vermuten, dass dieser Abweichungsgrad bei einer längeren Beobachtungsperiode wie z. B. bei einer Panelanalyse eher kleiner ist.

Tabelle 3.3 Regression von reinen Einkommen (Y) und Vergleichseinkommen, relative Einkommensdifferenzen (alle Jahre)

YC REL. EINKOMMENSDIFFERENZ

CODE	FREQ	ADJ PCT	CUM PCT	CODE	FREQ	ADJ PCT	CUM PCT	CODE	FREQ	ADJ PCT	CUM PCT
-89.	1	0	0	-17.	12	2	9	5.	11	2	94
-77.	1	0	0	-16.	17	3	11	6.	5	1	94
-62.	1	0	0	-15.	12	2	13	8.	2	0	95
-61.	1	0	1	-14.	20	3	16	9.	2	0	95
-51.	2	0	1	-13.	25	4	20	10.	4	1	96
-47.	2	0	1	-12.	29	5	25	11.	2	0	96
-44.	1	0	1	-11.	25	4	29	13.	3	0	96
-39.	1	0	2	-10.	36	6	34	14.	3	0	97
-37.	1	0	2	-9.	49	8	42	15.	3	0	97
-33.	1	0	2	-8.	42	7	49	16.	2	0	98
-32.	1	0	2	-7.	33	5	54	17.	6	1	99
-30.	2	0	2	-6.	43	7	61	19.	1	0	99
-28.	1	0	3	-5.	41	6	67	20.	1	0	99
-27.	1	0	3	-4.	41	6	74	25.	1	0	99
-26.	1	0	3	-3.	25	4	78	26.	1	0	99
-24.	2	0	3	-2.	21	3	81	33.	1	0	99
-23.	1	0	3	-1.	20	3	84	35.	1	0	100
-22.	4	1	4	0.	18	3	87	36.	1	0	100
-21.	4	1	5	1.	11	2	89	49.	1	0	100
-20.	4	1	5	2.	11	2	90	67.	1	0	100
-19.	8	1	6	3.	8	1	92				
-18.	2	0	7	4.	2	0	92				

MEAN -7.110 MEDIAN -7.258

VALID CASES 636 MISSING CASES 0

3.5. Konsumpotential, Konsumäquivalent

Der Gesetzgeber hält das Einkommen und Vermögen trotz ihrer unterschiedlichen ökonomischen Qualifikation als Strom- bzw. Bestandesgrösse für vergleichbar (siehe Art. 26, 30, 31, 34), weil er offenbar davon ausgeht, dass beide Grössen Indikatoren für das Konsumpotential des Haushaltes darstellen. Ihr Verhältnis wird so bestimmt, dass ein Franken des Einkommens zehn Franken des Vermögens entspricht. Dieses Konsumpotential kann somit als Ausdruck des ökonomischen Status interpretiert werden; es dürfte die geeignetste Grundlage sein, um möglichst umfassende Aussagen über die wirtschaftliche Lage der Haushalte (ohne Berücksichtigung ihrer Grösse) und deren Ungleichheit machen zu können.

Für die Berechnung des Konsumpotentials sind die reinen Einkommen (gegebenenfalls die reinen Vermögen, vgl. 3.4.) den steuerbaren vorzuziehen, weil sie den tatsächlichen verfügbaren Einkommen am ehesten entsprechen. Was die in Kapitel 3.4. diskutierte Schätzunsicherheit im Fall des steuerbaren Einkommens von null betrifft, kann sie beim Konsumpotential vermieden werden, weil dabei die eventuelle Aufteilung der Familienabzüge auf Einkommen und Vermögen bedeutungslos ist.

Einkommen, Vermögen und Konsumpotential sind in der Fallstudie – wenn nicht anders vermerkt – definitionsgemäss auf den Haushalt, nicht auf die Einzelpersonen bezogen, was für gewisse Fragestellungen sinnvoll ist. Wenn aber genauer nach der Wohlstandsverteilung gesucht wird, stellen sich zwei Fragen:

1. Auf welcher Grundlage soll der Wohlstand gemessen werden?
2. Wie können unterschiedlich grosse und zusammengesetzte Haushalte vergleichbar gemacht werden?

Als Ausgangsbasis der Messung eignet sich vor allem das Konsumpotential. Es ist umfassender als das Einkommen oder Vermögen allein und gewährt eine relativ grosse Sicherheit bei der Aufrechnung der "reinen Beträge". Dabei ist freilich der Aussagegehalt bezüglich Wohlstand immer noch stark begrenzt, bleiben doch nach wie vor wichtige Aspekte unbeachtet (vgl. III.2.).

Was die Vergleichbarkeit verschiedener Haushalte und die Festlegung einer Aequivalentskala angeht, sind neben datenmässigen insbesondere theoretische Probleme zu erwähnen. Bedeutet das Einkommen bzw. Konsumpotential eines Alleinstehenden von 2000 Fr. den gleichen Wohlstand wie das Einkommen bzw. Konsumpotential eines kinderlosen Ehepaares von 4000 Fr.? Oder müsste der Betrag auch 2000 Fr. ausmachen oder irgendwo zwischen diesen beiden Grössen liegen? Ist ein kinderloses Ehepaar mit einem Einkommen von 3000 Fr. wohlstandsmässig gleichgestellt wie eine Familie mit 4 Kindern, die über 4000, 5000, 6000 Fr. oder über eine andere Summe verfügt?

Solche Fragen zeigen, dass für den Vergleich unterschiedlicher Haushalte eine gemeinsame Basis, ein "Konsumäquivalent", angenommen werden muss, was aber mannigfache Schwierigkeiten mit sich bringt. Abel-Smith und Bagley (1970) stellen verschiedene Aequivalentskalen vor, die von Sozialwissenschaftern insbesondere im Zusammenhang mit der Bestimmung der Armutsgrenze konstruiert wurden, und diskutieren die sich daraus ergebenden Probleme:

Vergleich von Alleinstehenden und Verheirateten, von Verheirateten mit und solchen ohne Kinder, Gewichtung der Kinder nach Zahl und Alter usw.. Durchwegs befriedigende Lösungen konnten jedoch nach ihrer Meinung weder bei subjektiven noch bei objektiven Ansätzen noch bei einer Mischform gefunden werden. Am ehesten scheint ihnen der Ausgabenanteil des Haushalts für Nahrung geeignet zu sein, um eine brauchbare Aequivalentskala ermitteln zu können. Dieser Ansatz lässt sich mit guten Gründen vertreten, wenn es sich um Familien mit tiefem Einkommen handelt. Er kann aber wohl nicht allgemeine Gültigkeit beanspruchen, weil der Ausgabenanteil für Nahrung einkommensspezifisch stark verschieden ist.

Eigene Schätzungen, die mit diesem Ansatz aufgrund der Haushaltrechnungen von 1936/1937 (Eidg. Volkswirtschaftsdepartement 1943) durchgeführt wurden, haben zudem ergeben, dass die Gewichtung der Kinder offensichtlich zu schwach ausfallen würde. Aufgrund des Nahrungsausgabenanteils kommt beispielsweise eine Familie mit 4 - 5 Kindern im Vergleich zu einem kinderlosen Ehepaar (100 %) durchschnittlich auf einen Index von 149 %, d. h. die 4 - 5 Kinder sind in etwa äquivalent mit 1 erwachsenen Person. Darüber hinaus ist die Repräsentativität der erwähnten Haushaltrechnungen wesentlich dadurch beeinträchtigt, dass die Untersuchungen (1454 Familien) in erster Linie Familien erfassen, deren Lebenshaltung überdurchschnittlich hoch und die sich durch eine sorgfältige Wirtschaftsführung auszeichnen (Eidg. Volkswirtschaftsdepartement 1943,12).

Die in der Fallstudie verwendete Aequivalentskala entpricht der (subjektiven) Skala von Rowntree von 1951. Ausgehend vom kinderlosen Ehepaar (100 %), wird eine alleinstehende Person mit 66,6 % gewichtet, das erste und zweite Kind mit je 26 % und jedes weitere Kind mit je 25 % (vgl. Tabelle 3.4).

Tabelle 3.4 Aequivalentskala in Prozenten (nach Rowntree 1951)

Haushaltgrösse	Gewichtung der Haushaltmitglieder Basis: Ehepaar ohne Kinder	Basis: Einpersonhaushalt
Alleinstehend		
ohne Kinder	66.6	100
mit 1 Kind	93	139
2 Kindern	119	178
3 Kindern	144	216
Ehepaar		
ohne Kinder	100	150
mit 1 Kind	126	189
2 Kindern	152	228
3 Kindern	177	266
4 Kindern	202	303
5 Kindern	227	341
6 Kindern	252	378
7 Kindern	277	416
8 Kindern	302	453
9 Kindern	327	491
10 Kindern	352	528
11 Kindern	377	566
12 Kindern	402	603

Quelle: Abel-Smith et al. (1970), 90.

Auch wenn diese Skala aufgrund mancher subjektiver Ueberlegungen gewählt wurde, scheint sie angesichts der Probleme der Skalenbestimmung aus verschiedenen Gründen vertretbar zu sein. Erstens liegt sie im Mittelbereich verschiedener Aequivalentskalen (vgl. Abel-Smith et al. 1970). Zweitens ergaben eigene Schätzungen mit Hilfe des Nahrungsausgabenanteils und anhand verfügbaren Datenmaterials unbefriedigende Ergebnisse. Und drittens weisen die Steuerregisterangaben bezüglich Haushaltzusammensetzung (vgl.3.6.) nur eine beschränkte Genauigkeit auf (fehlendes Alter der Gattin und der Kinder, keine Differenzierung der Haushaltgrössenangabe nach Kindern und unterstützter Erwachsenen). Eine gewisse pauschale Gewichtung der Kinder ist deshalb zu verantworten.

3.6. Geschlecht, Zivilstand, Kinderzahl, Haushaltgrösse

Diese vier Angaben sind für jeden Steuerpflichtigen mit grosser Verlässlichkeit dem Steuerregister entnommen: das Geschlecht ergibt sich aus dem Vornamen des Steuerpflichtigen (z. T. in Kombination mit der Berufsangabe). Der Zivilstand "verwitwet" ist eigens angemerkt, "verheiratet" wird aus dem doppelten Familiennamen abgeleitet (mit teilweiser Kontrolle mittels Einwohnerkartei) und als "ledig" sind die restlichen Fälle verstanden. Die Kinderzahl ist pauschal in der Rubrik der vom Steuerpflichtigen unterstützten Personen angegeben; daraus lässt sich weder das Alter der Kinder noch die Zahl der eventuellen unterstützten Erwachsenen gewinnen. Die Haushaltgrösse ist aus "Zivilstand" und "Kinderzahl" errechenbar.

3.7. Alter, Heimat

Weil diese beiden Variablen nicht im Steuerregister vorhanden, aber für Erklärungsansätze der personellen Einkommens- und Vermögensverteilung von hervorragender Bedeutung sind (vgl. bes. die theoretischen Ueberlegungen bezüglich Alter in III.5.2.), mussten sie aus der Einwohnerkartei von J entnommen und mit den andern Angaben des Steuerpflichtigen "gelinkt" werden. Während der Bürgerort bzw. die Nationalität aufgrund der verschiedenfarbigen Karteikarten für jeden Steuerpflichtigen erfasst werden konnte, musste die Zuordnung des Alters unvollständig bleiben. Freilich ist der Erfassungsgrad in den Jahren 1930 bis 1936 immer noch 98 bis 99 %; 1929 und 1937 liegt er etwas tiefer bei 96 bzw. 97 %.

3.8. Beruf, Berufsgruppe, Branchenstruktur

Der Erfassung und Gruppierung des Berufes sowie seiner Veränderung ist wegen seiner grossen theoretischen Wichtigkeit (vgl. III.5.2.) besondere Beachtung geschenkt worden. Die im Steuerregister vorfindlichen Berufsangaben sind selbstdeklariert, d. h. sie geben im wesentlichen die Selbsteinschätzung der Steuerpflichtigen wieder. Im Normalfall dürften diese Angaben den tatsächlich ausgeübten Berufstätigkeiten entsprechen und damit gleichzeitig auch die nachfrageseitige Berufsstruktur der Gemeinde J reflektieren. Dies gilt umso mehr, als die arbeitslosen Steuerpflichtigen wegen ihres geringen Einkommens gewöhnlich nicht (mehr) im Register vorhanden sind. Geringfügige Abweichungen der deklarierten von der tatsächlich ausgeübten Berufstätigkeit können allerdings nicht ausgeschlossen werden. Sie sind u. a. denkbar beim Uebergang des Steuerpflichtigen ins Pensionierungsalter. Diese Ungenauigkeit ist aber wohl auf wenige Jahre beschränkt, weil im Steuerregister der Vermerk "retraîté" und "ancien" relativ häufig zu finden ist.

Tabelle 3.5 Liste der Berufe in J 1929

CODE	FREQ	ADJ PCT	CODE	FREQ	ADJ PCT	CODE	FREQ	ADJ PCT
AGRI	51	4	FERB	3	0	OUVR	119	8
AIDE	2	0	FGAR	4	0	PAST	2	0
AIGU	4	0	FILL	1	0	PATI	2	0
APPA	2	0	FORG	19	1	PECH	1	0
APPR	1	0	GARA	1	0	PEIN	15	1
ASSU	1	0	GARD	14	1	PHAR	4	0
BANQ	4	0	GAZI	2	0	PHOT	1	0
BCLC	8	1	GECM	1	0	PIAN	1	0
BOUL	11	1	GERA	8	1	PIER	21	1
BOUR	1	0	GOND	1	0	PION	1	0
BUCH	10	1	GOUV	4	0	PIPE	1	0
C'MA	3	0	GREF	1	0	PLIS	2	0
CAFE	13	1	HORL	8	1	PLM	28	2
CANT	2	0	HOTE	4	0	POLI	12	1
CAVI	1	0	IMPR	1	0	PORT	1	0
CFF	174	12	INDU	1	0	POST	33	2
CHAI	3	0	INFI	1	0	PROF	7	0
CHAR	4	0	INGE	6	0	RELI	2	0
CHAU	1	0	INSP	2	0	RENT	28	2
CHIM	3	0	INST	22	2	REPR	2	0
CINE	1	0	JARD	1	0	REST	2	0
CISS	1	0	JOUR	2	0	RETR	2	0
CLEM	1	0	JOUX	3	0	SANS	11	1
COIF	6	0	LABO	2	0	SCIE	5	0
COMP	4	0	LAIT	5	0	SECR	2	0
CONC	5	0	LERE	3	0	SERR	10	1
CORD	6	0	LIME	146	10	SERT	1	0
COUT	9	1	LIMO	1	0	SOMM	12	1
CLIS	5	0	MACH	2	0	SYND	1	0
CURE	2	0	MACO	13	1	TAIL	5	0
DACT	17	1	MAGA	8	1	TAPI	3	0
DANZ	6	0	MAIT	1	0	TAXI	1	0
DECL	3	0	MANO	15	1	TONN	6	0
DENT	1	0	MARC	2	0	TRAN	7	0
DEPU	1	0	MARE	1	0	TRIP	1	0
DESS	1	0	MOCM	14	1	TYPO	1	0
DIST	1	0	MECA	28	2	UMV	48	3
DOCT	4	0	MENA	84	6	VACH	1	0
DOME	11	1	MENU	11	1	VANN	1	0
DOUA	69	5	MODI	2	0	VEND	17	1
ELCH	6	0	MOUL	2	0	VETE	1	0
ELEC	19	1	MUNI	1	0	VOIT	7	0
EMPL	20	1	NEGO	21	1	VOYA	3	0
EXPE	2	0	NOTA	1	0			
FABR	2	0	OFF	1	0			

Die Vielfalt der Berufe in J kommt exemplarisch in der Berufsliste des Jahres 1929 mit 132 Bezeichnungen zum Ausdruck (Tabelle 3.5). Ohne Berufsangaben ("sans profession") sind in diesem Jahr nur etwa 1 % der Steuerpflichtigen, später zwischen 2 und 3 %.

Für die Gruppierung der Berufe müsste zunächst eine genaue Berufsanalyse (Beschreibung der Aufgabenbereiche des Berufs) und Berufsspezifizierung (das aus der Analyse resultierende Anforderungsprofil für den Berufstätigen) vorgenommen werden (vgl. Blaug 1976,153f). Aus verschiedenen Gründen ist dies jedoch nicht möglich. Es wurde deshalb das Schema der Unternehmerberufe (Eidg. Stat. Amt 1931) zugrundegelegt, das sich wegen seiner umfassenden und differenzierten Aufgliederung auch im 3. Sektor für diesen Zweck besser eignet als das Schema der persönlichen Berufe (Eidg. Volkszählung 1930) oder das Berufsschema für die Arbeitsnachweis-Statistik der Verbandsämter. Im Unterschied zur heutigen Einteilung werden die Coiffeure zum Bekleidungsgewerbe gerechnet; der Bergbau gehört zum ersten Sektor.

Folgende 12 Berufsgruppen mit mindestens 20 Berufstätigen (Stichjahr 1929) wurden gebildet:

1. Landwirtschaft, Gartenbau:
   agriculteur, domestique, jardinier, journalier, vacher.
2. Nahrungs- und Genussmittel:
   boucher, boulanger, caviste, distillateur, fromager, laitier, porteur de pain, pâtissier, tripier.
3. Bekleidung, Reinigung:
   coiffeur, coiffeuse, cordonnier, couturière, lingère, modiste, tailleur.
4. Bearbeitung von Holz:
   menuisier, scieur, tonnelier, vannier.
5. Bau:
   architecte, cantonnier, maçon, peintre, pionnier, tapissier.
6. Metalle:
   clématéite (Firma), ferblantier, forgeron, maréchal, mouleur, serrurier.
7. Instrumente, Maschinen, Apparate:
   aiguiseur, chainier, électricien, garagiste, limeur, en limes, machiniste, mécanicien, monteur, ouvrier, ouvrière, technicien, UMV (Firma).
8. Uhren, Bijouterie:
   finisseur, horloger, horlogère, pierriste, polisseur, polisseuse, sertisseur.

9. Handel:
colporteur, employé de commerce, comptable, dactylo, droguiste, gérant, gérante, magasinier, magasinière, marchand, négociant, négociante, représentant, vendeur, vendeuse, voyageur.
10. Gastgewerbe:
café, cafetier, cafetière, concierge, cuisinière, fille de cuisine, hôtel, hôtelier, hôtelière, portier, restaurateur, sommelière.
11. Privater Verkehr:
chauffeur, commissionaire, Danzas (Firma), déclarant, expéditeur, voiturier, transport.
12. Oeffentlicher Sektor:
boursier communal, caissier, CFF, député, douane francaise, douane suisse, garde frontière, greffier de paix, juge de paix, municipal, officier détat civil, PLM (franz.Eisenbahn), police, poste, secrétaire, syndic, instituteur, institutrice, maîtresse, professeur.

Diese Berufsgruppen werden in dem Sinn interpretiert, dass sie zugleich im wesentlichen die Branchenstruktur von J darstellen. Denn zwei Voraussetzungen scheinen erfüllt zu sein: der deklarierte Beruf entspricht, wie schon erwähnt, im grossen und ganzen dem tatsächlich ausgeübten Beruf und die Zuordnung der aufgeführten Berufe zu den 12 Branchen, womit fast 90 % der Berufstätigen (1929) erfasst sind, ist im Fall der Gemeinde J mit grosser Wahrscheinlichkeit zutreffend. (Eine weitgehende Ueberprüfung dieser Zuordnung konnte mit Hilfe der Adress- und Branchenbücher von J vorgenommen werden; vgl. 3.9.)

3.9. Sektor, Ausbildung, Stellung im Beruf

Wie die Branchenzuordnung erfolgt auch die Sektorzuordnung der berufstätigen Steuerpflichtigen aufgrund des Schemas der Unternehmerberufe von 1930 (Eidg. Stat. Amt 1931). Auf diese Weise sind 1929 etwa 85 % erfasst, ein Prozentsatz, der in den folgenden Jahren zumeist etwas tiefer liegt (bis 82 % 1936). Nicht zuzuordnen sind die Hausfrauen (mit einem positiven Vermögen und einem Einkommen von null), Rentiers und Pensionierte sowie die Steuerpflichtigen ohne Berufsangabe.

Bei der Ausbildung werden drei Gruppen unterschieden: Ungelernte, Angelernte und Gelernte, Mittelschulausbildung. Weil für die Bestimmung der Ausbildung keine andern Informationsquellen als das Steuerregister vorliegen, wird die Zuordnung aufgrund der Berufsangaben vorgenommen. Die "Ausbildung" ist deshalb eher eine Qualifikation des Arbeitsplatzes als des Berufstätigen. So gehören z. B. Handlanger und

Arbeiter ohne weitere Bezeichnung zur ersten, Metzger und Chauffeure zur zweiten und Lehrer und Aerzte zur dritten Gruppe. Bei den Bauern wird auf die Ausbildungscharakterisierung verzichtet. Der Erfassungsgrad der Ausbildung liegt 1929 bei 80 % und bleibt daraufhin ungefähr gleich.

Weil die Zuordnung von Sektor und Ausbildung unabhängig voneinander sind, decken sich die beiden erfassten Mengen nicht; es gibt Steuerpflichtige, bei denen der Sektor, aber nicht die Ausbildung bekannt ist (z. B. Bauern), und Steuerpflichtige, bei denen die Ausbildung, aber nicht der Sektor bestimmt werden kann (z. B. Angestellte).

Die Stellung im Beruf (Status der Erwerbstätigkeit) umfasst die beiden Kategorien selbständig und unselbständig erwerbend. Diese Angaben sind weder aus dem Steuerregister noch aus dem schweizerischen Ragionenbuch auf befriedigende Weise zu entnehmen und stützen sich deshalb auf eine andere Quelle, auf die Adress- und Branchenbücher der Gemeinde J. Sie sind ohne amtlichen Charakter, für den Kanton Waadt von privaten Firmen herausgegeben und nach Gemeinden gegliedert. Während der "Indicateur vaudois" bis 1934 jährlich erschien, wurde der "Indicateur pratique du Canton de Vaud" bis 1934 alle zwei Jahre publiziert. 1935 löste ein gemeinsames, jährlich erscheinendes kantonales Adress- und Branchenbuch, "Annuaire et Indicateur Vaudois réunis", die beiden Vorgänger ab. Im Unterschied zum schweizerischen Ragionenbuch sind darin auch viele kleine Betriebe (einschliesslich Landwirtschaft) und Dienstleistungen angegeben. Allerdings können auch diese Quellen keine Vollständigkeit der Angaben beanspruchen. Die Zuordnung der Stellung im Beruf konnte bei 85 % der Steuerpflichtigen 1929 vorgenommen werden; in den folgenden Jahren liegt der Prozentsatz zwischen 82 % und 86 %.

4. Jährliche Verteilungen in der Menge aller Steuerpflichtigen von 1929 bis 1937

4.1. Einleitung

Nachdem in den vorangegangenen Kapiteln die Kriterien für eine Fallstudie einer Gemeinde diskutiert, die Gemeinde J im allgemeinen beschrieben und das verfügbare Datenmaterial bezüglich Art, Definition, Umfang und Qualität dargestellt worden ist, bringen dieses und die folgenden Kapitel die Ergebnisse der Fallstudie. Sie sind weitgehend von deskriptivem Charakter, enthalten aber auch Erklärungsansätze im Sinne des Alter-Beruf-Modells (vgl. III.5.2.). Die Präsentation der Resultate gestaltet sich im allgemeinen so, dass zunächst die wirtschaftlich-finanziellen Variablen Einkommen, Vermögen, Konsumpotential und Konsumäquivalent (das explicandum) untersucht werden (vgl. Tabelle 4.1.1). Anschliessend werden Alter und Beruf mit ihren zugeordneten soziodemographischen und -ökonomischen Variablen (das explicans) analysiert und in Beziehung zu den wirtschaftlich-finanziellen Variablen gesetzt.

Die Untersuchung der verschiedenen Mengen erfolgt in der Regel so, dass zuerst von Querschnittmengen, von Mengen und deren Untermengen im Zeitpunkt t, ausgegangen wird. Danach werden Mengen zugrundegelegt, die Angaben der Individuen im Zeitpunkt t und t + 1 enthalten, sodass Veränderungen der sozioökonomischen Variablen und der Anwesenheit (wie Wanderungen u.a.) behandelt werden können. Schliesslich werden Längsschnittmengen nach verschiedenen Kriterien gebildet, um die Entwicklung der Variablen im Laufe der neun Jahre zu beobachten. Was die verwendeten Tests, Ungleichheitsmasse und Masszahlen der Verbundenheit betrifft, sei auf den Anhang I verwiesen.

4.2. Entwicklung der jährlichen Einkommensverteilung

4.2.1. Allgemeine Entwicklung der Einkommen

Wie Tabelle 4.2.1 zeigt, erlitten die steuerpflichtigen Haushalte in J einen massiven Rückgang ihrer nominellen Einkommen. Die Einkommenssumme sank von Fr. 4'023'450 (1929) auf Fr. 3'367'000 (1937) und verringerte sich somit um 16%. Der Median nahm von Fr. 2500 (1929) auf Fr. 2200 (1937) ab, das sind ca. 12%, während das arithmetische Mittel von Fr. 2860 (1929) auf Fr. 2616 (1937) zurückging (9%). Der nach der jährlichen Anzahl der Steuerpflichtigen gewichtete Einkommensdurchschnitt wird sowohl beim Median wie beim Mittel zwischen 1932 und 1933 unterschritten.

Tabelle 4.1.1 Verteilung von Einkommen, Vermögen, Konsumpotential und Konsumäquivalent aller Steuerpflichtigen von 1929 bis 1937

ALLE STEUERPFLICHTIGEN		DEZILDATEN												UNGLEICHHEITSMASSE							
	ANZ.	1	2	3	4	5	6	7	8	9	10	MEDIAN	MITTEL	STD.A	VAR.K	THEIL	GINI	ATKI.5	.9	KOLM.5	2.0
EINKOMMEN:																					
JAHR 1929	1407	0.2	3.3	4.8	6.5	8.2	9.7	11.7	14.1	16.5	24.9	2500	2860	2.065	0.722	0.115	0.385	0.166	0.626	0.769	1.795
1930	1420	0.3	3.5	4.9	6.7	8.2	9.8	11.8	14.0	16.5	24.3	2600	2896	2.001	0.691	0.109	0.374	0.158	0.611	0.754	1.801
1931	1447	0.4	3.3	4.7	6.5	8.0	9.8	11.6	14.0	16.7	24.9	2500	2890	2.074	0.718	0.113	0.384	0.160	0.598	0.775	1.795
1932	1347	0.3	3.0	4.4	5.7	7.8	9.8	11.9	14.2	17.3	25.6	2500	2855	2.141	0.750	0.124	0.405	0.175	0.628	0.820	1.809
1933	1282	0.2	2.8	4.4	5.7	7.6	10.0	12.2	14.3	17.3	25.5	2400	2779	2.078	0.748	0.126	0.407	0.178	0.642	0.792	1.760
1934	1281	0.3	3.1	4.5	5.7	7.5	9.7	12.0	14.4	17.4	25.5	2400	2770	2.063	0.745	0.123	0.404	0.174	0.629	0.774	1.730
1935	1296	0.3	3.1	4.4	5.8	7.4	9.6	12.1	14.3	17.6	25.4	2200	2674	1.996	0.746	0.123	0.405	0.174	0.628	0.730	1.644
1936	1302	0.2	3.2	4.4	5.8	7.3	9.4	11.7	14.3	17.6	26.1	2200	2621	2.024	0.772	0.128	0.410	0.179	0.645	0.716	1.606
1937	1287	0.3	3.2	4.3	5.6	7.6	9.6	11.6	14.1	17.2	26.4	2200	2616	2.048	0.783	0.128	0.410	0.178	0.637	0.715	1.597
VERMOEGEN:																					
JAHR 1929	1407	0.0	0.0	0.0	0.0	0.0	0.0	1.5	7.0	20.4	71.1	0	8227	21.846	2.655	0.710	0.850	0.738	1.000	0.439	0.657
1930	1420	0.0	0.0	0.0	0.0	0.0	0.0	1.5	7.3	21.2	70.0	0	8013	20.278	2.531	0.694	0.845	0.735	1.000	0.416	0.636
1931	1447	0.0	0.0	0.0	0.0	0.0	0.0	1.1	6.6	20.6	71.6	0	7808	20.752	2.658	0.716	0.853	0.746	1.000	0.412	0.623
1932	1347	0.0	0.0	0.0	0.0	0.0	0.0	1.8	7.5	20.9	69.8	0	8478	21.828	2.575	0.690	0.844	0.729	1.000	0.449	0.676
1933	1282	0.0	0.0	0.0	0.0	0.0	0.0	2.3	8.0	20.9	68.8	0	8643	21.870	2.530	0.673	0.837	0.718	1.000	0.451	0.686
1934	1281	0.0	0.0	0.0	0.0	0.0	0.0	2.2	7.9	20.2	69.7	0	8365	21.848	2.612	0.685	0.841	0.724	1.000	0.436	0.662
1935	1296	0.0	0.0	0.0	0.0	0.0	0.0	1.8	7.6	20.5	70.1	0	8373	22.723	2.714	0.699	0.844	0.732	1.000	0.442	0.667
1936	1302	0.0	0.0	0.0	0.0	0.0	0.0	2.5	8.5	21.2	67.9	0	8161	21.163	2.593	0.668	0.833	0.714	1.000	0.410	0.638
1937	1287	0.0	0.0	0.0	0.0	0.0	0.1	2.4	7.9	19.5	70.2	0	8201	23.814	2.904	0.699	0.842	0.721	1.000	0.426	0.644
KONSUMPOTENTIAL:																					
JAHR 1929	1407	2.5	3.7	5.1	6.2	7.4	9.1	10.7	12.4	15.4	27.6	3000	3682	3.000	0.815	0.105	0.369	0.112	0.191	1.009	1.911
1930	1420	2.6	3.8	5.2	6.3	7.6	9.1	10.7	12.5	15.3	26.9	3100	3697	2.832	0.766	0.096	0.357	0.104	0.178	0.968	1.852
1931	1447	2.4	3.6	5.0	6.2	7.6	9.1	10.6	12.5	15.6	27.3	3000	3671	2.981	0.812	0.104	0.369	0.112	0.191	1.006	1.915
1932	1347	2.3	3.4	4.7	6.1	7.5	9.1	10.7	12.7	15.8	27.7	3100	3703	3.028	0.818	0.109	0.379	0.118	0.202	1.067	1.993
1933	1282	2.2	3.4	4.6	6.1	7.7	9.3	10.8	12.7	15.8	27.4	3050	3644	2.943	0.808	0.107	0.378	0.117	0.202	1.039	1.964
1934	1281	2.4	3.4	4.6	6.0	7.5	9.2	10.9	12.8	15.6	27.5	3000	3607	2.942	0.816	0.108	0.378	0.116	0.200	1.019	1.910
1935	1296	2.3	3.4	4.5	5.8	7.5	9.3	10.9	12.8	15.6	27.9	2950	3512	2.975	0.847	0.112	0.384	0.120	0.205	0.996	1.858
1936	1302	2.4	3.5	4.6	5.7	7.3	9.1	10.8	12.8	15.7	27.8	2850	3437	2.914	0.848	0.111	0.381	0.118	0.201	0.950	1.775
1937	1287	2.4	3.3	4.4	5.8	7.3	9.0	10.6	12.5	15.7	28.8	2800	3436	3.187	0.927	0.120	0.391	0.126	0.212	0.983	1.806
KONSUMAEQUIVALENT:																					
JAHR 1929	1407	3.8	5.2	6.0	6.7	7.6	8.6	9.7	11.4	14.4	26.6	1924	2386	1.826	0.765	0.084	0.317	0.085	0.140	0.403	0.806
1930	1420	4.0	5.2	6.0	6.8	7.6	8.6	9.7	11.4	14.5	26.3	1962	2418	1.809	0.748	0.080	0.311	0.081	0.134	0.398	0.787
1931	1447	3.7	5.0	5.9	6.6	7.5	8.6	9.7	11.6	14.8	26.6	1905	2388	1.820	0.762	0.085	0.323	0.087	0.143	0.412	0.825
1932	1347	3.5	4.8	5.5	6.3	7.2	8.4	9.8	11.9	14.9	27.7	1900	2438	1.948	0.799	0.094	0.342	0.096	0.159	0.466	0.907
1933	1282	3.4	4.7	5.6	6.4	7.3	8.5	9.9	12.0	15.0	27.2	1900	2406	1.877	0.780	0.091	0.339	0.094	0.156	0.447	0.892
1934	1281	3.6	4.8	5.5	6.3	7.3	8.5	9.9	11.8	14.8	27.4	1900	2397	1.892	0.790	0.091	0.337	0.093	0.154	0.442	0.871
1935	1296	3.5	4.9	5.5	6.3	7.3	8.5	9.9	11.6	15.0	27.6	1826	2333	1.889	0.810	0.093	0.339	0.095	0.156	0.429	0.843
1936	1302	3.7	5.0	5.6	6.4	7.2	8.3	9.6	11.6	15.0	27.6	1750	2287	1.844	0.807	0.092	0.335	0.093	0.153	0.409	0.800
1937	1287	3.6	4.9	5.7	6.4	7.3	8.2	9.5	11.3	14.7	28.5	1750	2279	2.019	0.886	0.100	0.341	0.099	0.160	0.424	0.807

Tabelle 4.2.1 Einkommen 1929–1937: Summe, Mittelwerte, Mediane in Franken und in %

Jahr	Summe		Anzahl	Mittelwert				Median			
	nominell		Steuer-	nominell		real		nominell		real	
	abs.	%	pfl.	abs.	%	abs.	%	abs.	%	abs.	%
1929	4.023.450	100	1407	2860	100	2860	100	2500	100	2500	100
1930	4.112.250	102	1420	2896	101	2896	101	2600	104	2600	104
1931	4.181.700	104	1447	2890	101	2949	103	2500	100	2551	102
1932	3.845.750	96	1347	2855	100	3070	107	2500	100	2688	108
1933	3.563.070	89	1282	2779	97	3231	113	2400	96	2791	112
1934	3.548.600	88	1281	2770	97	3420	120	2400	96	2963	119
1935	3.465.900	86	1296	2674	94	3343	117	2200	88	2750	110
1936	3.412.600	85	1302	2621	92	3276	115	2200	88	2750	110
1937	3.367.000	84	1287	2616	91	3230	113	2200	88	2716	109
Gewichteter Durchschnitt				2777	94			2400	96		

Werden hingegen die realen Einkommenswerte zugrundegelegt, ist trotz der nominellen Abnahme der Einkommen eine reale Zunahme von 1929 bis 1937 festzustellen, beim Median um 9% und beim Mittel um 13%; mit andern Worten, die Deflationsrate ist grösser als die negative Wachstumsrate. Diese Berechnung der realen Werte beruht freilich auf einer starken Vereinfachung, da als Berechnungsbasis das Jahresmittel des totalen Landesindexes der Kosten der Lebenshaltung vorausgesetzt wird. (Weil das Einkommen des Steuerjahres im vorangegangenen Jahr realisiert wurde, wurde es auch mit diesem Jahresmittel deflationiert.)

Landesindex der Kosten der Lebenshaltung – Totalindex (Jahresmittel):

	Basis 1921: 200%	Basis 1928: 100%
1928	161	100
1929	161	100
1930	158	98
1931	150	93
1932	138	86
1933	131	81
1934	129	80
1935	128	80
1936	130	81
1937	137	85

Quelle: Stat. Jahrbuch der Schweiz (1941), 261.

Weil dieser Landesindex schwerlich den realen Gegebenheit von J Rechnung tragen kann und der Beobachtungszeitraum nur neun Jahre beträgt, werden im folgenden — wenn nicht anders vermerkt — immer nominelle Werte vorausgesetzt. Die Frage der Deflationierung ist im übrigen bei allen relativen Ungleichheitsmassen irrelevant.

4.2.2. Entwicklung der Einkommensungleichheit

Die relative Einkommensungleichheit wurde in den Jahren 1929 bis 1937 eindeutig, wenn auch in beschränktem Masse, grösser. Dies ist aus allen vier verwendeten Ungleichheitsmassen ersichtlich (vgl. Tabelle 4.2.2.) Weil in dieser Fallstudie die Masse immer auf individuellen, nicht aggregierten Daten beruhen, ist ihre Trennschärfe exakt. Das im obersten Bereich besonders sensitive Masse des Variationskoeffizienten zeigt die stärkste Zunahme: von 0.691 (1930) auf 0.783 (1937). Auch im mittleren Einkommensbereich, in dem vor allem der Gini-Index sensibel ist, nimmt die Konzentration im Lauf der Jahre deutlich zu; von 1932 an liegt der Wert über 0.400. Weniger stark ist das Ansteigen der Ungleichheit im oberen und im untern Bereich, wie aus den Werten von Theil bzw. Atkinson (0.9) hervorgeht.

Tabelle 4.2.2 Ungleichheitsmasse der Einkommensverteilungen 1929–1937

Jahr	Var. koeff.	Theil	Gini	Atkinson 0.9
1929	0.722	0.115	0.385	0.626
1930	0.691	0.109	0.374	0.611
1931	0.718	0.113	0.384	0.598
1932	0.750	0.124	0.405	0.628
1933	0.748	0.126	0.407	0.642
1934	0.745	0.123	0.404	0.629
1935	0.746	0.123	0.405	0.628
1936	0.772	0.128	0.410	0.645
1937	0.783	0.128	0.410	0.637

Die Ergebnisse aufgrund der Ungleichheitsmasse, die keine Schichtgrenzen voraussetzen, werden verdeutlicht, wenn die Einkommen in relativ und fest begrenzte Schichten gegliedert werden. Die Zusammenfassung verschiedener Dezile (relative Grenzen), wie sie in Tabelle 4.2.3 ausgewiesen sind, ergibt folgendes Bild:

Tabelle 4.2.3 Prozentuale Häufigkeiten der Einkommen von 1929–1937 nach Dezilgruppen

Jahr	1.–3. Dezil	4.–7. Dezil	8.–10. Dezil
1929	8.2	36.3	55.5
1930	8.7	36.5	54.8
1931	8.4	36.0	55.6
1932	7.7	35.2	57.2
1933	7.4	35.4	57.2
1934	7.9	34.9	57.3
1935	7.9	34.7	57.4
1936	7.8	34.2	58.0
1937	7.8	34.4	57.8

Der prozentuale Anteil an der Einkommenssumme nimmt bei den untersten 30% der Bevölkerung sowie bei der mittleren Bevölkerungsschicht (31—70%) ab, während er bei den obersten 30% steigt.

Zur Veranschaulichung dieser Konzentrationsbewegung dienen die Lorenzkurven in Figur 4.2.1 von 1930, 1932, 1934 und 1936. Figur 4.2.2 zeigt zum Vergleich der Einkommensverteilung auch die Verteilungen der drei andern Indikatoren (1930).

Werden feste, d. h. absolut definierte, für alle neun Jahre konstante Schichtgrenzen angenommen, so ändern sich die Schichthäufigkeiten von 1929 bis 1937 in unterschiedlicher Weise (vgl. Tabelle 4.2.4). Während der Anteil der Einkommenslosen (nur Vermögensbesitzer) in etwa bei 9% konstant bleibt, nehmen die jährlichen Häufigkeiten in der Schicht von 1 bis 1500 Fr. monoton von 21% (1929) auf 28% (1937) zu. In den mittleren Bereichen von 1501 bis 3000 Fr. und von 3001 bis 4000 Fr. bleiben die Häufigkeiten mehr oder weniger konstant, wobei sie bei der unteren mittleren Schicht vorübergehend etwas abnehmen, bei der oberen mittleren Schicht hingegen etwas zunehmen. Eindeutig fallend ist der Anteil der Einkommenbezieher mit mehr als 4000 Fr., er sinkt von 26% (1929) - besonders stark seit 1935 - auf 19% (1937).
Um die beiden Extreme der Einkommensverteilung während der Jahre 1929 bis 1937 auszuleuchten, sind in Tabelle 4.2.5 und 4.2.6 die Häufigkeiten der Einkommen von 500—1099 Fr. und von 10000 Fr. und mehr zusammengestellt.
Während die Häufigkeiten bei den untersten Einkommenskategorien stark (um 40%) zunehmen, schwanken sie bei den Reichsten erheblich, erreichen aber auch während und nach der Krise z. T. den Stand von 1929.

Tabelle 4.2.5 Häufigkeiten der Einkommen von 500–1099 Franken

	1929	1930	1931	1932	1933	1934	1935	1936	1937
500 - 599	23	10	17	19	27	21	21	15	13
600 - 699	11	8	12	20	24	17	19	17	21
700 - 799	6	8	12	23	25	19	24	17	15
800 - 899	23	14	31	27	16	28	28	39	35
900 - 999	11	10	17	19	24	24	19	18	18
1000 -1099	51	63	50	41	34	29	41	64	74
Anzahl total	125	113	139	149	150	138	152	170	176

Figur 4.2.1 Einkommen aller Steuerpflichtigen 1930, 1932, 1934, 1936

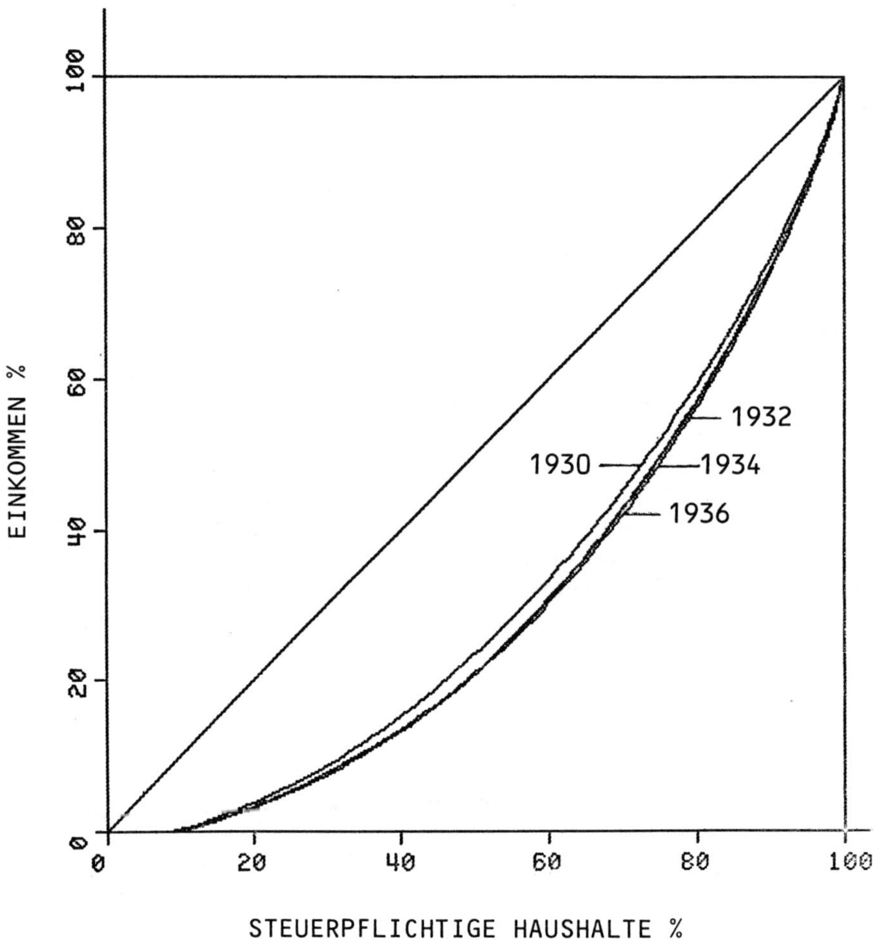

Figur 4.2.2 Einkommen, Vermögen, Konsumpotential und Konsumäquivalent aller Steuerpflichtigen 1930

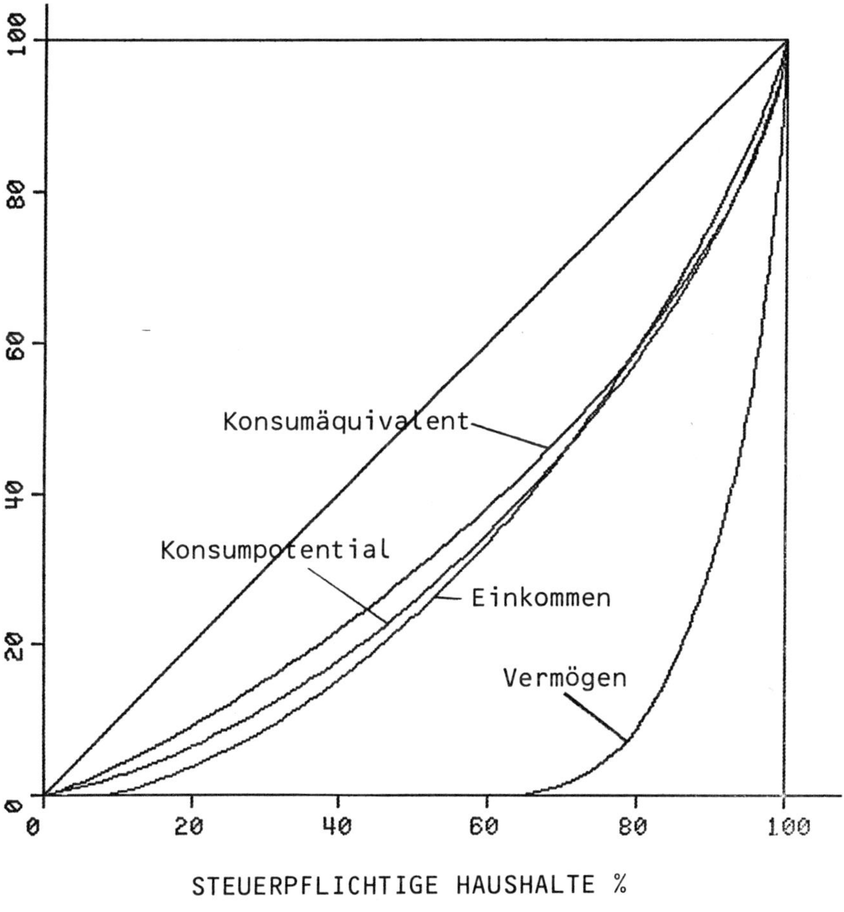

Tabelle 4.2.4 Absolute und relative Häufigkeiten in den Einkommensschichten aller Steuerpflichtigen 1929-37

Einkommens-schichten	1929		1930		1931		1932		1933		1934		1935		1936		1937	
0 Franken	122	9%	119	8%	114	8%	114	9%	113	9%	109	9%	110	9%	117	9%	112	9%
1 - 1000	122	9%	111	8%	134	9%	146	11%	146	11%	136	11%	148	11%	166	13%	178	14%
1001 - 1500	166	12%	178	13%	181	13%	189	14%	183	14%	190	15%	204	16%	188	14%	185	14%
1501 - 2000	137	10%	126	9%	131	9%	112	8%	107	8%	121	9%	131	10%	145	11%	113	9%
2001 - 2500	170	12%	173	12%	164	11%	135	10%	120	9%	129	10%	119	9%	123	9%	127	10%
2501 - 3000	137	10%	135	10%	134	9%	108	8%	98	8%	91	7%	96	7%	104	8%	132	10%
3001 - 3500	97	7%	108	8%	118	8%	99	7%	97	8%	96	8%	98	8%	91	7%	85	7%
3501 - 4000	109	8%	119	8%	119	8%	120	9%	111	9%	107	8%	110	9%	101	8%	104	8%
4001 - 4500	112	8%	103	7%	97	7%	77	6%	82	6%	76	6%	65	5%	60	5%	72	6%
4501 - 5000	79	6%	83	6%	75	5%	59	4%	58	5%	62	5%	68	5%	66	5%	44	3%
5001 - 6000	57	4%	65	5%	78	5%	79	6%	72	6%	72	6%	65	5%	61	5%	60	5%
6001 - 7000	50	4%	49	4%	48	3%	51	4%	45	4%	48	4%	45	4%	41	3%	31	2%
über 7000	49	4%	51	4%	54	4%	58	4%	50	4%	44	3%	37	3%	39	3%	44	3%
Gesamtzahl	1407		1420		1447		1347		1282		1281		1296		1302		1287	

Tabelle 4.2.6 Häufigkeiten der Einkommen von 10.000 und mehr Franken

	1929	1930	1931	1932	1933	1934	1935	1936	1937
10.000–10.999	2	1	1	4	1	3		1	3
11.000–11.999	2							1	3
12.000–12.999	1	2	4	2	3	3	2	2	1
13.000–13.999	3	2	1	2					
14.000–14.999	2		1					1	1
15.000–15.999	1	1			1	1	1		
16.000–16.999				1					
17.000–17.999									
18.000–18.999			1						
19.000–19.999									
20.000–20.999								1	
21.000–21.999									1
Anzahl total	11	6	8	9	5	7	3	6	9

4.2.3. Kolmogorov-Smirnov-Test für die Einkommensverteilungen

Zur genaueren Charakterisierung der Verteilungen werden zwei Fragen gestellt:

- Inwiefern stimmen die empirischen Verteilungen mit einer theoretischen, in diesem Fall mit einer lognormalen Verteilung überein?
- Inwieweit entsprechen sich zwei empirische Verteilungen unterschiedlicher Jahre?

Der Test auf Lognormalität mit Hilfe des Kolmogorov-Smirnov-Testes (K-S-Test; vgl. Anhang I) ergibt sehr hohe Z-Werte ($Z = n^{1/2} D_n$), die auch bei sehr tiefen Bedeutungsschwellen (unter 1%) erheblich über den theoretischen Werten liegen, sodass die Nullhypothese der Lognormalität der empirischen Verteilungen verworfen werden muss. Die Z-Werte der neun Einkommensverteilungen schwanken zwischen 12.264 (1930) und 10.251 (1933), was D_n-Werten von 0.3255 bzw. 0.2863 entspricht. Die theoretischen Werte bei einem Signifikanzniveau von 1% sind jedoch nur 0.0433 bzw. 0.0455.

Beim Vergleich zweier empirischen Verteilungen unterschiedlicher Jahre kann als Referenzjahr entweder ein fixes Jahr (z.B. 1929), mit dem alle andern Jahre in Beziehung gesetzt werden, oder ein "relatives" (z. B. das vorangegangene) Jahr genommen werden. Wenn die Verteilungen der Jahre 1930 bis 1937 mit derjenigen von 1929 anhand des K-S-Zwei-Stichproben-Tests verglichen werden, ergibt sich, dass die Z-Werte tendenziell stark zunehmen, die zweiseitige Wahrscheinlichkeit P, dass die beiden empirischen Verteilungen aus der gleichen Grundgesamtheit gezogen sind, aber sinken (vgl. Tabelle 4.2.7).

Tabelle 4.2.7 K–S–Werte für die Einkommensverteilungen 1929–1937

Verteilungen	K-S Z	P	Verteilungen	K-S Z	P
1929/30	0.539	0.933			
31	0.458	0.985	1930/31	0.710	0.695
32	1.369	0.047	1931/32	1.237	0.094
33	1.715	0.006	1932/33	0.612	0.849
34	1.763	0.004	1933/34	0.452	0.987
35	2.213	0.000	1934/35	0.720	0.677
36	2.586	0.000	1935/36	0.713	0.689
37	2.182	0.000	1936/37	0.659	0.779

Die Einkommensverteilung unterscheidet sich also von Jahr zu Jahr immer mehr von der Ausgangsverteilung von 1929, was auch schon in Abschnitt 4.2.2. festgestellt worden ist. Freilich kann hier aufgrund des Testverfahrens nur die Veränderung als solche, nicht eine Veränderung in Richtung grösserer Ungleichheit festgestellt werden.

Werden die Verteilungen von jeweils zwei aufeinander folgenden Jahren getestet, fällt auf, dass die Z-Werte mit Ausnahme von 1931/32 unter 1.0 und die zweiseitigen Wahrscheinlichkeiten — wiederum 1931/32 ausgenommen — über 0.6 liegen. Das heisst, ein solcher Paarvergleich zeigt eine hohe Aehnlichkeit der aufeinander folgenden Verteilungen. Beim Uebergang von 1931 auf 1932 ist jedoch ein markanter Bruch, ein "Kriseneinbruch", zu beobachten.

4.3. Entwicklung der jährlichen Vermögensverteilung

4.3.1. Allgemeine Entwicklung der Vermögen

Im Unterschied zur Einkommenssumme nahm die Vermögenssumme während der Beobachtungsperiode weniger stark ab, d. h. um 9% anstatt um 16% (vgl. Tabelle 4.3.1). Auch die Werte des arithmetischen Mittels zeigen einen andern Verlauf als beim Einkommen. Während sie anfangs der dreissiger Jahre sinken (anstatt steigen), liegen sie ab 1932 über oder beim Wert von 1929.

Tabelle 4.3.1 Vermögen 1929–1937: Summe, Mittel in Franken und in %

Jahr	Summe (nominell) absolut	%	Mittel (nominell) absolut	%
1929	11.575.100	100	8227	100
1930	11.377.800	98	8013	97
1931	11.298.700	98	7808	95
1932	11.419.400	99	8478	103
1933	11.079.800	96	8643	105
1934	10.715.200	93	8365	102
1935	10.851.600	94	8373	102
1936	10.625.900	92	8161	99
1937	10.554.500	91	8201	100

4.3.2. Entwicklung der Vermögensungleichheit

Je nachdem wie die Vermögensungleichheit gemessen wird, nimmt sie im Laufe der neun Jahre ab oder zu: die Masse von Gini und Theil zeigen leicht abnehmende, der Variationskoeffizient deutlich steigende Werte (vgl. Tabelle 4.3.2).

Tabelle 4.3.2 Vermögensanteil des 10. Dezils in % und Ungleichheitsmasse der Vermögensverteilung 1929–1937

Jahr	10. Dezil	Var. koef.	Theil	Gini
1929	71. 2	2. 655	0. 710	0. 850
1930	70. 0	2. 531	0. 694	0. 845
1931	71. 8	2. 658	0. 716	0. 853
1932	69. 9	2. 575	0. 690	0. 844
1933	68. 8	2. 530	0. 673	0. 837
1934	69. 7	2. 612	0. 685	0. 841
1935	70. 2	2. 714	0. 699	0. 844
1936	67. 9	2. 593	0. 668	0. 833
1937	70. 3	2. 904	0. 699	0. 842

Diese Tendenz geht auch aus der Tabelle 4.3.3 hervor, wonach die Häufigkeit der Vermögenslosen von 63% (1929) auf 59% (1937) zurückgeht, der Anteil der kleinen Vermögensbesitzer (500—5000 Fr.) aber von 12% (1929) auf 15% (1937) steigt. Dieser Entwicklung zu einer gleichmässigeren Verteilung im untern Vermögensbereich, der immerhin drei

Tabelle 4.3.4 Häufigkeiten der Vermögen von 100.000 und mehr Fr.

	1929	1930	1931	1932	1933	1934	1935	1936	1937
100. 000–	5	6	8	8	7	6	6	6	5
120. 000–	1	3	4	4	5	2	2	3	4
140. 000–	2	1		1	1	3	1	1	
160. 000–	1						1		1
180. 000–			1	2	1	1	1		1
200. 000–	1	1	1						
220. 000–	2	2							
240. 000–									
260. 000–	1						1		
280. 000–									
300. 000–									
320. 000–			1						
340. 000–				1					
360. 000–					1				
380. 000–						1			
400. 000–							1	1	
540. 000–									1
Anzahl total	13	13	15	16	15	13	13	13	12

Tabelle 4.3.3 Absolute und relative Häufigkeiten in den Vermögensschichten aller Steuerpflichtigen 1929-1937

Vermögens-schichten	1929		1930		1931		1932		1933		1934		1935		1936		1937	
0 Franken	883	63%	894	63%	928	64%	831	62%	773	60%	784	61%	810	63%	778	60%	762	59%
1 - 5000	172	12%	167	12%	171	12%	166	12%	167	13%	156	12%	146	11%	171	13%	190	15%
5001 - 10000	77	6%	74	5%	77	5%	79	6%	79	6%	85	7%	83	6%	87	7%	81	6%
10001 - 15000	53	4%	60	4%	53	4%	53	4%	49	4%	54	4%	52	4%	59	5%	64	5%
15001 - 20000	46	3%	43	3%	40	3%	40	3%	47	4%	40	3%	38	3%	39	3%	38	3%
20001 - 30000	60	4%	63	4%	62	4%	59	4%	52	4%	54	4%	55	4%	59	5%	43	3%
30001 - 40000	33	2%	42	3%	31	2%	37	3%	31	2%	29	2%	32	3%	31	2%	35	3%
40001 - 60000	35	3%	31	2%	37	3%	37	3%	41	3%	40	3%	43	3%	44	3%	37	3%
über 60000	48	3%	46	3%	48	3%	45	3%	43	3%	39	3%	37	3%	34	3%	37	3%
Gesamtzahl	1407		1420		1447		1347		1282		1281		1296		1302		1287	

Viertel der Steuerpflichtigen umfasst, steht die grosse Stabilität der Anteile in den oberen Vermögensschichten und die grössere Konzentration im obersten Bereich gegenüber. Letztere ist stark beeinflusst durch einen einzelnen "Ausreisser" (vgl. Tabelle 4.3.4).

4.3.3. Kolmogorov-Smirnov-Test für die Vermögensverteilungen

Die Ueberprüfung der Verteilungen der Vermögen auf Lognormalität mit Hilfe des K-S-Tests ergibt noch schlechtere Resultate als bei den Einkommensverteilungen. Die Z-Werte aller neun Jahre befinden sich deutlich über denjenigen der Einkommensverteilungen; in den ersten drei Jahren sind sie grösser als 15.0, dann sinkt Z 1932 auf 14.6 und schwankt anschliessend um 14.0; P liegt immer bei 0.0.

Im Unterschied zur Entwicklung der Einkommensverteilung zeigen die K-S-Testresultate beim Vergleich zweier empirischer Vermögensverteilungen keine grossen Unterschiede (vgl. Tabelle 4.3.5). Nur stark verzögert nimmt P erst beim Vergleich 1929/36 und 1929/37 markant ab, — die Wahrscheinlichkeit, dass die beiden empirischen Verteilungen aus der gleichen Grundgesamtheit gezogen sind, ist also gross —, und mit Ausnahme von 1931/32 und 1935/36 unterscheiden sich die jeweils aufeinander folgenden Verteilungen mit P von ca. 1.0 praktisch nicht. Daraus darf geschlossen werden, dass die Vermögensverteilung im Laufe der Krisenjahre eine bedeutend grössere Stabilität aufweist als die Einkommensverteilung.

Tabelle 4.3.5 K–S–Werte für die Vermögensverteilungen 1929–1937

Verteilungen	K–S Z	P	Verteilungen	K–S Z	P
1929/30	0.147	1.0			
31	0.441	0.990	1930/31	0.376	0.999
32	0.357	1.0	1931/32	0.688	0.730
33	0.637	0.811	1932/33	0.368	0.999
34	0.502	0.962	1933/34	0.273	1.000
35	0.442	0.990	1934/35	0.329	1.000
36	0.781	0.575	1935/36	0.700	0.712
37	0.920	0.365	1936/37	0.390	0.998

4.4. Entwicklung der Verteilung des Konsumpotentials

Das Konsumpotential, das sich definitionsgemäss aus dem Einkommen und dem Zehntel des Vermögens zusammensetzt (vgl. 3.5.), geht insgesamt um 15% zurück (vgl. Tabelle 4.4.1). Der Median nimmt gegenüber dem Mittelwert verzögert und weniger stark ab, was u. a. auf den abnehmenden Anteil der Vermögenslosen zurückzuführen ist. Dennoch ist im Laufe der neun Jahre eine eindeutige Konzentration des Konsumpotentials festzustellen, wie Tabelle 4.4.2 anhand der Konsumpotentialanteile von drei Dezilgruppen und der vier Ungleichheitsmasse zeigt.

Tabelle 4.4.1 Konsumpotential 1929–1937: Summe, Mittelwerte, Mediane in Franken und in %

Jahr	Summe		Mittelwert		Median	
	absolut	%	absolut	%	absolut	%
1929	5.180.960	100	3682	100	3000	100
1930	5.250.000	101	3697	100	3100	103
1931	5.311.570	103	3671	100	3000	100
1932	4.987.690	96	3703	101	3100	103
1933	4.671.050	90	3644	99	3000	102
1934	4.620.120	89	3607	98	3000	100
1935	4.551.060	88	3512	95	2950	98
1936	4.475.190	86	3437	93	2850	95
1937	4.422.450	85	3436	93	2800	93

Tabelle 4.4.2 Konsumpotentialanteile in % und Ungleichheitsmasse

Jahr	Dezile			Ungleichheitsmasse			
	1.-3.	4.-7.	8.-10.	Var.koef.	Theil	Gini	Atk.0.9
1929	11.2	33.5	55.4	0.815	0.105	0.369	0.191
1930	11.6	33.7	54.7	0.766	0.096	0.357	0.178
1931	11.0	33.5	55.4	0.812	0.104	0.369	0.191
1932	10.4	33.5	56.1	0.818	0.109	0.379	0.202
1933	10.2	33.9	55.9	0.808	0.107	0.378	0.202
1934	10.3	33.6	56.1	0.816	0.108	0.378	0.200
1935	10.2	33.4	56.4	0.847	0.112	0.384	0.205
1936	10.5	33.0	56.5	0.848	0.111	0.381	0.201
1937	10.1	32.8	57.0	0.927	0.120	0.391	0.212

Werden die Verteilungen des Konsumpotentials mit Hilfe des K-S-Tests auf Lognormalität geprüft, so ergeben sich wegen des hauptsächlich nivellierenden Effektes der Kombination von Einkommen und Vermögen bedeutend kleinere Z-Werte (vgl. Tabelle 4.4.3). Die Wahrscheinlichkeit der Lognormalität ist nicht mehr so verschwindend klein wie bei den Einkommens- und Vermögensverteilungen. Sie bleibt aber immer noch gering; sie sinkt von 3,1% (1929) auf 0,1% (1933—35) und steigt leicht an auf 0,5% (1936,1937).

Beim Vergleich von zwei empirischen Verteilungen (Referenzjahr 1929) resultieren K-S-Testwerte, die denjenigen der Einkommensverteilung ähnlich, durch den Einfluss der Vermögensentwicklung aber reduziert sind. Die Z-Werte steigen kontinuierlicher und weniger steil an, die Wahrscheinlichkeit, dass die beiden Verteilungen aus der gleichen Grundgesamtheit gezogen sind, nimmt langsamer ab.

Auch der Verteilungstest für zwei aufeinander folgende Jahre erbringt wegen der grossen Stabilität der Vermögensverteilung noch "bessere" Resultate als das Einkommen.

Tabelle 4.4.3 K–S–Testwerte für die Verteilungen des Konsumpotentials 1929–1937

Verteilungen	K-S Z	P	Verteilungen	K-S Z	P
1929/30	0. 565	0. 907			
31	0. 625	0. 829	1930/31	0. 721	0. 676
32	0. 775	0. 586	1931/32	0. 703	0. 706
33	1. 179	0. 124	1932/33	0. 462	0. 983
34	1. 386	0. 043	1933/34	0. 443	0. 989
35	1. 755	0. 004	1934/35	0. 717	0. 683
36	2. 130	0. 000	1935/36	0. 620	0. 837
37	2. 052	0. 000	1936/37	0. 596	0. 870

4.5. Entwicklung der Verteilung der Konsumäquivalente

Das Konsumäquivalent trägt der unterschiedlichen Haushaltgrösse und -zusammensetzung Rechnung und ist von den vier erwähnten wirtschaftlich-finanziellen Variablen wohl der beste Wohlstandsindikator (vgl. 3.5.). Seine Mittel- und Medianwerte liegen begreiflicherweise bedeutend tiefer als diejenigen des Konsumpotentials (um ca. 1300 bzw. 1100 Fr. 1929), aber auch tiefer als diejenigen des Einkommens (um ca. 500 bzw. 600 Fr. 1929). Ihre Veränderungsraten sind auch geringer als bei den andern drei Indikatoren (vgl. 4.5.1).

Die relative Ungleichheit in der Verteilung der Konsumäquivalente nimmt im Laufe der Jahre eindeutig zu, wie aus den Werten der vier Ungleichheitsmasse und der Dezilanteile hervorgeht (vgl. Tabelle 4.5.2). Die Gewichtung der Haushaltgrösse sowie die Zusammenfassung von Einkommen und Vermögen haben allerdings zur Folge, dass die Masszahlen unter denjenigen von Einkommen, Vermögen und Konsumpotential liegen.

Tabelle 4.5.1 Konsumäquivalent 1929–1937: Mittelwerte und Mediane in Franken und in %

Jahr	Mittelwert absolut	Mittelwert prozentual	Median absolut	Median prozentual
1929	2386	100	1924	100
1930	2417	101	1962	102
1931	2388	100	1905	99
1932	2438	102	1900	99
1933	2406	101	1900	99
1934	2396	100	1900	99
1935	2333	98	1826	95
1936	2287	96	1750	91
1937	2279	96	1750	91

Tabelle 4.5.2 Konsumäquivalentanteile und Ungleichheitsmasse

Jahr	Dezile			Ungleichheitsmasse			
	1.-3.	4.-7.	8.-10.	Var.koef.	Theil	Gini	Atk.0.9
1929	14.8	32.8	52.5	0.765	0.084	0.317	0.140
1930	15.2	32.7	52.2	0.748	0.080	0.311	0.134
1931	14.5	32.3	53.0	0.762	0.085	0.323	0.144
1932	13.7	31.8	54.4	0.799	0.094	0.342	0.159
1933	13.7	32.1	54.3	0.780	0.091	0.338	0.156
1934	13.8	32.0	54.0	0.790	0.091	0.337	0.154
1935	13.8	31.9	54.3	0.810	0.093	0.339	0.156
1936	14.1	31.5	54.2	0.807	0.092	0.335	0.153
1937	14.1	31.3	54.6	0.886	0.100	0.341	0.160

Figur 4.5.1 zeigt anhand der Medianwerte und verschiedener Ungleichheitsmasse, wie sich das Konsumäquivalent im Laufe der neun Jahre entwickelt hat. Vereinfachend lässt sich sagen, dass der Wohlstand der Gemeinde J während der Krisenjahre im allgemeinen zurückgegangen ist, die Ungleichheit der Wohlstandsverteilung aber gewachsen ist. Von der Krise haben offenbar gewisse Einkommens- und Vermögensschichten profitiert, andere haben darunter gelitten und wieder andere sind davon unberührt geblieben. Welche Schichten wie betroffen wurden, kann allerdings erst genauer gesagt werden, wenn auch die Mobilitätsprozesse untersucht sind (vgl. 8. Kapitel). Fest steht jedoch aufgrund des bisher untersuchten Datenmaterials, dass die Konzentration des Aggregates während des relativ beschränkten Zeitraumes nicht abnahm, dass sich also nicht alle "den Gürtel in gleicher Weise enger schnallen" mussten, sondern dass die Ungleichheit während der Krise sogar etwas grösser wurde.

Aehnlich wie beim Konsumpotential sind auch beim Konsumaequivalent die K-S-Testresultate bezüglich Lognormalität der Verteilung: die

Figur 4.5.1 Median und Ungleichheit der Konsumäquivalente 1929-1937

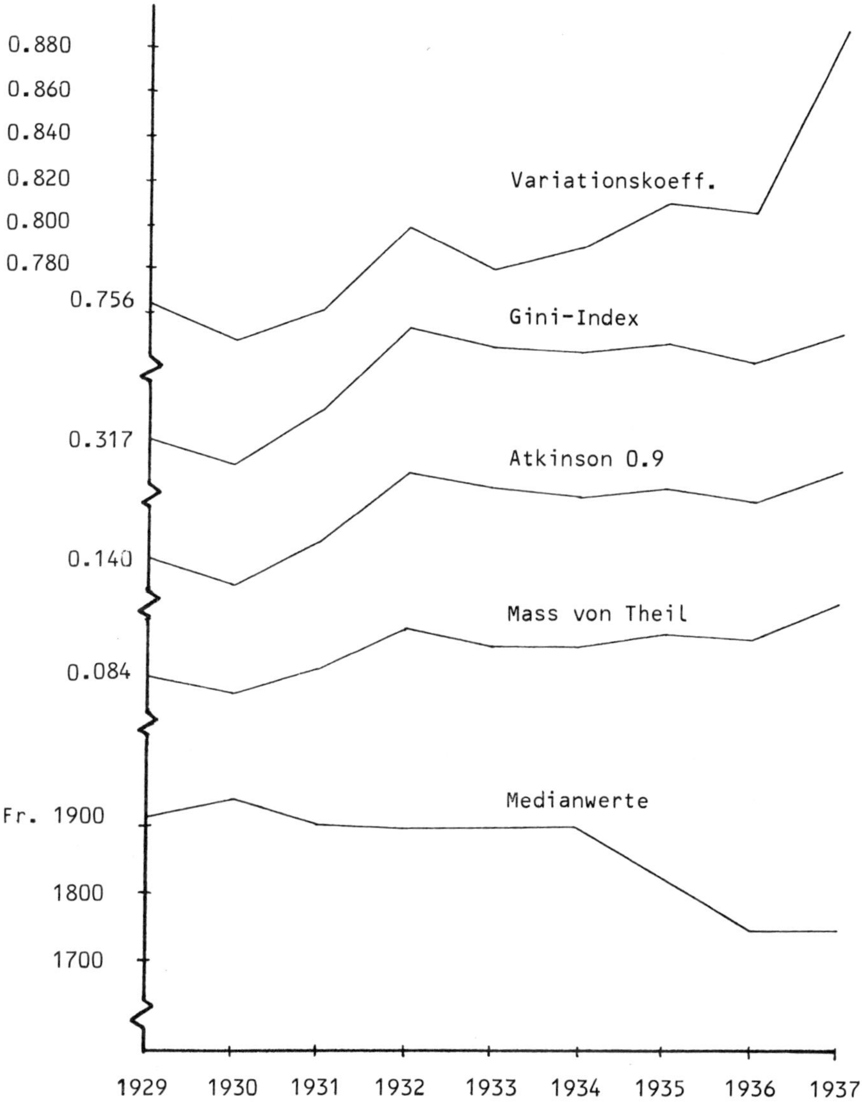

Wahrscheinlichkeit, dass die empirische Verteilung auf eine lognormale zurückgeführt werden kann, ist sehr gering (zwischen 0,4% und 0,01%), aber immer noch grösser als beim Einkommen und Vermögen. Die Annäherung der Verteilung des Konsumpotentials (aufgrund der Kombination von Einkommen und Vermögen) an eine lognormale Verteilung wird durch die Gewichtung der Haushaltgrösse beim Aequivalent in den Jahren 1929—1932 und 1936—1937 etwas geschwächt, zwischen 1933 und 1935 etwas verstärkt.

Die zunehmenden Unterschiede der Verteilung von 1930 bis 1937 gegenüber 1929 — gemessen mit dem K-S Z-Wert und der Wahrscheinlichkeit P, dass die beiden empirischen Verteilungen aus einer gemeinsamen Grundgesamtheit stammen — verlaufen ähnlich wie beim Einkommen, weniger ähnlich beim Konsumpotential (vgl. Tabelle 4.5.3). Der "Verzögerungseffekt" des Vermögens (vgl. Abschnitt 4.3.3.) wird offenbar bis zu einem gewissen Grade durch die Haushaltgewichtung neutralisiert.

Tabelle 4.5.3 K–S Testwerte für die Verteilungen der Konsumäquivalente 1929–1937

Verteilungen	K-S Z	P	Verteilungen	K-S Z	P
1929/30	0.739	0.646			
31	0.580	0.889	1930/31	1.044	0.226
32	1.273	0.078	1931/32	0.940	0.340
33	1.396	0.041	1932/33	0.414	0.995
34	1.582	0.013	1933/34	0.401	0.997
35	2.157	0.000	1934/35	0.816	0.519
36	2.362	0.000	1935/36	0.939	0.341
37	2.284	0.000	1936/37	0.567	0.905

Aus den Vergleichen zweier aufeinander folgender Verteilungen der Konsumäquivalente geht hervor, dass insbesondere in den Jahren 1930/31, 1931/32 und 1935/36 die Haushaltgewichtung einen negativen, d. h. die Aehnlichkeit der beiden Verteilungen vermindernden Effekt hat.

4.6. Zusammenfassung der Entwicklung von Einkommen, Vermögen, Konsumpotential und Konsumäquivalent

Die aufgrund verschiedener Indikatoren beobachtete mehrdimensionale Entwicklung der wirtschaftlich-finanziellen Lage in J bringt eindeutig — vom Durchschnittsvermögen abgesehen — einen nominellen Rückgang der Medianwerte von Einkommen, Konsumpotential und Konsumäquivalent (vgl. Figur 4.6.1) und der Einkommens- und Vermögenssummen mit sich.

Abgesehen von den mittleren und oberen Vermögensbereichen ist bei allen Indikatoren und bei allen vier verwendeten Ungleichheitsmassen eine mehr oder weniger starke Zunahme der Ungleichheiten feststellbar (vgl. Tabelle 4.6.1).

Figur 4.6.1 Prozentuale Veränderung der Medianwerte von Einkommen, Konsumpotential und Konsumäquivalent sowie der arithmetischen Mittel der Vermögen von 1929 bis 1937

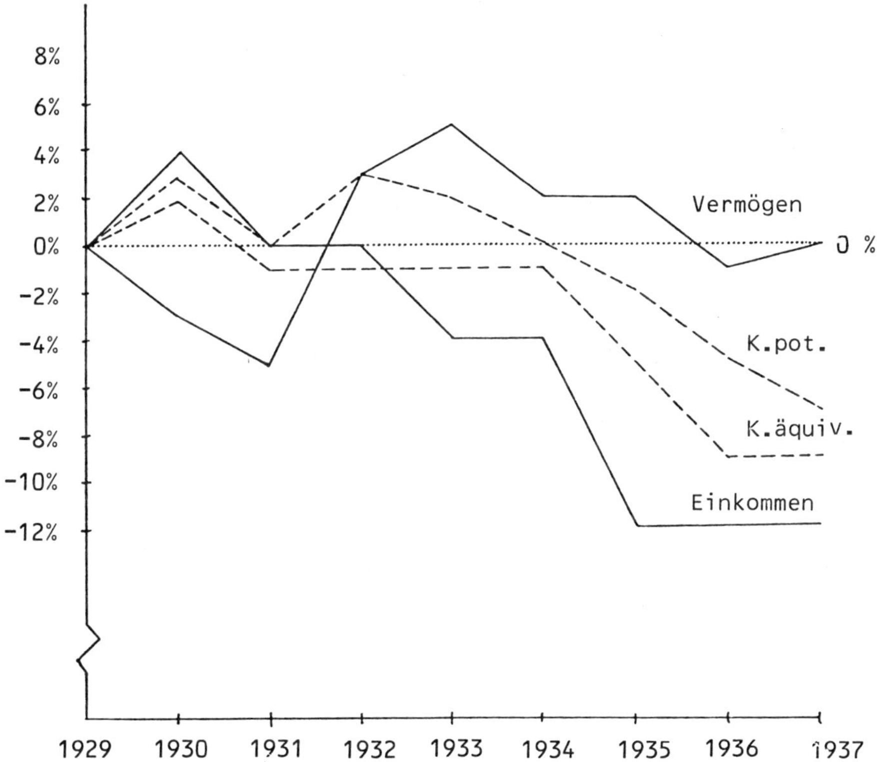

0 % (1929): Einkommen (Median): 2500 Fr.
Vermögen (Mittel): 8227 Fr.
K.potential (Median): 3000 Fr.
K.äquivalent (Median): 1924 Fr.

Tabelle 4.6.1 Entwicklung der Ungleichheiten von Einkommen, Vermögen, Konsumpotential, Konsumäquivalent 1929–1937

Masse	Jahr	Einkommen	Vermögen	K. potential	K. äquival.
Var. koef.	1929	0.722	2.655	0.815	0.765
	1933	0.748	2.530	0.808	0.780
	1937	0.783	2.904	0.927	0.886
Theil	1929	0.115	0.710	0.105	0.084
	1933	0.126	0.673	0.107	0.091
	1937	0.128	0.699	0.120	0.100
Gini	1929	0.385	0.850	0.369	0.317
	1933	0.407	0.837	0.378	0.338
	1937	0.410	0.842	0.391	0.341
Atk. 0.9	1929	0.626	1.000	0.191	0.140
	1933	0.642	1.000	0.202	0.156
	1937	0.637	1.000	0.212	0.160

4.7. Entwicklung der Verteilung von soziodemographischen Variablen

Entsprechend der theoretischen Fragestellung des Alter-Beruf-Modells (vgl. III.5.2.) werden nun nach den Querschnittanalysen der wirtschaftlich-finanziellen Variablen wichtige soziodemographische Merkmale untersucht, die zusammen mit sozioökonomischen Variablen (vgl. 4.8.) den Verlauf der personellen Einkommens- und Vermögensverteilung während der dreissiger Jahre genauer beschreiben und ansatzhaft erklären sollen.

Gemäss Tabelle 4.7.1 findet im Lauf der neun Jahre eine deutliche Alterung der Bevölkerungsstruktur statt [6]. Der Anteil der Jungen bis 30 Jahre sinkt von 29% (1929) auf 24% (1936), während die relative Häufigkeit der Ueber-60-Jährigen im gleichen Zeitraum von 15% auf 18% steigt. Der Prozentsatz der 31-60-Jährigen bleibt bis 1933 praktisch konstant und vergrössert sich in den folgenden Jahren um 3%.

Was die Geschlechterstruktur der Steuerpflichtigen betrifft, bleibt sie während des Beobachtungszeitraumes im grossen und ganzen beim Verhältnis 4 Männer zu 1 Frau. In den mittleren Jahren kann eine leichte Zunahme des männlichen Anteils festgestellt werden, was vermutlich auf ein teilweises Aufgeben der Erwerbstätigkeit der Frauen zurückzuführen ist.

---

6 Der Begriff "Ueberalterung" wird hier bewusst nicht verwendet, weil er eine Wertung des Alterungsprozesses voraussetzt, die quantifiziert und begründet werden müsste. Vgl. Kaufmann (1960), Veyret-Verner (1971).

Tabelle 4.7.1 Absolute und relative Häufigkeiten der soziodemographischen Variablen aller Steuerpflichtigen von 1929 bis 1937

	1929		1930		1931		1932		1933		1934		1935		1936		1937	
ALTER:																		
bis 20 Jahre	13	1%	12	1%	26	2%	16	1%	14	1%	26	2%	4	0%	4	0%	3	0%
21-30 Jahre	396	28%	430	30%	416	29%	372	28%	344	27%	339	27%	341	26%	317	24%	319	25%
31-40 Jahre	276	20%	282	20%	280	19%	258	19%	233	18%	237	19%	254	20%	264	20%	269	21%
41-50 Jahre	279	20%	274	19%	285	20%	260	19%	242	19%	234	18%	228	18%	240	18%	229	18%
51-60 Jahre	200	14%	217	15%	219	15%	202	15%	213	17%	216	17%	230	18%	221	17%	225	18%
61-70 Jahre	117	8%	120	9%	123	9%	139	10%	131	10%	123	10%	130	10%	138	11%	115	9%
über 70 Jahre	70	5%	70	5%	71	5%	74	6%	80	6%	83	7%	83	6%	89	7%	92	7%
unbekannt	56	4%	15	1%	27	2%	26	2%	25	2%	23	2%	26	2%	29	2%	35	3%
GESCHLECHT:																		
männlich	1102	78%	1118	79%	1138	79%	1060	79%	1021	80%	1009	79%	1023	79%	1017	78%	1013	79%
weiblich	305	22%	302	21%	309	21%	287	21%	261	20%	272	21%	273	21%	285	22%	274	21%
HEIMAT:																		
Waadt	965	69%	955	67%	991	69%	934	69%	894	70%	891	70%	899	69%	906	70%	906	70%
andere Kantone	274	19%	285	20%	269	19%	245	18%	236	18%	239	19%	240	19%	244	19%	231	18%
Frankreich	100	7%	105	7%	107	7%	99	7%	91	7%	96	8%	96	7%	88	7%	96	8%
Italien	61	4%	66	5%	72	5%	60	5%	54	4%	48	4%	56	4%	60	5%	51	4%
anderswo	7	1%	9	1%	8	1%	9	1%	7	1%	7	1%	5	0%	4	0%	3	0%
Schweiz	1239	88%	1240	87%	1260	87%	1179	88%	1130	88%	1130	88%	1139	88%	1150	88%	1137	88%
Ausland	168	12%	180	13%	187	13%	168	13%	152	12%	151	12%	157	12%	152	12%	150	12%
Gesamtzahl	1407		1420		1447		1347		1282		1281		1296		1302		1287	

Tabelle 4.7.1 Absolute und relative Häufigkeiten der soziodemographischen Variablen aller Steuerpflichtigen von 1929 bis 1937 (Forts.)

	1929	1930	1931	1932	1933	1934	1935	1936	1937
ZIVILSTAND:									
ledig	510 36%	489 34%	479 33%	438 33%	410 32%	414 32%	416 32%	412 32%	422 33%
verheiratet	791 56%	812 57%	830 57%	767 57%	722 56%	716 56%	708 55%	710 55%	695 54%
verwitwet	106 8%	119 8%	138 10%	142 11%	150 12%	151 12%	172 13%	180 14%	170 13%
ledig männlich	288 57%	276 56%	263 55%	250 57%	251 61%	243 59%	251 60%	241 59%	250 59%
ledig weiblich	222 44%	213 44%	216 45%	188 43%	159 39%	171 41%	165 40%	171 42%	172 41%
verwitwet männlich	24 23%	31 26%	50 36%	50 35%	51 34%	57 38%	72 42%	74 41%	73 43%
verwitwet weiblich	82 77%	88 74%	88 64%	92 65%	99 66%	94 62%	100 58%	106 59%	97 57%
KINDERZAHL:									
kein Kind	891 63%	910 64%	918 63%	882 66%	853 67%	871 68%	879 68%	882 68%	869 68%
1 Kind	257 18%	246 17%	280 19%	234 17%	219 17%	199 16%	209 16%	205 16%	211 16%
2 Kinder	162 12%	178 13%	164 11%	154 11%	135 11%	142 11%	131 10%	148 11%	139 11%
3 Kinder	68 5%	60 4%	61 4%	59 4%	54 4%	49 4%	59 5%	46 4%	49 4%
4 Kinder	19 1%	16 1%	15 1%	8 1%	14 1%	13 1%	10 1%	14 1%	12 1%
5 u.mehr Kinder	10 1%	10 1%	9 1%	10 1%	7 1%	7 1%	8 1%	7 1%	7 1%
HAUSHALTGROESSE:									
1 Person	581 41%	580 41%	584 40%	554 41%	538 42%	547 43%	566 44%	563 43%	564 44%
2 Personen	337 24%	352 25%	361 25%	349 26%	332 26%	339 27%	329 27%	341 26%	331 26%
3 Personen	238 17%	229 16%	259 18%	217 16%	207 16%	187 15%	197 15%	189 15%	187 15%
4 Personen	154 11%	174 12%	158 11%	151 11%	130 10%	139 11%	129 10%	143 11%	137 11%
5 Personen	68 5%	59 4%	61 4%	58 4%	54 4%	49 4%	57 4%	45 4%	49 4%
6 Personen	19 1%	16 1%	15 1%	8 1%	14 1%	13 1%	10 1%	14 1%	12 1%
7 u.mehr Personen	10 1%	10 1%	9 1%	10 1%	7 1%	7 1%	8 1%	7 1%	7 1%

Die Gliederung nach Bürgerort und Nationalität verändert sich über die neun Jahre sehr wenig; der Anteil der Ausländer bewegt sich um 12—13%.

Markante Strukturveränderungen ergeben sich beim Zivilstand. Während der Anteil der Ledigen um 3—4% sinkt, nimmt derjenige der Verheirateten von 1930—1932 etwas zu und darauf um etwa 2% ab. Am hervorstechendsten ist der zunehmende Prozentsatz der Verwitweten, von 8% (1929) bis auf 14% (1936), was in engem Zusammenhang mit der Alterung der Bevölkerungsstruktur gesehen werden muss. Dabei geht aus der Tabelle hervor, dass der Anteil der verwitweten Männer stark angestiegen ist.

Auch aus dem Verlauf der Häufigkeiten der Steuerpflichtigen nach Kinderzahl und Haushaltgrösse (vgl. Tabelle 4.7.2) wird der Alterungsprozess unverkennbar sichtbar. Der Anteil der Haushalte ohne Kind wächst um 5% und derjenige der Haushalte mit einer oder zwei Personen steigt von 65% auf 70%.

Zusammenfassend kann gesagt werden, dass verschiedene Indikatoren — Alter, Zivilstand, Kinderzahl, Haushaltgrösse — unübersehbar auf einen Alterungsprozess der Bevölkerungsstruktur schliessen lassen, dem bei der Erklärung der personellen Einkommens- und Vermögensverteilung von 1929 bis 1937 Rechnung getragen werden muss (vgl. 4.9.).

Um die Verteilungen der Variablenwerte auf ihre Konstanz bzw. Veränderung während der 9 Jahre zu untersuchen, werden sie — analog zur Ueberprüfung der Einkommens- und Vermögensverteilungen in Kapitel 4.2 und 4.3. — mit Hilfe des Chi-Quadrat-Testes geprüft (vgl. Anhang I.2). Wenn die jeweils aufeinander folgenden Verteilungen im Zeitpunkt t und t+1 getestet werden, kann erwartungsgemäss eine starke Verbundenheit bei einer Signifikanz von 20% und mehr (vielfach sogar über 80%) festgestellt werden. Davon ausgenommen sind nur die Untermengen der Variablen Schweizer-Ausländer, Zivilstand, Kinderzahl und Haushaltgrösse von 1932/33 sowie Kinderzahl 1931/32 und 1935/36.

Werden die jährlichen Verteilungen jedoch mit der Ausgangsverteilung von 1929 verglichen, nimmt die Signifikanz bei den Variablen Alter, Zivilstand, Kinderzahl und Haushaltgrösse tendenziell ab (bis auf 0%), je weiter sich der Zeitpunkt der Untersuchungsmenge vom Jahr 1929 entfernt. Nur die Variablen Geschlecht und Heimat weisen nach wie vor eine hohe Signifikanz auf.

4.8. Entwicklung der Verteilung von sozioökonomischen Variablen

Während die soziodemographischen Variablen Attribute der Individuen bzw. Steuerpflichtigen darstellen, charakterisieren die sozioökonomischen Variablen, wie sie in der Fallstudie verstanden sind (vgl. Tabelle 4.8.1), die Produktionsstruktur und ihre Veränderung.

Die Gliederung nach Berufsgruppen macht deutlich, dass die Landwirtschaft sowie die Berufe zur Deckung der Grundbedürfnisse nach Nahrung, Kleidung und Wohnung während aller neun Jahre mit grosser Konstanz gleichbleibende Anteile aller Steuerpflichtigen aufweisen. Daraus kann entnommen werden, dass die Berufe im lokalen Wirtschaftskreislauf ausgesprochen "krisenimmun" sind. Demgegenüber verzeichnen die Gruppen der Metallbearbeitung und des Maschinen- und Apparatebaus, die hauptsächlich in translokalen Wirtschaftsbeziehungen stehen, erhebliche Einbrüche in den Jahren 1932 bis 1934, d. h. um insgesamt 5% oder 115 Arbeitsstellen. Erst allmählich trifft eine gewisse, aber nicht vollständige Erholung ein. Im dritten Sektor weisen die öffentlichen Berufe wegen ihrer besonderen Beziehung zum Arbeitgeber eine spezielle Entwicklung auf. Bis 1935 bleibt ihr relativer Anteil bei 25% und steigt während der Krise 1933/34 sogar auf 26%, wobei der absolute Anteil um ca. 10% abnimmt. Erst gegen Ende der Krise 1936/37 fällt ihr Anteil auf 24% und 23%.

Eine markante strukturelle Aenderung (vgl. II.4.1.) ist im zweiten und dritten Wirtschaftssektor festzustellen. Im Sekundärsektor fallen von 1931 auf 1932 und 1933 sowohl die absoluten wie die relativen Häufigkeiten, während im Tertiärsektor der absolute Rückgang nur schwach und die relative Veränderung sogar positiv ist. Im Unterschied zu diesen Umwälzungen bleibt der Prozentsatz der Landwirtschaft konstant.

Die Ausbildung, als ein Charakteristikum des Arbeitsplatzes verstanden, zeigt keine bedeutenden Veränderungen. Diese bildungsmässige Gliederung scheint kurzfristig und konjunkturell relativ invariant zu sein. Eine leichte Ausnahme stellt der wachsende Anteil der Ungelernten während des Bevölkerungswachstums von 1929 bis 1931 dar.

Was die Anteile der selbständig und unselbständig Erwerbenden betrifft, fällt auf, dass die relativen und absoluten Häufigkeiten der Unselbständigen - sehr wahrscheinlich wegen der massiven Krisenauswirkungen in der Metall- und Maschinenbranche - im Lauf der neun Jahre stark sinken, d. h. von 74% bzw. 1076 Steuerpflichtige 1931 auf 67% bzw. 870 Personen 1936. Dagegen nahm die absolute und relative Zahl der Selbständigen im gleichen Zeitintervall um 34 selbständig Erwerbende

Tabelle 4.8.1 Absolute und relative Häufigkeiten der sozioökonomischen Variablen aller Steuerpflichtigen von 1929 bis 1937

	1929	1930	1931	1932	1933	1934	1935	1936	1937
BRANCHE:									
Landwirtschaft	66 5%	67 5%	74 5%	73 5%	68 5%	62 5%	66 5%	69 5%	70 6%
Nahrungsmittel	29 2%	29 2%	27 2%	29 2%	27 2%	27 2%	31 2%	29 2%	27 2%
Bekleidung, Reinigung	28 2%	29 2%	31 2%	30 2%	27 2%	30 2%	30 2%	31 2%	32 3%
Holzbearbeitung	23 2%	23 2%	22 2%	18 1%	20 2%	19 2%	20 2%	23 2%	24 2%
Bau	34 2%	32 2%	36 3%	29 2%	31 2%	32 3%	31 2%	30 2%	31 2%
Metalle	36 3%	40 3%	38 3%	34 3%	28 2%	25 2%	26 2%	26 2%	33 3%
Maschinen, Apparate	374 27%	400 28%	397 27%	326 24%	294 23%	297 23%	304 24%	306 24%	306 24%
Uhren, Bijouterie	32 2%	32 2%	33 2%	27 2%	21 2%	22 2%	18 1%	20 2%	26 2%
Handel	82 6%	81 6%	80 6%	75 6%	74 6%	78 6%	80 6%	79 6%	71 6%
Gastgewerbe	43 3%	41 3%	37 3%	46 3%	39 3%	40 3%	45 4%	46 4%	44 3%
privater Verkehr	27 2%	32 2%	33 2%	32 2%	31 2%	25 2%	32 3%	27 2%	29 2%
öffentlicher Sektor	357 25%	354 25%	355 25%	339 25%	333 26%	337 26%	322 25%	312 24%	294 23%
übriges	265 19%	249 18%	265 19%	263 20%	259 21%	250 20%	251 20%	268 21%	268 21%
SEKTOR:									
1. Sektor	81 6%	83 6%	91 6%	85 6%	81 6%	75 6%	76 6%	81 6%	84 7%
2. Sektor	585 42%	611 43%	616 43%	521 39%	479 37%	481 38%	491 38%	503 39%	519 40%
3. Sektor	526 37%	523 37%	535 37%	529 39%	507 40%	503 39%	504 39%	486 37%	469 36%
übriges	215 15%	203 14%	205 14%	212 16%	215 17%	222 17%	225 17%	232 18%	215 17%
AUSBILDUNG:									
ungelernt	257 18%	272 19%	291 20%	249 19%	228 18%	233 18%	219 17%	232 18%	237 18%
gelernt	775 55%	783 55%	784 54%	725 54%	683 53%	673 53%	695 54%	701 54%	697 54%
Mittelschule	94 7%	92 6%	95 7%	99 7%	98 8%	93 7%	95 7%	88 7%	88 7%
übriges	281 20%	273 19%	277 19%	274 20%	273 21%	282 22%	287 22%	281 22%	265 21%
STELLUNG IM BERUF:									
selbständig	167 12%	162 11%	166 12%	171 13%	166 13%	163 13%	190 15%	200 15%	172 13%
unselbständig	1025 73%	1055 74%	1076 74%	964 72%	901 70%	896 70%	881 68%	870 67%	900 70%
unbekannt	215 15%	203 14%	205 14%	212 16%	215 17%	222 17%	225 17%	232 18%	215 17%

oder um 3% zu. Die Krise bringt offensichtlich die Entstehung selbständiger Betriebe mit sich.

Die Ueberprüfung der Verbundenheit der einzelnen sozioökonomischen Variablen im Zeitpunkt t und t+1 ergibt im allgemeinen sehr hohe Signifikanzwerte (über 50%, z. T. bis über 90%). Beim Vergleich der Jahre 1931/32 und 1932/33 treten aber bei den Variablen Berufsgruppe, Sektorzugehörigkeit und Stellung im Beruf ausserordentlich geringe Signifikanzwerte auf, die auf einen heftigen, die Produktionsstruktur erschütternden Kriseneinbruch schliessen lassen.

Auch bei der Ueberprüfung der Verbundenheit der Variablen im Zeitpunkt 1929 und 1929+t ist ein markanter Unterschied bei den Berufsgruppen schon 1932, bei der Sektorzugehörigkeit 1933 und bei der Stellung im Beruf 1934 festzustellen.

4.9. Implementierung des Alter-Beruf-Modells

Im dritten, theoretischen Teil wurde mit dem Alter-Beruf-Modell ein Ansatz zur Erklärung der Verteilung der Erwerbseinkommen entfaltet (vgl. III.5.). Das Alter und die mit ihm relativ eng verbundenen soziodemographischen Variablen des Zivilstandes, der Kinderanzahl und Haushaltgrösse bestimmen angebotsseitig über das Beschäftigungsangebot das Erwerbseinkommen. Als nachfrageseitige Bestimmungsfaktoren wurden die Berufs- bzw. Branchenstruktur, die Sektorzugehörigkeit, die ausbildungsmässige Qualifikation des Arbeitsplatzes sowie die Stellung im Beruf genannt.

Diese explikative Struktur soll nun im folgenden aufgrund des Datenmaterials von J der Jahre 1929 bis 1937 quantifiziert, oder — anders formuliert — das Alter-Beruf-Modell soll implementiert werden. Dies wird auf einfache Weise geschehen, indem nur die erfassten (manifesten) Variablen untersucht und den möglichen latenten Bestimmungsfaktoren nicht Rechnung getragen wird. Auch beschränkt sich die Betrachtung auf jährliche Querschnittanalysen, sodass Zeitreihen und eventuelle Lag-Strukturen nicht berücksichtigt werden.

In einem ersten Schritt wird die Verbundenheit aller erfassten Merkmale untereinander geprüft, wozu sich wegen der unterschiedlichen Skalenarten der Variablen nur eine Masszahl der Korrelation für nominale Grössen eignet (vgl. II.4.2. und Anhang I, Kapitel 5.). Wegen seiner Unabhängigkeit von der Matrixgrösse und seiner Fundierung auf der ganzen Verteilung (nicht nur auf dem Moduswert o. ä.) wird der *symmetri-*

Tabelle 4.9.1 Verbundenheit zwischen den manifesten Variablen 1930, gemessen mit dem symmetrischen Unsicherheitskoeffizienten (Werte in Zehntausendstel ausgedrückt, also 1085 = 0.1085)

	wirtsch.-finanz.V.			soziodemographische Variablen						sozioökonomische Variablen			
	Y	W	AE	A	G	H	ZIV	KIN	HH	BG	SE	AB	ST
Y Einkommen	-	1085	2561	1062	1135	0227	1819	1492	1934	1332	0918	0757	0111
W Vermögen		-	1172	1095	0135	0288	0696	0217	0331	0412	0179	0519	0768
AE Aequivalent			-	0424	0564	0186	0527	0427	0610	0713	0411	0869	0209
A Alter				-	0220	0258	1840	1141	1376	0387	0250	0181	0156
G Geschlecht					-	0003	3231	0732	1630	0724	0174	0017	0121
H Heimat						-	0141	0088	0105	0669	0445	0142	0069
ZIV Zivilstand							-	2100	5207	0457	0135	0221	0255
KIN Kinderzahl								-	7760	0449	0304	0170	0098
HH Haushaltgr.									-	0543	0242	0173	0179
BG Berufsgruppe										-	6217	1179	1363
SE Sektor											-	0540	0241
AB Ausbildung												-	0639
ST Stellung													-

Figur 4.9.1 Verbundenheit der Variablen, gemessen mit dem symmetrischen Verbundenheitskoeffizienten mit Werten von 1930 (grösser als 0.100), 1933 und 1936. Der Variablenabstand ist reziprok zum Verbundenheitsgrad.

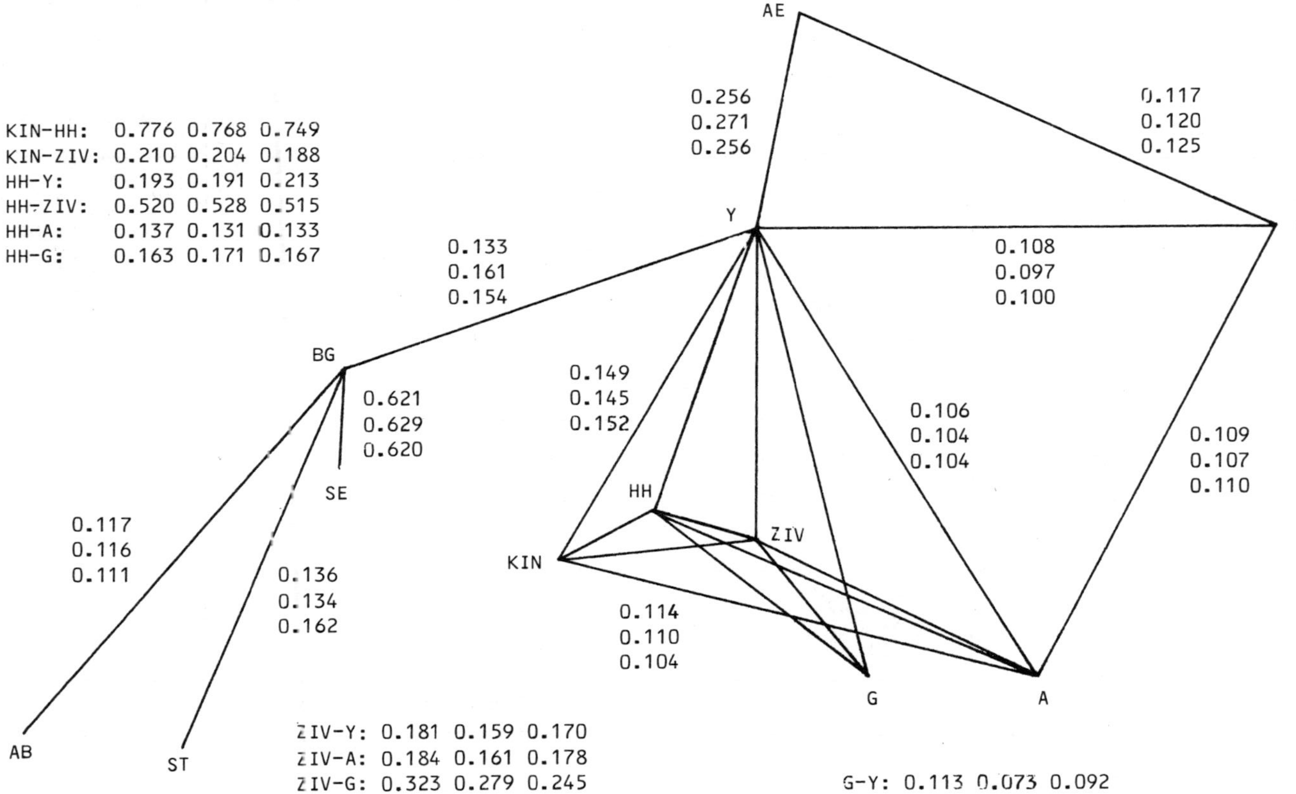

sche Unsicherheitskoeffizient verwendet. Tabelle 4.9.1 enthält die Werte dieser Masszahl für alle Relationen zwischen den Variablen des Jahres 1930. Um die Verbundenheitsstruktur deutlicher hervorzuheben, werden in der Figur 4.9.1 nur die Beziehungen mit Werten von über 0.1 festgehalten, wobei die Grösse des Abstandes zwischen den eng verbundenen Variablen reziprok zum Verbundenheitsgrad dargestellt ist. Die jeweils drei Werte gelten für die Jahre 1930, 1933 und 1936 und weisen somit auf die Entwicklung der Verbundenheiten im Laufe der Beobachtungsperiode hin.

Aus der Tabelle und der Figur 4.9.1 geht deutlich hervor, dass die soziodemographischen Variablen von Alter, Geschlecht, Zivilstand, Kinderzahl und Haushaltgrösse einerseits und die sozioökonomischen Variablen von Berufsgruppe, Sektorzugehörigkeit, Ausbildung und Stellung im Beruf anderseits relativ enge Verbundenheiten unter sich und mit dem reinen Einkommen (produit du travail; vgl. Einkommensdefinition in 3.4.) aufweisen. Ebensfalls eng verbunden sind die wirtschaftlich-finanziellen Variablen unter sich.

Diese hohen Werte der Verbundenheit lassen sich z. T. aufgrund der Variablendefinitionen erklären, was weitgehend für die Relationen Einkommen-Konsumäquivalent, Vermögen-Konsumäquivalent, Zivilstand verheiratet-Geschlecht, Kinderzahl-Haushaltgrösse, Berufsgruppe-Sektorzugehörigkeit, Berufsgruppe-Ausbildung gilt. Die andern engen Verbundenheiten bedürfen einer theoretischen Erklärung.

Keine signifikanten Verbundenheiten (Wert nicht über 0.1) lassen sich zwischen der Gruppe der soziodemographischen und der Gruppe der sozioökonomischen Variablen, zwischen Bürgerort und allen anderen Merkmalen sowie zwischen Sektorzugehörigkeit, Ausbildung und Stellung unter sich und mit den wirtschaftlich-finanziellen Variablen feststellen. Auch bestehen nur geringe Verbundenheiten zwischen den soziodemographischen und -ökonomischen Variablen mit dem Konsumäquivalent und dem Vermögen (mit Ausnahme der Beziehung Vermögen-Alter).

Die Verbundenheitsstruktur zwischen den manifesten Merkmalen zeichnet sich also dadurch aus, dass sowohl die soziodemographische wie auch die sozioökonomische Variablengruppe in sich relativ homogen und gegenüber der jeweils andern Gruppe deutlich unterschieden ist, dass die beiden Gruppen aber mit dem Einkommen relativ eng verbunden sind.

Ueber die Entwicklung der Werte der Verbundenheit von 1929 bis 1937 lassen sich nur vorsichtige Aussagen machen. Die Untersuchungen in den Jahren 1930, 1933 und 1936 zeigen, dass die Verbundenheiten der soziodemographischen Variablen unter sich und mit dem Einkommen zumeist vorübergehend (1933) oder auch längerfristig (1936) abnehmen. Demgegenüber wachsen die Verbundenheiten zwischen den sozioökonomischen Variablen (mit Ausnahme von Berufsgruppe-Stellung) unter sich und mit dem Einkommen.

Eine mögliche Interpretation dieser Veränderungen der Verbundenheitsstruktur bestünde darin, dass die Bedeutung der sozioökonomischen Situation für die Erwerbseinkommen im Laufe der Krisenjahre zunimmt und die soziodemographischen Bestimmungsfaktoren an Relevanz verlieren. Die Berufsstruktur als Abbild der Branchenstruktur wird in dieser Zeit — mit andern Worten — für die Einkommensbestimmung wichtiger als die Altersstruktur. Für eine weiterführende Interpretation wären noch andere, den Rahmen dieser Studie übersteigenden Analysen notwendig.

Nachdem die Verbundenheiten aller Variablen mit Hilfe des symmetrischen Unsicherheitskoeffizienten untersucht worden sind, werden in einem zweiten Schritt die Korrelationen zwischen den ordinal gruppierten Variablen anhand geeigneter Masszahlen analysiert (vgl. Anhang I, Kapitel 5.), die gegenüber den vorher verwendeten Masszahlen neben der Stärke auch die Richtung der Verbundenheit angeben, aber selbstverständlich nichts über die Verbundenheit der nicht ordinal gruppierbaren Merkmale aussagen.

Als Vergleichsbasis sei beispielsweise der *Rangfolge-Korrelationskoeffizient von Spearman* genommen. Die Variablen von Einkommen, Vermögen, Konsumäquivalent, Kinderzahl und Haushaltgrösse werden zu den Gruppen zusammengefasst, wie sie schon für die Tabellen 4.2.4, 4.3.3, 4.7.1 und 4.7.2 gebildet wurden, wobei die Schichtung der Konsumäquivalente derjenigen der Einkommen entspricht. Die dichotome Variable Geschlecht ist in der Folge männlich/weiblich, die Variable Stellung im Beruf in der Folge selbständig/unselbständig erwerbstätig angeordnet.

Bei einer Bedeutungsschwelle von 0.1% ergeben sich für das Jahr 1930 die in der Tabelle 4.9.2 zusammengestellten Werte. Hohe gleichgerichtete Korrelationen bestehen zwischen Einkommen und Vermögen/Konsumäquivalent, Alter und Vermögen/Konsumäquivalent, Kinderzahl und Einkommen, Haushaltgrösse und Einkommen/Alter/Kinderzahl, Ausbildung und Einkommen/Vermögen/Konsumäquivalent. Die hohen negativen Werte zeigen, dass die weiblichen Steuerpflichtigen in der Regel ein tieferes Einkommen und Konsumäquivalent, einen kleineren Haushalt und weniger Kinder haben als die männlichen Steuerpflichtigen. Was die Stellung im Beruf betrifft, verfügen die Selbständigerwer-

Tabelle 4.9.2 Verbundenheit zwischen den manifesten, ordinal gruppierten Variablen 1930, gemessen mit dem Rangfolge-Korrelationskoeffizienten von Spearman (Bedeutungsschwelle 0.001)

	wirtsch.-finanz.V.			soziodemographische Variablen						sozioökonom. Variablen			
	Y	W	AE	A	G	H	ZIV	KIN	HH	BG	SE	AB	ST
Y Einkommen	.	-0.098	0.573	.	-0.502	.	.	0.519	0.627	.	.	0.347	.
W Vermögen		.	0.413	0.502	.	.	.	.	0.105	.	.	0.267	-0.358
AE Aequivalent			.	0.269	-0.292	.	.	.	0.157	.	.	0.408	-0.206
A Alter				.	-0.093	.	.	0.127	0.263	.	.	0.196	-0.151
G Geschlecht					.	.	.	-0.303	-0.498	.	.	.	0.092
H Heimat						.	.	.	.	.	.	.	.
ZIV Zivilstand							.	.	.	.	.	.	.
KIN Kinderzahl								.	0.883	.	.	0.131	-0.103
HH Haushaltgr.									.	.	.	0.153	-0.145
BG Berufsgruppe										.	.	.	.
SE Sektor											.	.	.
AB Ausbildung												.	-0.174
ST Stellung													.

benden tendenziell über mehr Vermögen und haben ein höheres Konsumäquivalent als die Unselbständigen.

Die Entwickung der Masszahl von Spearman in den Jahren 1930, 1933 und 1936 bestätigt weitgehend und ergänzt zudem die Ergebnisse aufgrund des symmetrischen Unsicherheitskoeffizienten. Die Verbundenheiten der Variablen Geschlecht, Kinderzahl und Haushaltgrösse mit dem Einkommen nehmen ab, während die Verbundenheit zwischen dem Einkommen und der Ausbildung steigt. Die Korrelation zwischen Alter und Vermögen wird ebenfalls grösser, zwischen Haushaltgrösse und Alter/Kinderzahl kleiner. Schliesslich wird der Zusammenhang des Vermögens mit der Ausbildung und der Stellung im Beruf deutlich schwächer.

5. Verteilungen in ausgewählten Untermengen in verschiedenen Jahren

Nachdem im 4. Kapitel die jährlichen Verteilungen in der Menge aller Steuerpflichtigen untersucht worden sind, werden nun Verteilungen verschiedener Untermengen betrachtet. Von den 288 analysierten Verteilungen (d. s. Verteilungen von 4 wirtschaftlich-finanziellen Variablen von 8 soziodemographischen und -ökonomischen Variablen in 9 Jahren) wird aus Platzgründen nur ein Drittel ausgewählt.

Die Tabellen 5.1, 5.2 und 5.3 zeigen die Entwicklung der Einkommensverteilung in den nach Alter, Berufsgruppe u. a. m. gebildeten Untermengen am Anfang (1929), in der Mitte (1933) und am Ende (1937) der Beobachtungsperiode. Die entsprechenden Angaben sind enthalten für das Vermögen in den Tabellen 5.4, 5.5 und 5.6, für das Konsumpotential in 5.7, 5.8 und 5.9 und für das Konsumäquivalent in 5.10, 5.11 und 5.12. Um diese Informationsfülle übersichtlicher zu gestalten, werden anschliessend die Tabellen 5.13, 5.14, 5.15 und 5.16 angefügt, die die ordinalen Aenderungen des Medians bzw. Mittelwertes und des Gini-Indexes von Einkommen, Vermögen, Konsumpotential und Konsumäquivalent zusammenfassen.

Wegen der hervorragenden Bedeutung des Alters und der Berufsgruppenzugehörigkeit für das Verständnis der personellen Einkommens- und Vermögensverteilung sind schliesslich die Entwicklung der Verteilungen in den Altersklassen und Berufsgruppen in den Tabellen 5.17 und 5.18 dargestellt.

Tabelle 5.1 Einkommensverteilung in ausgewählten Untermengen 1929

JAHR 1929		D E Z I L D A T E N												U N G L E I C H H E I T S M A S S E							
EINKOMMEN	ANZ.	1	2	3	4	5	6	7	8	9	10	MEDIAN	MITTEL	STD.A	VAR.K	THEIL	GINI	ATKI.5	.9	KOLM.5	2.0
ALLE	1407	0.2	3.3	4.8	6.5	8.2	9.7	11.7	14.1	16.5	24.9	2500	2860	2.065	0.722	0.115	0.385	0.166	0.626	0.769	1.795
ALTERSSTRUKTUR:																					
BIS 30 J.	409	2.9	4.9	5.7	6.9	8.3	9.8	11.3	12.7	15.7	21.7	1800	2099	1.241	0.591	0.067	0.303	0.080	0.199	0.286	0.760
31 - 50 J.	555	1.3	4.4	6.6	7.8	9.4	10.4	11.5	12.4	15.1	21.1	3800	3807	2.149	0.565	0.074	0.301	0.107	0.441	0.918	2.429
51 - 70 J.	317	0.0	1.4	4.7	6.7	8.2	9.7	10.9	14.0	17.5	27.1	2400	2711	2.189	0.808	0.147	0.426	0.222	0.800	0.830	1.841
UEBER 70 J.	70	0.0	0.0	0.0	0.0	0.0	2.2	9.4	15.0	24.3	49.0	0	969	1.555	1.605	0.463	0.731	0.611	0.999	0.382	0.711
ZIVILST.GESCHL.																					
LEDIGE M.	288	2.7	5.7	6.9	8.0	8.5	9.7	11.0	11.8	14.5	21.1	2000	2125	1.122	0.528	0.058	0.271	0.074	0.253	0.252	0.763
LEDIGE F.	222	0.9	5.4	6.8	7.6	8.4	9.5	9.4	11.2	15.1	25.7	1150	1305	0.864	0.662	0.093	0.329	0.137	0.580	0.154	0.448
VERHEIRATET	791	1.2	5.6	6.7	7.7	9.0	10.2	11.2	12.3	14.6	21.4	3600	3798	2.120	0.558	0.073	0.292	0.114	0.530	0.891	2.510
VERWITW. M.	24	0.0	0.0	3.5	4.2	4.8	9.2	9.4	18.3	20.2	30.4	1100	1912	1.944	1.016	0.221	0.535	0.315	0.906	0.647	1.275
VERWITW. F.	82	0.0	0.0	0.0	0.0	3.5	9.8	11.9	15.0	22.7	37.2	500	876	1.066	1.216	0.328	0.626	0.488	0.995	0.227	0.536
HAUSHALTGROESSE																					
1 PERSON	581	0.1	4.0	6.0	7.0	7.7	9.4	11.3	13.2	16.1	25.2	1400	1618	1.144	0.707	0.110	0.369	0.164	0.660	0.262	0.737
2 PERSONEN.	337	0.0	4.5	6.6	7.3	8.4	9.7	10.9	13.1	15.2	24.1	2700	3007	2.066	0.687	0.105	0.345	0.162	0.692	0.747	1.952
3 PERSONEN	238	4.2	6.3	6.8	7.6	8.5	10.0	11.1	12.1	14.3	19.2	3725	3981	1.787	0.449	0.044	0.237	0.061	0.256	0.640	2.188
4 U. MEHR P.	251	1.5	6.9	8.0	8.7	9.4	9.8	10.5	11.7	14.0	19.5	4300	4472	2.173	0.486	0.061	0.244	0.104	0.548	1.079	3.210
HEIMAT:																					
WAADT	965	0.0	2.9	4.7	6.4	8.1	9.5	11.7	14.2	16.8	25.6	2400	2750	2.073	0.754	0.126	0.400	0.185	0.699	0.763	1.763
ANDERE KT.	274	1.1	3.2	4.7	6.4	7.9	9.7	11.6	14.2	17.0	24.3	2650	3140	2.226	0.709	0.107	0.379	0.140	0.453	0.863	1.903
FRANKREICH	100	1.3	4.1	7.3	9.2	10.2	10.8	11.5	12.5	14.2	18.9	3800	3585	1.760	0.491	0.062	0.268	0.089	0.331	0.748	2.160
ITALIEN	61	4.0	5.3	6.6	8.5	9.6	10.5	10.9	12.3	14.4	18.0	2250	2243	0.963	0.429	0.043	0.240	0.058	0.204	0.220	0.758
SCHWEIZ TOT.	1239	0.1	3.1	4.7	6.4	8.1	9.6	11.6	14.2	16.7	25.5	2500	2836	2.114	0.745	0.122	0.396	0.175	0.656	0.789	1.804
AUSLAND	168	1.8	4.1	6.1	7.7	8.6	11.0	12.3	13.5	15.4	19.5	3000	3032	1.646	0.543	0.069	0.302	0.095	0.333	0.590	1.627
BERUFSGRUPPEN:																					
GRUPPE A	114	0.5	3.7	6.6	7.4	8.7	10.4	10.4	13.0	15.2	24.1	2500	2526	1.661	0.658	0.098	0.347	0.145	0.584	0.538	1.438
GRUPPE B	374	1.7	4.6	6.2	7.9	9.0	10.4	10.8	12.5	14.5	22.4	2200	2257	1.393	0.617	0.077	0.306	0.106	0.416	0.354	1.031
GRUPPE C	357	4.3	7.1	8.2	8.7	9.5	10.0	10.4	11.6	13.7	16.5	4350	4521	1.526	0.338	0.025	0.184	0.030	0.057	0.535	1.886
SEKTOREN:																					
1. SEKTOR	81	0.0	0.7	5.8	6.8	7.6	8.8	10.7	12.6	17.2	29.8	1500	1894	1.833	0.967	0.174	0.447	0.256	0.864	0.491	1.144
2. SEKTOR	585	1.8	4.4	6.3	7.5	8.8	9.4	10.5	11.8	14.8	24.8	2400	2565	1.748	0.681	0.087	0.326	0.112	0.394	0.486	1.262
3. SEKTOR	526	2.2	3.7	6.8	8.8	9.7	10.7	11.4	12.2	14.7	19.8	4050	3995	2.051	0.513	0.059	0.277	0.074	0.174	0.874	2.209
AUSBILDUNG:																					
UNGELERNTE	257	2.1	4.8	5.7	6.9	8.5	9.7	10.5	13.3	17.5	20.9	2000	2264	1.389	0.613	0.078	0.317	0.104	0.383	0.364	1.014
GELERNTE	775	1.9	4.2	6.1	7.6	8.7	9.9	11.9	13.6	15.6	20.5	2800	3052	1.661	0.544	0.069	0.304	0.094	0.330	0.592	1.621
MITTELSCHULE	94	1.6	4.7	6.7	7.4	9.6	11.6	11.2	13.5	13.7	19.9	6625	6213	3.250	0.523	0.066	0.288	0.093	0.344	2.143	4.611
STELLUNG:																					
SELBSTAENDIG	167	0.0	3.4	5.5	7.1	9.0	10.5	11.0	13.0	16.1	24.3	3300	3401	2.390	0.703	0.113	0.369	0.171	0.687	1.012	2.348
UNSELBSTDG.	1025	2.1	3.8	5.4	6.8	8.1	9.5	11.8	13.5	15.7	23.3	2700	3110	1.978	0.636	0.083	0.338	0.105	0.307	0.698	1.654

Tabelle 5.2 Einkommensverteilung in ausgewählten Untermengen 1933

JAHR 1933		D E Z I L D A T E N												U N G L E I C H H E I T S M A S S E							
EINKOMMEN	ANZ.	1	2	3	4	5	6	7	8	9	10	MEDIAN	MITTEL	STD.A	VAR.K	THEIL	GINI	ATKI.5	.9	KOLM.5	2.0
ALLE	1282	0.2	2.8	4.4	5.7	7.6	10.0	12.2	14.3	17.3	25.5	2400	2779	2.078	0.748	0.126	0.407	0.178	0.642	0.792	1.760
ALTERSSTRUKTUR:																					
BIS 30 J.	358	2.9	4.5	5.7	6.3	7.4	9.1	11.1	13.8	17.0	22.3	1600	1946	1.177	0.605	0.074	0.326	0.089	0.221	0.281	0.715
31 - 50 J.	475	0.9	4.0	6.2	8.0	9.6	10.5	11.9	13.0	15.5	20.3	3700	3668	2.039	0.556	0.076	0.306	0.114	0.468	0.901	2.363
51 - 70 J.	344	0.0	1.6	4.3	5.3	7.2	9.4	11.6	14.4	18.2	27.9	2300	2873	2.392	0.832	0.154	0.448	0.222	0.764	0.966	1.973
UEBER 70 J.	80	0.0	0.0	0.0	0.0	2.1	7.7	11.8	16.0	20.7	41.7	500	889	1.197	1.346	0.361	0.652	0.516	0.997	0.258	0.566
ZIVILST.GESCHL.																					
LEDIGE M.	251	2.4	4.9	6.0	6.4	7.4	8.8	10.5	13.2	16.7	23.5	1500	1865	1.166	0.625	0.081	0.331	0.104	0.349	0.273	0.719
LEDIGE F.	159	0.0	4.3	5.5	7.0	8.1	9.1	10.4	13.2	17.3	25.1	1100	1321	0.940	0.711	0.113	0.378	0.167	0.664	0.187	0.531
VERHEIRATET	722	1.5	4.7	6.2	7.8	9.1	10.3	11.3	12.8	15.2	21.1	3600	3738	2.074	0.555	0.073	0.301	0.111	0.491	0.882	2.403
VERWITW. M.	51	0.9	2.8	3.5	4.5	5.2	6.3	9.2	12.7	19.8	35.1	1200	2011	2.080	1.035	0.192	0.504	0.232	0.652	0.640	1.166
VERWITW. F.	99	0.0	0.0	0.0	0.0	6.0	7.3	11.6	14.9	21.9	38.3	500	844	1.074	1.271	0.327	0.629	0.470	0.992	0.218	0.496
HAUSHALTGROESSE																					
1 PERSON	538	0.0	3.0	5.1	6.6	7.7	8.6	10.5	13.3	18.1	27.2	1200	1479	1.164	0.787	0.134	0.412	0.195	0.728	0.268	0.697
2 PERSONEN	332	1.5	4.6	5.4	6.5	8.0	10.1	11.5	13.2	15.8	23.4	2900	3161	1.997	0.632	0.090	0.340	0.130	0.536	0.754	1.914
3 PERSONEN	207	3.8	5.8	6.9	7.6	9.0	10.0	10.4	12.2	14.6	19.7	3700	3962	1.875	0.473	0.049	0.249	0.068	0.286	0.690	2.241
4 U. MEHR P.	205	0.3	6.4	7.8	8.4	9.6	10.0	11.4	12.3	15.1	18.6	4200	4379	2.187	0.499	0.069	0.263	0.122	0.622	1.166	3.218
HEIMAT:																					
WAADT	894	0.0	2.4	4.3	5.5	7.3	9.7	12.2	14.8	17.8	26.0	2200	2613	2.024	0.775	0.137	0.424	0.198	0.705	0.759	1.674
ANDERE KT.	236	1.1	3.5	4.6	6.1	7.6	10.2	11.8	13.6	17.7	23.8	2850	3186	2.227	0.699	0.105	0.377	0.140	0.463	0.878	1.937
FRANKREICH	91	1.4	5.1	7.3	8.8	9.7	10.3	10.7	11.6	13.9	21.3	3950	3895	2.105	0.540	0.069	0.282	0.100	0.407	0.910	2.502
ITALIEN	54	4.1	4.8	6.1	5.8	7.8	10.8	10.4	14.0	14.4	21.8	1700	1955	1.128	0.577	0.067	0.300	0.082	0.249	0.251	0.667
SCHWEIZ TOT.	1130	0.1	2.7	4.3	5.6	7.4	9.7	12.1	14.4	17.7	25.8	2300	2733	2.081	0.762	0.130	0.415	0.186	0.665	0.792	1.743
AUSLAND	152	1.7	3.4	5.0	6.8	8.6	11.0	12.1	13.1	14.8	23.5	3000	3125	2.017	0.646	0.090	0.345	0.121	0.410	0.754	1.806
BERUFSGRUPPEN:																					
GRUPPE A	105	0.6	3.3	5.1	6.1	8.1	8.8	12.1	13.0	17.8	25.2	2100	2513	1.831	0.728	0.116	0.391	0.161	0.590	0.619	1.455
GRUPPE B	294	1.5	3.8	5.4	6.6	7.5	9.4	10.8	13.3	15.6	26.0	1600	1968	1.436	0.730	0.103	0.367	0.133	0.456	0.364	0.899
GRUPPE C	333	4.9	7.0	7.9	8.7	8.9	9.6	10.7	11.5	13.5	17.4	4300	4600	1.636	0.356	0.027	0.189	0.034	0.102	0.569	2.221
SEKTOREN:																					
1. SEKTOR	81	0.0	3.9	6.9	7.0	7.6	8.9	11.5	13.5	16.1	24.7	1400	1699	1.207	0.711	0.118	0.369	0.186	0.758	0.295	0.847
2. SEKTOR	479	1.2	3.5	5.0	6.3	7.6	9.1	10.9	13.1	16.2	27.3	1950	2345	1.831	0.781	0.116	0.390	0.148	0.482	0.541	1.232
3. SEKTOR	507	2.1	4.3	7.1	8.5	9.6	10.3	11.1	12.5	14.9	19.6	3950	3998	1.991	0.498	0.058	0.274	0.077	0.234	0.859	2.303
AUSBILDUNG:																					
UNGELERNTE	228	1.7	4.3	5.5	6.6	7.4	9.6	12.1	15.6	17.8	19.4	1725	2110	1.230	0.583	0.080	0.330	0.110	0.396	0.341	0.951
GELERNTE	683	1.3	3.7	5.2	6.8	8.4	10.3	12.2	14.1	16.3	21.4	2800	2957	1.773	0.600	0.085	0.338	0.118	0.421	0.664	1.678
MITTELSCHULE	98	2.4	5.1	6.9	8.5	9.1	10.6	12.1	13.0	14.8	17.4	6000	5900	2.739	0.464	0.051	0.258	0.066	0.186	1.611	3.884
STELLUNG:																					
SELBSTAENDIG	166	0.2	3.7	5.1	7.1	8.5	10.4	11.8	12.6	17.5	23.1	3000	3160	2.118	0.670	0.106	0.365	0.158	0.630	0.862	2.063
UNSELBSTDG.	901	1.5	3.5	4.6	6.1	8.0	10.0	12.1	13.9	16.5	23.9	2800	3067	2.061	0.672	0.097	0.366	0.125	0.379	0.781	1.753

Tabelle 5.3 Einkommensverteilung in ausgewählten Untermengen 1937

JAHR 1937		D E Z I L D A T E N												U N G L E I C H H E I T S M A S S E							
EINKOMMEN	ANZ.	1	2	3	4	5	6	7	8	9	10	MEDIAN	MITTEL	STD.A	VAR.K	THEIL	GINI	ATKI.5	.9	KOLM.5	2.0
ALLE	1287	0.3	3.2	4.3	5.6	7.6	9.6	11.6	14.1	17.2	26.4	2200	2616	2.048	0.783	0.128	0.410	0.178	0.637	0.715	1.597
ALTERSSTRUKTUR:																					
BIS 30 J.	322	4.1	5.7	6.1	7.1	7.4	8.8	10.7	12.9	15.6	21.8	1300	1673	0.916	0.547	0.058	0.283	0.068	0.175	0.170	0.454
31 - 50 J.	498	1.2	4.0	6.1	7.6	8.8	10.4	11.5	13.0	15.6	21.8	3300	3397	2.020	0.595	0.081	0.322	0.116	0.459	0.808	2.081
51 - 70 J.	340	0.0	2.0	4.3	6.4	7.8	9.7	11.4	13.8	17.0	27.6	2500	2884	2.406	0.834	0.144	0.426	0.206	0.733	0.906	1.943
UEBER 70 J.	92	0.0	0.0	0.0	1.7	6.1	9.4	11.1	14.5	16.9	40.2	700	944	1.257	1.331	0.312	0.603	0.441	0.987	0.253	0.551
ZIVILST.GESCHL.																					
LEDIGE M.	250	3.2	5.7	6.3	7.2	7.6	8.9	10.6	12.5	15.2	22.7	1300	1629	0.926	0.569	0.064	0.290	0.081	0.278	0.173	0.485
LEDIGE F.	172	0.2	5.2	6.6	7.9	8.2	9.8	9.9	10.8	14.4	27.0	1025	1205	0.847	0.703	0.105	0.344	0.155	0.649	0.146	0.419
VERHEIRATET	695	1.5	5.3	6.7	7.6	8.8	9.9	11.1	12.4	15.0	21.8	3400	3639	2.103	0.578	0.074	0.298	0.110	0.493	0.821	2.303
VERWITW. M.	73	0.6	3.5	4.4	6.5	7.0	8.0	11.5	12.2	15.5	30.7	1600	2023	1.799	0.889	0.144	0.427	0.185	0.625	0.495	1.075
VERWITW. F.	97	0.0	0.0	0.0	0.0	7.2	9.9	11.2	15.1	21.7	34.9	600	780	0.924	1.184	0.300	0.594	0.451	0.992	0.169	0.423
HAUSHALTGROESSE																					
1 PERSON	564	0.0	3.7	6.2	7.3	7.9	9.0	10.2	12.9	16.2	26.6	1200	1346	1.006	0.747	0.119	0.378	0.179	0.712	0.200	0.560
2 PERSONEN	331	2.2	5.1	6.2	7.0	8.1	9.1	10.6	12.6	15.4	23.7	2700	3137	1.936	0.617	0.080	0.318	0.112	0.459	0.664	1.777
3 PERSONEN	187	3.6	6.4	7.1	7.5	8.8	9.8	10.6	12.7	14.5	19.0	3400	3736	1.712	0.458	0.048	0.242	0.071	0.334	0.617	2.132
4 U. MEHR P.	205	0.0	6.5	7.9	8.4	9.3	9.4	10.7	11.7	14.8	21.3	3900	4247	2.477	0.583	0.081	0.282	0.134	0.644	1.168	3.111
HEIMAT:																					
WAADT	906	0.0	2.9	4.3	5.5	7.4	9.4	11.8	14.2	17.9	26.7	2100	2460	1.952	0.794	0.137	0.423	0.195	0.699	0.677	1.516
ANDERE KT.	231	1.3	3.4	4.3	5.7	7.8	9.3	11.3	13.3	16.1	27.5	2600	3013	2.440	0.810	0.121	0.398	0.152	0.478	0.851	1.794
FRANKREICH	96	1.2	3.4	5.7	8.4	9.4	11.3	12.1	11.8	16.0	20.7	3600	3456	1.989	0.576	0.081	0.319	0.114	0.416	0.852	2.141
ITALIEN	51	3.7	5.5	7.3	8.2	9.7	10.4	11.1	12.3	13.9	17.9	2050	1980	0.847	0.428	0.043	0.237	0.060	0.226	0.172	0.625
SCHWEIZ TOT.	1137	0.1	3.1	4.3	5.4	7.5	9.5	11.5	14.2	17.5	26.9	2100	2572	2.073	0.806	0.135	0.419	0.187	0.663	0.718	1.583
AUSLAND	150	1.6	3.7	5.4	7.0	8.3	10.1	12.1	13.5	15.2	23.1	2650	2948	1.813	0.615	0.084	0.337	0.112	0.371	0.648	1.611
BERUFSGRUPPEN:																					
GRUPPE A	114	0.7	3.7	4.9	5.6	6.9	9.1	11.4	15.0	16.4	26.2	1700	2179	1.664	0.763	0.122	0.401	0.167	0.602	0.501	1.175
GRUPPE B	306	1.3	4.2	5.0	6.9	8.5	9.9	10.9	11.9	15.0	26.4	2000	2165	1.574	0.727	0.103	0.359	0.136	0.490	0.422	1.054
GRUPPE C	294	4.6	6.8	8.0	8.4	8.9	10.0	10.5	12.0	13.4	17.5	4000	4244	1.544	0.364	0.029	0.196	0.035	0.087	0.514	1.830
SEKTOREN:																					
1. SEKTOR	84	0.0	2.9	6.8	7.2	7.4	9.0	9.7	15.4	16.7	25.1	1200	1552	1.179	0.759	0.129	0.390	0.200	0.779	0.275	0.756
2. SEKTOR	519	1.3	3.9	4.9	6.5	8.1	9.2	10.5	12.3	15.7	27.6	2100	2366	1.901	0.804	0.114	0.380	0.144	0.484	0.531	1.223
3. SEKTOR	469	2.0	3.7	6.1	8.1	9.5	10.3	11.4	12.8	15.2	21.0	3600	3688	2.069	0.561	0.069	0.303	0.089	0.260	0.838	2.088
AUSBILDUNG:																					
UNGELERNTE	237	1.4	4.8	5.5	6.3	8.0	10.4	11.6	14.7	17.5	19.8	1650	1904	1.098	0.577	0.081	0.327	0.119	0.488	0.278	0.836
GELERNTE	697	1.6	3.9	5.3	6.9	8.5	10.0	11.5	13.8	16.3	22.1	2600	2777	1.728	0.622	0.085	0.337	0.114	0.398	0.581	1.482
MITTELSCHULE	88	1.7	4.5	7.3	8.8	8.9	10.6	11.7	13.1	14.9	18.5	6025	5997	3.146	0.525	0.063	0.277	0.085	0.285	1.919	4.248
STELLUNG:																					
SELBSTAENDIG	172	0.1	3.2	4.7	6.4	7.9	10.0	11.0	12.8	17.0	27.0	2800	3044	2.410	0.792	0.130	0.406	0.183	0.672	0.918	2.003
UNSELBSTDG.	900	1.7	3.6	4.6	6.2	7.8	9.5	11.6	13.7	16.5	24.8	2450	2849	1.997	0.701	0.099	0.368	0.126	0.388	0.686	1.554

Tabelle 5.4 Vermögensverteilung in ausgewählten Untermengen 1929

JAHR 1929		DEZILDATEN												UNGLEICHHEITSMASSE							
VERMOEGEN	ANZ.	1	2	3	4	5	6	7	8	9	10	MEDIAN	MITTEL	STD.A	VAR.K	THEIL	GINI	ATKI.5	.9	KOLM.5	2.0
ALLE	1407	0.0	0.0	0.0	0.0	0.0	0.0	1.5	7.0	20.4	71.1	0	8227	21.846	2.655	0.710	0.850	0.738	1.000	0.439	0.657
ALTERSSTRUKTUR:																					
BIS 30 J.	409	0.0	0.0	0.0	0.0	0.0	0.0	0.0	0.0	2.4	97.6	0	700	3.370	4.818	1.186	0.949	0.912	1.000	0.019	0.040
31 - 50 J.	555	0.0	0.0	0.0	0.0	0.0	0.0	1.5	6.3	19.2	72.9	0	6132	15.362	2.505	0.709	0.854	0.742	1.000	0.292	0.466
51 - 70 J.	317	0.0	0.0	0.0	0.2	2.2	4.6	7.8	11.8	19.4	54.0	5500	17808	34.071	1.913	0.461	0.728	0.538	0.991	0.938	1.404
UEBER 70 J.	70	0.0	0.9	2.8	4.9	6.4	7.3	11.0	13.8	20.3	32.6	19500	28507	27.980	0.981	0.196	0.510	0.261	0.764	1.131	2.032
ZIVILST.GESCHL.																					
LEDIGE M.	288	0.0	0.0	0.0	0.0	0.0	0.0	0.0	0.0	4.3	95.7	0	2624	13.928	5.309	1.224	0.952	0.906	1.000	0.152	0.210
LEDIGE F.	222	0.0	0.0	0.0	0.0	0.0	0.0	0.0	0.5	17.7	81.8	0	2529	7.675	3.034	0.864	0.893	0.833	1.000	0.090	0.171
VERHEIRATET	791	0.0	0.0	0.0	0.0	0.0	0.4	3.0	8.4	21.9	66.2	0	10516	25.465	2.421	0.643	0.825	0.695	1.000	0.576	0.850
VERWITW. M.	24	0.0	0.0	0.9	2.4	3.8	7.5	7.1	16.0	21.4	40.8	11000	20083	27.029	1.346	0.324	0.638	0.414	0.953	0.927	1.488
VERWITW. F.	82	0.0	0.0	1.7	3.7	5.4	7.7	9.7	12.3	18.7	40.8	11750	17774	22.314	1.255	0.273	0.587	0.357	0.924	0.663	1.198
HAUSHALTGROESSE																					
1 PERSON	581	0.0	0.0	0.0	0.0	0.0	0.0	0.0	3.4	18.5	78.1	0	4979	15.029	3.019	0.823	0.884	0.802	1.000	0.244	0.383
2 PERSONEN	337	0.0	0.0	0.0	0.0	0.1	1.9	5.1	12.4	21.4	59.2	1000	13639	29.482	2.162	0.559	0.786	0.634	0.999	0.743	1.101
3 PERSONEN	238	0.0	0.0	0.0	0.0	0.0	0.0	1.4	5.8	18.8	74.0	0	6787	20.938	3.085	0.776	0.867	0.759	1.000	0.358	0.532
4 U. MEHR P.	251	0.0	0.0	0.0	0.0	0.0	0.2	2.5	7.6	23.6	66.0	0	9845	22.393	2.275	0.638	0.826	0.701	1.000	0.529	0.796
HEIMAT:																					
WAADT	965	0.0	0.0	0.0	0.0	0.0	0.4	3.5	9.2	21.2	65.7	0	10374	24.761	2.387	0.632	0.821	0.688	1.000	0.556	0.830
ANDERE KT.	274	0.0	0.0	0.0	0.0	0.0	0.0	0.0	3.6	18.4	78.0	0	4424	13.458	3.042	0.819	0.882	0.798	1.000	0.203	0.332
FRANKREICH	100	0.0	0.0	0.0	0.0	0.0	0.0	0.0	0.0	1.8	98.2	0	2275	10.599	4.659	1.204	0.952	0.914	1.000	0.124	0.182
ITALIEN	61	0.0	0.0	0.0	0.0	0.0	0.0	0.0	0.0	0.0	100.0	0	1057	3.953	3.738	1.122	0.939	0.916	1.000	0.030	0.068
SCHWEIZ TOT.	1239	0.0	0.0	0.0	0.0	0.0	0.0	2.6	8.2	20.8	68.3	0	9058	22.884	2.526	0.671	0.836	0.714	1.000	0.481	0.721
AUSLAND	168	0.0	0.0	0.0	0.0	0.0	0.0	0.0	0.0	1.7	98.3	0	2095	9.611	4.587	1.194	0.951	0.915	1.000	0.108	0.165
BERUFSGRUPPEN:																					
GRUPPE A	114	0.0	0.0	0.0	0.0	0.0	0.0	0.2	4.3	18.7	76.8	0	8474	26.202	3.092	0.813	0.879	0.787	1.000	0.506	0.710
GRUPPE B	374	0.0	0.0	0.0	0.0	0.0	0.0	1.1	6.6	19.0	73.3	0	5854	18.509	3.162	0.763	0.861	0.756	1.000	0.281	0.443
GRUPPE C	357	0.0	0.0	0.0	0.0	0.0	0.0	0.0	0.8	11.5	87.7	0	3209	14.760	4.600	1.016	0.919	0.851	1.000	0.158	0.241
SEKTOREN:																					
1. SEKTOR	81	0.0	0.0	0.0	0.0	0.6	2.1	8.2	16.7	28.5	44.0	2500	20865	32.026	1.535	0.440	0.719	0.570	0.997	1.217	1.773
2. SEKTOR	585	0.0	0.0	0.0	0.0	0.0	0.0	0.4	5.1	16.3	78.2	0	5945	20.004	3.365	0.824	0.879	0.782	1.000	0.310	0.464
3. SEKTOR	526	0.0	0.0	0.0	0.0	0.0	0.0	0.0	2.0	13.1	84.9	0	4969	18.845	3.793	0.940	0.909	0.830	1.000	0.276	0.396
AUSBILDUNG:																					
UNGELERNTE	257	0.0	0.0	0.0	0.0	0.0	0.0	0.0	0.0	2.7	97.3	0	1842	7.637	4.145	1.123	0.943	0.904	1.000	0.081	0.137
GELERNTE	775	0.0	0.0	0.0	0.0	0.0	0.0	1.4	6.5	19.0	73.1	0	5918	18.118	3.062	0.755	0.860	0.751	1.000	0.285	0.446
MITTELSCHULE	94	0.0	0.0	0.0	0.0	0.0	0.9	3.8	9.7	19.9	65.7	0	19255	42.263	2.195	0.612	0.817	0.675	0.999	1.278	1.676
STELLUNG:																					
SELBSTAENDIG	167	0.0	0.0	0.0	0.9	2.1	4.6	7.4	13.8	23.1	48.1	6500	22883	38.545	1.684	0.415	0.707	0.499	0.979	1.284	1.862
UNSELBSTDG.	1025	0.0	0.0	0.0	0.0	0.0	0.0	0.0	1.7	12.6	85.7	0	3864	14.718	3.810	0.934	0.908	0.832	1.000	0.192	0.295

Tabelle 5.5 Vermögensverteilung in ausgewählten Untermengen 1933

JAHR 1933		DEZILDATEN												UNGLEICHHEITSMASSE							
VERMOEGEN	ANZ.	1	2	3	4	5	6	7	8	9	10	MEDIAN	MITTEL	STD.A	VAR.K	THEIL	GINI	ATKI.5	.9	KOLM.5	2.0
ALLE	1282	0.0	0.0	0.0	0.0	0.0	0.0	2.3	8.0	20.9	68.8	0	8643	21.870	2.530	0.673	0.837	0.718	1.000	0.451	0.686
ALTERSSTRUKTUR:																					
BIS 30 J.	358	0.0	0.0	0.0	0.0	0.0	0.0	0.0	0.0	2.4	97.6	0	894	6.323	7.072	1.383	0.963	0.927	1.000	0.040	0.061
31 - 50 J.	475	0.0	0.0	0.0	0.0	0.0	0.0	1.4	6.9	20.0	71.7	0	5500	12.995	2.363	0.688	0.846	0.739	1.000	0.239	0.406
51 - 70 J.	344	0.0	0.0	0.0	0.3	2.0	4.3	7.5	12.3	20.1	53.5	5000	17644	33.425	1.894	0.455	0.728	0.535	0.990	0.927	1.391
UEBER 70 J.	80	0.0	0.7	2.9	4.1	6.2	7.2	9.2	15.2	21.3	33.0	16750	24365	24.726	1.015	0.208	0.526	0.277	0.793	0.924	1.678
ZIVILST.GESCHL.																					
LEDIGE M.	251	0.0	0.0	0.0	0.0	0.0	0.0	0.0	0.0	3.1	96.9	0	2546	11.475	4.507	1.150	0.946	0.901	1.000	0.136	0.202
LEDIGE F.	159	0.0	0.0	0.0	0.0	0.0	0.0	0.2	4.8	20.2	74.9	0	4009	11.893	2.966	0.796	0.876	0.785	1.000	0.171	0.288
VERHEIRATET	722	0.0	0.0	0.0	0.0	0.0	0.6	3.3	8.9	22.7	64.6	0	10139	24.550	2.421	0.628	0.818	0.685	1.000	0.535	0.808
VERWITW. M.	51	0.0	0.0	0.0	0.0	0.6	3.4	6.2	14.1	25.1	50.7	2000	12745	21.472	1.685	0.467	0.741	0.585	0.998	0.604	0.986
VERWITW. F.	99	0.0	0.0	0.2	2.5	4.4	6.0	8.7	11.7	20.4	46.0	9000	18512	27.355	1.478	0.350	0.656	0.437	0.965	0.848	1.360
HAUSHALTGROESSE																					
1 PERSON	538	0.0	0.0	0.0	0.0	0.0	0.0	0.3	6.5	18.6	74.6	0	6618	17.831	2.694	0.753	0.866	0.767	1.000	0.342	0.520
2 PERSONEN	332	0.0	0.0	0.0	0.0	0.0	1.4	4.2	11.4	21.2	61.9	0	11962	29.375	2.456	0.603	0.802	0.660	0.999	0.643	0.960
3 PERSONEN	207	0.0	0.0	0.0	0.0	0.0	0.1	2.8	8.3	22.6	66.2	0	8080	18.493	2.289	0.644	0.829	0.705	1.000	0.400	0.627
4 U. MEHR P.	205	0.0	0.0	0.0	0.0	0.0	0.3	2.7	7.5	26.9	62.5	0	9149	19.611	2.144	0.618	0.818	0.693	1.000	0.466	0.727
HEIMAT:																					
WAADT	894	0.0	0.0	0.0	0.0	0.0	0.9	4.0	9.7	21.5	63.9	0	10467	24.381	2.329	0.607	0.810	0.670	0.999	0.547	0.827
ANDERE KT.	236	0.0	0.0	0.0	0.0	0.0	0.0	0.0	3.4	20.6	76.1	0	5992	16.235	2.710	0.780	0.874	0.792	1.000	0.305	0.477
FRANKREICH	91	0.0	0.0	0.0	0.0	0.0	0.0	0.0	0.0	11.3	88.7	0	1989	5.917	2.975	0.915	0.906	0.861	1.000	0.064	0.133
ITALIEN	54	0.0	0.0	0.0	0.0	0.0	0.0	0.0	0.0	1.5	98.5	0	1120	4.074	3.637	1.094	0.936	0.908	1.000	0.032	0.072
SCHWEIZ TOT.	1130	0.0	0.0	0.0	0.0	0.0	0.3	3.2	8.9	21.4	66.3	0	9533	22.992	2.412	0.638	0.824	0.695	1.000	0.498	0.756
AUSLAND	152	0.0	0.0	0.0	0.0	0.0	0.0	0.0	0.0	6.3	93.7	0	2026	7.364	3.634	1.020	0.927	0.883	1.000	0.080	0.145
BERUFSGRUPPEN:																					
GRUPPE A	105	0.0	0.0	0.0	0.0	0.0	0.0	0.3	5.2	25.4	69.2	0	7100	16.522	2.327	0.701	0.848	0.759	1.000	0.356	0.568
GRUPPE B	294	0.0	0.0	0.0	0.0	0.0	0.2	2.7	7.7	19.1	70.4	0	8227	26.050	3.167	0.724	0.844	0.721	1.000	0.431	0.645
GRUPPE C	333	0.0	0.0	0.0	0.0	0.0	0.0	0.0	1.7	11.7	86.6	0	3944	14.674	3.720	0.946	0.912	0.837	1.000	0.203	0.305
SEKTOREN:																					
1. SEKTOR	81	0.0	0.0	0.0	0.0	0.0	1.2	5.2	15.0	28.6	50.0	0	15451	25.427	1.646	0.494	0.755	0.623	0.999	0.854	1.288
2. SEKTOR	479	0.0	0.0	0.0	0.0	0.0	0.0	1.9	6.9	19.5	71.7	0	7409	23.068	3.113	0.740	0.853	0.739	1.000	0.383	0.580
3. SEKTOR	507	0.0	0.0	0.0	0.0	0.0	0.0	0.0	3.6	16.3	80.1	0	4960	15.890	3.204	0.843	0.889	0.803	1.000	0.248	0.383
AUSBILDUNG:																					
UNGELERNTE	228	0.0	0.0	0.0	0.0	0.0	0.0	0.0	0.0	6.1	93.9	0	1498	6.023	4.022	1.075	0.936	0.889	1.000	0.055	0.101
GELERNTE	683	0.0	0.0	0.0	0.0	0.0	0.0	2.9	7.9	21.0	68.2	0	6752	19.487	2.886	0.685	0.835	0.715	1.000	0.313	0.506
MITTELSCHULE	98	0.0	0.0	0.0	0.0	0.0	0.6	5.0	10.1	22.9	61.5	0	17531	35.488	2.024	0.581	0.803	0.667	1.000	1.108	1.508
STELLUNG:																					
SELBSTAENDIG	166	0.0	0.0	0.0	0.4	2.1	4.7	8.7	13.0	22.0	49.1	6250	20018	37.909	1.894	0.438	0.711	0.521	0.989	1.067	1.605
UNSELBSTDG.	901	0.0	0.0	0.0	0.0	0.0	0.0	0.0	3.6	15.2	81.1	0	4431	13.761	3.106	0.833	0.888	0.800	1.000	0.210	0.334

Tabelle 5.6 Vermögensverteilung in ausgewählten Untermengen 1937

JAHR 1937		DEZILDATEN												UNGLEICHHEITSMASSE							
VERMOEGEN	ANZ.	1	2	3	4	5	6	7	8	9	10	MEDIAN	MITTEL	STD.A	VAR.K	THEIL	GINI	ATKI.5	.9	KOLM.5	2.0
ALLE	1287	0.0	0.0	0.0	0.0	0.0	0.1	2.4	7.9	19.5	70.2	0	8201	23.814	2.904	0.699	0.842	0.721	1.000	0.426	0.644
ALTERSSTRUKTUR:																					
BIS 30 J.	322	0.0	0.0	0.0	0.0	0.0	0.0	0.0	0.0	5.9	94.1	0	663	2.584	3.897	1.066	0.935	0.889	1.000	0.013	0.033
31 - 50 J.	498	0.0	0.0	0.0	0.0	0.0	0.0	1.9	7.0	18.5	72.6	0	4979	12.441	2.499	0.703	0.851	0.737	1.000	0.212	0.358
51 - 70 J.	340	0.0	0.0	0.0	0.0	0.9	3.3	6.4	11.8	22.3	55.3	3000	15000	27.353	1.824	0.484	0.752	0.579	0.996	0.784	1.188
UEBER 70 J.	92	0.0	1.1	2.4	3.5	4.9	6.9	7.6	10.4	17.6	45.6	16250	28174	58.700	2.083	0.355	0.608	0.349	0.773	1.347	2.038
ZIVILST.GESCHL.																					
LEDIGE M.	250	0.0	0.0	0.0	0.0	0.0	0.0	0.0	0.0	6.6	93.4	0	2078	8.906	4.286	1.069	0.934	0.877	1.000	0.092	0.150
LEDIGE F.	172	0.0	0.0	0.0	0.0	0.0	0.0	0.1	8.0	25.3	66.6	0	3017	7.223	2.394	0.690	0.841	0.755	1.000	0.088	0.185
VERHEIRATET	695	0.0	0.0	0.0	0.0	0.0	0.6	3.2	8.1	21.5	66.7	0	9894	28.564	2.887	0.669	0.828	0.694	1.000	0.531	0.788
VERWITW. M.	73	0.0	0.0	0.0	0.0	0.7	2.4	6.4	12.3	22.4	55.8	2000	14082	25.905	1.840	0.503	0.764	0.598	0.997	0.743	1.122
VERWITW. F.	97	0.0	0.0	0.1	1.9	4.6	6.4	7.7	11.2	21.4	46.7	8500	16619	24.795	1.492	0.361	0.665	0.454	0.974	0.740	1.207
HAUSHALTGROESSE																					
1 PERSON	564	0.0	0.0	0.0	0.0	0.0	0.0	0.8	7.6	19.0	72.6	0	6118	16.383	2.678	0.732	0.857	0.753	1.000	0.296	0.465
2 PERSONEN	331	0.0	0.0	0.0	0.0	0.0	1.4	3.9	9.8	18.4	66.4	0	12373	37.215	3.008	0.664	0.819	0.673	0.999	0.703	1.000
3 PERSONEN	187	0.0	0.0	0.0	0.0	0.0	0.0	2.1	7.8	20.9	69.2	0	5291	12.705	2.401	0.677	0.842	0.726	1.000	0.222	0.380
4 U. MEHR P.	205	0.0	0.0	0.0	0.0	0.0	0.6	2.8	7.1	31.3	58.2	0	9849	19.697	2.000	0.592	0.805	0.678	1.000	0.506	0.790
HEIMAT:																					
WAADT	906	0.0	0.0	0.0	0.0	0.0	0.8	3.8	9.1	20.2	66.1	0	10024	27.141	2.708	0.643	0.820	0.682	1.000	0.529	0.791
ANDERE KT.	231	0.0	0.0	0.0	0.0	0.0	0.0	0.3	4.8	19.4	75.5	0	5301	14.258	2.690	0.754	0.866	0.771	1.000	0.246	0.403
FRANKREICH	96	0.0	0.0	0.0	0.0	0.0	0.0	0.0	0.0	15.5	84.5	0	1885	5.857	3.106	0.915	0.907	0.853	1.000	0.060	0.122
ITALIEN	51	0.0	0.0	0.0	0.0	0.0	0.0	0.0	0.9	14.5	84.6	0	1078	3.730	3.459	0.936	0.909	0.843	1.000	0.026	0.057
SCHWEIZ TOT.	1137	0.0	0.0	0.0	0.0	0.0	0.3	3.1	8.6	20.0	67.9	0	9065	25.138	2.773	0.667	0.830	0.701	1.000	0.473	0.713
AUSLAND	150	0.0	0.0	0.0	0.0	0.0	0.0	0.0	0.2	12.1	87.7	0	1653	5.238	3.168	0.911	0.907	0.846	1.000	0.048	0.102
BERUFSGRUPPEN:																					
GRUPPE A	114	0.0	0.0	0.0	0.0	0.0	0.0	0.4	4.1	22.3	73.2	0	8175	20.592	2.519	0.745	0.865	0.771	1.000	0.465	0.681
GRUPPE B	306	0.0	0.0	0.0	0.0	0.0	0.2	2.5	8.2	20.6	68.5	0	8554	33.630	3.932	0.768	0.844	0.725	1.000	0.454	0.673
GRUPPE C	294	0.0	0.0	0.0	0.0	0.0	0.0	0.0	3.5	12.2	84.3	0	3515	13.797	3.925	0.943	0.907	0.824	1.000	0.172	0.259
SEKTOREN:																					
1. SEKTOR	84	0.0	0.0	0.0	0.0	0.1	1.7	3.8	13.8	32.1	48.5	1000	13423	22.716	1.692	0.509	0.762	0.624	0.999	0.719	1.095
2. SEKTOR	519	0.0	0.0	0.0	0.0	0.0	0.0	1.8	7.0	22.4	68.8	0	6760	15.944	2.359	0.673	0.841	0.727	1.000	0.319	0.518
3. SEKTOR	469	0.0	0.0	0.0	0.0	0.0	0.0	0.2	5.1	15.6	79.1	0	4560	15.993	3.507	0.858	0.888	0.793	1.000	0.224	0.340
AUSBILDUNG:																					
UNGELERNTE	237	0.0	0.0	0.0	0.0	0.0	0.0	0.0	0.2	11.3	88.5	0	2154	7.341	3.408	0.959	0.918	0.855	1.000	0.083	0.150
GELERNTE	697	0.0	0.0	0.0	0.0	0.0	0.0	2.3	6.9	19.1	71.6	0	7192	25.362	3.526	0.750	0.851	0.734	1.000	0.365	0.555
MITTELSCHULE	88	0.0	0.0	0.0	0.0	0.2	1.6	5.6	8.8	20.9	62.9	1250	16057	34.432	2.144	0.582	0.802	0.642	0.998	0.974	1.335
STELLUNG:																					
SELBSTAENDIG	172	0.0	0.0	0.0	0.2	1.6	4.3	7.3	14.6	25.4	46.6	4000	16570	26.259	1.585	0.419	0.712	0.527	0.990	0.829	1.304
UNSELBSTDG.	900	0.0	0.0	0.0	0.0	0.0	0.0	0.1	4.6	15.9	79.4	0	4361	13.371	3.066	0.812	0.881	0.787	1.000	0.200	0.322

Tabelle 5.7 Verteilung des Konsumpotentials in ausgewählten Untermengen 1929

JAHR 1929		D E Z I L D A T E N												U N G L E I C H H E I T S M A S S E							
K.POTENT.	ANZ.	1	2	3	4	5	6	7	8	9	10	MEDIAN	MITTEL	STD.A	VAR.K	THEIL	GINI	ATKI.5	.9	KOLM.5	2.0
ALLE	1407	2.5	3.7	5.1	6.2	7.4	9.1	10.7	12.4	15.4	27.6	3000	3682	3.000	0.815	0.105	0.369	0.112	0.191	1.009	1.911
ALTERSSTRUKTUR:																					
BIS 30 J.	409	3.3	4.8	5.6	6.8	8.2	9.7	11.1	12.5	15.5	22.5	1950	2168	1.337	0.617	0.068	0.305	0.075	0.131	0.307	0.746
31 - 50 J.	555	2.9	5.1	6.4	7.6	8.9	9.5	10.5	11.6	14.3	23.2	4100	4420	2.701	0.611	0.066	0.291	0.072	0.127	0.982	2.184
51 - 70 J.	317	2.5	3.9	4.9	5.4	6.7	8.4	10.1	12.4	16.2	29.5	3300	4492	4.114	0.916	0.123	0.395	0.127	0.212	1.478	2.487
UEBER 70 J.	70	2.0	3.6	4.4	5.4	6.7	8.5	10.2	12.0	16.9	30.2	2900	3819	3.211	0.841	0.122	0.408	0.133	0.227	1.232	2.140
ZIVILST.GESCHL.																					
LEDIGE M.	288	3.5	5.4	6.5	7.4	7.8	9.0	10.0	11.0	14.0	25.5	2000	2388	1.788	0.749	0.079	0.301	0.081	0.134	0.378	0.810
LEDIGE F.	222	4.5	5.4	6.4	6.9	7.5	8.2	9.1	11.4	14.8	25.7	1200	1558	0.981	0.630	0.068	0.297	0.072	0.121	0.177	0.396
VERHEIRATET	791	4.3	5.3	6.2	7.3	8.2	8.9	9.8	11.2	13.9	24.8	4200	4849	3.249	0.670	0.068	0.286	0.070	0.115	1.034	1.924
VERWITW. M.	24	3.2	3.6	5.5	5.1	6.4	9.8	8.3	18.2	16.9	23.0	3075	3921	2.759	0.704	0.097	0.373	0.109	0.190	1.158	2.016
VERWITW. F.	82	3.4	4.3	4.7	5.7	7.2	8.9	9.3	11.9	16.5	28.1	2100	2654	2.055	0.774	0.102	0.371	0.108	0.182	0.603	1.134
HAUSHALTGROESSE																					
1 PERSON	581	3.4	4.8	5.5	6.2	7.4	8.6	9.9	11.5	14.8	27.9	1700	2116	1.686	0.797	0.095	0.343	0.097	0.161	0.375	0.753
2 PERSONEN	337	4.0	5.0	5.6	6.1	7.4	8.5	9.4	11.4	14.1	28.5	3400	4371	3.632	0.831	0.096	0.336	0.096	0.154	1.100	1.833
3 PERSONEN	238	5.1	5.5	6.2	7.2	8.0	9.2	10.1	11.3	14.3	23.1	4050	4659	2.922	0.627	0.059	0.268	0.061	0.100	0.871	1.569
4 U. MEHR P.	251	5.9	6.6	7.2	7.8	8.1	8.7	9.6	11.2	13.4	21.5	4600	5457	2.770	0.508	0.042	0.222	0.043	0.072	0.833	1.501
HEIMAT:																					
WAADT	965	2.6	3.7	5.0	6.1	7.2	8.8	10.6	12.1	15.3	28.7	3000	3787	3.226	0.852	0.111	0.377	0.116	0.196	1.079	1.960
ANDERE KT.	274	2.0	3.3	4.9	6.3	7.3	9.2	10.9	13.3	16.4	26.3	2900	3582	2.763	0.771	0.105	0.377	0.117	0.205	1.017	1.975
FRANKREICH	100	2.2	4.6	7.5	9.1	9.8	10.4	11.2	12.3	14.0	18.8	3825	3813	1.748	0.458	0.049	0.250	0.061	0.118	0.697	1.963
ITALIEN	61	4.7	5.2	6.5	8.2	9.1	10.0	10.4	11.7	14.2	19.8	2250	2348	1.073	0.457	0.043	0.247	0.049	0.087	0.243	0.671
SCHWEIZ TOT.	1239	2.4	3.6	4.9	6.2	7.2	8.9	10.7	12.4	15.5	28.2	3000	3742	3.131	0.837	0.109	0.377	0.116	0.198	1.066	1.972
AUSLAND	168	2.8	4.3	6.1	7.4	8.5	10.7	12.1	13.3	15.3	19.5	3150	3242	1.686	0.520	0.059	0.288	0.070	0.128	0.586	1.463
BERUFSGRUPPEN:																					
GRUPPE A	114	2.7	4.2	5.8	6.3	7.1	8.2	8.8	11.8	14.6	30.7	2500	3374	2.988	0.886	0.117	0.379	0.120	0.200	0.914	1.666
GRUPPE B	374	3.1	4.5	6.2	7.1	8.1	8.8	9.7	11.9	14.3	26.2	2400	2843	2.388	0.840	0.091	0.325	0.092	0.153	0.554	1.151
GRUPPE C	357	4.3	6.8	7.8	8.3	9.0	9.7	10.0	11.4	13.5	19.1	4450	4842	2.318	0.479	0.038	0.212	0.042	0.074	0.727	2.148
SEKTOREN:																					
1. SEKTOR	81	2.8	3.3	3.9	4.7	5.6	6.9	9.4	14.9	19.3	29.2	2350	3981	3.426	0.861	0.135	0.433	0.147	0.249	1.447	2.266
2. SEKTOR	585	2.8	4.2	5.7	6.6	7.6	8.1	9.5	11.2	14.4	29.8	2500	3160	2.912	0.922	0.112	0.362	0.112	0.184	0.769	1.434
3. SEKTOR	526	2.1	3.7	6.6	8.2	8.9	9.8	10.6	11.6	14.2	24.3	4200	4492	3.113	0.693	0.082	0.316	0.092	0.165	1.209	2.579
AUSBILDUNG:																					
UNGELERNTE	257	3.5	4.8	6.0	7.0	8.3	9.5	10.1	13.6	16.5	20.9	2100	2448	1.471	0.601	0.064	0.295	0.071	0.124	0.359	0.865
GELERNTE	775	2.6	4.0	5.7	6.8	8.1	9.5	11.4	12.6	15.0	24.2	3200	3644	2.592	0.711	0.083	0.329	0.091	0.160	0.855	1.809
MITTELSCHULE	94	2.5	4.2	5.8	6.7	8.0	9.5	9.7	12.7	15.3	25.6	7000	8139	5.625	0.691	0.088	0.343	0.099	0.176	3.231	5.709
STELLUNG:																					
SELBSTAENDIG	167	2.6	4.3	5.4	6.2	7.4	8.4	9.4	12.0	16.0	28.2	4300	5689	4.541	0.798	0.104	0.368	0.110	0.187	1.915	3.336
UNSELBSTDG.	1025	2.6	3.7	5.2	6.5	7.7	9.3	11.2	12.6	15.2	26.0	3000	3496	2.682	0.767	0.095	0.352	0.103	0.177	0.875	1.749

Tabelle 5.8 Verteilung des Konsumpotentials in ausgewählten Untermengen 1933

JAHR 1933		DEZILDATEN												UNGLEICHHEITSMASSE							
K.POTENT.	ANZ.	1	2	3	4	5	6	7	8	9	10	MEDIAN	MITTEL	STD.A	VAR.K	THEIL	GINI	ATKI.5	.9	KOLM.5	2.0
ALLE	1282	2.2	3.4	4.6	6.1	7.7	9.3	10.8	12.7	15.8	27.4	3050	3644	2.943	0.808	0.107	0.378	0.117	0.202	1.039	1.964
ALTERSSTRUKTUR:																					
BIS 30 J.	358	3.2	4.5	5.5	6.2	7.3	9.0	11.0	13.5	16.4	23.3	1700	2036	1.314	0.645	0.077	0.328	0.085	0.147	0.310	0.720
31 - 50 J.	475	2.7	4.6	6.8	7.9	9.0	9.8	10.9	11.9	14.7	21.6	4000	4218	2.339	0.554	0.060	0.282	0.068	0.124	0.898	2.107
51 - 70 J.	344	2.1	3.3	4.7	5.7	7.0	8.6	10.1	12.4	16.4	29.6	3600	4638	4.135	0.892	0.124	0.403	0.132	0.224	1.618	2.750
UEBER 70 J.	80	2.2	3.9	5.1	5.9	6.7	7.9	10.7	13.8	18.2	25.6	2350	3326	2.373	0.714	0.099	0.376	0.111	0.195	0.894	1.700
ZIVILST.GESCHL.																					
LEDIGE M.	251	3.6	4.8	5.6	6.2	7.0	8.4	10.1	12.8	15.8	25.8	1650	2119	1.512	0.713	0.085	0.336	0.090	0.152	0.354	0.747
LEDIGE F.	159	3.8	4.5	5.5	6.2	7.0	7.9	9.7	12.1	16.9	26.4	1200	1722	1.304	0.757	0.092	0.347	0.096	0.159	0.269	0.561
VERHEIRATET	722	3.9	5.2	6.3	7.3	8.1	9.1	10.1	11.5	14.2	24.2	4100	4752	3.122	0.657	0.067	0.288	0.070	0.117	1.026	1.993
VERWITW. M.	51	2.4	2.9	3.6	4.7	6.4	7.8	9.7	13.5	19.5	29.5	2400	3285	2.816	0.857	0.137	0.441	0.152	0.261	1.111	1.874
VERWITW. F.	99	2.4	3.3	4.2	5.3	6.1	7.6	8.9	11.8	18.0	32.4	1750	2696	2.590	0.961	0.148	0.441	0.154	0.252	0.813	1.363
HAUSHALTGROESSE																					
1 PERSON	538	3.1	4.2	5.0	5.7	6.5	7.8	9.5	12.2	16.3	29.8	1500	2141	1.830	0.855	0.114	0.384	0.117	0.194	0.456	0.859
2 PERSONEN	332	3.8	4.4	5.3	6.3	7.4	8.9	10.1	11.6	14.5	27.7	3475	4357	3.598	0.826	0.095	0.340	0.096	0.157	1.125	1.935
3 PERSONEN	207	4.9	5.7	6.6	7.2	8.2	9.0	9.5	11.8	14.3	22.8	4000	4770	2.743	0.575	0.055	0.264	0.057	0.096	0.886	1.626
4 U. MEHR P.	205	5.8	6.4	7.4	7.5	8.5	8.9	10.1	11.3	14.2	19.9	4550	5294	2.458	0.464	0.037	0.216	0.039	0.066	0.761	1.448
HEIMAT:																					
WAADT	894	2.2	3.3	4.5	5.9	7.5	9.1	10.7	13.0	15.8	28.1	3000	3660	3.080	0.842	0.113	0.388	0.123	0.211	1.082	2.002
ANDERE KT.	236	2.3	3.6	4.5	6.2	7.8	9.6	10.7	12.4	16.3	26.7	3350	3785	2.904	0.767	0.103	0.373	0.113	0.198	1.087	2.059
FRANKREICH	91	3.2	5.6	7.4	8.7	9.5	9.8	10.4	11.1	13.5	20.7	4000	4093	1.992	0.487	0.049	0.248	0.057	0.106	0.736	1.997
ITALIEN	54	4.7	4.7	5.8	5.8	7.5	10.6	10.3	13.4	13.6	23.4	1750	2067	1.268	0.614	0.067	0.302	0.073	0.124	0.283	0.635
SCHWEIZ TOT.	1130	2.2	3.3	4.5	6.0	7.5	9.1	10.7	12.8	15.9	27.9	3050	3686	3.045	0.826	0.111	0.385	0.121	0.208	1.083	2.015
AUSLAND	152	2.9	3.7	5.3	6.9	8.5	10.9	11.8	12.6	14.5	22.9	3100	3327	2.001	0.601	0.073	0.319	0.084	0.151	0.711	1.580
BERUFSGRUPPEN:																					
GRUPPE A	105	2.7	3.4	4.9	5.5	7.1	8.0	10.6	11.4	16.3	30.2	2400	3223	2.687	0.834	0.117	0.396	0.125	0.210	0.905	1.608
GRUPPE B	294	2.6	3.6	4.9	5.9	7.2	8.8	10.0	12.2	15.5	29.2	2200	2791	2.830	1.014	0.124	0.386	0.125	0.205	0.694	1.309
GRUPPE C	333	5.0	6.6	7.4	8.2	8.5	9.1	10.2	11.2	13.5	20.2	4450	4994	2.345	0.470	0.038	0.218	0.041	0.071	0.746	1.908
SEKTOREN:																					
1. SEKTOR	81	3.4	3.7	3.9	4.7	6.3	8.0	9.2	11.1	19.3	30.5	2350	3244	2.754	0.849	0.127	0.417	0.136	0.227	0.998	1.635
2. SEKTOR	479	2.3	3.4	4.6	5.6	6.9	8.3	10.0	12.2	15.6	31.2	2300	3086	3.133	1.015	0.137	0.410	0.139	0.228	0.887	1.577
3. SEKTOR	507	2.3	4.7	6.8	7.9	8.8	9.6	10.4	11.9	14.6	22.9	4100	4494	2.785	0.620	0.069	0.297	0.078	0.141	1.087	2.446
AUSBILDUNG:																					
UNGELERNTE	228	3.4	4.6	5.5	6.6	7.3	9.7	12.2	15.1	16.9	18.9	1800	2260	1.202	0.532	0.061	0.300	0.071	0.128	0.317	0.811
GELERNTE	683	2.4	3.9	5.3	6.8	8.3	9.8	11.6	13.0	15.0	24.2	3300	3632	2.620	0.721	0.086	0.337	0.096	0.169	0.889	1.869
MITTELSCHULE	98	2.9	4.7	6.2	7.7	7.9	9.6	11.0	12.4	14.4	23.2	6950	7653	4.824	0.630	0.072	0.307	0.080	0.140	2.568	4.697
STELLUNG:																					
SELBSTAENDIG	166	2.4	4.5	5.3	6.4	6.9	8.2	10.3	11.5	16.2	28.1	3900	5162	4.400	0.852	0.109	0.370	0.114	0.193	1.679	3.005
UNSELBSTDG.	901	2.3	3.4	4.6	6.2	8.0	9.8	11.3	13.0	15.6	25.9	3100	3510	2.616	0.745	0.098	0.364	0.109	0.191	0.938	1.855

Tabelle 5.9 Verteilung des Konsumpotentials in ausgewählten Untermengen 1937

JAHR 1937		D E Z I L D A T E N												U N G L E I C H H E I T S M A S S E							
K.POTENT.	ANZ.	1	2	3	4	5	6	7	8	9	10	MEDIAN	MITTEL	STD.A	VAR.K	THEIL	GINI	ATKI.5	.9	KOLM.5	2.0
ALLE	1287	2.4	3.3	4.4	5.8	7.3	9.0	10.6	12.5	15.7	28.8	2800	3436	3.187	0.927	0.120	0.391	0.126	0.212	0.983	1.806
ALTERSSTRUKTUR:																					
BIS 30 J.	322	4.3	5.5	5.9	6.8	7.4	8.9	10.6	12.6	15.4	22.4	1400	1739	0.983	0.565	0.059	0.285	0.064	0.109	0.185	0.455
31 - 50 J.	498	2.7	4.5	6.0	7.5	8.5	9.7	10.8	12.3	14.9	23.0	3600	3895	2.372	0.609	0.069	0.306	0.078	0.139	0.862	1.914
51 - 70 J.	340	1.9	3.5	4.9	6.2	7.5	8.7	10.0	12.0	15.4	29.9	3550	4384	3.868	0.882	0.120	0.392	0.127	0.217	1.438	2.566
UEBER 70 J.	92	2.2	3.2	3.9	4.5	5.4	7.3	8.6	11.0	15.5	38.4	2300	3761	6.089	1.619	0.230	0.485	0.204	0.309	1.466	2.186
ZIVILST.GESCHL.																					
LEDIGE M.	250	4.1	5.4	6.0	6.6	7.4	8.5	10.2	11.8	14.7	25.4	1500	1836	1.211	0.660	0.071	0.304	0.075	0.126	0.239	0.522
LEDIGE F.	172	4.6	5.3	6.3	6.6	7.6	8.6	8.8	10.8	14.5	26.9	1200	1506	0.999	0.663	0.073	0.304	0.076	0.127	0.178	0.384
VERHEIRATET	695	4.1	5.3	6.4	7.1	8.0	8.6	9.8	11.2	13.9	25.5	3850	4629	3.575	0.772	0.077	0.294	0.076	0.124	1.001	1.852
VERWITW. M.	73	2.4	3.7	4.5	5.8	6.0	7.2	10.0	11.9	17.0	31.6	2200	3432	3.213	0.936	0.138	0.425	0.144	0.239	1.098	1.829
VERWITW. F.	97	2.8	3.5	4.4	5.0	6.5	7.4	8.1	11.3	18.0	33.1	1600	2442	2.337	0.957	0.145	0.435	0.150	0.244	0.690	1.161
HAUSHALTGROESSE																					
1 PERSON	564	3.6	4.5	5.3	6.0	6.5	7.7	9.2	11.2	15.0	31.0	1400	1958	1.775	0.906	0.114	0.371	0.114	0.184	0.387	0.709
2 PERSONEN	331	3.8	4.5	5.2	6.2	7.1	8.2	9.4	11.2	14.6	29.8	3350	4374	4.310	0.985	0.114	0.357	0.109	0.174	1.198	1.944
3 PERSONEN	187	5.6	6.2	7.0	7.2	8.3	9.4	10.1	12.1	14.2	19.8	3650	4266	1.900	0.445	0.037	0.227	0.041	0.070	0.583	1.182
4 U. MEHR P.	205	5.9	6.5	7.3	7.2	8.0	8.2	9.7	10.5	13.5	23.2	4250	5232	3.245	0.620	0.054	0.238	0.053	0.085	0.867	1.445
HEIMAT:																					
WAADT	906	2.3	3.3	4.2	5.6	7.0	8.9	10.5	12.5	15.8	29.9	2750	3462	3.369	0.973	0.129	0.404	0.134	0.224	1.040	1.857
ANDERE KT.	231	2.6	3.4	4.4	6.0	7.6	9.2	10.7	12.5	15.6	28.3	2900	3543	3.161	0.892	0.116	0.384	0.122	0.206	1.009	1.860
FRANKREICH	96	2.5	4.4	6.0	8.6	9.2	10.8	11.7	11.4	15.8	19.7	3700	3644	1.869	0.513	0.059	0.284	0.071	0.132	0.731	1.824
ITALIEN	51	4.4	5.7	7.2	8.0	9.4	10.2	11.2	12.3	14.1	17.6	2100	2088	0.853	0.408	0.037	0.228	0.043	0.079	0.169	0.549
SCHWEIZ TOT.	1137	2.4	3.3	4.3	5.6	7.2	8.9	10.5	12.6	15.8	29.5	2800	3479	3.328	0.957	0.126	0.400	0.131	0.220	1.034	1.859
AUSLAND	150	2.6	4.3	5.7	7.0	8.4	10.0	11.7	12.9	15.0	22.2	2950	3114	1.754	0.563	0.066	0.308	0.077	0.140	0.595	1.403
BERUFSGRUPPEN:																					
GRUPPE A	114	2.7	3.2	4.2	5.0	5.8	7.9	9.9	12.9	15.6	32.9	1950	2997	2.904	0.969	0.145	0.434	0.150	0.246	0.925	1.545
GRUPPE B	306	2.8	3.9	5.2	6.7	7.2	8.4	9.8	11.2	14.8	30.0	2300	3020	3.615	1.197	0.133	0.375	0.124	0.198	0.755	1.385
GRUPPE C	294	4.5	6.4	7.6	8.0	8.5	9.5	10.0	11.7	13.5	20.1	4125	4595	2.237	0.487	0.041	0.226	0.045	0.080	0.709	1.959
SEKTOREN:																					
1. SEKTOR	84	2.9	3.5	4.4	4.3	5.6	8.7	9.8	14.6	17.9	28.4	2000	2895	2.343	0.809	0.122	0.414	0.134	0.228	0.831	1.466
2. SEKTOR	519	2.7	3.5	4.7	6.0	7.1	8.3	9.9	11.8	15.5	30.5	2300	3042	2.836	0.932	0.124	0.394	0.127	0.209	0.818	1.473
3. SEKTOR	469	2.3	3.7	6.0	7.7	8.8	9.6	10.7	12.2	14.6	24.6	3800	4144	2.979	0.719	0.086	0.328	0.095	0.168	1.081	2.270
AUSBILDUNG:																					
UNGELERNTE	237	3.5	4.7	5.5	6.6	8.4	10.3	11.3	14.2	16.6	18.9	2000	2119	1.082	0.510	0.056	0.289	0.066	0.118	0.261	0.709
GELERNTE	697	2.5	3.7	5.1	6.4	8.0	9.4	10.8	12.7	15.0	26.5	3000	3496	3.124	0.894	0.104	0.357	0.108	0.183	0.890	1.750
MITTELSCHULE	88	1.9	4.5	6.5	7.6	7.6	9.5	10.6	12.1	14.6	25.0	6525	7603	5.486	0.722	0.090	0.333	0.099	0.175	2.919	5.118
STELLUNG:																					
SELBSTAENDIG	172	2.3	3.7	4.9	6.3	7.4	8.8	10.3	12.0	15.5	28.8	3725	4701	3.934	0.837	0.112	0.382	0.120	0.206	1.545	2.744
UNSELBSTDG.	900	2.5	3.4	4.6	6.1	7.7	9.3	11.1	12.8	15.6	26.9	2800	3285	2.620	0.798	0.103	0.370	0.112	0.192	0.851	1.662

Tabelle 5.10 Verteilung der Konsumäquivalente in ausgewählten Untermengen 1929

JAHR 1929		DEZILDATEN												UNGLEICHHEITSMASSE							
K.AEQUIV.	ANZ.	1	2	3	4	5	6	7	8	9	10	MEDIAN	MITTEL	STD.A	VAR.K	THEIL	GINI	ATKI.5	.9	KOLM.5	2.0
ALLE	1407	3.8	5.2	6.0	6.7	7.6	8.6	9.7	11.4	14.4	26.6	1924	2386	1.826	0.765	0.084	0.317	0.085	0.140	0.403	0.806
ALTERSSTRUKTUR:																					
BIS 30 J.	409	3.8	5.6	6.4	7.4	8.4	9.6	10.8	12.4	14.0	21.4	1700	1861	1.040	0.559	0.054	0.267	0.059	0.103	0.190	0.491
31 - 50 J.	555	4.7	5.7	6.6	7.2	8.1	8.8	10.2	11.4	14.2	23.0	2011	2398	1.442	0.601	0.057	0.265	0.059	0.099	0.299	0.647
51 - 70 J.	317	3.5	4.5	5.2	5.7	6.8	8.1	9.5	12.1	15.5	29.2	2150	2909	2.534	0.871	0.109	0.367	0.110	0.180	0.687	1.213
UEBER 70 J.	70	2.3	3.8	4.6	5.8	6.5	7.4	9.2	12.2	16.7	31.4	2200	3234	2.796	0.865	0.124	0.408	0.132	0.221	0.950	1.643
ZIVILST.GESCHL.																					
LEDIGE M.	288	3.5	5.4	6.5	7.4	7.8	9.0	10.0	11.0	13.8	25.5	2000	2369	1.782	0.752	0.080	0.300	0.081	0.134	0.373	0.795
LEDIGE F.	222	4.6	5.5	6.5	7.1	7.7	8.3	9.1	11.0	14.6	25.5	1200	1525	0.950	0.623	0.066	0.290	0.070	0.116	0.165	0.371
VERHEIRATET	791	4.9	5.5	6.2	6.8	7.6	8.5	9.7	11.1	13.9	26.0	2067	2591	1.911	0.737	0.075	0.292	0.074	0.120	0.408	0.760
VERWITW. M.	24	3.4	3.7	5.3	5.0	6.7	10.2	8.6	15.5	17.5	24.0	3075	3762	2.691	0.715	0.098	0.372	0.109	0.187	1.073	1.882
VERWITW. F.	82	3.7	4.6	5.0	5.8	6.9	9.0	8.9	11.4	15.4	29.2	1882	2398	1.819	0.759	0.098	0.361	0.103	0.172	0.497	0.933
HAUSHALTGROESSE																					
1 PERSON	581	3.4	4.8	5.5	6.2	7.4	8.6	9.9	11.5	14.8	27.9	1700	2116	1.686	0.797	0.095	0.343	0.097	0.161	0.375	0.753
2 PERSONEN	337	4.0	5.0	5.7	6.1	7.4	8.5	9.4	11.4	14.1	28.4	2300	2927	2.424	0.828	0.096	0.335	0.095	0.153	0.606	1.076
3 PERSONEN	238	5.1	5.5	6.2	7.3	8.0	9.2	10.1	11.3	14.3	23.0	2152	2470	1.546	0.626	0.059	0.267	0.060	0.100	0.319	0.660
4 U. MEHR P.	251	6.3	6.6	7.2	7.6	8.1	8.7	9.4	10.9	13.5	21.8	1842	2205	1.161	0.527	0.043	0.220	0.044	0.072	0.199	0.411
HEIMAT:																					
WAADT	965	3.9	5.0	5.8	6.5	7.4	8.2	9.5	11.1	14.4	28.1	1910	2475	2.019	0.816	0.093	0.329	0.092	0.150	0.458	0.857
ANDERE KT.	274	3.2	5.0	6.1	6.8	7.9	9.3	10.4	12.8	15.0	23.6	2000	2315	1.473	0.636	0.072	0.309	0.078	0.136	0.358	0.831
FRANKREICH	100	3.8	6.2	7.3	8.2	9.1	9.9	10.7	12.0	13.7	19.1	2075	2197	0.933	0.425	0.037	0.226	0.043	0.078	0.187	0.574
ITALIEN	61	6.4	7.0	7.5	8.0	9.0	9.8	10.4	11.7	13.0	17.3	1579	1637	0.583	0.356	0.025	0.183	0.027	0.048	0.073	0.220
SCHWEIZ TOT.	1239	3.7	5.1	5.8	6.6	7.5	8.5	9.7	11.4	14.5	27.2	1933	2440	1.913	0.784	0.088	0.325	0.089	0.147	0.436	0.855
AUSLAND	168	4.4	6.3	7.1	8.1	8.4	9.9	10.9	12.0	14.0	18.9	1800	1989	0.861	0.433	0.037	0.227	0.042	0.074	0.155	0.447
BERUFSGRUPPEN:																					
GRUPPE A	114	3.9	5.5	6.4	6.6	7.2	8.6	9.0	11.4	12.2	29.2	1740	2270	1.940	0.854	0.098	0.324	0.096	0.155	0.412	0.763
GRUPPE B	374	4.5	5.9	6.8	7.2	8.0	9.0	9.5	11.2	12.6	25.2	1667	1971	1.557	0.790	0.074	0.274	0.071	0.114	0.249	0.502
GRUPPE C	357	5.1	6.2	7.0	7.5	8.6	9.7	10.4	12.3	14.1	19.1	2434	2716	1.293	0.476	0.039	0.224	0.042	0.072	0.269	0.687
SEKTOREN:																					
1. SEKTOR	81	4.0	4.8	5.2	5.6	6.1	7.1	8.3	10.4	17.9	30.6	1650	2576	2.335	0.906	0.120	0.381	0.121	0.195	0.624	1.052
2. SEKTOR	585	4.2	5.7	6.4	7.0	7.8	8.4	9.5	10.7	13.0	27.2	1700	2112	1.764	0.835	0.086	0.298	0.082	0.132	0.319	0.610
3. SEKTOR	526	3.6	5.2	6.3	7.3	8.1	9.3	10.5	11.9	14.3	23.5	2278	2623	1.759	0.670	0.069	0.290	0.072	0.122	0.404	0.902
AUSBILDUNG:																					
UNGELERNTE	257	5.1	6.8	7.5	8.0	9.0	9.8	10.3	11.6	13.3	18.6	1535	1671	0.722	0.432	0.033	0.204	0.036	0.062	0.098	0.278
GELERNTE	775	4.1	5.5	6.4	7.2	8.1	9.0	10.3	11.4	14.1	23.9	2000	2323	1.625	0.699	0.068	0.282	0.070	0.116	0.318	0.701
MITTELSCHULE	94	3.7	5.4	6.7	6.8	7.4	8.9	9.1	12.2	14.8	25.0	3805	4662	3.045	0.653	0.074	0.307	0.079	0.136	1.116	2.322
STELLUNG:																					
SELBSTAENDIG	167	3.6	4.6	5.4	5.9	6.8	7.6	8.2	11.0	14.8	32.0	2350	3350	3.059	0.913	0.119	0.377	0.119	0.191	0.892	1.456
UNSELBSTDG.	1025	4.0	5.5	6.3	7.1	8.0	8.8	10.2	11.6	14.6	23.9	1842	2209	1.470	0.665	0.067	0.286	0.069	0.116	0.296	0.656

Tabelle 5.11 Verteilung der Konsumäquivalente in ausgewählten Untermengen 1933

JAHR 1933		DEZILDATEN												UNGLEICHHEITSMASSE							
K.AEQUIV.	ANZ.	1	2	3	4	5	6	7	8	9	10	MEDIAN	MITTEL	STD.A	VAR.K	THEIL	GINI	ATKI.5	.9	KOLM.5	2.0
ALLE	1282	0.3	4.3	6.0	6.9	8.1	9.6	11.3	13.4	16.3	23.8	1587	1797	1.186	0.660	0.100	0.353	0.149	0.615	0.292	0.838
ALTERSSTRUKTUR:																					
BIS 30 J.	358	3.3	5.3	6.4	7.2	7.8	9.5	10.9	12.5	15.7	21.4	1483	1672	0.897	0.536	0.059	0.286	0.071	0.192	0.170	0.480
31 - 50 J.	475	1.6	5.6	6.7	7.6	8.8	9.9	11.5	12.7	15.2	20.3	1921	2051	1.071	0.522	0.066	0.284	0.099	0.448	0.258	0.865
51 - 70 J.	344	0.0	2.5	5.4	6.1	7.1	8.8	10.9	13.9	17.5	27.7	1436	1831	1.470	0.803	0.140	0.422	0.205	0.753	0.407	0.996
UEBER 70 J.	80	0.0	0.0	0.0	0.0	2.6	9.6	13.2	14.5	18.7	41.4	500	710	0.936	1.319	0.350	0.634	0.508	0.997	0.168	0.401
ZIVILST.GESCHL.																					
LEDIGE M.	251	2.4	4.9	6.0	6.5	7.5	8.8	10.5	13.3	16.8	23.3	1500	1859	1.156	0.622	0.080	0.329	0.103	0.348	0.269	0.714
LEDIGE F.	159	0.0	4.3	5.5	7.0	8.1	9.1	10.4	13.1	17.2	25.2	1100	1317	0.936	0.711	0.113	0.377	0.167	0.664	0.186	0.527
VERHEIRATET	722	1.8	5.5	6.4	7.5	8.6	9.9	11.1	12.6	14.9	21.7	1852	2023	1.130	0.559	0.072	0.295	0.108	0.487	0.271	0.864
VERWITW. M.	51	1.1	3.3	4.2	5.3	5.9	7.1	8.8	12.0	18.9	33.5	1100	1716	1.656	0.965	0.168	0.468	0.207	0.631	0.440	0.883
VERWITW. F.	99	0.0	0.0	0.0	0.0	6.3	7.8	12.2	15.5	22.0	36.2	500	798	0.964	1.208	0.313	0.614	0.462	0.992	0.186	0.450
HAUSHALTGROESSE																					
1 PERSON	538	0.0	3.0	5.1	6.6	7.7	8.6	10.5	13.3	18.1	27.2	1200	1479	1.164	0.787	0.134	0.412	0.195	0.728	0.268	0.697
2 PERSONEN	332	1.5	4.6	5.3	6.5	8.0	10.1	11.5	13.2	15.8	23.4	1933	2116	1.339	0.633	0.090	0.340	0.130	0.536	0.365	1.017
3 PERSONEN	207	3.8	5.8	6.9	7.6	9.0	9.9	10.4	12.2	14.7	19.7	1958	2099	0.995	0.474	0.049	0.249	0.068	0.287	0.212	0.706
4 U. MEHR P.	205	0.3	6.8	7.9	8.3	9.5	9.8	11.5	12.4	15.0	18.6	1754	1809	0.903	0.499	0.069	0.261	0.121	0.621	0.196	0.775
HEIMAT:																					
WAADT	894	0.0	3.7	6.0	6.9	7.9	9.4	11.2	13.7	16.6	24.7	1447	1689	1.185	0.702	0.112	0.373	0.170	0.684	0.287	0.806
ANDERE KT.	236	1.6	5.0	5.8	7.4	8.2	9.8	11.6	13.2	16.2	21.3	1924	2135	1.226	0.574	0.075	0.315	0.106	0.422	0.323	0.949
FRANKREICH	91	2.3	6.4	7.2	8.0	8.9	9.8	10.8	11.8	13.9	20.9	2090	2193	1.101	0.502	0.059	0.264	0.087	0.386	0.266	0.910
ITALIEN	54	5.5	6.4	8.0	7.1	7.6	10.3	10.4	13.8	13.9	17.0	1222	1460	0.589	0.404	0.036	0.214	0.049	0.201	0.080	0.280
SCHWEIZ TOT.	1130	0.1	4.1	5.9	6.8	8.0	9.5	11.3	13.6	16.6	24.2	1547	1782	1.208	0.678	0.105	0.363	0.157	0.641	0.301	0.849
AUSLAND	152	2.7	5.4	6.6	7.7	8.7	10.3	11.1	12.3	14.0	21.2	1798	1908	1.004	0.526	0.061	0.276	0.087	0.364	0.214	0.690
BERUFSGRUPPEN:																					
GRUPPE A	105	0.9	4.6	6.8	7.1	9.3	9.7	11.7	12.1	15.5	22.3	1601	1730	1.060	0.613	0.085	0.320	0.129	0.559	0.235	0.727
GRUPPE B	294	2.2	5.5	7.0	7.6	8.2	9.1	9.9	11.6	14.5	24.4	1200	1365	0.863	0.632	0.078	0.303	0.105	0.421	0.145	0.409
GRUPPE C	333	5.2	6.4	7.2	8.2	8.8	9.7	10.9	12.0	13.6	17.9	2467	2649	1.014	0.383	0.030	0.204	0.037	0.105	0.218	0.712
SEKTOREN:																					
1. SEKTOR	81	0.0	5.0	8.4	9.0	9.5	9.5	10.2	11.7	14.1	22.7	1200	1254	0.759	0.605	0.095	0.301	0.165	0.746	0.130	0.462
2. SEKTOR	479	1.8	5.1	6.4	7.3	7.9	9.0	10.3	12.2	15.2	24.9	1333	1577	1.052	0.667	0.087	0.327	0.116	0.444	0.208	0.566
3. SEKTOR	507	3.4	5.7	6.9	7.6	8.9	10.0	10.9	12.5	14.7	19.5	2281	2416	1.137	0.471	0.048	0.254	0.062	0.206	0.276	0.869
AUSBILDUNG:																					
UNGELERNTE	228	2.5	6.2	7.2	8.0	8.3	9.9	11.2	12.7	15.4	18.8	1400	1486	0.700	0.471	0.053	0.258	0.079	0.355	0.116	0.415
GELERNTE	683	2.0	5.3	6.3	7.5	8.6	9.9	11.4	12.9	15.4	20.7	1746	1884	1.008	0.535	0.066	0.292	0.094	0.388	0.224	0.716
MITTELSCHULE	98	3.3	6.3	7.6	8.4	8.5	10.2	11.2	12.3	14.8	17.4	3500	3593	1.508	0.420	0.040	0.231	0.052	0.159	0.507	1.671
STELLUNG:																					
SELBSTAENDIG	166	0.3	5.2	5.8	7.1	7.8	9.5	11.6	12.7	16.5	23.4	1640	1921	1.271	0.661	0.098	0.347	0.148	0.620	0.324	0.923
UNSELBSTDG.	901	2.4	5.1	6.0	6.9	8.1	9.4	11.0	13.0	15.6	22.6	1700	1956	1.145	0.585	0.072	0.310	0.094	0.334	0.266	0.748

Tabelle 5.12 Verteilung der Konsumäquivalente in ausgewählten Untermengen 1937

JAHR 1937		DEZILDATEN												UNGLEICHHEITSMASSE							
K.AEQUIV.	ANZ.	1	2	3	4	5	6	7	8	9	10	MEDIAN	MITTEL	STD.A	VAR.K	THEIL	GINI	ATKI.5	.9	KOLM.5	2.0
ALLE	1287	3.6	4.9	5.7	6.4	7.3	8.2	9.5	11.3	14.7	28.5	1750	2279	2.019	0.886	0.100	0.341	0.099	0.160	0.424	0.807
ALTERSSTRUKTUR:																					
BIS 30 J.	322	4.8	6.2	6.6	7.6	8.0	9.2	10.3	11.9	13.7	21.7	1300	1558	0.812	0.521	0.047	0.248	0.050	0.086	0.124	0.311
31 - 50 J.	498	4.5	5.9	6.5	7.3	7.8	9.0	10.2	11.7	15.0	22.0	1858	2208	1.163	0.527	0.051	0.264	0.055	0.096	0.248	0.588
51 - 70 J.	340	2.9	4.2	5.1	5.8	6.8	8.1	9.3	11.2	15.2	31.3	2133	2888	2.528	0.875	0.117	0.384	0.120	0.197	0.731	1.290
UEBER 70 J.	92	2.6	3.5	3.9	4.6	5.3	7.2	8.7	11.8	15.5	37.0	1875	3192	4.403	1.379	0.201	0.469	0.186	0.287	1.125	1.713
ZIVILST.GESCHL.																					
LEDIGE M.	250	4.1	5.4	6.0	6.6	7.3	8.5	10.2	11.8	14.7	25.4	1475	1835	1.212	0.661	0.072	0.304	0.075	0.126	0.239	0.522
LEDIGE F.	172	4.7	5.3	6.4	6.7	7.7	8.6	8.9	10.8	14.4	26.6	1200	1492	0.982	0.658	0.072	0.300	0.075	0.124	0.172	0.372
VERHEIRATET	695	4.7	5.4	6.1	6.6	7.4	8.3	9.6	11.1	14.0	26.8	1967	2529	2.169	0.858	0.085	0.302	0.082	0.129	0.417	0.762
VERWITW. M.	73	2.7	3.8	4.5	5.9	6.1	6.6	9.6	12.0	17.3	31.4	2100	3149	3.032	0.963	0.139	0.421	0.143	0.234	0.958	1.591
VERWITW. F.	97	2.9	3.6	4.5	4.8	6.4	7.3	8.0	11.1	18.2	33.3	1583	2378	2.308	0.971	0.147	0.436	0.151	0.245	0.668	1.116
HAUSHALTGROESSE																					
1 PERSON	564	3.6	4.5	5.3	6.0	6.5	7.7	9.2	11.2	15.0	31.0	1400	1958	1.775	0.906	0.114	0.371	0.114	0.184	0.387	0.709
2 PERSONEN	331	3.9	4.5	5.2	6.2	7.1	8.1	9.4	11.2	14.5	29.9	2233	2931	2.878	0.982	0.113	0.357	0.109	0.173	0.667	1.156
3 PERSONEN	187	5.6	6.2	7.0	7.2	8.4	9.4	10.1	12.1	14.2	19.8	1931	2258	1.005	0.445	0.037	0.227	0.041	0.070	0.196	0.476
4 U. MEHR P.	205	6.3	6.5	7.3	7.4	8.2	8.3	9.5	10.4	13.3	22.9	1754	2130	1.282	0.602	0.051	0.228	0.050	0.080	0.211	0.406
HEIMAT:																					
WAADT	906	3.5	4.7	5.4	6.1	6.9	8.0	9.3	11.1	14.9	30.3	1715	2344	2.258	0.963	0.114	0.363	0.112	0.179	0.492	0.890
ANDERE KT.	231	4.0	5.2	5.9	6.8	7.7	8.8	10.2	11.8	14.8	24.7	1850	2272	1.476	0.650	0.070	0.304	0.075	0.126	0.337	0.730
FRANKREICH	96	4.5	6.4	6.9	8.5	8.2	9.9	11.2	11.3	14.5	18.5	1821	2002	0.851	0.425	0.036	0.226	0.041	0.074	0.155	0.452
ITALIEN	51	5.6	6.4	7.4	8.2	9.0	9.5	10.4	12.0	12.9	18.5	1533	1645	0.640	0.389	0.031	0.207	0.035	0.062	0.091	0.281
SCHWEIZ TOT.	1137	3.5	4.7	5.5	6.2	7.1	8.1	9.4	11.3	14.9	29.2	1754	2330	2.122	0.911	0.106	0.352	0.104	0.169	0.460	0.858
AUSLAND	150	4.3	6.1	7.1	8.1	8.7	9.5	10.6	11.9	14.1	19.6	1705	1899	0.818	0.431	0.037	0.229	0.042	0.075	0.143	0.414
BERUFSGRUPPEN:																					
GRUPPE A	114	4.1	4.9	6.1	6.2	6.7	8.2	8.8	11.4	13.3	30.2	1450	1967	1.798	0.914	0.109	0.346	0.105	0.166	0.361	0.643
GRUPPE B	306	4.2	5.4	6.1	6.8	7.2	8.3	9.5	10.6	13.4	28.5	1540	2023	2.318	1.146	0.110	0.319	0.098	0.150	0.334	0.607
GRUPPE C	294	5.2	6.1	6.9	7.2	8.2	9.2	10.1	11.7	13.8	21.6	2334	2672	1.488	0.557	0.049	0.244	0.051	0.085	0.309	0.691
SEKTOREN:																					
1. SEKTOR	84	4.3	5.1	6.5	6.0	6.5	7.8	7.8	10.2	15.7	30.1	1376	1952	1.585	0.812	0.103	0.347	0.104	0.169	0.367	0.649
2. SEKTOR	519	4.1	5.2	6.2	6.8	7.4	8.2	9.4	11.0	14.1	27.8	1533	1984	1.603	0.808	0.089	0.319	0.088	0.142	0.312	0.599
3. SEKTOR	469	3.7	5.3	6.3	7.1	7.8	9.0	10.2	11.8	14.3	24.5	2100	2527	1.783	0.706	0.074	0.298	0.076	0.127	0.397	0.855
AUSBILDUNG:																					
UNGELERNTE	237	5.0	6.8	7.6	8.1	9.3	10.1	10.4	11.8	13.5	17.4	1425	1479	0.542	0.366	0.027	0.194	0.031	0.055	0.066	0.213
GELERNTE	697	3.9	5.3	6.0	6.8	7.8	8.8	9.9	11.6	14.1	25.8	1852	2247	1.924	0.856	0.084	0.306	0.082	0.133	0.345	0.706
MITTELSCHULE	88	3.1	5.0	6.2	7.3	7.2	8.6	9.8	11.4	14.7	26.7	3779	4642	3.450	0.743	0.089	0.332	0.093	0.155	1.222	2.259
STELLUNG:																					
SELBSTAENDIG	172	3.5	4.5	5.1	5.9	7.0	8.7	10.0	11.7	15.9	27.8	2185	2862	2.342	0.818	0.101	0.358	0.104	0.173	0.643	1.198
UNSELBSTDG.	900	3.9	5.2	6.1	6.8	7.7	8.6	9.8	11.5	14.5	25.8	1700	2096	1.523	0.726	0.077	0.306	0.079	0.130	0.307	0.642

Die Reduzierung der Informationsfülle in den vorhergehenden Tabellen wird wie folgt vorgenommen:

1) Es werden nur die Jahre 1929, 1933 und 1937 betrachtet.
2) Zur Situierung von Einkommen, Konsumpotential und Konsumäquivalent wird der Median, als Indikator der Vermögenslage das arithmetische Mittel verwendet.
3) Zur Messung der Ungleichheit dient der Gini-Index, der besonders sensitiv im mittleren Verteilungsbereich ist (vgl. Anhang I.3.).
4) Es werden nur die ordinalen Aenderungen der Masszahlen beachtet. Zudem gilt als Aenderung des Medians und Mittelwertes nur eine Zu- oder Abnahme von mehr als 100 Franken, und der Gini- Index "verändert" sich, wenn er um mehr als 0.005 Punkte steigt oder fällt.
5) Diese Veränderungen werden nach folgenden Typen klassifiziert:
   Typ 1: monoton fallender Verlauf
   Typ 2: tendenziell fallender Verlauf mit 1 Maximum
   Typ 3: tendenziell fallender Verlauf mit 1 Minimum
   Typ 4: tendenziell konstanter Verlauf mit 1 Maximum
   Typ 5: konstanter Verlauf
   Typ 6: tendenziell konstanter Verlauf mit 1 Minimum
   Typ 7: tendenziell steigender Verlauf mit 1 Minimum
   Typ 8: tendenziell steigender Verlauf mit 1 Maximum
   Typ 9: monoton steigender Verlauf
6) Die Abkürzungen der Untermengen bedeuten:

Alle: alle steuerpflichtigen Haushalte in den drei Jahren

A1—A4: Altersgruppen: Bis-30-Jährige, 31-50-Jährige, 51-70-Jährige, Ueber-70-Jährige.

Z1—Z5: Zivilstand, Geschlecht: ledige Männer, ledige Frauen, Verheiratete, verwitwete Männer, verwitwete Frauen.

N1—N6: Heimat ("Nationalität"): Waadt, andere Kantone, Frankreich, Italien, Schweiz, Ausland.

H1—H4: Haushaltgrösse: 1 Person, 2 Personen, 3 Personen, 4 und mehr Personen.

B1: Gruppe A: Berufe im lokalen Wirtschaftskreislauf: BOUC, BOUL, CAVI, DIST, FROM, LAIT, PAIN, PATI, TRIP, VINS, COIF, CORD, COUT, LING, MODI, TAIL, MENU, SCIE, TONN, VANN, ARCH, CANT, GYPS, MACO, PEIN, PION, TAPI.

B2: Gruppe B: Berufe im translokalen Wirtschaftskreislauf: AIGU, CHAI, CHAR, ELEC, GARA, LIME, MACH, MECA, MONT, OUVR, TECH, UMV.
B3: Gruppe C: Berufe im öffentlichen Sektor: BOUR, CAIS, CFF, DEPU, DOUA, FGAR, GREF, JUGE, MUNI, OFF., PLM, POLI, POST, SECR, SYND, INST, MAIT, PROF.
S1—S3: 1., 2., 3. Wirtschaftssektor.
F1—F3: Ausbildung ("formation"): Ungelernt, Gelernt, Mittelschule.
P1—P2: Stellung ("Position") im Beruf: selbständig, unselbständig.

7) Die Abkürzungen der Felder in der Tabelle heissen:
I: fallender Median/Mittelwert und fallender Gini-Index
II:fallender Median/Mittelwert und konstanter Gini-Index
III:fallender Median/Mittelwert und steigender Gini-Index
IV:konstanter Medien/Mittelwert und fallender Gini-Index
V:konstanter Medien/Mittelwert und konstanter Gini-Index
VI:konstanter Medien/Mittelwert und steigender Gini-Index
VII:steigender Medien/Mittelwert und fallender Gini-Index
VIII:steigender Medien/Mittelwert und konstanter Gini-Index
IX:steigender Medien/Mittelwert und steigender Gini-Index

Wie die Tabelle 5.13 zeigt, verändert sich die Lage und die Ungleichheit der Einkommen in den meisten Untermengen sowie in der Grundgesamtheit in dem Sinne, dass das allgemeine Einkommensniveau sinkt und die Disparitäten grösser werden.

Tabelle 5.13 Ordinale Änderungen des Medians und Gini-Indexes der Einkommen in diversen Untermengen 1929/33/37

MEDIAN DER EINKOMMEN		GINI-INDEX								
		fallend			konstant			steigend		
		Typ1	Typ2	Typ3	Typ4	Typ5	Typ6	Typ7	Typ8	Typ9
fallend	Typ1		A1	S1 F3			H3	S3 P1	Z1 Z3 H1 N1 N6 F1 F2	Alle A2 H4 N5 B1 B3
	Typ2		I			II			III	N3 P3
	Typ3						N4		B2 S2	
konstant	Typ4						A3			
	Typ5		Z5 IV			V		N2	Z2 VI	
	Typ6	H2								
steigend	Typ7									
	Typ8		VII			VIII			IX	
	Typ9	A4 Z4								

Aus der Untersuchung der Vermögensentwicklung (vgl. Tabelle 5.14) resultiert bei der Mehrheit der Untermengen und bei der Grundgesamtheit eine abnehmende Ungleichheit, wobei sich die Mittelwerte unterschiedlich verhalten: einige steigen, andere fallen, dritte bleiben konstant.

Tabelle 5.14 Ordinale Änderungen des Mittelwertes und Gini–Indexes der Vermögen in diversen Untermengen 1929/33/37

MEDIAN DER EINKOMMEN		GINI – INDEX fallend Typ1	fallend Typ2	fallend Typ3	konstant Typ4	konstant Typ5	konstant Typ6	steigend Typ7	steigend Typ8	steigend Typ9
fallend	Typ1	Z1 F3		N3	A2 Z3	P1		A3		S1
fallend	Typ2	N6	I	H3		II			III	Z5
fallend	Typ3	S3		B1						Z4 H2
konstant	Typ4	H4								A4
konstant	Typ5	N4	IV		N1	V			VI	
konstant	Typ6		A1	Alle N5						
steigend	Typ7									
steigend	Typ8	Z2 H1 N2 B3 S2 F1 P2	VII			VIII			IX	
steigend	Typ9			B2 F2						

Die Felderbesetzung in der Tabelle 5.15 lässt sich aus der Definition des Konsumpotentials verstehen, das sich aus dem Einkommen und dem Zehntel des Vermögens des steuerpflichtigen Haushaltes zusammensetzt (vgl. 3.5.). Bei fallendem Konsumpotential weisen etwa die Hälfte der Untermengen und die Grundgesamtheit wachsende Konzentration auf, einige Untermengen haben gleichmässigere Verteilungen. Eine unterschiedliche Ungleichheitsentwicklung ist auch bei den Untermengen mit konstantem Konsumpotential zu beobachten.

Tabelle 5.15		GINI-INDEX								
		fallend			konstant			steigend		
MEDIAN DER EINKOMMEN		Typ1	Typ2	Typ3	Typ4	Typ5	Typ6	Typ7	Typ8	Typ9
fallend	Typ1		A1	F3			Z1	A2 S3	Z4 Z5 H1 N6	Z3 B1 P1
	Typ2	S1	I			II		A4 H4	III	Alle N1 N5 B3 F2 P2
	Typ3		N4						S2	
konstant	Typ4		F1						B2	
	Typ5	H3	IV			V			Z2 VI	H2
	Typ6							N2 N3		
steigend	Typ7									
	Typ8		VII			VIII	A3		IX	
	Typ9									

Wird die Lage und die Ungleichheit der Konsumäquivalente betrachtet (vgl. Tabelle 5.16), fällt auf, dass alle untersuchten Mengen in den Feldern I, II, III oder VI liegen, d. h. in den meisten Fällen (in 25 der 31 Mengen) nimmt der Median von 1929 bis 1937 ab und in mehr als der Hälfte der Fälle (in 21 Mengen) nimmt die Ungleichheit zu.

Tabelle 5.16 Ordinale Änderungen des Medians und Gini–Indexes der Konsumäquivalente in diversen Untermengen 1929/33/37

MEDIAN DER EINKOMMEN		GINI–INDEX fallend Typ1	Typ2	Typ3	konstant Typ4	Typ5	Typ6	steigend Typ7	Typ8	Typ9
fallend	Typ1	P1	A1 F1	S1			Z1	A4	Z5 H1 P2	Alle N1 F2
	Typ2		I	H3		A2 N2 II N3	N6	B1 S3	III	H2 N5 B3
	Typ3								Z4 B2 S2	
konstant	Typ4								N4	
	Typ5		IV			V		H4 F3	Z2 VI	Z3
	Typ6								A3	
steigend	Typ7									
	Typ8		VII			VIII			IX	
	Typ9									

Im theoretischen Teil (III.5.2.1.) wurde die hervorragende Bedeutung des Alters als Bestimmungsfaktor der Erwerbseinkommen diskutiert. Dieser wichtige Zusammenhang kommt auch in der Tabelle 5.17 zum Ausdruck, die die Lebenszyklus-Hypothese in dem Sinn zu bestätigen scheint, dass — unabhängig von der konjunkturellen Lage — das Einkommen in der ersten Altersgruppe relativ bescheiden ist, daraufhin nach dem Alter von 30 Jahren stark ansteigt, nach 50 Jahren wieder abnimmt, aber noch höher liegt als in der ersten Gruppe und schliesslich im hohen Alter sehr gering ist.
Der Kriseneinfluss macht sich in der ersten und zweiten Altersgruppe durch stark abnehmende Median- und Mittelwerte erkenntlich, während die beiden höheren Altersgruppen, aufs ganze gesehen, offenbar bezüglich Einkommen krisenimmun sind. — Für eine genauere Analyse des Zusammenhangs von Alter und wirtschaftlicher Entwicklung müssten neben der Berücksichtigung jedes Jahres die Altersgruppen noch stärker disaggregiert werden. (Zur Einkommensdynamik im Lebenszyklus vgl. u. a. Meier 1981)
Wird die Ungleichheit mit dem Gini-Index gemessen, lässt sich in der ersten und zweiten Gruppe eine ähnlich starke Konzentration feststellen, die in der dritten und besonders in der vierten Gruppe noch grösser ist. Dabei sind keine markanten jährlichen Unterschiede innerhalb der Verteilungen der ersten drei Gruppen vorhanden (vgl. Figur 5.1). Andere Masszahlen ergeben zum Teil andere Resultate. Die Zahl von Atkinson 0.9, die besonders sensitiv auf Einkommen von null reagiert, zeigt eine wachsende Ungleichheit mit zunehmendem Alter. Mit Kolm 2.0, einem Mass zur Messung absoluter Ungleichheit, erhält man ähnliche Werte für die erste und vierte Altersgruppe, deren Einkommen relativ bescheiden sind, während die dritte und vor allem die zweite Gruppe sehr hohe Werte aufweisen.

Die Vermögensentwicklung gestaltet sich im Vergleich zum Einkommen anders. Je höher die Altersgruppe, desto grösser sind die Mittelwerte und desto kleiner die Werte der auf relative Ungleichheit empfindlichen Masszahlen (vgl. Figur 5.2). Im Laufe der Jahre gehen die Mittelwerte bei den 31-70-Jährigen zurück, bei den Jüngeren bleiben sie konstant und bei den Aelteren nehmen sie nur vorübergehend ab. Grössere jährliche Unterschiede bezüglich Ungleichheit sind — wie beim Einkommen — nur in der vierten Altersgruppe zu beobachten.

Tabelle 5.17 Einkommens- und Vermögensverteilung nach Altersgruppen 1929, 1931, 1933, 1935, 1937

ALTERSSTRUKTUR			DEZILDATEN												UNGLEICHHEITSMASSE							
		ANZ.	1	2	3	4	5	6	7	8	9	10	MEDIAN	MITTEL	STD.A	VAR.K	THEIL	GINI	ATKI.5	.9	KOLM.5	2.0
EINKOMMEN:																						
BIS 30 J.	29	409	2.9	4.9	5.7	6.9	8.3	9.8	11.3	12.7	15.7	21.7	1800	2099	1.241	0.591	0.067	0.303	0.080	0.199	0.286	0.760
	31	442	3.3	4.8	5.6	6.4	8.2	9.9	11.0	13.3	15.7	21.8	1800	2044	1.171	0.573	0.066	0.304	0.078	0.192	0.273	0.715
	33	358	2.9	4.5	5.7	6.3	7.4	9.1	11.1	13.8	17.0	22.3	1600	1946	1.177	0.605	0.074	0.326	0.089	0.221	0.281	0.715
	35	345	3.5	5.1	6.0	6.5	7.4	8.8	10.8	12.8	16.9	22.1	1500	1816	1.040	0.573	0.065	0.305	0.075	0.166	0.221	0.565
	37	322	4.1	5.7	6.1	7.1	7.4	8.8	10.7	12.9	15.6	21.8	1300	1673	0.916	0.547	0.058	0.283	0.068	0.175	0.170	0.454
31 - 50 J.	29	555	1.3	4.4	6.6	7.8	9.4	10.4	11.5	12.4	15.1	21.1	3800	3807	2.149	0.565	0.074	0.301	0.107	0.441	0.918	2.429
	31	565	1.3	4.5	6.6	7.9	9.4	10.4	11.6	12.6	15.1	20.6	3800	3797	2.093	0.551	0.071	0.295	0.104	0.433	0.891	2.409
	33	475	0.9	4.0	6.2	8.0	9.6	10.5	11.9	13.0	15.5	20.3	3700	3668	2.039	0.556	0.076	0.306	0.114	0.468	0.901	2.363
	35	482	1.3	4.1	6.0	7.9	9.2	10.6	11.7	13.4	15.4	20.3	3500	3540	1.939	0.548	0.074	0.306	0.108	0.440	0.822	2.191
	37	498	1.2	4.0	6.1	7.6	8.8	10.4	11.5	13.0	15.6	21.8	3300	3397	2.020	0.595	0.081	0.322	0.116	0.459	0.808	2.081
51 - 70 J.	29	317	0.0	1.4	4.7	6.7	8.2	9.7	10.9	14.0	17.5	27.1	2400	2711	2.189	0.808	0.147	0.426	0.222	0.800	0.830	1.841
	31	342	0.0	1.8	4.6	6.5	8.0	9.6	11.2	13.9	17.1	27.3	2500	2913	2.336	0.802	0.143	0.424	0.212	0.765	0.925	1.996
	33	344	0.0	1.6	4.3	5.3	7.2	9.4	11.6	14.4	18.2	27.9	2300	2873	2.392	0.832	0.154	0.448	0.222	0.764	0.966	1.973
	35	360	0.0	2.1	4.7	5.8	7.3	9.0	11.7	14.2	17.5	27.8	2200	2824	2.289	0.811	0.143	0.431	0.203	0.717	0.882	1.871
	37	340	0.0	2.0	4.3	6.4	7.8	9.7	11.4	13.8	17.0	27.6	2500	2884	2.406	0.834	0.144	0.426	0.206	0.733	0.906	1.943
UEBER 70 J.	29	70	0.0	0.0	0.0	0.0	0.0	2.2	9.4	15.0	24.3	49.0	0	969	1.555	1.605	0.463	0.731	0.611	0.999	0.382	0.711
	31	71	0.0	0.0	0.0	0.0	0.6	7.5	11.8	15.6	21.2	43.4	500	1036	1.551	1.498	0.398	0.677	0.548	0.998	0.364	0.723
	33	80	0.0	0.0	0.0	0.0	2.1	7.7	11.8	16.0	20.7	41.7	500	889	1.197	1.346	0.361	0.652	0.516	0.997	0.258	0.566
	35	83	0.0	0.0	0.0	0.0	3.7	8.3	12.6	15.5	20.6	39.4	550	826	1.052	1.273	0.340	0.636	0.497	0.996	0.214	0.497
	37	92	0.0	0.0	0.0	1.7	6.1	9.4	11.1	14.5	16.9	40.2	700	944	1.257	1.331	0.312	0.603	0.441	0.987	0.253	0.551
VERMOEGEN:																						
BIS 30 J.	29	409	0.0	0.0	0.0	0.0	0.0	0.0	0.0	0.0	2.4	97.6	0	700	3.370	4.818	1.186	0.949	0.912	1.000	0.019	0.040
	31	442	0.0	0.0	0.0	0.0	0.0	0.0	0.0	0.0	0.8	99.2	0	550	2.866	5.213	1.243	0.955	0.922	1.000	0.014	0.030
	33	358	0.0	0.0	0.0	0.0	0.0	0.0	0.0	0.0	2.4	97.6	0	894	6.323	7.072	1.383	0.963	0.927	1.000	0.040	0.061
	35	345	0.0	0.0	0.0	0.0	0.0	0.0	0.0	0.0	0.0	100.0	0	716	5.458	7.623	1.474	0.971	0.945	1.000	0.031	0.049
	37	322	0.0	0.0	0.0	0.0	0.0	0.0	0.0	0.0	5.9	94.1	0	663	2.584	3.897	1.066	0.935	0.889	1.000	0.013	0.033
31 - 50 J.	29	555	0.0	0.0	0.0	0.0	0.0	0.0	1.5	6.3	19.2	72.9	0	6132	15.362	2.505	0.709	0.854	0.742	1.000	0.292	0.466
	31	565	0.0	0.0	0.0	0.0	0.0	0.0	0.8	6.4	19.8	72.9	0	5469	13.538	2.475	0.712	0.854	0.752	1.000	0.245	0.409
	33	475	0.0	0.0	0.0	0.0	0.0	0.0	1.4	6.9	20.0	71.7	0	5500	12.995	2.363	0.688	0.846	0.739	1.000	0.239	0.406
	35	482	0.0	0.0	0.0	0.0	0.0	0.0	0.4	6.0	18.8	74.8	0	4926	12.324	2.502	0.730	0.861	0.763	1.000	0.215	0.364
	37	498	0.0	0.0	0.0	0.0	0.0	0.0	1.9	7.0	18.5	72.6	0	4979	12.441	2.499	0.703	0.851	0.737	1.000	0.212	0.358
51 - 70 J.	29	317	0.0	0.0	0.0	0.2	2.2	4.6	7.8	11.8	19.4	54.0	5500	17808	34.071	1.913	0.461	0.728	0.538	0.991	0.938	1.404
	31	342	0.0	0.0	0.0	0.0	1.6	3.9	7.5	12.4	20.8	53.8	5000	17740	33.343	1.880	0.466	0.736	0.554	0.994	0.953	1.420
	33	344	0.0	0.0	0.0	0.3	2.0	4.3	7.5	12.3	20.1	53.5	5000	17644	33.425	1.894	0.455	0.728	0.535	0.990	0.927	1.391
	35	360	0.0	0.0	0.0	0.1	1.6	3.6	6.4	11.3	20.2	56.8	4000	17076	36.014	2.109	0.500	0.752	0.567	0.994	0.933	1.362
	37	340	0.0	0.0	0.0	0.0	0.9	3.3	6.4	11.8	22.3	55.3	3000	15000	27.353	1.824	0.484	0.752	0.579	0.996	0.784	1.188
UEBER 70 J.	29	70	0.0	0.9	2.8	4.9	6.4	7.3	11.0	13.8	20.3	32.6	19500	28507	27.980	0.981	0.196	0.510	0.261	0.764	1.131	2.032
	31	71	0.2	1.4	2.9	4.0	5.8	7.2	10.6	14.6	20.5	32.9	17000	26261	26.565	1.012	0.202	0.522	0.257	0.699	1.022	1.806
	33	80	0.0	0.7	2.9	4.1	6.2	7.2	9.2	15.2	21.3	33.0	16750	24365	24.726	1.015	0.208	0.526	0.277	0.793	0.924	1.678
	35	83	0.0	0.8	2.7	4.6	6.3	7.7	10.6	15.1	20.9	31.4	17000	22771	22.585	0.992	0.205	0.521	0.279	0.823	0.818	1.546
	37	92	0.0	1.1	2.4	3.5	4.9	6.9	7.6	10.4	17.6	45.6	16250	28174	58.700	2.083	0.355	0.608	0.349	0.773	1.347	2.038

Figur 5.1 Einkommen nach Altersgruppen 1929

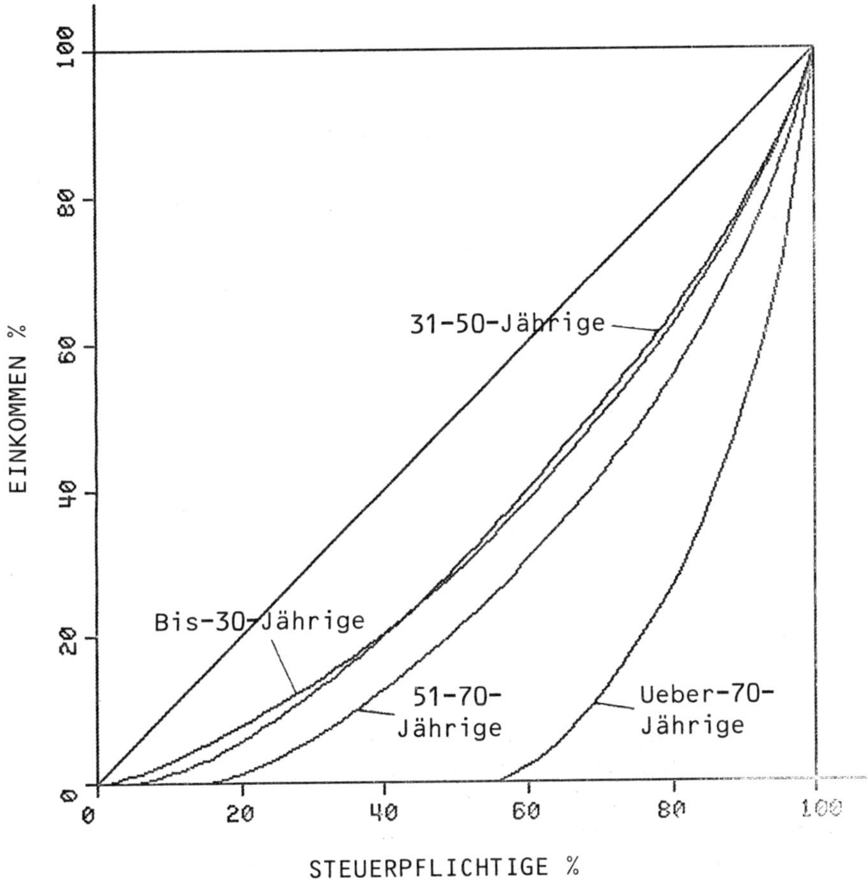

Figur 5.2 Vermögen nach Altersgruppen 1929

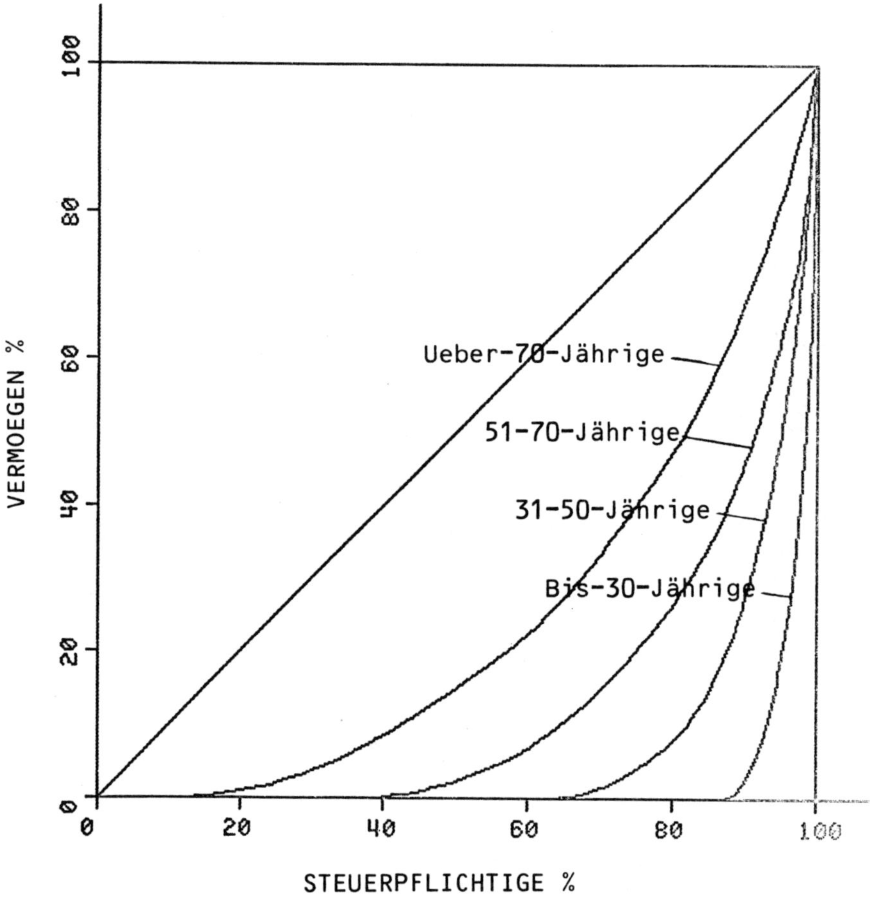

Die Entwicklung der Median- und Mittelwerte der Einkommen in den drei Wirtschaftssektoren zeigt Auswirkungen der Weltwirtschaftskrise auf sehr deutliche Weise (vgl.Tabelle 5.18). Im zweiten Sektor, der einkommensmässig über dem ersten und unter dem dritten Sektor liegt, erfolgt der wirtschaftliche Rückgang schon 1931, dauert bis 1935 und äussert sich auch durch eine zunehmende Konzentration (vgl. Figur 5.4).

Demgegenüber treten Einkommensverluste im ersten und dritten Sektor erst später auf, halten aber länger an. Die Ungleichheit nimmt im Primärsektor (vgl. Figur 5.3) ab, während sie im Tertiärsektor (vgl. Figur 5.5) gemäss diverser Masszahlen grösser wird, freilich nicht im gleichen Masse wie im Sekundärsektor.

Tabelle 5.18 Einkommens- und Vermögensverteilung nach Sektorstruktur 1929, 1931, 1933, 1935, 1937

SEKTORSTRUKTUR			D E Z I L D A T E N												U N G L E I C H H E I T S M A S S E							
		ANZ.	1	2	3	4	5	6	7	8	9	10	MEDIAN	MITTEL	STD.A	VAR.K	THEIL	GINI	ATKI.5	.9	KOLM.5	2.0
EINKOMMEN:																						
1. SEKTOR	29	81	0.0	0.7	5.8	6.8	7.6	8.8	10.7	12.6	17.2	29.8	1500	1894	1.833	0.967	0.174	0.447	0.256	0.864	0.491	1.144
	31	91	0.0	3.3	6.5	7.0	8.2	9.8	11.9	13.9	16.5	22.9	1600	1827	1.224	0.670	0.114	0.364	0.188	0.773	0.327	0.970
	33	81	0.0	3.9	6.9	7.0	7.6	8.9	11.5	13.5	16.1	24.7	1400	1699	1.207	0.711	0.118	0.369	0.186	0.758	0.295	0.847
	35	76	0.0	4.9	6.4	7.5	7.4	8.9	11.5	13.0	16.9	23.6	1400	1681	1.202	0.715	0.113	0.360	0.173	0.712	0.281	0.794
	37	84	0.0	2.9	6.8	7.2	7.4	9.0	9.7	15.4	16.7	25.1	1200	1552	1.179	0.759	0.129	0.390	0.200	0.779	0.275	0.756
2. SEKTOR	29	585	1.8	4.4	6.3	7.5	8.8	9.4	10.5	11.8	14.8	24.8	2400	2565	1.748	0.681	0.087	0.326	0.112	0.394	0.486	1.262
	31	616	1.7	4.1	5.5	7.3	8.2	9.6	10.9	12.3	14.8	25.5	2200	2533	1.823	0.720	0.094	0.344	0.118	0.385	0.510	1.255
	33	479	1.2	3.5	5.0	6.3	7.6	9.1	10.9	13.1	16.2	27.3	1950	2345	1.831	0.781	0.116	0.390	0.148	0.482	0.541	1.232
	35	491	1.4	4.0	5.2	6.5	7.7	8.9	10.4	12.8	16.2	26.9	1950	2319	1.736	0.749	0.107	0.374	0.138	0.465	0.498	1.168
	37	519	1.3	3.9	4.9	6.5	8.1	9.2	10.5	12.3	15.7	27.6	2100	2366	1.901	0.804	0.114	0.380	0.144	0.484	0.531	1.223
3. SEKTOR	29	526	2.2	3.7	6.8	8.8	9.7	10.7	11.4	12.2	14.7	19.8	4050	3995	2.051	0.513	0.059	0.277	0.074	0.174	0.874	2.209
	31	535	2.3	4.1	7.0	8.4	9.7	10.3	11.4	12.3	14.8	19.6	4100	4096	2.027	0.495	0.056	0.272	0.071	0.177	0.872	2.251
	33	507	2.1	4.3	7.1	8.5	9.6	10.3	11.1	12.5	14.9	19.6	3950	3998	1.991	0.498	0.058	0.274	0.077	0.234	0.859	2.303
	35	504	2.1	3.9	6.4	8.3	9.4	10.5	11.4	13.1	14.8	20.1	3800	3798	1.989	0.524	0.063	0.289	0.084	0.256	0.838	2.173
	37	469	2.0	3.7	6.1	8.1	9.5	10.3	11.4	12.8	15.2	21.0	3600	3688	2.069	0.561	0.069	0.303	0.089	0.260	0.838	2.088
VERMOEGEN:																						
1. SEKTOR	29	81	0.0	0.0	0.0	0.0	0.6	2.1	8.2	16.7	28.5	44.0	2500	20865	32.026	1.535	0.440	0.719	0.570	0.997	1.217	1.773
	31	91	0.0	0.0	0.0	0.0	0.0	1.4	4.7	15.2	30.2	48.4	500	15480	25.305	1.635	0.491	0.752	0.619	0.999	0.855	1.290
	33	81	0.0	0.0	0.0	0.0	0.0	1.2	5.2	15.0	28.6	50.0	0	15451	25.427	1.646	0.494	0.755	0.623	0.999	0.854	1.288
	35	76	0.0	0.0	0.0	0.0	0.0	1.0	4.7	15.9	32.2	46.2	500	15134	24.730	1.634	0.496	0.753	0.626	0.999	0.834	1.266
	37	84	0.0	0.0	0.0	0.0	0.1	1.7	3.8	13.8	32.1	48.5	1000	13423	22.716	1.692	0.509	0.762	0.624	0.999	0.719	1.095
2. SEKTOR	29	585	0.0	0.0	0.0	0.0	0.0	0.0	0.4	5.1	16.3	78.2	0	5945	20.004	3.365	0.824	0.879	0.782	1.000	0.310	0.464
	31	616	0.0	0.0	0.0	0.0	0.0	0.0	0.1	4.7	16.4	78.8	0	5476	18.668	3.409	0.827	0.881	0.789	1.000	0.277	0.425
	33	479	0.0	0.0	0.0	0.0	0.0	0.0	1.9	6.9	19.5	71.7	0	7409	23.068	3.113	0.740	0.853	0.739	1.000	0.383	0.580
	35	491	0.0	0.0	0.0	0.0	0.0	0.0	1.3	6.1	17.7	75.0	0	7793	26.621	3.416	0.790	0.866	0.760	1.000	0.431	0.624
	37	519	0.0	0.0	0.0	0.0	0.0	0.0	1.8	7.0	22.4	68.8	0	6760	15.944	2.359	0.673	0.841	0.727	1.000	0.319	0.518
3. SEKTOR	29	526	0.0	0.0	0.0	0.0	0.0	0.0	0.0	2.0	13.1	84.9	0	4969	18.845	3.793	0.940	0.909	0.830	1.000	0.276	0.396
	31	535	0.0	0.0	0.0	0.0	0.0	0.0	0.0	1.7	13.2	85.0	0	5480	19.157	3.496	0.914	0.906	0.828	1.000	0.310	0.446
	33	507	0.0	0.0	0.0	0.0	0.0	0.0	0.0	3.6	16.3	80.1	0	4960	15.890	3.204	0.843	0.889	0.803	1.000	0.248	0.383
	35	504	0.0	0.0	0.0	0.0	0.0	0.0	0.0	2.7	15.1	82.2	0	4830	16.097	3.332	0.874	0.896	0.816	1.000	0.248	0.377
	37	469	0.0	0.0	0.0	0.0	0.0	0.0	0.2	5.1	15.6	79.1	0	4560	15.993	3.507	0.858	0.888	0.793	1.000	0.224	0.340

Figur 5.3 Einkommen des 1. Sektors 1929, 1931, 1933, 1935, 1937

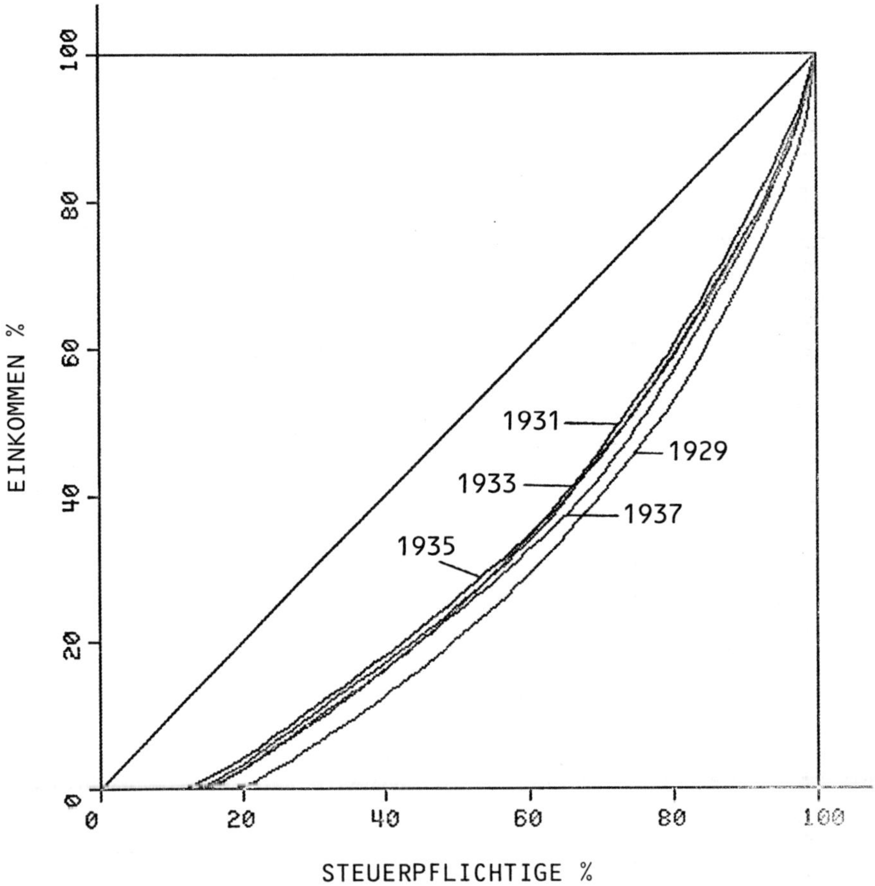

Figur 5.4 Einkommen des 2. Sektors 1929, 1931, 1933, 1935, 1937

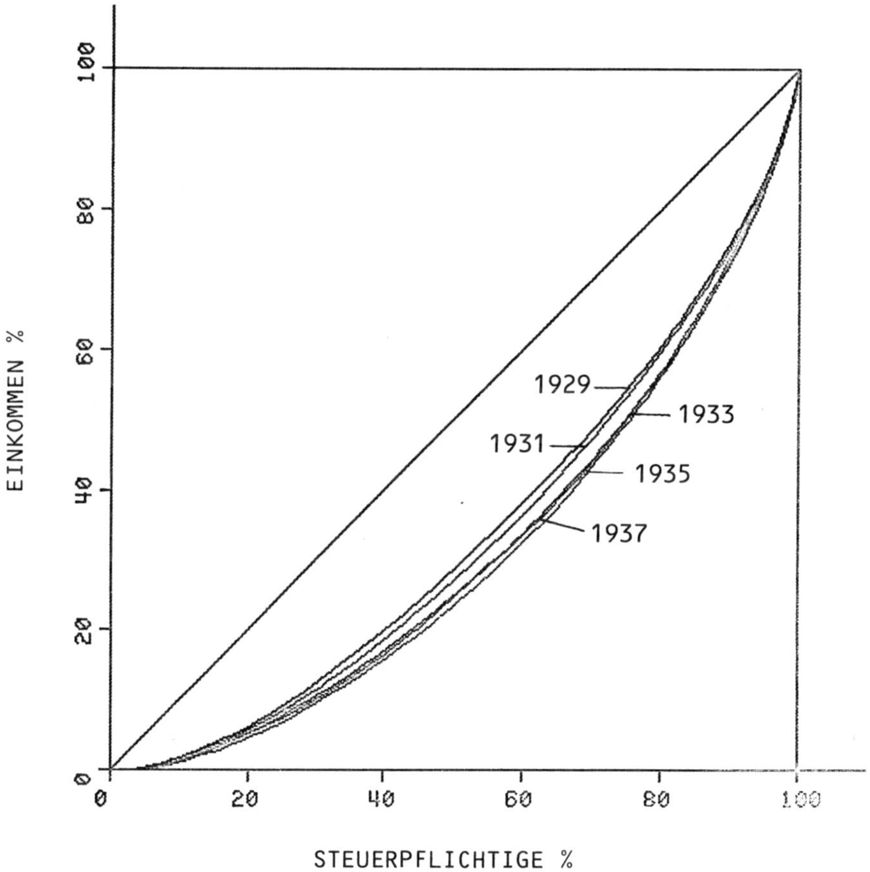

Figur 5.5 Einkommen des 3. Sektors 1929, 1931, 1933, 1937, 1937

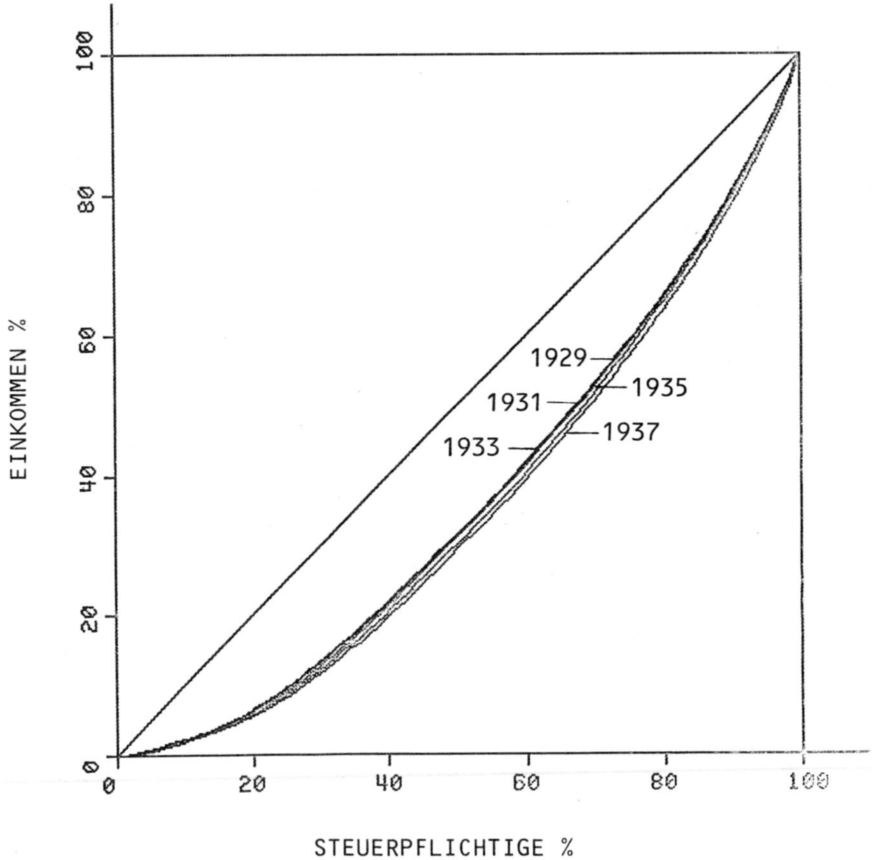

6. Jährliche individuelle Veränderungen von Einkommen, Vermögen, Konsumpotential und Konsumäquivalent

Die bisherigen Untersuchungen beschränkten sich auf Zustandsbeschreibungen in bestimmten Zeitpunkten. Insofern solche Zustände im Zeitablauf beobachtet werden, können die Veränderungen von Aggregaten festgestellt werden; individuelle Dynamik ist damit aber noch nicht erfasst.

Um diese Problematik zu untersuchen, müssen Beobachtungen derselben Individuen in mindestens zwei Zeitpunkten vorliegen. In diesem Kapitel werden deshalb die jährlichen Veränderungen der vier wirtschaftlich-finanziellen Variablen analysiert, wobei immer nur ein Uebergang von Jahr t zu Jahr t+1 betrachtet wird. Die beobachtete Menge, bestehend aus allen im Steuerregister in t und t+1 Anwesenden, verändert sich im Laufe der Jahre infolge der jährlichen Zu- und Weggänge. Die "Krisenauswirkungen" treten somit bei all denjenigen ins Blickfeld, die während der jeweils zwei aufeinander folgenden Jahre anwesend sind. Die Prozesse der Aus- und Einwanderungen (anwesend in t und abwesend in t+1 bzw. abwesend in t und anwesend in t+1) werden im nächsten Kapitel behandelt.

Aus den 64 errechneten Tabellen (8 Uebergänge von 4 Indikatoren, absolut und relativ gemessen) werden einige besonders charakteristische Ergebnisse herausgegriffen. Tabelle 6.1 zeigt die Entwicklung des arithmetischen Mittels der absoluten und relativen Veränderungen von Einkommen, Vermögen, Konsumpotential und Konsumäquivalent. Daraus geht hervor, dass in den Jahren 1931—32 und 1932—33 die geringsten, ausser beim Vermögen sogar negative absolute Veränderungen der Durchschnittswerte eingetreten sind. Auch die relativen, auf die jeweilige Menge der Steuerpflichtigen bezogenen Veränderungen liegen in dieser Zeit mit Ausnahme der Vermögen 1934—35 am tiefsten.

Tabelle 6.1 Durchschnittliche Veränderungen von Einkommen, Vermögen, Konsumpotential, Konsumäquivalent in Fr. und %

Übergang	Anzahl Stpfl.	Eink. änd. abs.	%	Verm. änd. abs.	%	K. pot. änd. abs.	%	Aequiv. änd. abs.	%
1929–30	1178	63	6.6	176	4.5	81	6.9	71	6.2
1930–31	1236	12	1.4	237	2.6	36	1.5	8	0.7
1931–32	1136	–36	–0.5	102	2.1	–26	0.8	–3	0.3
1932–33	1116	–58	–0.1	78	2.1	–50	–0.2	–41	–0.5
1933–34	1097	30	4.0	243	2.7	55	4.5	50	3.5
1934–35	1107	–2	2.8	214	0.7	20	3.2	20	3.2
1935–36	1106	59	5.1	196	2.7	78	5.6	47	4.5
1936–37	1093	52	5.2	721	4.4	124	6.1	78	5.2

Tabelle 6.2 Prozentuale Anteile der relativen Veränderungen der Einkommen und Vermögen

Übergang	Einkommensveränderung			Vermögensveränderung		
	unter -5%	-5% bis 5%	über 5%	unter -5%	-5% bis 5%	über 5%
1929–30	12.0	63.4	24.6	7.2	82.5	10.4
1930–31	21.3	58.7	20.0	8.5	82.7	8.8
1931–32	25.9	55.4	18.7	7.8	84.1	8.1
1932–33	23.3	62.7	14.0	8.2	82.6	9.1
1933–34	14.6	65.5	19.8	8.0	82.7	9.2
1934–35	17.8	62.9	19.5	7.9	82.9	9.2
1935–36	15.6	62.3	22.2	6.5	84.0	9.6
1936–37	18.6	56.4	25.0	7.6	77.7	14.7

Um die Streuung dieser Veränderungen aufzuzeigen, wurden die Tabellen 6.2 und 6.3 sowie die Figur 6.1 zusammengestellt. Die Tabellen zeigen einen sehr hohen Grad der Unveränderlichkeit der Vermögen (etwa 60% der Steuerpflichtigen sind vermögenslos), einen geringeren bei den Einkommen und noch kleinere Grade beim Konsumpotential und Konsumäquivalent. Während Zuwächse von über 5% in den Jahren "vor" und "nach" der Krise mehr als 20% der Einkommensbezieher verzeichnen, sind es 1930—31 und 1932—33 mehr als 20% der Einkommen, die eine negative Rate von weniger als —5% haben. Beim Vermögen ist die "Kriseninzidenz" bei weitem nicht so stark. Nach einem 10%igen Anteil der Vermögensveränderungen von über 5% im Jahr 1929—30 sinkt er leicht bis 1932—33 und steigt darauf kontinuierlich an. Werden die Veränderungen von Einkommen und Vermögen insgesamt, d. h. vom Konsumpotential, betrachtet, so sind es in den "Krisenjahren" — wie beim Einkommen und Konsumäquivalent — über 20% der Individuen, die einen Rückgang von mehr als 5% erfahren. Der anfänglich hohe Anteil mit über 5%igen Wachstumsraten (27.7%) nimmt in den folgenden Jahren stark ab und wird erst wieder 1936—37 übertroffen. Die Veränderungen der Konsumäquivalente zeigen ein ähnliches Bild wie diejenigen des Konsumpotentials.

Tabelle 6.3 Prozentuale Anteile der relativen Veränderungen von Konsumpotential und Konsumäquivalent

Übergang	K. potentialveränderung			K. äquivalentveränderung		
	unter -5%	-5% bis 5%	Über 5%	unter -5%	-5% bis 5%	Über 5%
1929–30	13.6	58.8	27.7	13.9	57.9	28.1
1930–31	22.9	54.7	22.5	25.2	53.3	21.5
1931–32	28.0	52.0	20.2	27.9	50.4	21.7
1932–33	25.3	58.1	16.6	25.3	56.9	17.8
1933–34	17.0	59.7	23.1	16.3	59.8	24.0
1934–35	18.3	58.5	23.3	19.0	56.0	24.8
1935–36	17.1	56.9	26.1	18.1	56.0	26.0
1936–37	18.6	49.9	31.6	18.1	49.8	32.0

Figur 6.1 Prozentuale Anteile der relativen Veränderungen der Einkommen und Vermögen von 1929-30 und 1936-37

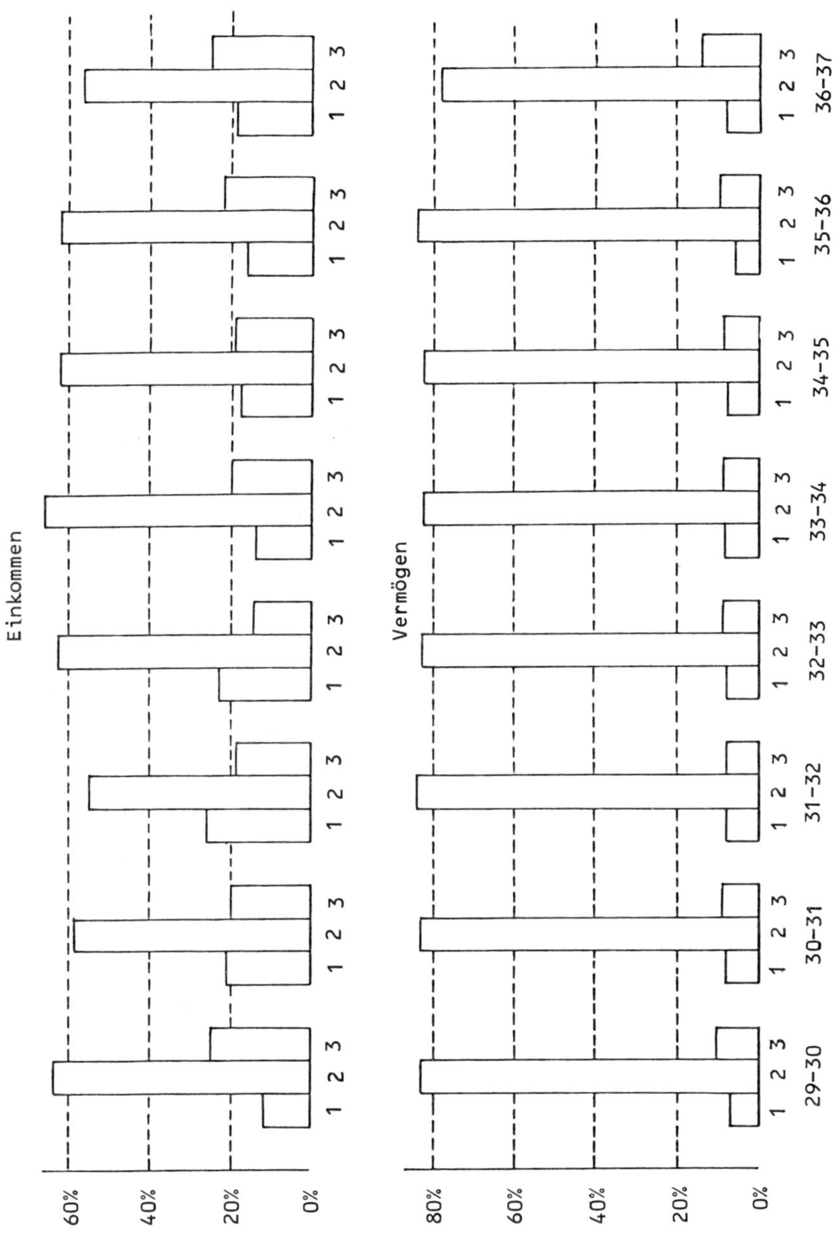

7. Wanderungen

7.1. Einleitung

Wie im Kapitel 2.2. dargelegt wurde, nahm die Bevölkerung von J in den Jahren 1929 bis 1937 beträchtlich ab, was hauptsächlich auf eine starke Auswanderungsbewegung zurückzuführen ist. In diesem Kapitel werden die Wanderungsprozesse genauer untersucht und auf ihre Interaktionen mit der personellen Einkommens- und Vermögensverteilung hin analysiert (zur Definition der Aus- und Einwanderer vgl. 3.3.).

Die Komplexität der Fragestellung ergibt sich — allgemein gesprochen — aus der Vieldimensionalität der migratorischen und ökonomischen Prozesse, ganz abgesehen von den zahlreichen geographischen, soziologischen, psychologischen, politischen und andern Aspekten, die darüber hinaus für eine auch nur einigermassen vollständige Untersuchung der Wanderungsdynamik berücksichtigt werden müssten.

Einen informativen Ueberblick über die Binnenwanderungsforschung in den USA vom ökonomischen Standpunkt gibt Greenwood (1975). Während gewisse mikroökonomische Ansätze im Gefolge der Human-Capital-Theorie die Wanderung als Investitionsentscheidung zu erklären versuchen (vgl. u. a. Laber et al. 1971, Mincer 1978), kritisieren andere Autoren (z. B. Grant et al. 1980) diese Ansätze. Neben den privaten Nutzen/Kosten-Ueberlegungen werden auch die Vor- und Nachteile für die Oeffentlichkeit angesprochen (u.a. Sjaastad 1962). Isaac (1947) gibt eine systematische Behandlung der Wanderungsökonomik, die trotz ihres Alters immer noch lesenswert ist. Eine systematische Studie neueren Datums über regionales Wirtschaftswachstum und interregionale Mobilität stellt Siebert (1970) vor. Die Abwanderung als eine Reaktion auf Leistungsabfall bei Unternehmungen, Organisationen und Staaten behandelt Hirschman (1970). Vom geographischen Gesichtspunkt ist u. a. auf die beiden Untersuchungen von Bähr (1973) und Roseman (1971) zu verweisen. Zur Soziologie der Wanderungen äussert sich Horstmann (1976) in einem reich dokumentierten Uebersichtsartikel, und Ronzani (1979) versteht Migration als individuelle und gesellschaftliche Problemlösungsstrategie. Was die Zeitperiode der Fallstudie betrifft, beschreibt Koller (1949) das Phänomen der "Landflucht" in der Schweiz während der dreissiger Jahre. Vorstudien zu den folgenden Ausführungen sind Enderle (1980) und Enderle (1981a).

7.2. Migratorische Prozesse

Bevor die genauere Charakterisierung der Wanderer — gemäss Steuergesetz als Haushalte verstanden — unternommen wird, seien zuerst in Fortführung der Erörterungen in 2.2. und gestützt auf die Definitionen in 3.3. die Wanderungsprozesse als demographische Phänomene behandelt. Ein Panel stellt einen Ausschnitt solcher Prozesse dar, der nicht nur Ein- und Auswanderungen, sondern — darin impliziert — auch unterschiedliche Verweildauern der Individuen bzw. Haushalte beinhaltet. Dabei versteht es sich von selbst, dass wegen der Beschränkung des Beobachtungszeitraumes das erste und letzte Paneljahr nicht als Ein- bzw. Auswanderungsjahr interpretiert werden darf, sondern gewissermassen die kumulierten Informationen der nicht erfassten vergangenen bzw. zukünftigen Periode enthält (daher die relativ grossen Häufigkeiten der Anwesenden im ersten und letzten Paneljahr).

In der Tabelle 7.2.1 sind die jährlichen Häufigkeiten der anwesenden Haushalte zusammengestellt. Echte Einwanderer sind von 1930 an aufgeführt, echte Auswanderer bis 1936. Die in runde Klammern gesetzten negativen Zahlen bedeuten die Abgänge infolge Tod oder Heirat. Die Zahlen in eckigen Klammern geben die jährlichen Summen aller Anwesenden an, die aus irgendwelchen steuerrechtlichen oder demographischen Gründen im Steuerregister erscheinen bzw. verschwinden.

Um den Zusammenhang von Ein- bzw. Auswanderung und Verweildauer deutlicher hervorzuheben, werden die Tabellen 7.2.2 und 7.2.3 angefügt. Dabei fällt auf, dass die Einwanderer, die nur 1 Jahr verweilen, und die Auswanderer, die nur 1 Jahr in J gewesen sind, eindeutig am zahlreichsten sind; sie machen 30—42% der Einwanderermengen und 28—44% der Auswanderermengen aus. Die niedrigste absolute und relative Häufigkeit der Einjährigen bei den Ein- und Auswanderern ist im Jahre 1933, was dahingehend interpretiert werden kann, dass Wande-

Tabelle 7.2.2 Einwanderungsjahr und Verweildauer in Jahren

Jahr	Einwanderer total pro J.	Verweildauer 1 J.	2 J.	3 J.	4 J.	5 J.	6 J.	7 J.	8 J.
1930	210	68	35	20	9	14	8	5	51
1931	168	66	20	14	6	8	8	46	
1932	145	53	20	14	7	8	43		
1933	122	37	15	14	7	49			
1934	128	45	20	10	53				
1935	133	46	22	65					
1936	142	60	82						
1937	139	139							

Tabelle 7.2.1 Anwesende nach Ein- und Auswanderungsjahr

Aus / Ein	1929	1930	1931	1932	1933	1934	1935	1936	1937	Einwanderer total pro Jahr	
1929	194(-9)	99(-14)	99(-9)	76(-9)	58(-7)	42(-7)	54(-8)	63(-7)	583	1198	[1407]
1930		68(-1)	35(-2)	20	9(-2)	14(-1)	8(-1)	5	51	210	[242]
1931			66(-1)	20(-1)	14	6	8	8	46	168	[211]
1932				53(-2)	20	14(-1)	7(-1)	8	43	145	[173]
1933					37(-1)	15(-1)	14	7(-1)	49	122	[166]
1934						45	20	10	53	128	[184]
1935							46	22	65	133	[189]
1936								60	82	142	[196]
1937									139	139	[194]
Auswanderer total pro Jahr	185 [229]	152 [184]	189 [273]	157 [231]	128 [185]	126 [174]	147 [190]	175 [209]	1111 [1287]		

Tabelle 7.2.3 Verweildauer und Auswanderungsjahr

Verweildauer 8 J.	7 J.	6 J.	5 J.	4 J.	3 J.	2 J.	1 J.	Auswanderer total pro J.	Jahr
							185	185	1929
						85	67	152	1930
					90	34	65	189	1931
				67	20	19	51	157	1932
			51	7	14	20	36	128	1933
		35	13	6	13	14	45	126	1934
	46	7	8	6	14	20	46	147	1935
56	5	8	8	6	10	22	60	175	1936

rungen, wenn sie in der Krisenzeit erfolgen müssen, tendenziell weniger häufig vorkommen, und die Aufenthaltsdauer eher langfristiger Natur ist.

7.3. Charakterisierung der Auswanderer

Die wirtschaftliche Lage der jährlichen Auswanderer, ausgedrückt mit den Median- und Mittelwerten von Einkommen, Vermögen und Konsumäquivalent, ist in der Tabelle 7.3.1 ausgewiesen und zeigt sich durchgehend schlechter als bei der Gesamtbevölkerung (vgl. Tabellen 4.2.1, 4.3.1, 4.5.1). Bezüglich relativer Ungleichheit sind beim Einkommen zumeist keine beträchtlichen Unterschiede festzustellen (vgl. Tabelle 4.2.2); erheblicher sind die Differenzen bei den Vermögensungleichheiten (vgl. Tabelle 4.3.2), sodass auch beim Konsumäquivalent etwas grössere Unterschiede als beim Einkommen erkennbar sind (vgl. Tabelle 4.5.2).

Werden die jährlichen Auswanderermengen mit dem K-S- und Chi-Quadrat-Test geprüft, inwiefern sie den jährlichen Grundgesamtheiten entsprechen, ergeben sich folgende Resultate:

Für das Einkommen in den Jahren 1929, 1930 und 1931 sind die K-S Z-Werte hoch (über 2.0) mit Wahrscheinlichkeiten P von 0,1% und weniger, in den späteren Jahren nehmen die Z-Werte ab bzw. die P-Werte zu und 1934 und 1936 liegen die Z-Werte sogar unter 1.0 und die P-Werte über 30%. Dies bedeutet, dass sich die jährlichen Einkommensverteilung aller Anwesenden und diejenige der Auswanderer im Lauf der Krise allmählich mehr entsprechen. Anders verhält es sich beim Vermögen, wo die K-S Z-Werte mit Ausnahme von 1936 über 2.0, die P-Werte unter 0,01% sind.

Ein sehr geringer Entsprechungsgrad ergibt sich auch beim Ueberprüfen der Verbundenheit der soziodemographischen und -ökonomischen

Tabelle 7.3.1 Dezildaten und Ungleichheitsmasse von Einkommen, Vermögen und Konsumäquivalent der Auswanderer

AUSWANDERER		D E Z I L D A T E N												U N G L E I C H H E I T S M A S S E							
	ANZ.	1	2	3	4	5	6	7	8	9	10	MEDIAN	MITTEL	STD.A	VAR.K	THEIL	GINI	ATKI.5	.9	KOLM.5	2.0
EINKOMMEN:																					
JAHR 1929	185	1.1	3.6	4.8	5.3	7.0	8.8	11.9	14.5	18.0	25.1	1800	2402	1.777	0.740	0.116	0.396	0.157	0.547	0.580	1.323
1930	152	2.0	4.6	5.5	6.5	7.3	9.8	11.1	13.0	16.2	24.0	1750	2129	1.375	0.646	0.088	0.343	0.118	0.431	0.370	0.961
1931	189	1.5	4.1	4.9	5.9	7.7	9.8	11.8	13.9	17.6	22.8	2000	2273	1.502	0.661	0.096	0.363	0.129	0.454	0.454	1.135
1932	157	1.5	3.6	4.4	4.9	6.4	8.3	10.2	13.9	19.0	27.8	1800	2528	2.111	0.835	0.131	0.422	0.158	0.445	0.689	1.377
1933	128	0.7	3.6	4.8	5.7	6.2	8.4	10.7	13.8	18.5	27.6	1775	2394	1.930	0.806	0.132	0.421	0.173	0.579	0.631	1.352
1934	126	0.7	3.6	4.3	5.5	6.5	9.4	12.2	14.7	18.4	24.6	2275	2688	2.006	0.746	0.121	0.405	0.166	0.579	0.732	1.605
1935	147	0.5	3.7	4.6	5.0	6.4	8.5	10.9	15.0	17.9	27.5	1800	2517	2.100	0.834	0.138	0.426	0.183	0.623	0.705	1.489
1936	175	0.5	3.5	4.8	5.8	7.3	8.9	11.9	13.5	19.1	24.5	1950	2379	1.716	0.721	0.117	0.396	0.164	0.604	0.572	1.348
VERMOEGEN:																					
JAHR 1929	185	0.0	0.0	0.0	0.0	0.0	0.0	0.0	0.0	6.5	93.5	0	3736	15.619	4.180	1.074	0.934	0.889	1.000	0.211	0.308
1930	152	0.0	0.0	0.0	0.0	0.0	0.0	0.0	0.0	1.5	98.5	0	1510	5.569	3.688	1.079	0.935	0.903	1.000	0.053	0.105
1931	189	0.0	0.0	0.0	0.0	0.0	0.0	0.0	0.0	0.3	99.7	0	1955	8.619	4.409	1.204	0.953	0.924	1.000	0.097	0.156
1932	157	0.0	0.0	0.0	0.0	0.0	0.0	0.0	0.0	5.2	94.8	0	3745	19.067	5.091	1.208	0.950	0.897	1.000	0.243	0.313
1933	128	0.0	0.0	0.0	0.0	0.0	0.0	0.0	0.0	6.0	94.0	0	5020	19.067	3.799	1.058	0.933	0.887	1.000	0.320	0.434
1934	126	0.0	0.0	0.0	0.0	0.0	0.0	0.0	0.0	5.4	94.6	0	2877	10.440	3.629	1.045	0.931	0.891	1.000	0.143	0.229
1935	147	0.0	0.0	0.0	0.0	0.0	0.0	0.0	0.0	10.5	89.5	0	6160	25.514	4.142	1.025	0.924	0.868	1.000	0.393	0.531
1936	175	0.0	0.0	0.0	0.0	0.0	0.0	0.0	3.0	21.6	75.4	0	6126	15.340	2.504	0.766	0.870	0.794	1.000	0.313	0.493
KONSUMAEQUIVALENT:																					
JAHR 1929	185	4.0	5.1	6.3	6.6	7.9	8.5	10.5	11.8	15.2	24.2	1600	1959	1.469	0.750	0.076	0.302	0.077	0.127	0.265	0.578
1930	152	2.7	6.0	7.1	7.7	8.7	9.9	10.6	12.3	14.4	20.6	1500	1627	0.823	0.506	0.059	0.266	0.087	0.394	0.150	0.512
1931	189	2.1	5.7	6.8	7.6	8.5	9.7	11.3	12.7	15.7	20.0	1467	1617	0.845	0.523	0.064	0.283	0.093	0.410	0.162	0.538
1932	157	3.6	4.8	5.6	5.8	6.8	8.0	9.0	12.1	15.5	28.9	1481	2044	1.774	0.868	0.108	0.362	0.108	0.176	0.395	0.735
1933	128	1.0	5.0	6.4	7.3	7.5	9.3	10.9	13.6	17.1	22.0	1474	1706	1.062	0.623	0.088	0.334	0.129	0.538	0.240	0.708
1934	126	3.9	5.3	5.4	6.6	7.3	9.4	11.7	12.1	16.4	22.0	1800	2194	1.260	0.575	0.064	0.302	0.071	0.123	0.305	0.717
1935	147	3.8	5.0	5.5	5.6	6.8	8.2	9.5	12.6	15.7	27.4	1507	2177	1.719	0.789	0.096	0.350	0.099	0.164	0.405	0.787
1936	175	3.6	4.6	5.8	6.1	7.4	8.6	10.6	12.0	16.3	25.1	1667	2111	1.382	0.655	0.078	0.328	0.084	0.144	0.335	0.728

Variablen mit Hilfe des Chi-Quadrat-Tests. Bei einer Bedeutungsschwelle von 5% ist keine signifikante Verbundenheit beim Alter, Geschlecht (ausser 1936), Zivilstand, Haushaltgrösse, Berufsgruppe und Ausbildung (ausser 1933 bis 1937) vorhanden.

Die Auswanderermengen haben also bezüglich der meisten Variablen keine signifikante Aehnlichkeit mit den Mengen aller Anwesenden. Um diese “Verzerrung“ genauer zu erfassen, werden die relativen Häufigkeiten der Auswanderer in den einzelnen Schichten und Kategorien mit denjenigen aller Anwesenden in den entsprechenden Gruppierungen verglichen (vgl. Tabelle 7.3.2, 7.3.3, 7.3.4). “Grösserer % Anteil der Auswanderer“ z. B. heisst also, dass die Auswanderer dieser bestimmten Kategorie eine grössere relative Häufigkeit aufweisen als alle Anwesenden dieser gleichen Kategorie.

Tabelle 7.3.2 Vergleich der relativen Häufigkeiten der Auswanderer und aller Anwesenden nach Einkommens- und Vermögensschichten (x: grösserer prozentualer Anteil der Auswanderer)

Einkommen:	1929	1930	1931	1932	1933	1934	1935	1936
0 Fr.								
500–1000	x	x	x	x	x	x	x	x
1001–1500	x	x	x	x	x	x	x	x
1501–2000	x	x	x	x	x	x		
2001–2500		x	x	x				x
2501–3000	x							
3001–3500								
3501–4000			x		x		x	
4001–4500						x		x
4501–5000						x		
7001 u. mehr							x	
Vermögen:								
0 Fr.	x	x	x	x	x	x	x	x
20.001–30.000						x		x

Die Auswanderer stammen hauptsächlich aus den untern Einkommensschichten und verfügen über kein Vermögen. Sie sind überwiegend jungen Alters (zwischen 21 und 30 Jahren), ledig, ohne Kind, und haben einen Einperson-Haushalt. Im Vergleich zum Anteil der weiblichen Gesamtbevölkerung sind die Frauen überproportional vertreten. Bezüglich Bürgerort fällt der hohe Anteil der Schweizer (Nichtwaadtländer) auf. Werden jedoch alle Schweizer allen Ausländern gegenübergestellt, zeigt sich ein Wechsel von 1930 auf 1931: ein hoher Anteil der schweizerischen Auswanderer wird abgelöst durch einen hohen Anteil der ausländischen Emigranten.

Tabelle 7.3.3 Vergleich der relativen Häufigkeiten der Auswanderer und aller Anwesenden nach soziodemographischen Gruppen (x: grösserer % Anteil der Auswanderer)

	1929	1930	1931	1932	1933	1934	1935	1936
Altersstruktur:								
Bis 20 Jahre	x		x	x		x		
21 - 30 Jahre	x	x	x	x	x	x	x	x
Geschlecht:								
männlich								
weiblich	x	x	x	x	x	x	x	x
Heimat:								
Waadt								
andere Kt.	x	x	x	x	x	x	x	x
Frankreich			x			x		
Italien			x	x				x
Schweiz	x	x						
Ausland			x	x	x	x	x	x
Zivilstand:								
ledig	x	x	x	x	x	x	x	x
Kinderzahl:								
kein Kind	x	x	x	x	x	x	x	x
1 Kind								
2 Kinder								
3 Kinder							x	
4 Kinder						x		x
Haushaltgrösse:								
1 Person	x	x	x	x	x	x	x	x
2 Personen								
3 Personen								
4 Personen								
5 Personen							x	
6 Personen						x		x

Was die Charakterisierung der Auswanderer nach sozioökonomischen Variablen betrifft, überwiegen die Anteile in der Nahrungs- und Bekleidungsbranche, im Gastgewerbe, allgemein im 3. Sektor, bei den Ungelernten und Unselbständigerwerbenden. Während der Krise ist zudem der Auswandereranteil beim privaten Verkehr überproportional hoch (vgl. Kapitel 2.3., bes. 2.3.4.). Von 1934 an gilt dies für den öffentlichen Sektor. Die hohen Anteile der Auswanderer mit Mittelschulbildung 1929, 1932 und 1935 sind hauptsächlich auf den routinemässigen Arbeitsortswechsel bei Staatsbeamten zurückzuführen.

Werden die Beziehungen der verschiedenen Variablen innerhalb der Auswanderermengen von 1929, 1932 und 1936 untersucht, stellt sich bei

Tabelle 7.3.4 Vergleich der relativen Häufigkeiten der Auswanderer und aller Anwesenden nach sozioökonomischen Gruppen (x: grösserer % Anteil der Auswanderer)

	1929	1930	1931	1932	1933	1934	1935	1936
Berufsstruktur:								
Landwirtschaft			x		x			
Nahrung		x	x	x	x		x	x
Kleidung		x	x	x	x	x	x	
Holz		x						x
Bau						x		
Metalle								
Maschinen								
Uhren				x				
Handel		x	x					
Gastgewerbe	x	x	x	x	x	x	x	x
privater Verkehr		x	x		x			
öffentl. Sektor						x	x	x
Sektorstruktur:								
1. Sektor			x					
2. Sektor		x						
3. Sektor	x	x	x	x	x	x	x	x
Ausbildung:								
Ungelernt	x	x	x	x	x	x	x	x
Gelernt								
Mittelschule	x			x			x	
Stellung:								
selbständig								x
unselbständig	x	x	x	x	x	x	x	

einer Bedeutungsschwelle von 0,1% eine relativ hohe Verbundenheit zwischen Einkommen einerseits und Alter, Geschlecht, Zivilstand, Kinderzahl und Haushaltgrösse anderseits heraus. Dies ist u. a. auf eine verständlicherweise hohe Korrelation zwischen Alter und Zivilstand, Kinderzahl und Haushaltgrösse zurückzuführen. Eine enge Verbundenheit besteht auch zwischen Berufsgruppen und Geschlecht und natürlich zwischen Berufsgruppen und Sektorzugehörigkeit. Das bedeutet, dass es sich bei den Auswanderern tendenziell um Personen handelt, die ein niedriges Einkommen haben und zugleich jung, weiblich, ledig und ohne Kinder sind und einen steuerrechtlichen Einperson-Haushalt führen.

7.4. Charakterisierung der Einwanderer

Im Unterschied zur Gesamtbevölkerung sind bei den Einwanderern die Median- und Mittelwerte bedeutend geringer (vgl. Tabelle 7.4.1). Die relativen Ungleichheiten verhalten sich beim Einkommen ähnlich wie bei

Tabelle 7.4.1 Dezildaten und Ungelichmasse von Einkommen, Vermögen und Konsumäquivalent der Einwanderer

EINWANDERER		D E Z I L D A T E N												U N G L E I C H H E I T S M A S S E							
	ANZ.	1	2	3	4	5	6	7	8	9	10	MEDIAN	MITTEL	STD.A	VAR.K	THEIL	GINI	ATKI.5	.9	KOLM.5	2.0
EINKOMMEN:																					
JAHR 1930	210	1.4	4.4	5.1	5.8	7.0	9.1	11.3	13.6	16.8	25.5	1800	2274	1.605	0.706	0.104	0.372	0.139	0.499	0.476	1.146
1931	168	2.2	4.5	5.4	6.3	7.3	9.2	11.2	14.7	17.1	22.1	1800	2107	1.309	0.621	0.084	0.340	0.110	0.377	0.353	0.919
1932	145	0.9	3.9	5.4	6.2	7.3	8.0	11.5	14.9	18.7	23.4	1300	1757	1.220	0.694	0.109	0.380	0.154	0.581	0.313	0.820
1933	122	0.8	3.7	5.0	5.6	6.6	8.8	10.6	15.6	18.9	24.4	1500	2099	1.539	0.733	0.119	0.399	0.163	0.583	0.468	1.108
1934	128	0.9	4.1	5.4	6.2	6.7	8.5	10.7	14.1	18.6	24.7	1550	2006	1.455	0.725	0.112	0.386	0.153	0.561	0.408	0.995
1935	133	0.2	3.3	4.8	6.3	6.6	7.7	11.2	13.9	17.3	28.1	1200	1731	1.395	0.806	0.135	0.419	0.186	0.670	0.364	0.866
1936	142	0.0	3.3	4.8	5.9	6.8	8.7	10.4	13.6	18.6	27.5	1200	1705	1.349	0.792	0.135	0.420	0.190	0.693	0.354	0.858
1937	139	0.2	4.0	4.9	5.8	6.7	7.2	9.6	13.8	18.6	29.2	1200	1765	1.580	0.896	0.148	0.434	0.194	0.663	0.407	0.893
VERMOEGEN:																					
JAHR 1930	210	0.0	0.0	0.0	0.0	0.0	0.0	0.0	0.0	3.3	96.7	0	2969	11.990	4.038	1.084	0.936	0.895	1.000	0.155	0.239
1931	168	0.0	0.0	0.0	0.0	0.0	0.0	0.0	0.0	2.3	97.7	0	1667	6.907	4.144	1.139	0.945	0.907	1.000	0.071	0.124
1932	145	0.0	0.0	0.0	0.0	0.0	0.0	0.0	0.0	6.1	93.9	0	3128	12.523	4.004	1.071	0.935	0.890	1.000	0.166	0.251
1933	122	0.0	0.0	0.0	0.0	0.0	0.0	0.0	0.0	9.9	90.1	0	3516	12.538	3.566	0.983	0.921	0.864	1.000	0.179	0.278
1934	128	0.0	0.0	0.0	0.0	0.0	0.0	0.0	0.0	2.6	97.4	0	1461	5.095	3.488	1.056	0.931	0.899	1.000	0.048	0.100
1935	133	0.0	0.0	0.0	0.0	0.0	0.0	0.0	0.0	6.8	93.2	0	3289	10.811	3.287	0.990	0.921	0.876	1.000	0.166	0.263
1936	142	0.0	0.0	0.0	0.0	0.0	0.0	0.0	0.1	15.0	84.9	0	3335	9.753	2.925	0.876	0.899	0.840	1.000	0.143	0.250
1937	139	0.0	0.0	0.0	0.0	0.0	0.0	0.0	0.0	8.3	91.7	0	3058	11.595	3.792	1.042	0.931	0.883	1.000	0.157	0.241
KONSUMAEQUIVALENT:																					
JAHR 1930	210	4.6	5.6	6.4	7.1	7.9	8.9	10.0	11.4	14.6	23.4	1534	1879	1.177	0.626	0.060	0.273	0.062	0.104	0.208	0.467
1931	168	4.4	5.8	6.5	7.2	7.5	9.1	10.7	12.5	15.2	21.0	1480	1774	0.968	0.545	0.053	0.266	0.057	0.097	0.172	0.427
1932	145	4.2	5.2	6.7	7.0	8.0	8.3	10.1	11.4	15.8	23.5	1337	1678	1.168	0.696	0.070	0.291	0.072	0.119	0.194	0.437
1933	122	3.9	5.1	5.9	6.6	7.6	9.2	9.7	11.5	16.0	24.4	1587	1945	1.334	0.686	0.076	0.312	0.079	0.134	0.274	0.601
1934	128	4.2	5.8	6.9	7.5	7.8	9.3	10.7	12.5	15.8	19.4	1500	1716	0.826	0.481	0.046	0.257	0.052	0.091	0.145	0.402
1935	133	4.4	5.3	6.3	7.5	7.6	8.2	10.2	12.2	15.0	23.4	1270	1567	0.930	0.593	0.062	0.289	0.067	0.114	0.163	0.393
1936	142	4.3	5.3	6.4	7.3	7.8	9.2	9.8	11.5	14.1	24.4	1268	1541	0.948	0.615	0.064	0.287	0.068	0.114	0.161	0.378
1937	139	4.0	5.3	6.2	6.9	7.6	8.2	9.1	11.3	14.4	27.1	1250	1595	1.287	0.807	0.091	0.320	0.090	0.145	0.227	0.445

der Menge aller Anwesenden, beim Vermögen sind sie bedeutend grösser und beim Konsumäquivalent unterscheiden sie sich demzufolge etwas mehr als beim Einkommen.

Die Untersuchung der Beziehungen zwischen den Einwanderermengen und den Mengen aller Anwesenden mit Hilfe des K-S- und Chi-Quadrat-Tests ergibt ein ähnliches Resultat wie bei den Auswanderermengen: sowohl beim Einkommen wie beim Vermögen sind hohe K-S Z-Werte (über 2.0) mit geringen Wahrscheinlichkeiten (unter 0,01%) und schwache, mit dem Chi-Quadrat-Test geprüfte Verbundenheiten zwischen den soziodemographischen und -ökonomischen Variablen zu verzeichnen. Bei einer Bedeutungsschwelle von 5% besteht nämlich für alle Jahre keine Signifikanz bezüglich Alter, Geschlecht (ausser 1937), Zivilstand, Kinderzahl (ausser 1936), Haushaltgrösse, Berufsgruppe, Ausbildung (ausser 1935) und Stellung (ausser 1932 und 1935).

Auch hier gilt, dass die Einwanderermenge, interpretiert als Stichprobe aus der Menge aller Anwesenden, keine sinnvolle Repräsentativität beanspruchen kann. Die Tabellen 7.4.2, 7.4.3 und 7.4.4 zeigen, wie sehr sich die Strukturen der beiden Mengen unterscheiden.

Die Einwanderungen erfolgen hauptsächlich in die Einkommensschichten von 500 bis 2000 Fr. sowie in die Schicht der Vermögenslosen. Die Immigranten gehören den jüngsten Altersgruppen (bis 30 Jahre) an, wobei auch die Bis-20-Jährigen in jedem Jahr übervertreten sind. Ein Grund für diesen Tatbestand ist sehr wahrscheinlich durch die Definition der Einwanderer (vgl. 3.3.) bestimmt, wonach die echten Einwanderer von den ins steuerpflichtige Alter eintretenden Ortsansässigen nicht unterschieden werden können. Weitere überproportional vertretene so-

Tabelle 7.4.2 Vergleich der relativen Häufigkeiten der Einwanderer und aller Anwesenden nach Einkommens- und Vermögensschichten (x: grösserer prozentualer Anteil der Einwanderer)

Einkommen:	1930	1931	1932	1933	1934	1935	1936	1937
0 Fr.							x	
500–1000	x	x	x	x	x	x	x	x
1001–1500	x	x	x	x	x	x	x	x
1501–2000		x	x	x	x			
2001–2500							x	
2501–3000			x		x	x		
3001–3500		x						
3501–4000								
4001–4500				x				
Vermögen:								
0 Fr.	x	x	x	x	x	x	x	x
30.001–40.000						x		

Tabelle 7.4.3 **Vergleich der relativen Häufigkeiten der Einwanderer und aller Anwesenden nach soziodemographischen Gruppen (x: grösserer % Anteil der Einwanderer)**

	1930	1931	1932	1933	1934	1935	1936	1937
Altersstruktur:								
Bis 20 Jahre	x	x	x	x	x	x	x	x
21 - 30 Jahre	x	x	x	x	x	x	x	x
Geschlecht:								
weiblich	x	x	x	x	x	x	x	x
Heimat:								
Waadt		x						
andere Kt.	x	x	x	x	x	x	x	x
Frankreich			x		x	x		x
Italien						x		
Schweiz		x		x	x		x	x
Ausland						x		
Zivilstand:								
ledig	x	x	x	x	x	x	x	x
Kinderzahl:								
kein Kind	x	x	x	x	x	x	x	x
1 Kind								
2 Kinder								
3 Kinder						x		x
Haushaltgrösse:								
1 Person	x	x	x	x	x	x	x	x
5 Personen						x		x

ziodemographische Merkmale der Einwanderer sind weibliches Geschlecht, Bürgerort in andern Kantonen, lediger Zivilstand, ohne Kind, Einperson-Haushalt.

Werden die beiden Vergleichsmengen nach sozioökonomischen Gesichtspunkten untersucht, so zeigt sich, dass vor allem in die Nahrungs- und Bekleidungsbranche sowie ins Gastgewerbe eingewandert wird. Es sind überwiegend Ungelernte und unselbständig Erwerbstätige. Der Anteil im 3. Sektor ist verhältnismässig hoch.

Bei der Untersuchung der Verbundenheit der Variablen innerhalb der Einwanderermengen von 1930, 1933 und 1937 stellt sich heraus, dass — wie bei den Auswanderern — eine relativ hohe Korrelation (Bedeutungsschwelle 0,01%) zwischen Einkommen und Alter, Zivilstand, Kinderzahl, Haushaltgrösse, zwischen Alter und Zivilstand, Kinderzahl und Haushaltgrösse und zwischen Berufsgruppen und Geschlecht und Sektorzugehörigkeit besteht. Zusätzlich ist auch das Vermögen relativ eng mit dem Alter, Zivilstand und der Stellung im Beruf verbunden.

Tabelle 7.4.4 Vergleich der relativen Häufigkeiten der Einwanderer und aller Anwesenden nach sozioökonomischen Gruppen (x: grösserer % Anteil der Einwanderer)

	1930	1931	1932	1933	1934	1935	1936	1937
Berufsstruktur:								
Landwirtschaft		x	x					x
Nahrung		x	x	x		x	x	x
Kleidung		x	x	x	x	x	x	
Holz							x	x
Bau				x		x		
Metalle								
Maschinen								
Uhren								
Handel	x		x			x		
Gastgewerbe	x	x	x	x	x	x	x	x
privater Verkehr		x						
öffentl. Sektor								
Sektorstruktur:								
1. Sektor		x						x
2. Sektor								
3. Sektor	x	x	x	x	x	x	x	x
Ausbildung:								
Ungelernt	x	x	x	x	x	x	x	x
Gelernt								
Mittelschule				x				x
Stellung:								
selbständig								
unselbständig	x	x		x	x		x	x

7.5. Gegenüberstellung der Auswanderer- und Einwanderermengen

Bei der Analyse der Wanderungsprozesse, die ein fortwährendes Kommen und Gehen darstellen, erhebt sich die Frage, ob und in welcher Hinsicht die Auswanderer des Jahres t durch die Einwanderer im Jahr t+1 ersetzt werden. Die Ueberprüfung der Einkommensverteilungen der Auswanderer in t und der Einwanderer in t+1 anhand des K-S-Tests ergibt eine hohe Entsprechung (K-S Z-Werte unter 0.9 und P grösser als 49%) in den Jahren 1929/30, 1930/31, 1932/33 und 1933/34; die Uebereinstimmung ist jedoch gering (Z über 1.6, P unter 1%) beim Uebergang von 1931/32 sowie in den späteren Jahren von 1934 an.

Demgegenüber ist beim Vermögen in allen Jahren mit Ausnahme von 1936/37 eine sehr hohe Entsprechung (Z unter 0.5, P über 96%) festzustellen. Werden die Verteilungen der Konsumäquivalente betrachtet, ist die Entsprechung bis 1933/34 relativ hoch (Z unter 1.0, P über 30%), bei den anschliessenden Uebergängen ausgesprochen tief (Z über 1.8, P unter 0,2%).

Aus dem Vergleich der Tabellen 7.3.1 und 7.4.1 (vgl. auch Figur 8.1) ist ersichtlich, dass die Median- und Mittelwerte der Einkommen und Vermögen bei Aus- und Einwanderern in den ersten zwei Jahren (1929/30, 1930/31) in etwa gleich sind und erst nachher sich zu Ungunsten der Einwanderer entwickeln. Wird das Konsumäquivalent untersucht, erfolgt ein solches Auseinandergehen erst 1934/35 (vgl. Figur 8.2).

Die absolut und relativ gemessenen Ungleichheiten liegen bei den Aus- und Einwanderern in ähnlichen Grössenbereichen. Die Werte der absoluten Masse (besonders Kolm 2.0) für die drei Indikatoren sind zumeist etwas höher bei den Emigranten. Werden die auf relative Disparitäten sensitiven Masse angewandt, übertrifft die Einkommensungleichheit der Wegzüger diejenige der Zuzüger 1929/30, 1930/31 und 1933/34; auch in den andern Jahren ist die Konzentration bei den Zuzügern geringer, ausser wenn mit den Massen von Atkinson 0.5 und 0.9 gemessen wird.

Die jährlich stattfindende "Ablösung" der Auswanderer durch die Einwanderer wurde bisher nach relativen Häufigkeiten untersucht. Wie sich die "Ablösung", in absoluten Häufigkeiten gemessen, gestaltet, zeigt für einige ausgewählte Untermengen die Tabelle 7.5.1. Absolute Abnahmen sind insbesondere in den Jahren 1931—32 und 1932—33 zu beobachten.

Zusammenfassend kann gesagt werden, dass die Wanderungsprozesse, soweit sie sich aufgrund der Beschränkungen des Datenmaterials (vgl. Kapitel 3.) erfassen lassen, Wirkungen zeitigen, die sich zu einem grossen Teil gegenseitig neutralisieren. Wenn jedoch angenommen werden muss, dass die sogenannten Einwanderer (vgl. Definition in 3.3.) weitgehend ins steuerpflichtige Alter eintretende Ortsansässige sind, bedeutet dies, dass die natürliche erneuernde "Rekrutierung" der Gemeinde durch die Auswanderungen wieder zunichte gemacht wird. Dies bringt im Laufe der Jahre notwendigerweise eine Alterung der Gemeinde mit sich, was auch tatsächlich in Kapitel 4.7. festgestellt wurde. Bezüglich der Einkommens- und Vermögensverteilung geht mit der hohen migratorischen Rotation in den untersten Schichten eine relativ stabile, wenn auch etwas zunehmende Ungleichheit einher (vgl. 4.6.). Dieses Nebeneinander von Strukturkonstanz und individueller Mobilität kommt noch deutlicher in gewissen Berufsgruppen zum Ausdruck. So zeigte die Analyse der Produktionsstruktur von J aufgrund der schweizerischen Ragionenbücher (vgl. 2.3.4.) und des Steuerregisters (vgl. 4.8.) eine grosse Konstanz in der Nahrungsmittel- (und Bekleidungs-)Branche sowie im Gastgewerbe auf, während die Aus- und Einwanderer in denselben Branchen überproportional stark vertreten sind (vgl. Tabelle 7.3.4 und 7.4.4).

Tabelle 7.5.1 Absolute Häufigkeiten von ausgewählten Auswanderer- und Einwanderermengen

Untermengen	1929	1930		1931		1932		1933		1934		1935		1936		1937
	Aus	Ein	Aus	Ein	Aus	Ein	Aus	Ein	Aus	Ein	Aus	Ein	Aus	Ein	Aus	Ein
Alter:																
Bis 30 Jahre	65	115	91	102	99	93	79	71	52	82	61	80	68	74	65	68
Zivilstand:																
Ledig	108	126	101	108	109	98	92	82	75	89	71	85	77	85	91	99
Berufsgruppen:																
Metalle, Masch.	44	61	38	35	50	19	35	11	21	14	12	20	22	20	24	16
öffentl. Sektor	42	40	26	26	34	22	28	25	23	29	41	25	38	31	50	30
Einkommen:																
500 - 2000 Fr.	89	104	79	94	91	85	77	69	60	74	55	83	62	83	70	91
Vermögen:																
0 Fr.	157	180	134	143	166	123	128	92	105	105	108	107	114	113	129	116

——: absolute Abnahme

8. Permanent Anwesende

8.1. Charakterisierung der permanent Anwesenden

Nachdem im 6. und 7. Kapitel die verschiedenartigen Uebergänge vom Zeitpunkt t zu t+1 untersucht worden sind, werden nun in diesem und den folgenden Kapiteln diverse Längsschnittmengen mit längerer Verweildauer analysiert. Die erste Gruppe bilden die über alle 9 Jahre anwesenden, "permanenten" 583 steuerpflichtigen Haushalte, die zugleich gegenüber den Aus- und Einwanderern eine interessante Kontrollgruppe darstellen. (Die Menge aller Anwesenden in t, A_t, setzt sich zusammen aus der Menge aller Permanenten P_t, der Auswanderer E_t (bzw. Einwanderer I_t) und der Verbleibenden von weniger als 9 Jahren V_t; P_t ist deshalb nicht $A_t \setminus E_t$.)

Wie Tabelle 8.1.1 und Figur 8.1 und 8.2 zeigen, sind die permanent Anwesenden bezüglich Median und Mittel von Einkommen, Vermögen und Konsumäquivalent beträchtlich besser gestellt als die Bevölkerung insgesamt und wohlhabender als die Aus- und Einwanderer. Die relative Konzentration der Einkommen der Permanenten ist weniger stark als diejenige aller Anwesenden (ausser bei Atkinson 0.9, wo die Werte ungefähr gleich sind). Beim Konsumäquivalent unterscheiden sich die Werte der verschiedenen relativen Ungleichheitsmasse praktisch nicht.

Werden die Verteilungen der wirtschaftlich-finanziellen Variablen der Permanenten und diejenigen aller Anwesenden mit Hilfe des K-S Tests überprüft, so ist durchwegs keine Entsprechung vorhanden. Die K-S Z-Werte liegen beim Einkommen immer über 1.7, beim Vermögen über 2.7 und beim Konsumäquivalent über 2.1 mit einer Wahrscheinlichkeit von stets weniger als 1%. Auch die Ueberprüfung der soziodemographischen Variablen anhand des Chi-Quadrat-Tests ergibt praktisch keine Entsprechung. Bei einer Bedeutungsschwelle von 5% besteht eine signifikante Verbundenheit weder beim Alter noch beim Zivilstand, bei der Kinderzahl und Haushaltgrösse.

Nur beim Test bezüglich Berufsgruppen und Sektorzugehörigkeit sind für die ersten drei Jahre (1929, 1930, 1931) hohe Signifikanzwerte (zwischen 60% und 97%) festzustellen, wobei diese Werte in den Jahren 1932 bis 1935 bedeutend geringer werden und erst wieder 1936 und 1937 bezüglich Sektorzugehörigkeit wieder stark zunehmen. Die andern sozioökonomischen Variablen Ausbildung und Stellung im Beruf weisen fast in allen Jahren keine signifikante Korrelation auf.

Tabelle 8.1.1 Dezildaten und Ungleichmasse von Einkommen, Vermögen und Konsumäquivalent der Permanenten

PERMANENTE		D E Z I L D A T E N												U N G L E I C H H E I T S M A S S E							
	ANZ.	1	2	3	4	5	6	7	8	9	10	MEDIAN	MITTEL	STD.A	VAR.K	THEIL	GINI	ATKI.5	.9	KOLM.5	2.0
EINKOMMEN:																					
JAHR 1929	583	0.1	3.3	5.5	7.2	8.7	10.2	12.1	13.6	15.5	23.8	3000	3187	2.171	0.681	0.107	0.362	0.160	0.639	0.875	2.104
1930	583	0.1	3.5	5.5	7.2	8.7	10.4	12.3	13.6	15.6	23.0	3100	3271	2.145	0.656	0.102	0.355	0.155	0.635	0.894	2.172
1931	583	0.1	3.4	5.2	7.1	8.7	10.2	12.2	13.6	15.8	23.6	3100	3281	2.240	0.683	0.107	0.364	0.160	0.639	0.926	2.189
1932	583	0.1	3.2	4.9	6.7	8.4	10.2	12.2	13.9	16.5	23.9	3000	3205	2.222	0.693	0.112	0.377	0.166	0.644	0.926	2.131
1933	583	0.1	3.0	4.7	6.6	8.3	10.1	12.1	13.9	16.7	24.4	2800	3105	2.190	0.705	0.115	0.385	0.170	0.647	0.897	2.047
1934	583	0.1	3.1	4.7	6.5	8.1	10.1	12.1	13.9	16.8	24.6	2800	3097	2.207	0.712	0.117	0.388	0.171	0.648	0.900	2.039
1935	583	0.1	3.2	4.8	6.5	8.2	10.1	12.2	13.9	16.7	24.2	2800	3046	2.132	0.700	0.114	0.383	0.168	0.646	0.861	1.986
1936	583	0.1	3.3	5.0	6.5	8.0	9.7	12.0	13.6	16.5	25.2	2800	3080	2.268	0.736	0.118	0.387	0.170	0.646	0.882	2.009
1937	583	0.1	3.2	4.9	6.8	8.3	9.8	11.8	13.4	16.3	25.4	2800	3079	2.284	0.742	0.118	0.386	0.170	0.646	0.880	2.013
VERMOEGEN:																					
JAHR 1929	583	0.0	0.0	0.0	0.0	0.0	1.9	4.9	10.4	20.3	62.5	0	10953	24.459	2.233	0.576	0.795	0.644	0.999	0.559	0.853
1930	583	0.0	0.0	0.0	0.0	0.1	2.3	5.3	10.9	21.8	59.7	1000	10921	22.186	2.032	0.542	0.782	0.627	0.999	0.537	0.841
1931	583	0.0	0.0	0.0	0.0	0.1	2.2	5.2	10.9	21.8	59.7	1000	11688	25.381	2.172	0.554	0.784	0.630	0.999	0.595	0.913
1932	583	0.0	0.0	0.0	0.0	0.2	2.3	5.3	11.2	21.4	59.7	1000	11852	25.907	2.186	0.553	0.783	0.626	0.998	0.605	0.926
1933	583	0.0	0.0	0.0	0.0	0.3	2.5	5.7	11.3	20.5	59.6	1500	11771	26.087	2.216	0.547	0.778	0.618	0.998	0.591	0.911
1934	583	0.0	0.0	0.0	0.0	0.5	2.6	5.7	10.9	20.8	59.7	1500	12335	27.401	2.221	0.545	0.778	0.612	0.998	0.631	0.960
1935	583	0.0	0.0	0.0	0.0	0.4	2.5	5.7	11.5	20.7	59.1	1500	12405	27.691	2.232	0.543	0.776	0.614	0.998	0.633	0.968
1936	583	0.0	0.0	0.0	0.0	0.6	2.7	6.2	11.6	21.0	58.0	2000	12658	27.694	2.188	0.528	0.768	0.602	0.997	0.638	0.983
1937	583	0.0	0.0	0.0	0.0	1.0	2.9	6.2	11.3	21.0	57.6	2500	13793	32.212	2.335	0.531	0.766	0.591	0.996	0.716	1.080
KONSUMAEQUIVALENT:																					
JAHR 1929	583	4.1	5.3	6.1	6.9	7.5	8.4	9.5	10.9	13.7	27.6	2116	2668	2.094	0.785	0.086	0.313	0.085	0.139	0.480	0.903
1930	583	4.3	5.4	6.2	6.9	7.6	8.4	9.6	11.2	14.0	26.6	2193	2724	1.970	0.723	0.077	0.304	0.078	0.129	0.468	0.891
1931	583	4.2	5.3	6.0	6.8	7.5	8.3	9.5	11.3	13.9	27.2	2169	2762	2.114	0.766	0.083	0.313	0.084	0.136	0.501	0.933
1932	583	4.0	5.0	5.8	6.7	7.4	8.3	9.7	11.4	14.0	27.9	2133	2758	2.180	0.791	0.089	0.326	0.090	0.146	0.531	0.983
1933	583	3.8	4.9	5.8	6.7	7.5	8.3	9.9	11.6	14.1	27.5	2100	2673	2.145	0.803	0.090	0.328	0.091	0.148	0.508	0.966
1934	583	3.8	4.8	5.7	6.6	7.3	8.2	9.8	11.3	13.9	28.5	2109	2736	2.275	0.832	0.096	0.336	0.095	0.155	0.549	1.014
1935	583	3.9	4.9	5.7	6.6	7.3	8.2	9.6	11.4	14.2	28.1	2116	2727	2.290	0.840	0.095	0.332	0.094	0.152	0.537	0.992
1936	583	4.0	4.9	5.7	6.4	7.2	8.2	9.5	11.3	14.8	28.1	2147	2777	2.316	0.834	0.095	0.335	0.094	0.153	0.558	1.017
1937	583	3.8	4.9	5.6	6.3	7.1	8.1	9.5	11.2	14.5	29.0	2169	2852	2.599	0.911	0.104	0.344	0.101	0.162	0.607	1.083

Figur 8.1 Medianeinkommen verschiedener Bevölkerungsgruppen 1929 bis 1937

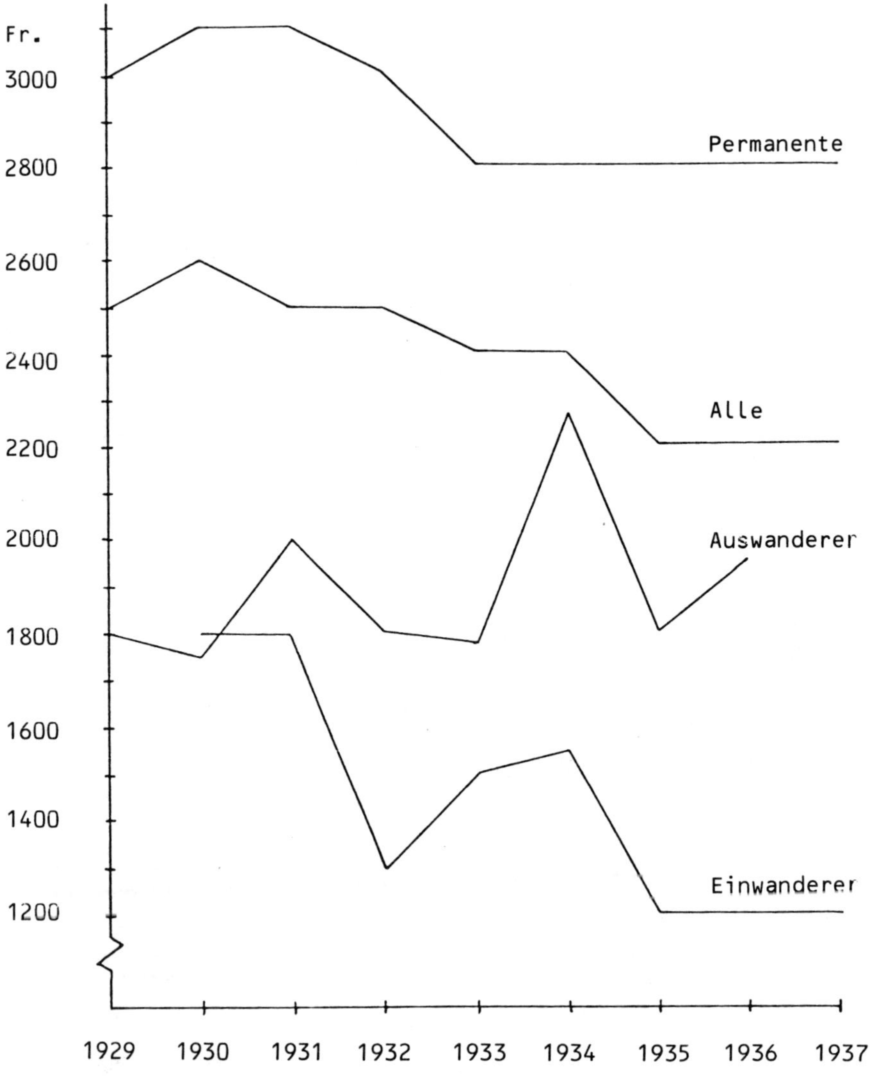

Figur 8.2 Mediane der Konsumäquivalente verschiedener Bevölkerungsgruppen 1929 bis 1937

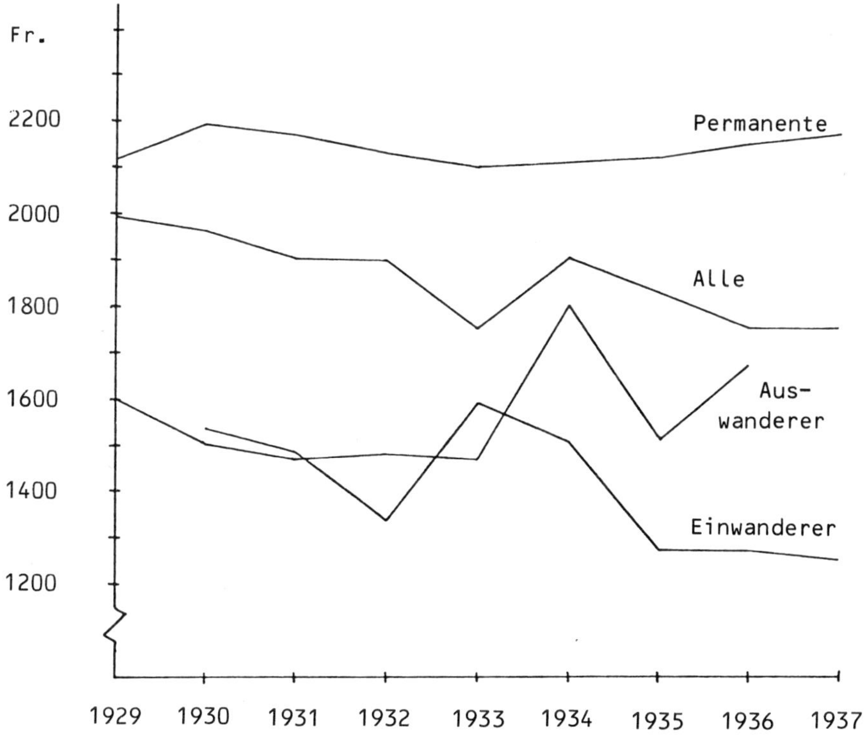

Eine genauere Erfassung der unterschiedlichen Merkmale der Permanenten zeigen die Tabelle 8.1.2, 8.1.3 und 8.1.4 auf, wo im Vergleich zu den relativen Häufigkeiten aller Anwesenden in ausgewählten Kategorien die grösseren relativen Anteile der Permanenten in diesen Kategorien mit "*", die grösseren relativen Anteile der Aus- und Einwanderer in den gleichen Gruppierungen mit "°" gekennzeichnet sind. ("°" betrifft 1929 nur die Auswanderer, 1937 nur die Einwanderer.)

Mit unübersehbarer Deutlichkeit geht daraus hervor, dass sich die permanent Anwesenden hauptsächlich in den mittleren und oberen Einkommensschichten ansiedeln und praktisch in allen positiven Vermögensschichten in allen Jahren überproportional vertreten sind (vgl. u. a. die tiefe Wohnmobilitätsrate der Hausbesitzer gegenüber den Mietern, in Roseman 1971, 270f). Altersmässig gehören die Permanenten vor allem zu den Gruppen von 31 — 70 Jahren. Sie sind männlichen Geschlechts, waadtländischer Herkunft, verheiratet, haben ein oder mehrere Kinder und führen einen Haushalt von zwei und mehr Personen. Nach Berufsgruppen untersucht, finden sich die Permanenten überpro-

Tabelle 8.1.2 Vergleich der relativen Häufigkeiten der Permanenten, der Aus– und Einwanderer mit denjenigen aller Anwesenden nach Einkommens– und Vermögensschichten (*: relative Häufigkeit der Kategorie ist grösser bei den Permanenten, °: bei den Aus– und Einwanderern als bei allen Anwesenden)

	1929	1930	1931	1932	1933	1934	1935	1936	1937
Einkommen:									
0 Fr.	*	*	*	*	*	*	*	*	*
500–1000	°	°	°	°	°	°	°	°	°
1001–1500	°	°	°	°	°	°	°	°	°
1501–2000			°	°	°	°			
2001–2500				*	*	*	*	*°	*
2501–3000	*		*		*	*	*	*	*
3001–3500	*	*			*	*	*		*
3501–4000		*	*	*		*		*	*
4001–4500	*	*	*	*	*	*	*	*	*
4501–5000	*	*	*	*	*	*	*	*	*
5001–6000			*	*			*		*
6001–7000	*			*	*	*	*	*	*
über 7000		*	*	*	*	*	*	*	*
Vermögen:									
0 Fr.	°	°	°	°	°	°	°	°	°
500– 5.000	*	*	*	*	*	*	*	*	*
5.001–10.000	*	*	*	*	*	*	*	*	*
10.001–15.000	*	*	*	*	*	*	*	*	*
15.001–20.000	*	*	*	*	*	*	*	*	*
20.001–30.000	*	*	*	*	*	*	*	*	*
30.001–40.000		*			*	*		*	*
40.001–60.000	*	*	*	*	*	*	*	*	*
über 60.000	*	*	*	*	*	*	*	*	*

Tabelle 8.1.3 Vergleich der relativen Häufigkeiten der Permanenten, der Aus- und Einwanderer mit denjenigen aller Anwesenden nach soziodemographischen Variablen (*: relative Häufigkeit der Kategorie ist grösser bei den Permanenten, °: bei den Aus- und Einwanderern als bei allen Anwesenden)

	1929	1930	1931	1932	1933	1934	1935	1936	1937
Alter:									
Bis 20 J.			°	°		°			
21 - 30 J.	°	°	°	°	°	°	°	°	°
31 - 40 J.	*	*	*	*	*	*	*	*	*
41 - 50 J.	*	*	*	*	*	*	*	*	*
51 - 60 J.	*	*	*	*	*	*	*	*	*
61 - 70 J.	*	*	*	*	*	*	*	*	*
über 70 J.					*	*			
Geschlecht:									
männlich	*	*	*	*	*	*	*	*	*
weiblich	°	°	°	°	°	°	°	°	°
Heimat:									
Waadt	*	*	*	*	*	*	*	*	*
andere Kt.	°	°	°	°	°	°	°	°	°
Frankreich						°			
Italien									
Schweiz	*	*°	*	*	*	*	*	*	*
Ausland						°			
Zivilstand:									
ledig	°	°	°	°	°	°	°	°	°
verheiratet	*	*	*	*	*	*	*	*	*
verwitwet		*	*			*	*		
Kinderzahl:									
kein Kind	°	°	°	°	°	°	°	°	°
1 Kind	*	*	*	*	*	*	*	*	*
2 Kinder	*	*	*	*	*	*	*	*	*
3 Kinder	*	*	*	*	*		°	*	
4 Kinder	*	*	*						
Haushaltgrösse:									
1 Person	°	°	°	°	°	°	°	°	°
2 Personen	*	*	*	*	*	*	*	*	*
3 Personen	*	*	*	*	*	*	*	*	*
4 Personen	*	*	*	*	*	*	*	*	*
5 Personen	*	*	*	*	*		°	*	
6 Personen	*	*	*						

portional vertreten in der Landwirtschaft und im öffentlichen Sektor; infolge der Krise seit 1932 werden in der Metall- und Maschinenbranche die relativen Anteile überverhältnismässig hoch. Wenn die relativen Anteile in den drei Wirtschaftssektoren betrachtet werden, fällt von 1929

Tabelle 8.1.4 Vergleich der relativen Häufigkeiten der Permanenten, der Aus- und Einwanderer mit denjenigen aller Anwesenden nach sozioökonomischen Variablen (*: relative Häufigkeit der Kategorie ist grösser bei den Permanenten, °: bei den Aus- und Einwanderern als bei allen Anwesenden)

	1929	1930	1931	1932	1933	1934	1935	1936	1937
Berufsstruktur:									
Landwirtschaft	*	*	*	*	*	*	*	*	
Nahrung	*	*	*°	*°	*°	*	*°	*°	*
Kleidung			°	°	°	°	°		
Holz								°	
Bau									
Metalle					*	*	*	*	
Maschinen				*	*	*	*	*	*
Uhren							*		
Handel		°							
Gastgewerbe	°	°	°	°	°	°	°	°	°
privater Verk.			°					*	*
öffentl. Sektor	*	*	*	*	*	*	*	*	*
Sektorstruktur:									
1. Sektor	*	*	*°	*	*	*			
2. Sektor				*	*	*	*	*	*
3. Sektor	°	°	°	°	°	°	°	°	°
Ausbildung:									
Ungelernt	°	°	°	°	°	°	°	°	°
Gelernt	*	*	*	*	*	*	*	*	*
Mittelschule		*							
Stellung:									
selbständig	*	*	*	*	*	*	*	*	*
unselbständig	°	°	°		°	°			

bis 1934 der Primär-, von 1932 bis 1937 der Sekundärsektor auf. Die Permanenten sind schliesslich dadurch charakterisiert, dass sie ausbildungsmässig vorwiegend zu den Gelernten zu rechnen sind und bezüglich Stellung im Beruf eine überproportional grosse Zahl von Selbständigerwerbenden umfassen.

Die Untersuchung der Verbundenheit zwischen den Variablen innerhalb der Mengen der Permanenten 1929, 1933 und 1937 ergibt einen relativ hohen symmetrischen Unsicherheitskoeffizienten (über 1.0) für die Beziehungen zwischen Einkommen und Alter, Zivilstand, Kinderzahl, Haushaltgrösse, Berufsgruppe, Sektor und Ausbildung. Beim Vermögen ist ein Koeffizient von über 0.1 nur bezüglich Alter (1929) feststellbar. Und wie bei den Aus- und Einwanderermengen ist die Verbundenheit zwischen Alter und Zivilstand, Kinderzahl und Haushaltgrösse relativ gross.

8.2. Analyse der Mobilitätstypen

8.2.1. Häufigkeiten der Mobilitätstypen von Einkommen und Vermögen

Da es aufgrund der Panelerhebung von J möglich ist, die Einkommens- und Vermögensentwicklung der einzelnen Haushalte über viele Jahre hinweg zu beobachten, wurden im Kapitel II.4.3. die verschiedenartigen Entwicklungen mit Hilfe von sechs Mobilitätstypen charakterisiert. Diese Typisierung, die nur den ordinalen (konstant, grösser, kleiner), nicht den kardinalen Aenderungen Rechnung trägt, wird nun auf die Einkommen und Vermögen der permanent Anwesenden, einer Gruppe von gleichlanger Verweildauer, angewandt.

Die Gliederung nach Mobilitätstypen ergibt folgende Häufigkeiten:

Tabelle 8.2.1 Absolute und relative Häufigkeiten der Mobilitätstypen bei den Permanenten

	Typ 1 konstant	Typ 2 steigend	Typ 3 fallend	Typ 4 1 Max.	Typ 5 1 Min.	Typ 6 Rest
Einkommen (nominell)	69 12%	23 4%	59 10%	76 13%	66 11%	290 50%
Einkommen (real)	90 15%	23 4%	0 0%	76 13%	15 3%	379 65%
Vermögen (nominell)	220 38%	101 17%	22 4%	60 10%	31 5%	149 26%
Vermögen (real)	229 39%	101 17%	2 0%	60 10%	6 1%	185 32%

Aus der Tabelle geht deutlich hervor, dass bei den Einkommen die "Zickzack"-Verläufe (Typ 6) mit Abstand die grössten Häufigkeiten aufweisen, während bei den Vermögen die konstanten Verläufe (Typ 1; davon 209 mit einem Vermögen von null) am zahlreichsten sind. Dies gilt sowohl bei nomineller wie bei realer Basis.

Im folgenden werden auf exemplarische Weise nur die Mobilitätstypen der Einkommen, die häufiger als die Vermögen Veränderungen unterworfen sind, genauer untersucht. Dabei sind die nominellen Werte vorausgesetzt, da bei der Berechnung der realen Werte (Division der nominellen Werte mit dem jährlichen durchschnittlichen Landesindex der Lebenshaltungskosten) die gleichen Einwände wie im Abschnitt 4.2.1. anzubringen sind und da überdies die Gruppierung bei realer Basis weniger deutlich ausfällt.

Es stellen sich folgende Fragen: In welchen Einkommensschichten zu welchen Zeitpunkten sind die Typen mehrheitlich vertreten? Durch welche absoluten Netto- und Bruttoveränderungen sowie durch welche Wachstumsraten in welchen Jahren sind sie vorwiegend gekennzeichnet? Welche Relationen bestehen zu verschiedenen Vermögensaspekten: zu deren Typisierung, Schichten, absoluten Netto- und Bruttoveränderungen sowie zu deren relativen Veränderungen? Wie sind die verschiedenen Mobilitätstypen des Einkommens den soziodemographischen und -ökonomischen Variablen zuzuordnen?

Um die Mobilitätstypen zu charakterisieren, werden in der Regel die relativen Häufigkeiten einer bestimmten Kategorie (Einkommensschicht, Altersgruppe etc.), wie sie bei den einzelnen Typen auftreten, mit der durchschnittlichen relativen Häufigkeit aller Permanenten in dieser Kategorie verglichen. So kann dann beispielsweise gesagt werden, dass die Ledigen eine "überproportional" hohe relative Häufigkeit beim steigenden Mobilitätstyp aufweisen.

8.2.2. Charakterisierung der Mobilitätstypen nach Einkommensaspekten

Bei der Situierung der Mobilitätstypen nach Einkommensschichten wird zunächst als Stichjahr 1929 gewählt. Dabei fällt auf, dass über drei Viertel der konstanten Verläufe (Typ 1) ein Einkommen von null aufweisen (d. s. Haushalte, die nur über Vermögen verfügen). Fast die Hälfte der steigenden Verläufe (Typ 2) erfolgt aus den Schichten von 500 bis 2000 Franken. Die Typen 3 (fallender Verlauf) und 4 (1 Maximum) lassen keine schichtspezifischen Häufigkeiten erkennen, während der Verlauf mit 1 Minimum (Typ 5) zu zwei Dritteln in den Schichten zwischen 1501 und 3500 Fr. vertreten ist. Häufige Einkommensschwankungen (Typ 6) finden schliesslich überwiegend in den Schichten von mehr als 2000 Fr. statt (vgl. Tabelle 8.2.2).

Werden die Mobilitätstypen nach den Einkommen von 1933 und 1937 untersucht, bleiben die Häufigkeiten von Typ 1 selbstverständlich gleich gross. Die relativen Häufigkeiten von Typ 2 nehmen in den Schichten von 500 bis 2000 Fr. bedeutsam ab (von der Hälfte 1929 auf einen Viertel 1937). Typ 3 ist dagegen in den gleichen Schichten immer häufiger vertreten (von 34% 1929 auf 51% 1937) — eine Entwicklung also, die sich zum Teil aus der steigenden bzw. fallenden Tendenz der beiden Typen erklären lässt. (Es wäre aber denkbar, dass die abnehmenden Häufigkeiten des Typs 2 und die zunehmenden Häufigkeiten des Typs 3 in den untern Einkommensschichten durch andere Einkommensverläufe neutralisiert oder sogar übertroffen würden.) Während beim Typ 4 auch

Figur 8.2.2 Mobilitätstypen nach Einkommensschichten

COUNT / ROW PCT / COL PCT / TOT PCT		KONSTANT 1	STEIGEND 2	FALLEND 3	1 MAX. 4	1 MIN. 5	REST 6	ROW TOTAL
	1	54	0	0	0	0	0	54
0 FRANKEN		100.0	0.0	0.0	0.0	0.0	0.0	9.3
		78.3	0.0	0.0	0.0	0.0	0.0	
		9.3	0.0	0.0	0.0	0.0	0.0	
	2	1	4	4	6	1	14	30
1 - 1000		3.3	13.3	13.3	20.0	3.3	46.7	5.1
		1.4	17.4	6.8	7.9	1.5	4.8	
		0.2	0.7	0.7	1.0	0.2	2.4	
	3	4	7	16	14	12	39	92
1001 - 2000		4.3	7.6	17.4	15.2	13.0	42.4	15.8
		5.8	30.4	27.1	18.4	18.2	13.4	
		0.7	1.2	2.7	2.4	2.1	6.7	
	4	4	5	8	14	26	68	125
2001 - 3000		3.2	4.0	6.4	11.2	20.8	54.4	21.4
		5.8	21.7	13.6	18.4	39.4	23.4	
		0.7	0.9	1.4	2.4	4.5	11.7	
	5	4	1	14	16	14	51	100
3001 - 4000		4.0	1.0	14.0	16.0	14.0	51.0	17.2
		5.8	4.3	23.7	21.1	21.2	17.6	
		0.7	0.2	2.4	2.7	2.4	8.7	
	6	2	2	11	14	10	67	106
4001 - 5000		1.9	1.9	10.4	13.2	9.4	63.2	18.2
		2.9	8.7	18.6	18.4	15.2	23.1	
		0.3	0.3	1.9	2.4	1.7	11.5	
	7	0	2	1	5	0	17	25
5001 - 6000		0.0	8.0	4.0	20.0	0.0	68.0	4.3
		0.0	8.7	1.7	6.6	0.0	5.9	
		0.0	0.3	0.2	0.9	0.0	2.9	
	8	0	0	3	7	1	15	26
6001 - 7000		0.0	0.0	11.5	26.9	3.8	57.7	4.5
		0.0	0.0	5.1	9.2	1.5	5.2	
		0.0	0.0	0.5	1.2	0.2	2.6	
	9	0	2	2	0	2	19	25
UEBER 7000		0.0	8.0	8.0	0.0	8.0	76.0	4.3
		0.0	8.7	3.4	0.0	3.0	6.6	
		0.0	0.3	0.3	0.0	0.3	3.3	
COLUMN TOTAL		69	23	59	76	66	290	583
		11.8	3.9	10.1	13.0	11.3	49.7	100.0

in den Jahren 1933 und 1937 keine schichtsspezifischen Häufigkeiten feststellbar sind, verschiebt sich der Hauptanteil (zwei Drittel) des Typs 5 von den Schichten 1501 bis 3500 Fr. (1929) in die Schichten 501 bis 2500 Fr. (1933) und daraufhin in die Schichten 1001 bis 2000 Fr. (1937); mit andern Worten, es ist ein deutlicher Einkommensverlust einer grossen Mehrheit dieser Gruppe zu beobachten, der nach der Krise nur noch teilweise wieder korrigiert werden konnte. Was den Typ 6 (restliche

Fälle) 1933 und 1937 betrifft, zeigt sich, dass die überproportional grossen Häufigkeiten von Zickzack-Verläufen vermehrt in den Schichten über 3000 Fr. (1933) bzw. 2500 Fr. (1937) vorkommen.

Die absoluten Nettoeinkommensänderungen zwischen 1929 und 1937 stellen ein Ergebnis der in den neun Jahren stattfindenden Einkommensdynamik dar (vgl. Tabelle 8.2.3). In der Gruppe mit konstantem Verlauf sind sie per definitionem gleich null, in der Gruppe vom Typ 2 positiv, in derjenigen vom Typ 3 negativ. Entsprechend der allgemeinen Einkommensentwicklung während der neun Jahre sind bei den Typen 4, 5 und 6 die relativen Häufigkeiten der Nettozunahmen kleiner als diejenigen der Nettoabnahmen, und die Häufigkeiten der konstanten Fälle sind gering.

Tabelle 8.2.3 Relative Häufigkeiten der absoluten Nettoeinkommensänderungen 1929–1937 nach Mobilitätstypen in %

Nettoeinkommensänderung	Typ 1	Typ 2	Typ 3	Typ 4	Typ 5	Typ 6	Alle
unter -1000 Fr.	–	–	22	12	17	14	13
-501 bis -1000	–	–	36	9	18	16	15
-1 bis -500	–	–	42	28	33	25	24
0 Franken	100	–	–	9	6	6	17
1 bis 500	–	52	–	18	12	15	13
501 bis 1000	–	35	–	12	11	12	10
über 1000 Fr.	–	13	–	11	3	13	9
Insgesamt	100	100	100	100	100	100	100
(Anzahl Fälle)	(69)	(23)	(59)	(76)	(66)	(290)	(583)

Die absoluten Bruttoeinkommensänderungen verdeutlichen die Schwankungen, denen die Einkommen der Haushalte im Laufe der Jahre unterworfen sind, und sind insbesondere bei den Typen 4, 5 und 6 aussagekräftig (vgl. Tabelle 8.2.4). Während die Bruttoveränderungen bei einem Einkommensverlauf mit 1 Maximum und mit 1 Minimum zu einem grossen Teil zwischen 1001 und 2000 Fr. liegen, sind sie bei der Gruppe mit Zickzack-Verlauf in der Kategorie von über 3000 Fr. am häufigsten, was sich u. a. daraus verstehen lässt, dass dieser Mobilitätstyp überproportional in den obern Einkommensschichten vertreten ist.

Die jährlichen relativen Einkommensänderungen (Wachstumsraten) sind nach ihren relativen Häufigkeiten in der Tabelle 8.2.5 zusammengestellt. Werden als erstes alle permanent Anwesenden insgesamt betrachtet, zeigt sich, dass in den Jahren 1929—30 und 1930—31 die relativen Häufigkeiten der positiven Raten grösser sind als diejenigen der negati-

Tabelle 8.2.4 Relative Häufigkeiten der absoluten Bruttoeinkommensänderungen 1929–1937 nach Mobilitätstypen in %

Bruttoeinkommensänderung	Typ 1	Typ 2	Typ 3	Typ 4	Typ 5	Typ 6	Alle
0 Franken	100	–	–	–	–	–	12
1 - 500	–	52	42	8	9	3	10
501 - 1000	–	35	36	25	26	12	17
1001 - 2000	–	9	12	46	35	29	26
2001 - 3000	–	4	7	13	15	21	15
über 3000	–	–	3	8	15	34	20
Insgesamt	100	100	100	100	100	100	100
(Anzahl Fälle)	(69)	(23)	(59)	(76)	(66)	(290)	(583)

Tabelle 8.2.5 Relative Häufigkeiten der jährlichen relativen Einkommensänderungen in %

	29–30	30–31	31–32	32–33	33–34	34–35	35–36	36–37
Alle Permanenten: 583								
unter -10%	7	12	20	16	10	8	9	11
-1 bis -10%	14	11	15	18	12	22	18	22
0%	48	48	40	50	57	47	50	39
1 bis 10%	13	17	16	10	11	11	10	13
über 10%	19	12	9	7	11	11	13	15
Verlauf mit 1 Maximum: 76								
unter -10%	–	7	15	8	12	12	9	18
-1 bis -10%	–	3	8	19	9	32	17	45
0%	30	47	42	61	63	50	61	37
1 bis 10%	32	26	26	12	9	9	7	–
über 10%	38	17	9	1	7	1	5	–
Verlauf mit 1 Minimum: 66								
unter -10%	12	26	39	32	14	3	3	–
-1 bis -10%	14	21	20	17	9	14	8	–
0%	74	49	33	42	56	47	56	38
1 bis 10%	–	2	3	3	8	11	15	29
über 10%	–	3	5	6	14	26	18	33
Zickzack-Verlauf: 290								
unter -10%	9	14	24	21	12	13	14	14
-1 bis -10%	20	14	20	25	17	26	26	26
0%	29	28	20	28	38	29	29	22
1 bis 10%	16	25	23	25	17	16	14	18
über 10%	26	19	14	11	17	16	18	20

ven Raten. Anschliessend tritt eine markante Wendung ein: die negativen relativen Veränderungen sind von jetzt an häufiger als die positiven. (Nur 1933—34 sind sie gleich gross.)

Die jährlichen Wachstumsraten der Gruppe vom Mobilitätstyp 4 (mit 1 Maximum) sind in den ersten Jahren erwartungsgemäss vorwiegend positiv und in den späteren Jahren mehrheitlich negativ. Umgekehrt verhält es sich bei der Gruppe, die durch einen Einkommensverlauf mit 1 Minimum gekennzeichnet ist. Die Gruppe vom Typ 6 weist — wie bei allen permanent Anwesenden insgesamt — die gleiche Umkehrung der relativen Häufigkeiten von negativen und positiven Raten beim Kriseneinbruch von 1931—32 auf. Die negativen relativen Einkommenseinbussen sind fortan bedeutend häufiger (mit Ausnahme des Jahres 1933—34).

8.2.3. Charakterisierung der Mobilitätstypen der Einkommen nach Vermögensaspekten

Die Zuordnung der Mobilitätstypen der Vermögen zu denjenigen der Einkommen zeigt die Tabelle 8.2.6. Bei konstantem Einkommen ist das Vermögen vorwiegend fluktuierend (Typ 6). Nimmt das Einkommen in den neun Jahren zu, bleibt das Vermögen weitgehend konstant. Auch die Einkommensverläufe mit 1 Maximum und mit 1 Minimum sowie diejenigen vom Typ 6 sind zu einem grossen Teil (ca. 40%) konstantem Vermögen zugeordnet. Wenn die Einkommen fallen, haben ein Drittel der Vermögen einen Zickzack-Verlauf.

Die Situierung der Mobilitätstypen der Einkommen nach Vermögensschichten (Stichjahre 1929, 1933, 1937) zeigt ein z. T. komplementäres Bild zur Situierung nach Einkommensschichten. Der konstante Verlaufstyp ist überproportional bei den Vermögen von mehr als 10'000 Fr. vertreten, wogegen das Einkommen zumeist null ist. Demgegenüber haben in der Gruppe vom Typ 6 überverhältnismässig viele Haushalte kein oder nur ein kleines Vermögen, wohl aber ein höheres Einkommen. Steigende Einkommensverläufe sind mehrheitlich in den Vermögensschichten von 0 bis 10'000 Fr. festzustellen, fallende Verläufe dagegen vor allem bei einem Vermögen von über 5000 Franken. Die Verlaufstypen mit 1 Maximum und mit 1 Minimum sind schliesslich relativ häufig in den Schichten von 0 bis 15'000 Fr. zu beobachten.

Werden die absoluten Nettovermögensänderungen von 1929 bis 1937 mit den Einkommenstypen verglichen (vgl. Tabelle 8.2.7), so zeigt sich bei fast der Hälfte der Haushalte mit konstantem Einkommen ein Vermögensverlust; nur 19% dieser Haushaltkategorie bewahren das gleiche Vermögen und 32% davon gelingt es, das Vermögen zu vermehren. Bei

Tabelle 8.2.6 Kreuztabelle der Mobilitätstypen der Einkommen und Vermögen

Einkommen

Vermögen	COUNT / ROW PCT / COL PCT / TOT PCT	KONSTANT 1	STEIGEND 2	FALLEND 3	1 MAX. 4	1 MIN. 5	REST 6	ROW TOTAL
KONSTANT	1	10	13	16	29	25	127	220
		4.5	5.9	7.3	13.2	11.4	57.7	37.7
		14.5	56.5	27.1	38.2	37.9	43.8	
		1.7	2.2	2.7	5.0	4.3	21.8	
STEIGEND	2	9	3	13	18	18	40	101
		8.9	3.0	12.9	17.8	17.8	39.6	17.3
		13.0	13.0	22.0	23.7	27.3	13.8	
		1.5	0.5	2.2	3.1	3.1	6.9	
FALLEND	3	9	1	3	1	3	5	22
		40.9	4.5	13.6	4.5	13.6	22.7	3.8
		13.0	4.3	5.1	1.3	4.5	1.7	
		1.5	0.2	0.5	0.2	0.5	0.9	
1 MAX.	4	6	0	3	5	6	40	60
		10.0	0.0	5.0	8.3	10.0	66.7	10.3
		8.7	0.0	5.1	6.6	9.1	13.8	
		1.0	0.0	0.5	0.9	1.0	6.9	
1 MIN.	5	5	2	4	5	2	13	31
		16.1	6.5	12.9	16.1	6.5	41.9	5.3
		7.2	8.7	6.8	6.6	3.0	4.5	
		0.9	0.3	0.7	0.9	0.3	2.2	
REST	6	30	4	20	18	12	65	149
		20.1	2.7	13.4	12.1	8.1	43.6	25.6
		43.5	17.4	33.9	23.7	18.2	22.4	
		5.1	0.7	3.4	3.1	2.1	11.1	
COLUMN TOTAL		69	23	59	76	66	290	583
		11.8	3.9	10.1	13.0	11.3	49.7	100.0

allen andern Mobilitätstypen sind die relativen Häufigkeiten der Vermögensverluste kleiner und diejenigen der Vermögenskonstanz und -zunahme grösser.

Tabelle 8.2.7 Relative Häufigkeiten der absoluten Nettovermögensänderungen 1929–1937 nach Mobilitätstypen in %

Nettovermögens-änderung	Typ 1	Typ 2	Typ 3	Typ 4	Typ 5	Typ 6	Alle
unter -1000 Fr.	10	0	3	1	3	2	3
-501 bis -1000	20	4	0	3	3	2	4
-1 bis -500	17	4	14	8	9	8	10
0 Franken	19	57	36	42	39	50	43
1 bis 500	13	9	24	24	24	23	22
501 bis 1000	9	4	10	11	11	5	7
über 1000 Fr.	12	22	14	12	11	10	11
Insgesamt	100	100	100	100	100	100	100

Im Gegensatz zur Tabelle der absoluten Bruttoveränderungen der Einkommen (8.2.4) weist die Tabelle der absoluten Bruttoveränderungen der Vermögen (8.2.8) keine besondern typenspezifische Unterschiede auf. Vor allem besteht eine grosse Aehnlichkeit der Verteilung

Tabelle 8.2.8 Relative Häufigkeiten der absoluten Bruttovermögensänderungen 1929–1937 nach Mobilitätstypen in %

Bruttovermö-gensänderung	Typ 1	Typ 2	Typ 3	Typ 4	Typ 5	Typ 6	Alle
0 Franken	15	57	27	38	38	44	38
1 - 500	20	13	29	24	29	26	25
501 - 1000	22	4	15	16	14	8	12
1001 - 2000	13	13	9	13	12	11	12
2001 - 3000	12	9	12	5	5	4	6
über 3000	19	4	9	4	3	8	8

Tabelle 8.2.9 Relative Häufigkeiten der jährlichen relativen Vermögensänderungen in %

Alle Permanenten: 583

	29–30	30–31	31–32	32–33	33–34	34–35	35–36	36–37
unter −10%	6	6	6	6	5	5	5	6
−1 bis −10%	4	3	6	8	4	7	8	8
0%	69	71	72	70	70	70	68	62
1 bis 10%	8	8	8	7	10	8	11	8
über 10%	12	12	8	9	11	9	8	17

Verlauf mit 1 Maximum: 76

	29–30	30–31	31–32	32–33	33–34	34–35	35–36	36–37
unter −10%	7	4	7	7	4	7	5	0
−1 bis −10%	4	2	4	4	7	9	4	9
0%	70	73	77	73	73	66	79	70
1 bis 10%	9	11	7	5	4	4	5	11
über 10%	11	11	9	11	13	14	7	11

Verlauf mit 1 Minimum: 66

	29–30	30–31	31–32	32–33	33–34	34–35	35–36	36–37
unter −10%	3	3	5	7	5	3	3	7
−1 bis −10%	5	5	3	9	2	3	3	9
0%	71	74	74	69	72	78	71	59
1 bis 10%	2	3	7	5	7	7	14	2
über 10%	19	14	10	10	14	9	9	24

Zickzack-Verlauf: 290

	29–30	30–31	31–32	32–33	33–34	34–35	35–36	36–37
unter −10%	5	8	7	6	5	6	4	6
−1 bis −10%	3	1	5	5	3	3	4	6
0%	76	76	75	76	74	76	76	69
1 bis 10%	4	5	5	4	8	5	6	3
über 10%	13	10	8	8	10	10	9	16

der relativen Häufigkeiten bei den Typen 4, 5 und 6 im Vergleich zur Verteilung aller Permanenten.

Die jährlichen Wachstumsraten der Vermögen sind bedeutend häufiger null als bei den Einkommen (vgl. Tabelle 8.2.9). Darüber hinaus fällt auf, dass die relativen Häufigkeiten der positiven Wachstumsraten praktisch immer grösser sind als diejenigen der negativen Raten. Im Unterschied zu den relativen Einkommensveränderungen kann also bei den Vermögensveränderungen kein Kriseneinbruch 1932—33 beobachtet werden, was überdies auch die im Vergleich zum Einkommen geringeren Häufigkeiten vom Mobilitätstyp 3 und 5 zum Ausdruck bringen (vgl. Tabelle 8.2.1).

8.2.4. Charakterisierung der Mobilitätstypen der Einkommen nach soziodemographischen und -ökonomischen Variablen

Wie aufgrund der "Lebenszyklus"-Hypothese (vgl. III.5.2.1.) zu erwarten ist, sind die Mobilitätstypen je nach Alter sehr verschieden. Die grösste relative Häufigkeit des steigenden Typs (2) ist in der Altersgruppe der 21-30-Jährigen (Stichjahr 1929) zu finden, während der konstante (zumeist mit Einkommen von null) und fallende Typ (1 bzw. 3) bei den 61-70-Jährigen am häufigsten ist. In der Gruppe vom Typ 4 (Verlauf mit 1 Maximum) sind die 41-50-Jährigen am stärksten vertreten. In den Gruppen vom Typ 5 (1 Minimum) und 6 (Zickzack-Verlauf) erreichen die 31-40-Jährigen die höchsten relativen Häufigkeiten, was dahingehend interpretiert werden kann, dass vor allem diese Altersgruppe während der Krise spürbare Einkommensverluste in Kauf nehmen musste, die aber nicht so gross waren, dass die Haushalte auswandern mussten (vgl. 7. Kapitel); vielmehr konnte die Einkommenslage gegen Ende der Krise wieder verbessert werden.

Geschlechtsspezifische Unterschiede beim Typ 1 und 2, wo eine überproportional hohe relative Häufigkeit der Frauen festzustellen ist, lassen sich im ersten Fall auf den grossen Witwenanteil (mit Einkommen von null) und im zweiten Fall auf die jungen ledigen erwerbstätigen Frauen zurückführen.

Die Charakterisierung der Mobilitätstypen nach Bürgerort zeigt überverhältnismässig grosse relative Häufigkeiten der Waadtländer im Typ 1 und 3. Die andern Schweizer sind übervertreten in der Gruppe mit Zickzack-Verlauf, während die Franzosen und Italiener überproportional den Typen 4 und 5 zuzuordnen sind.

Die relativ starke Verbundenheit von Alter und Zivilstand (vgl. Kapitel 4.9.) macht die Zuordnung dieser soziodemographischen Variablen zu den verschiedenen Mobilitätstypen verständlich. Die Ledigen (Stichjahr 1929) haben eine überproportional hohe relative Häufigkeit beim steigenden, die Verwitweten beim konstanten Mobilitätstyp und die Verheirateten bei den restlichen Typen.

Werden die Mobilitätstypen nach 12 Berufsgruppen charakterisiert, fällt beim konstanten Typ vor allem die Landwirtschaft mit einer überproportional grossen relativen Häufigkeit auf. Analoges gilt beim steigenden Typ für die Nahrungsmittelbranche. Die Maschinenbranche ist mit 40% bzw. 60% beim fallenden Typ bzw. beim Typ mit 1 Minimum vertreten, während der öffentliche Sektor beim Typ 4 und 6 die grössten Häufigkeiten aufweist.

Aehnliches lässt sich bei der Untersuchung nach Wirtschaftssektoren beobachten. Der Primärsektor hat eine überproportional hohe relative Häufigkeit insbesondere beim konstanten Typ. Der Sekundärsektor zeichnet sich dadurch beim Typ 5 (1 Minimum) und — wegen seiner partiellen lokalen Bedeutung (vgl. Nahrungsmittelbranche u. a.) — beim Typ 2 aus. Stark geprägt durch den öffentlichen Sektor, sind die relativen Häufigkeiten des Tertiärsektors überdurchschnittlich hoch beim Mobilitätstyp 4 und 6.

Die Charakterisierung der Mobilitätstypen nach Ausbildungsgruppen zeigt — ohne Berücksichtigung der nichtzugeordneten Fälle — überproportional hohe Häufigkeiten der Ungelernten beim konstanten und steigenden Typ, der Gelernten beim fallenden Typ sowie beim Verlaufstyp mit 1 Minimum und derjenigen mit Mittelschulausbildung beim steigenden Typ und beim Typ mit 1 Maximum. Bei den Selbständigerwerbstätigen ist insbesondere eine überproportional hohe relative Häufigkeit beim Typ 3 und 4 zu beobachten; die Unselbständigen sind mehrheitlich den andern Verlaufstypen zuzuordnen.

9. Längsschnittanalysen von Einkommens-, Vermögens- und Konsumäquivalentsgruppen

9.1. Einleitung

Die Längsschnittanalysen, die im vorhergehenden Kapitel mit der Untersuchung der permanent Anwesenden begonnen haben, werden fortgesetzt, indem bestimmte Gruppen von Variablen in ihren verschiedenartigen Veränderungen über die neun Jahre betrachtet werden. Ausgehend von der Gruppendefinition im ersten Paneljahr, wird zunächst das Verweilen bzw. Verschwinden der steuerpflichtigen Haushalte (zu den Gründen des Verschwindens vgl. 3.2.3.) sowie deren Einkommen und Vermögen in diesem Zeitraum beobachtet. Sodann werden insbesondere die jährlich verschwindenden Haushalte dieser Gruppen untersucht. (Weil die Definition des Verschwindens auch die provisorischen Fälle umfasst, ist es möglich, dass die Häufigkeit der Anwesenden in einem späteren Jahr wegen der wieder erscheinenden Fälle grösser als in einem vorhergegangenen Jahr ist. Die Summe der jährlich verschwindenden Fälle kann deshalb grösser als die Differenz der Haushalte von 1929 und 1937 sein.)

Diese Analyse von allmählich kleiner werdenden Untermengen wird ergänzt durch Untersuchungen von Gruppen, die, aufgrund von bestimmten Eigenschaften im letzten Paneljahr definiert, von 1929 an in der Regel von Jahr zu Jahr grösser werden (bzgl. der Gründe des Erscheinens vgl. 3.2.3.). Auf diese Weise wird nicht nur die Entwicklung der Ausgangsmengen und deren Verteilungen im Laufe der Jahre, d. h. während der Krise, sichtbar, sondern auch das Zustandekommen von Zielmengen und deren Verteilungen rückt ins Blickfeld. Die jährlich anwesenden Haushalte werden nach verschiedenen Einkommens- und Vermögensaspekten untersucht, wobei den jährlich neu erscheinenden Haushalten eine besondere Beachtung geschenkt wird.

9.2. Längsschnittmengen von Einkommensgruppen

9.2.1. Prozesse des Verschwindens und Erscheinens von Haushalten

Für die Konstituierung der drei Einkommensgruppen gelten die Intervalle von 500 bis 2000 Fr., 2001 bis 4000 Fr. und über 4000 Fr., womit im Stichjahr 1929 alle Haushalte mit positivem Einkommen, das sind 91% der 1407 Haushalte, erfasst sind; im Stichjahr 1937 sind es 92% der 1287 Haushalte. Figur 9.1 zeigt die Entwicklungen der relativen Häufigkeiten der Einkommensgruppen, die von 1929 bis 1937 stark abnehmen bzw.

Figur 9.1 Relative Häufigkeiten der drei Einkommensschichten 1929 und 1937

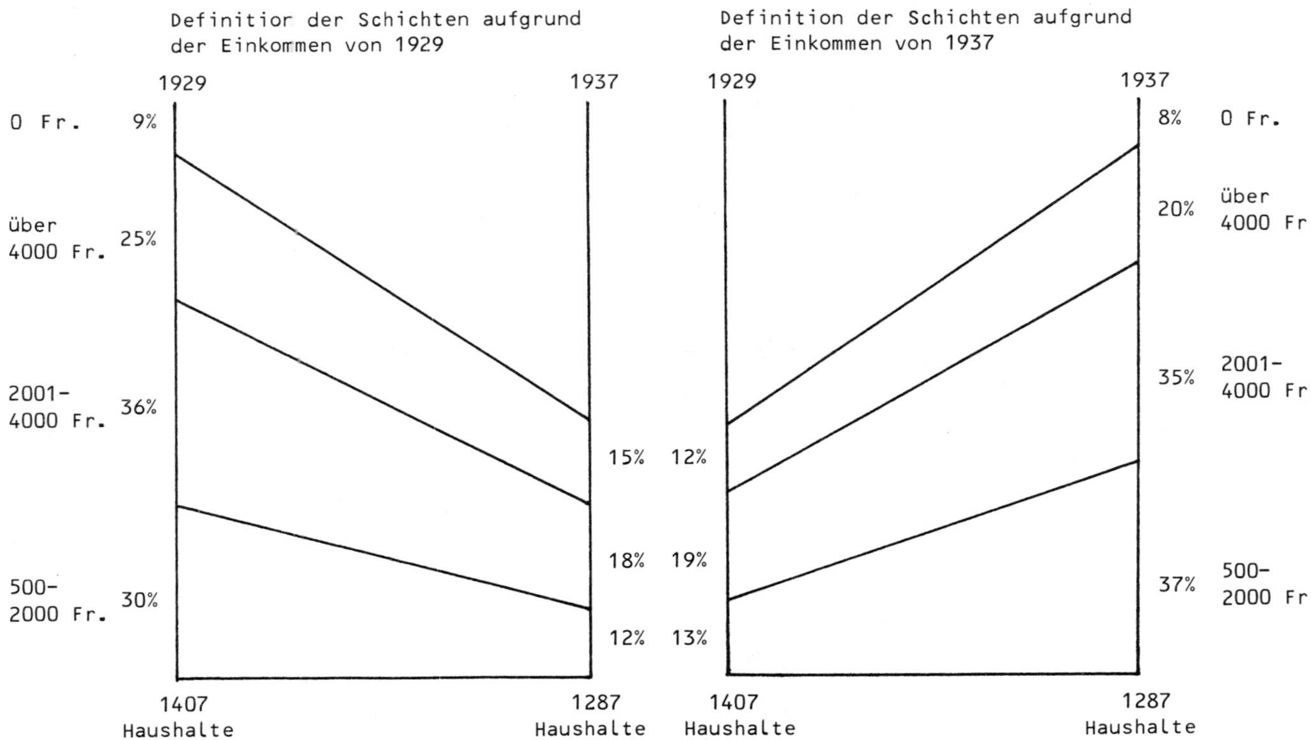

erheblich wachsen. Wieviel permanent und nichtpermanent Anwesende in diesen Gruppen vorhanden sind, geht aus der Tabelle 9.2.1 hervor. In der unteren Einkommensschicht mit Stichjahr 1929 und 1937 sind nur etwa 30% Permanente zu beobachten. In der mittleren Schicht mit Stichjahr 1929 verweilen immer noch weniger als die Hälfte (44%) alle neun Jahre im Panel. Wird diese Schicht aufgrund der Einkommen von 1937 definiert, was im Vergleich zum allgemein tieferen Niveau 1937 eine relativ höhere Situierung dieser Gruppe impliziert, machen die Permanenten über 50% dieser Gruppe aus. Und auch in der oberen Einkommensschicht mit Stichjahr 1929 und 1937 sind die Permanenten mehrheitlich vertreten. Wie schon beim Vergleich der Wanderer mit den Permanenten im 8. Kapitel festgestellt wurde, lässt sich auch aufgrund dieser Längsschnittanalysen eine abnehmende "Mobilität", verstanden als Erscheinen und Verschwinden im Panel, bei steigendem Einkommen erkennen.

Diese Mobilität kommt noch detaillierter in der Tabelle 9.2.2 zum Ausdruck. Insgesamt fällt auf, dass die einzelnen Einkommensgruppen im Längsschnitt sehr grossen Veränderungen unterworfen sind. Im Un-

Tabelle 9.2.1 Häufigkeiten der permanent (P) und nichtpermanent (NP) Anwesenden nach Einkommensschichten

Einkommens- schicht	1929 abs.	 rel.	 P/NP	Verän- derung	 P/NP	1937 abs.	 rel.
500–2000 Fr. (1929)	425	30%	P: 122 (29%) NP: 303 (71%)	–267		158	12%
(1937)	189	13%		+287	P: 143 (30%) NP: 333 (70%)	476	37%
2001–4000 Fr. (1929)	513	36%	P: 225 (44%) NP: 288 (56%)	–276		237	18%
(1937)	271	19%		+177	P: 234 (52%) NP: 214 (48%)	448	35%
über 4000 Fr. (1929)	347	25%	P: 182 (52%) NP: 165 (48%)	–153		194	15%
(1937)	165	12%		+86	P: 152 (61%) NP: 99 (39%)	251	20%
Gesamt- bevölkerung	1407	100%		–120		1287	100%

Tabelle 9.2.2 Häufigkeiten der jährlich anwesenden, verschwindenden und erscheinenden Haushalte nach Einkommensschichten

	Jahr	anwesend	verschwinden:[+]	provis.	inf.Heirat	inf.Tod	Auswand.	anwesend	erscheinen:	provis.	Einwand.
500-2000 Fr.	1929	425	111	20	2	-	89	189	-	-	-
	1930	314	51	6	1	3	41	204	24	-	24
	1931	276	55	17	3	1	34	225	24	6	18
	1932	224	32	9	-	-	23	228	28	2	26
	1933	199	32	9	1	2	20	242	34	6	28
	1934	180	12	2	1	1	8	271	45	14	31
	1935	181	22	3	1	2	16	310	51	16	35
	1936	170	18	-	-	1	17	363	62	22	40
	1937	158	-	-	-	-	-	476	113	28	85
2001-4000 Fr.	1929	513	66	11	-	2	53	271	-	-	-
	1930	447	40	8	1	3	28	297	31	-	31
	1931	413	66	23	-	3	40	325	30	1	29
	1932	351	39	13	-	6	20	326	21	2	19
	1933	323	26	7	-	1	18	326	20	6	14
	1934	304	16	1	-	3	12	341	23	9	14
	1935	301	22	2	-	5	15	368	33	15	18
	1936	287	30	-	-	3	27	400	39	16	23
	1937	273	-	-	-	-	-	448	48	19	29
über 4000 Fr.	1929	347	35	2	-	2	31	165	-	-	-
	1930	312	13	-	-	1	12	173	12	-	12
	1931	299	17	3	-	1	13	181	10	2	8
	1932	282	28	2	-	2	24	186	9	-	9
	1933	256	18	2	-	1	15	196	12	1	11
	1934	239	18	2	-	-	16	210	15	4	11
	1935	225	20	1	-	1	18	224	16	3	13
	1936	207	16	-	-	-	16	233	11	1	10
	1937	194	-	-	-	-	-	251	18	6	12

+:Diese Häufigkeit muss wegen der Provisorischen nicht der Differenz der jährlichen Gesamtzahlen entsprechen.

terschied zur Analyse der Wanderungen (vgl. 7. Kapitel) lassen sich hier jedoch schwerlich einkommensschichtspezifische Verhaltensweisen feststellen.

9.2.2. Dynamik der Einkommen und Vermögen

Hinweise auf die Einkommens- und Vermögensentwicklungen innerhalb der Schichten geben die Tabellen 9.2.3 bis 9.2.5. Sowohl die Mediane wie die Mittelwerte der Einkommen weisen in allen Schichten fallende Tendenz auf (vgl. Tabelle 9.2.3); ausgenommen davon sind lediglich die Mittelwerte der untern Schicht (1929) sowie die Mittel- und

Tabelle 9.2.3 Jährliche Entwicklung der Median- und Mittelwerte der Einkommen und Vermögen nach Einkommensschichten

Jahr	Einkommen		Vermögen	Einkommen		Vermögen
	Median	Mittel	Mittel	Median	Mittel	Mittel
500–2000 Fr. (1929):				500–2000 Fr. (1937):		
1929	1300	1326	2860	1800	1835	8135
1930	1500	1515	4236	1700	1861	7062
1931	1400	1520	4490	1500	1661	8251
1932	1400	1452	5984	1250	1401	8871
1933	1300	1443	6007	1200	1304	7893
1934	1400	1537	4775	1200	1312	7530
1935	1400	1481	4845	1200	1271	6758
1936	1400	1539	5094	1200	1274	6056
1937	1250	1535	5712	1200	1239	5308
2001–4000 Fr. (1929):				2001–4000 Fr. (1937):		
1929	2900	2958	4062	3000	3131	3989
1930	3000	3064	4483	3100	3207	3775
1931	2900	3005	5131	3100	3175	3717
1932	2800	2912	5914	3150	3152	3640
1933	2800	2796	6299	3050	3012	3718
1934	2800	2796	7196	3000	2983	3764
1935	2700	2779	7031	3000	2917	3533
1936	2600	2781	7505	2850	2914	3579
1937	2700	2836	7632	2900	2972	3631
über 4000 Fr. (1929):				über 4000 Fr. (1937):		
1929	4900	5597	9705	4900	5413	9976
1930	5000	5527	10387	5000	5492	10340
1931	5000	5625	11513	5150	5656	10594
1932	5150	5643	12134	5200	5625	10247
1933	5100	5521	11715	5100	5550	10288
1934	5000	5450	12523	5150	5575	10202
1935	4900	5290	13504	5150	5539	9906
1936	4700	5212	13884	5150	5649	9725
1937	4500	5143	15647	5100	5761	10530

Medianwerte der oberen Schicht (1937), die offenbar "gestärkt" aus der Krise hervorgeht.

Die Entwicklung der Einkommensveränderungen ist in der Tabelle 9.2.4 zusammengefasst, indem die Häufigkeiten der jährlichen positiven und negativen Veränderungen verglichen werden. Sind die Veränderungen überwiegend positiv, wird ein "+" gesetzt; sind sie mehrheitlich negativ, steht ein "—" und bei gleicher Häufigkeit ein "=". Diese Informationsraffung ergibt in allen Schichten überwiegend negative Veränderungen im Jahr 1932—33. Darüber hinaus wird deutlich, dass eine Kriseninzidenz zuerst in der unteren und mittleren, erst später in der oberen Einkommensschicht zu beobachten ist.

Tabelle 9.2.4 Vergleich der relativen Häufigkeiten der jährlichen positiven und negativen Einkommensänderungen (+: mehr positive, –: mehr negative, =: gleich viel Aenderungen)

Jahr	Schicht: 500–2000 (1929)	(1937)	Schicht: 2001–4000 (1929)	(1937)	Schicht: über 4000 (1929)	(1937)
1929–30	+	+	+	+	+	+
1930–31	=	–	–	+	+	+
1931–32	–	–	–	–	+	+
1932–33	–	–	–	–	–	–
1933–34	+	+	+	+	–	+
1934–35	+	+	+	–	–	–
1935–36	+	+	–	–	–	+
1936–37	+	+	+	+	–	–

Ein anderes Kriterium zur Erfassung der Einkommensdynamik der einzelnen Schichten ist das Ueber- bzw. Unterschreiten einer Intervallgrenze. Da die untere Einkommensgruppe alle positiven Einkommen bis und mit 2000 Fr. umfasst, sodass ein Unterschreiten der Grenze nur auf 0 Franken hin möglich ist (was relativ selten vorkommt), wird eine schichtinterne Schwelle von 1000 Fr. gesetzt, um Veränderungen nach unten erkennen zu können. Analog dazu wird in der oberen Einkommensschicht eine Schwelle von 6000 Fr. angenommen. Die jährlichen relativen Häufigkeiten der Grenzüberschreitungen nach oben und unten in den verschiedenen Einkommensgruppen finden sich in der Tabelle 9.2.5. Der in der Gesamtbevölkerung feststellbare Trend des Einkommensrückgangs wird auch in diesen Zahlen sichtbar. In der unteren Schicht mit Stichjahr 1929 und 1937 nehmen die relativen Häufigkeiten der Einkommen von unter 1000 Fr. im Lauf der neun Jahre zu; die relativen Häufigkeiten der Einkommen von über 2000 Fr. nehmen bei der Gruppe mit Stichjahr 1929 weniger stark zu, als dass sie bei der Gruppe mit Stichjahr 1937 abnehmen. In der mittleren Schicht wird die Grenze

Tabelle 9.2.5 Relative Häufigkeiten der Ueber- und Unterschreitungen der Intervallgrenzen der Einkommensschichten in % der jährlichen Anwesenden

Jahr	Schicht: 500–2000 Fr. (1929)		(1937)		Schicht: 2001–4000 Fr. (1929)		(1937)	
	<1000	>2000	<1000	>2000	<2000	>4000	<2000	>4000
1929	17%	0%	13%	35%	0%	0%	11%	22%
1930	11	13	10	33	3	8	10	20
1931	15	17	15	25	6	9	10	18
1932	21	18	24	15	16	10	12	15
1933	25	21	29	12	22	10	13	11
1934	22	18	27	9	21	11	13	11
1935	21	17	25	6	23	11	13	7
1936	19	18	22	4	26	10	10	6
1937	23	23	24	0	20	12	0	0

Jahr	Schicht: über 4000 Fr. (1929)		(1937)	
	<4000	>6000	<4000	>6000
1929	0%	29%	19%	28%
1930	6	29	13	28
1931	8	30	12	29
1932	12	34	12	33
1933	15	32	13	32
1934	17	31	12	32
1935	21	27	9	30
1936	23	27	8	32
1937	30	24	0	30

von 2000 Fr. bei der Gruppe mit Stichjahr 1929 zunehmend häufiger unterschritten, als dies bei der Gruppe mit Stichjahr 1937 in umgekehrter Zeitfolge zutrifft; die Ueberschreitungen von 4000 Fr. erreichen dagegen bei der 1929-Gruppe im Laufe der Zeit kleinere Prozentsätze als bei der 1937-Gruppe in umgekehrter Zeitfolge. In der oberen Schicht zeigt sich bei der 1929-Gruppe ein ähnliches Bild: die relativen Häufigkeiten der Einkommen unter 4000 Fr. nehmen beträchtlich zu, diejenigen über 6000 Fr. sinken. Wird die Gruppe jedoch nach dem Stichjahr 1937 gebildet, werden die Ueberschreitungen relativ häufiger. Wer also 1937 zur oberen Einkommensschicht gehörte, konnte in vielen Fällen auf eine Einkommensverbesserung zurückblicken — eine Tendenz, die auch schon bei der Entwicklung der Mittel- und Medianwerte festgestellt wurde.

9.2.3. Chakterisierung der Einkommensgruppen nach soziodemographischen und -ökonomischen Merkmalen

Nachdem die Prozesse des Verschwindens und Erscheinens von Haushalten im Längsschnitt sowie verschiedene Einkommens- und Vermögensaspekte untersucht worden sind, werden die Haushalte nach ihren soziodemographischen und -ökonomischen Merkmalen genauer bestimmt. Wie schon in den Kapiteln 7 und 8 werden als Referenzverteilungen die relativen Häufigkeiten der einzelnen Kategorien (Altersgruppen etc.) aller Anwesenden des betreffenden Jahres genommen und mit den Verteilungen der relativen Häufigkeiten der entsprechenden Kategorien der verschiedenen Einkommensschichten verglichen. Eine "überproportional starke" Besetzung einer Kategorie bedeutet also, dass diese Kategorie in einer bestimmten Schicht eine grössere relative Häufigkeit aufweist als in der Grundgesamtheit.

Im Unterschied zur grossen Dynamik der Veränderungen der Anwesenheit und der Einkommen, die insbesondere bei der Gegenüberstellung der zeitlich verschieden definierten Längsschnittmengen (mit Stichjahr 1929 und 1937) mit grosser Deutlichkeit hervortritt, weisen die andern Variablen bedeutend weniger Veränderungen auf. Dies kommt u. a. dadurch zum Ausdruck, dass die Kategorien der Schichten zumeist in gleicher Weise besetzt werden, unabhängig davon, ob die Menge 1929 oder 1937 definiert ist. Deshalb gelten die folgenden Feststellungen sowohl für die Anfangs- wie für die Zielmengen.

Die untere Einkommensschicht ist dadurch gekennzeichnet, dass ihr vor allem junge (Bis-30-Jährige) und alte (Ueber-60-Jährige) Haushaltvorsteher angehören, die weiblichen Geschlechts, ledig oder verwitwet und im Kanton Waadt gebürtig sind und allein im (steuerrechtlich definierten) Haushalt leben. Sie arbeiten insbesondere in der Landwirtschaft, in der Nahrungs-, Bekleidungs-, Maschinen- und Uhrenbranchen sowie im Handel und Gastgewerbe. Sie sind ungelernt, unselbständig erwerbstätig und verfügen über kein Vermögen.

In der mittleren und oberen Einkommensschicht hingegen ist das mittlere Alter (31-60-Jährige) überproportional stark vertreten. Die Haushaltvorsteher sind männlichen Geschlechts, verheiratet, haben ihren Bürgerort in der übrigen Schweiz oder in Frankreich und leben in einem Haushalt mit 2 oder mehr Personen. Von der mittleren Schicht sind relativ viele Steuerpflichtige in der Metall- und Maschinenbranche sowie beim privaten Verkehr tätig; sie sind gelernte Arbeiter, verhältnismässig oft selbständig erwerbend und haben kein oder ein kleines (bis 5000 Fr.) Vermögen. In der oberen Schicht arbeitet eine grosse Mehrheit im öffentlichen Sektor und ist also unselbständig erwerbstätig. Der Anteil der Mittelschulabsolventen ist relativ gross. Diese Schichtangehörigen haben in den positiven Vermögensschichten meistens überproportional hohe relative Häufigkeiten.

9.2.4. Charakterisierung der Permanenten und Nichtpermanenten nach soziodemographischen und -ökonomischen Merkmalen

Um die Haushalte mit verschiedener Verweildauer im Panel genauer zu charakterisieren, werden ihre relativen Häufigkeiten in den einzelnen Kategorien mit denjenigen aller Schichtangehörigen von 1929 bzw. 1937 verglichen. Dabei werden alle soziodemographischen und -ökonomischen Merkmale im Zeitpunkt 1929 bzw. 1937 betrachtet, sodass die später bzw. früher auftretenden Veränderungen (insbesondere von Zivilstand, Haushaltgrösse, Berufsgruppe) ausser acht gelassen werden.

Für die untere Einkommensschicht stellt sich heraus, dass die Permanenten überproportional vertreten bei den Ueber-30-Jährigen, Männern, Waadtländern, Verheirateten und Verwitweten sind und einen Haushalt von 2 Personen führen. Sie sind insbesondere in der Landwirtschaft und Maschinenbranche tätig, haben häufig eine Lehre gemacht oder eine Mittelschule besucht und sind überproportional oft selbständig erwerbstätig. Sie verfügen zudem über ein positives Vermögen.

Auch in der mittleren Einkommensschicht haben die Permanenten vorwiegend ähnliche Merkmale wie in der unteren Schicht. Zusätzlich zur Landwirtschaft und Maschinenbranche ist der Mittelstand auch in den Erwerbszweigen der Nahrungsmittelproduktion, der Bekleidung, Metallbearbeitung, des Handels und Gastgewerbes überproportional stark vertreten.

In der oberen Schicht unterscheidet sich die soziodemographische Kennzeichnung je nach Stichjahr der Schichtbildung. Wird die Längsschnittmenge mit Stichjahr 1929 betrachtet, finden sich überverhältnismässig viele jüngere (21-40-Jährige) und alte (61-70-Jährige), ledige Personen, die allein oder in grösseren Haushalten (mit 4 und mehr Personen) leben. Die Längsschnittmenge mit Stichjahr 1937 gleicht in ihrer soziodemographischen Charakterisierung sehr stark den andern Einkommensschichten. Was die sozioökonomischen Merkmale betrifft, sind es auch wieder vor allem die Gelernten, Selbständigerwerbenden, Vermögensbesitzer, die die Tendenz haben, permanent anwesend zu sein. Wie in der mittleren Schicht sind die Permanenten in der Nahrungs-, Metall- und Maschinenbranche sowie im Handel und Gastgewerbe relativ häufig.

Die Nichtpermanenten sind zumeist in denjenigen Kategorien überproportional vertreten, die bisher nicht genannt wurden, also in der jüngsten Altersgruppe, bei den Frauen, Ledigen, Einperson-Haushalten, Ungelernten, Unselbständigerwerbenden und Vermögenslosen. Werden die jährlich verschwindenden und erscheinenden, in Einkommensschichten gruppierten Haushalte nach soziodemographischen und -ökonomischen Merkmalen untersucht, so zeigt sich mit grosser Deutlichkeit, dass die relativen Häufigkeiten dieser Kategorien mit steigendem Einkommen abnehmen. In der unteren Schicht sind überdies hohe relative Häufigkeiten der Arbeiter in der Feilenproduktion sowie Hausfrauen zu beobachten; in der mittleren Schicht treten zu den Arbeitern die Bahn- und Zollbeamten hinzu, die in der oberen Schicht meistens mehr als die Hälfte der verschwindenden Berufstätigen ausmachen.

9.3. Längsschnittmengen von Vermögensgruppen

Die Gliederung der Vermögen erfolgt in drei Gruppen: die Vermögenslosen machen etwa drei Fünftel aller Anwesenden aus, im Stichjahr 1929 sind es 63% und im Stichjahr 1937 noch 59% (vgl. Figur 9.2). Die Gruppe der kleineren (1-10'000 Fr.) und diejenige der grösseren (über 10'000 Fr.) Vermögen umfassen ungefähr je einen Fünftel (18% und 20% bzw. 21% und 20%). Wie aus der Tabelle 9.3.1 hervorgeht, sind die Weg- und Zuzüge besonders häufig bei den Vermögenslosen. Wer hingegen über Vermögen verfügt, hat die Tendenz, sesshaft zu sein. Von den Vermögensbesitzern sind es praktisch immer weniger als 10% der jährlich Anwesenden und weniger als 25 Haushalte, die den Panel jedes Jahr verlassen oder neu dazu treten.

Die Entwicklung der Vermögen, gemessen anhand des jährlichen Mittelwertes, ist in allen Vermögensgruppen — die 1937-Gruppe der Vermögenslosen selbstverständlich ausgenommen — zunehmend, und auch die Mediane der zweiten und dritten Vermögensschicht steigen an (vgl. Tabelle 9.3.2). Dieser allgemeine Vermögenszuwachs in den erwähnten fünf Gruppen kontrastiert mit dem relativ konstant bleibenden Mittelwert der Vermögen aller Anwesenden über die neun Jahre (vgl. Abschnitt 4.3.1.). Demgegenüber fallen in den meisten Gruppen die entsprechenden Mediane der Einkommen. Wie sich diese gegenläufigen Entwicklungen auf die Wohlfahrt der Haushalte auswirken, muss aufgrund der Konsumäquivalente im Kapitel 9.4. untersucht werden.

Ein differenzierteres Bild der Vermögensverteilung geben die Tabellen 9.3.3 und 9.3.4. Bei den Vermögenslosen im Stichjahr 1929 sind die jährlichen relativen Häufigkeiten der positiven Vermögensänderungen meistens positiv, bei der gleichen Gruppe mit Stichjahr 1937 überwiegend negativ. Bei den Vermögensbesitzern lassen sich fast durchwegs mehr positive als negative Aenderungen beobachten.

Figur 9.2 Relative Häufigkeiten der drei Vermögensschichten 1929 und 1937

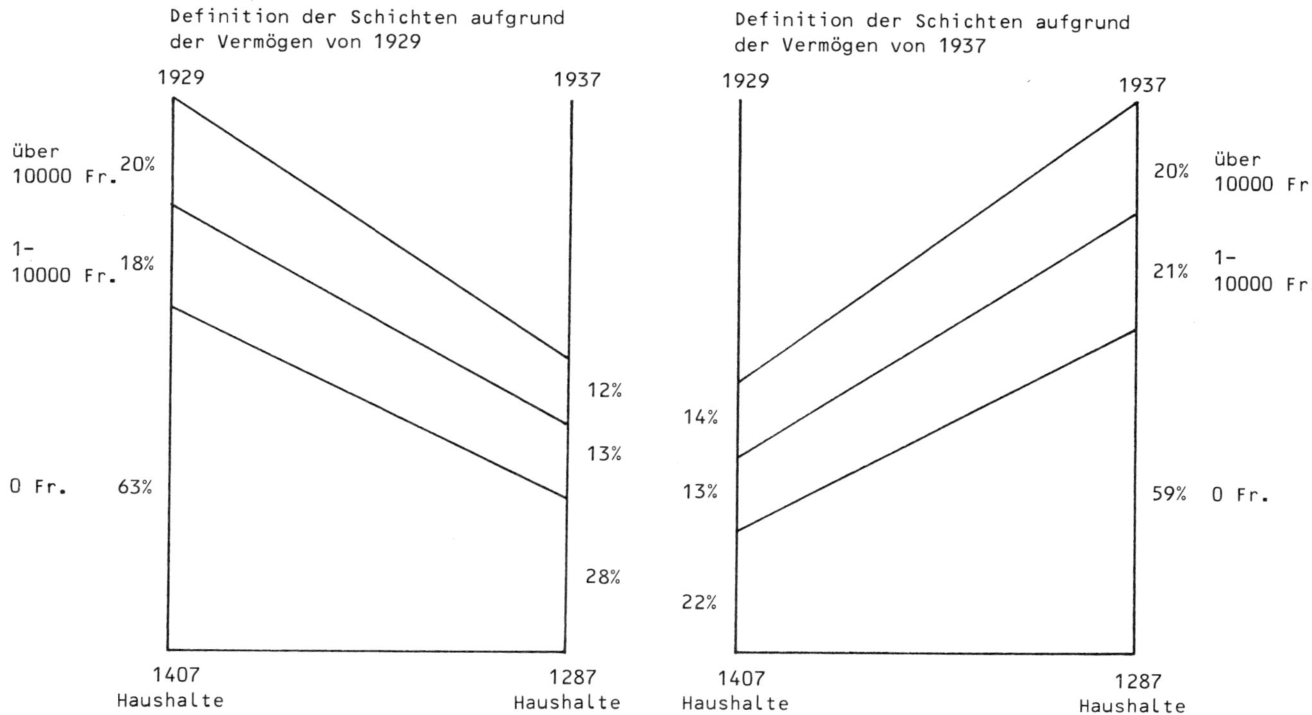

Tabelle 9.3.1 Häufigkeiten der permanent (P) und nichtpermanent (NP) Anwesenden nach Vermögensschichten

Vermögens-schicht	1929 abs.	1929 rel.	P/NP	Verän-derung	P/NP	1937 abs.	1937 rel.
0 Franken (1929)	883	63%	P: 292 (33%) NP: 591 (67%)	–521		362	28%
(1937)	310	22%		+452	P: 241 (32%) NP: 521 (68%)	762	59%
1–10.000 Fr. (1929)	249	18%	P: 137 (55%) NP: 112 (45%)	–86		163	13%
(1937)	180	13%		+91	P: 157 (58%) NP: 114 (42%)	271	21%
über 10.000 (1929)	275	20%	P: 154 (56%) NP: 121 (44%)	–116		159	12%
(1937)	194	14%		+60	P: 185 (73%) NP: 69 (27%)	254	20%
Gesamt-bevölkerung	1407	100%		–120		1287	100%

Werden die relativen Häufigkeiten der Ueber- und Unterschreitungen der Intervallgrenzen betrachtet, zeigt sich mit Ausnahme der 1937-Gruppe ohne Vermögen die allgemeine Tendenz der Vermögenszunahme in den Längsschnittmengen: die 1929-Gruppen der Vermögensbesitzer haben aufs ganze gesehen höhere Prozentsätze der Ueberschreitungen, auch wenn dies für die mittlere Schicht erst von 1934 an zutrifft; und die 1937-Gruppen weisen anfänglich sehr hohe relative Häufigkeiten von Unterschreitungen auf, die im Laufe der Jahre auf null reduziert werden.

Die Charakterisierung der Vermögensschichten nach soziodemographischen und -ökonomischen Merkmalen bringt z. T. ähnliche Ergebnisse wie im Kapitel 9.2., z. T. auch wichtige Ergänzungen zu den Einkommensaspekten. Ohne Vermögen sind überproportional viele Junge (Bis-30-Jährige in der 1929-Gruppe; Bis-40-Jährige in der 1937-Gruppe), während die Vermögensbesitzer relativ häufig über 40 Jahre alt sind.

In allen vier Gruppen der Vermögenden sind die Waadtländer überaus stark vertreten; die Bürger aus andern Kantonen und Nationen ha-

Tabelle 9.3.2 Jährliche Entwicklung der Median- und Mittelwerte der Vermögen und Einkommen nach Vermögensschichten

Jahr	Vermögen Median	Vermögen Mittel	Einkommen Median	Vermögen Median	Vermögen Mittel	Einkommen Median
0 Franken (1929):				0 Franken (1937):		
1929	0	0	2500	0	639	2800
1930	0	242	2850	0	690	3000
1931	0	201	2900	0	510	2900
1932	0	338	3050	0	182	3000
1933	0	648	3100	0	178	2900
1934	0	438	3100	0	168	2550
1935	0	429	2950	0	109	2500
1936	0	631	2800	0	115	2350
1937	0	965	2900	0	0	2200
1–10.000 Fr. (1929):				1–10.000 Fr. (1937):		
1929	4000	4211	2900	2000	3331	2800
1930	4000	4523	3000	2000	3324	3000
1931	4000	4730	2950	2000	3183	2900
1932	4000	5105	2800	2000	3988	2700
1933	4000	5386	2800	2500	3491	2600
1934	5000	6186	2800	2500	3542	2700
1935	5000	6299	2800	2500	3572	2700
1936	5000	6919	2600	3000	3774	2600
1937	5000	7758	2800	3500	4157	2600
über 10.000 Fr. (1929):				über 10.000 Fr. (1937):		
1929	25.000	38.278	1700	19.500	29.839	2700
1930	25.000	37.220	1800	21.000	30.015	2500
1931	26.000	38.263	1800	21.500	32.040	2400
1932	26.000	38.506	1400	21.500	32.126	1800
1933	27.000	37.561	1400	21.000	32.684	1700
1934	27.000	38.592	1400	21.500	33.608	1700
1935	27.000	39.938	1400	23.000	33.801	1600
1936	27.000	39.050	1400	22.500	34.443	1500
1937	30.000	42.041	1400	25.000	37.118	1400

Tabelle 9.3.3 Vergleich der relativen Häufigkeiten der jährlichen positiven und negativen Vermögensänderungen (+: mehr positive, –: mehr negative, =: gleich viel Aenderungen)

Jahr	Schicht: 0 Fr. (1929)	(1937)	Schicht: 1–10.000 (1929)	(1937)	Schicht: über 10.000 (1929)	(1937)
1929–30	+	+	+	+	+	+
1930–31	=	–	+	+	+	+
1931–32	+	–	+	+	=	+
1932–33	+	–	+	+	–	+
1933–34	+	+	+	+	+	+
1934–35	–	–	+	+	+	+
1935–36	+	+	+	+	+	+
1936–37	+	–	+	+	+	+

Tabelle 9.3.4 Relative Häufigkeiten der Ueber- und Unterschreitungen der Intervallgrenzen der Vermögensschichten in % der jährlichen Anwesenden

Jahr	Schicht: 0		Schicht: 1-10.000				Schicht: über 10.000			
	(1929)	(1937)	(1929)		(1937)		(1929)		(1937)	
	>0	>0	<1	<10000	<1	>10000	<10000	>50000	<10000	>50000
1929	0%	8%	0%	0%	38%	7%	0%	22%	25%	16%
1930	4	7	8	5	35	7	2	22	21	17
1931	4	5	9	6	34	5	4	24	20	18
1932	7	5	10	8	31	5	7	24	17	18
1933	9	4	11	10	27	5	6	22	16	18
1934	12	5	11	15	25	4	9	25	13	20
1935	11	3	15	17	25	3	9	26	10	20
1936	16	3	14	22	19	2	10	28	6	21
1937	21	0	13	26	0	0	9	27	0	22

ben überproportional hohe relative Häufigkeiten in der Schicht der Vermögenslosen. Bezüglich Zivilstand sind die Ledigen mehrheitlich ohne Vermögen, die Verheirateten und Verwitweten haben öfters ein mittleres oder grösseres Vermögen. Der Haushalt der Vermögensbesitzer umfasst vorwiegend 2 oder mehr Personen, Haushalte ohne Vermögen sind hingegen entweder sehr klein (1 Person) oder gross (4 und mehr Personen). Die Untersuchung nach Branchenzugehörigkeit ergibt überproportional hohe relative Häufigkeiten des öffentlichen Sektors und der Baubranche bei den Vermögenslosen. Die Vermögensbesitzer stammen relativ häufig aus der Landwirtschaft und dem Handel; die obere Schicht setzt sich zu einem erheblichen Teil aus Angehörigen der Maschinenbranche zusammen. Die ungelernten und unselbständig erwerbenden Arbeitskräfte verfügen oft über kein Vermögen. Vermögensbesitzer sind dementsprechend tendenziell eher Gelernte und Mittelschulabsolventen sowie Selbständigerwerbstätige.

9.4. Längsschnittmengen von Konsumäquivalentsgruppen

Die Untersuchung von Konsumäquivalentsgruppen erlaubt es mehr als die separate Betrachtung der Einkommens- oder Vermögensentwicklung, die wirtschaftliche Wohlfahrt der Haushalte in den Blick zu bekommen. Dabei wird ausdrücklich der Haushaltgrösse Rechnung getragen (vgl. 3.5.). Andere wichtige Aspekte zur Wohlstandsbestimmung wie innerhaushaltliche Produktions- und Verteilungsprozesse, güter- und kreditseitige Bedingungen u. a. m. (vgl. III.2.) bleiben aber weiterhin unberücksichtigt. Wie beim Einkommen und Vermögen beziehen sich die soziodemographischen und -ökonomischen Merkmale auf die Haushaltvorsteher.

Im Unterschied zu den über die Jahre fixen Intervallgrenzen bei den Einkommens- und Vermögensgruppen werden hier die Schichtgrenzen relativ zum jährlichen Medianwert der Konsumäquivalente definiert. Auf diese Weise wird der Einfluss der allgemeinen konjunkturellen Entwicklung – der Krise in diesem Fall – auf die Schichthäufigkeiten gewissermassen neutralisiert; oder anders ausgedrückt, Makro- und Mikroaspekte gelangen zugleich ins Blickfeld der Untersuchung (vgl. II.3.2.5.). Alle Konsumäquivalente, die kleiner als 50% des Medians sind und nicht unter dem steuerrechtlich festgelegten Minimum von 500 Fr. liegen, seien der unteren Gruppe zugeordnet und bilden nach der Definition von V. Fuchs die "Armutsbevölkerung" (vgl. Enderle 1981). Sie ist in der Gemeinde J in Wirklichkeit sicher grösser, als dies aus den Angaben des Steuerregister hervorgeht. Zur mittleren Gruppe gehören die Aequivalente zwischen 50% und 150% des Medians, und die obere Gruppe besteht aus den Aequivalenten von über 150% des Medians.

Der Median der Konsumäquivalente aller jährlich Anwesenden ging von 1924 Fr. im Jahr 1929 auf 1750 Fr. im Jahr 1937 zurück (vgl. Tabelle 4.1.1). Die Intervallgrenzen haben dementsprechend folgende Werte:

Tabelle 9.4.1 Schichtgrenzen der Konsumäquivalente (AE) 1929,1937

	Jahr 1929		Jahr 1937	
	untere Gr.	obere Gr.	untere Gr.	obere Gr.
untere Gruppe: AE < 50% Median	500 Fr.	960 Fr.	500 Fr.	874 Fr.
mittlere Gruppe: 50% Med < AE < 150% Med	961 Fr.	2882 Fr.	875 Fr.	2625 Fr.
obere Gruppe: AE > 150% Median	2883 Fr.	-	2626 Fr.	-
Median	1924 Fr. (100%)		1750 Fr. (91%)	

Aehnlich wie beim Einkommen und Vermögen ist auch beim Konsumäquivalent die untere Gruppe zum grossen Teil "mobil"; zahlreiche Haushalte verschwinden oder erscheinen während der neunjährigen Beobachtungsperiode, sei es aus Gründen der Armut und/oder der Wanderung. In der mittleren und erst recht in der oberen Gruppe (insbesondere mit Stichjahr 1937) lässt sich häufiger Sesshaftigkeit feststellen (vgl. Tabelle 9.4.2 und Figur 9.3).

Figur 9.3 Relative Häufigkeiten der drei Konsumäquivalentsschichten 1929 und 1937

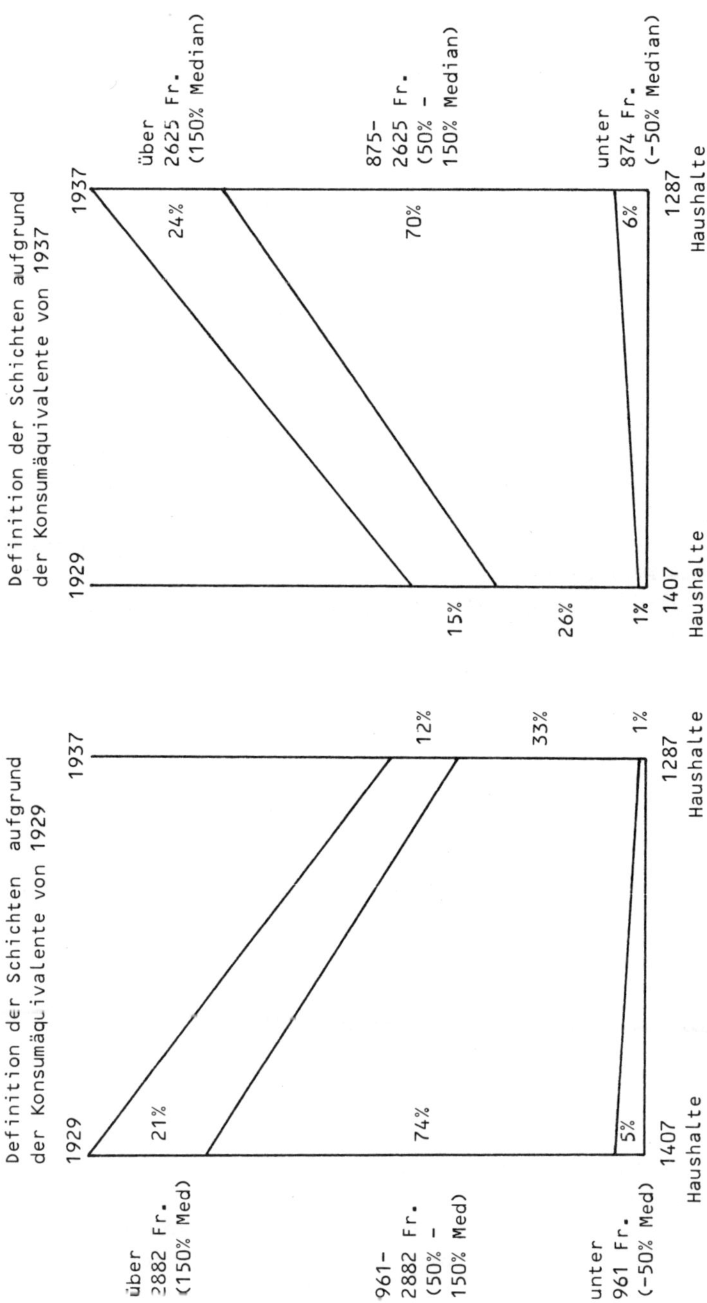

Tabelle 9.4.2 Häufigkeiten der permanent (P) und nichtpermanent (NP) Anwesenden nach Konsumäquivalentsgruppen

Aequivalents-schichten	1929 abs.	1929 rel.	P/NP	Verän-derung	P/NP	1937 abs.	1937 rel.
500–960 Fr. (1929)	67	5%	P: 12 (18%) NP: 55 (82%)	–55		12	1%
500–874 Fr. (1937)	11	1%		+71	P: 11 (13%) NP: 71 (87%)	82	6%
961–2882 Fr. (1929)	1038	74%	P: 423 (41%) NP: 615 (59%)	–615		423	33%
875–2625 Fr. (1937)	365	26%		+533	P: 365 (41%) NP: 533 (59%)	898	70%
über 2882 Fr. (1929)	302	21%	P: 148 (49%) NP: 154 (51%)	–154		148	12%
über 2625 Fr. (1937)	207	15%		+100	P: 207 (67%) NP: 100 (33%)	307	24%
Gesamt-bevölkerung	1407	100%		–120		1287	100%

Die Entwicklung der Aequivalente gestaltet sich je nach Gruppe sehr unterschiedlich (vgl. Tabelle 9.4.3). In der unteren Schicht, definiert im Jahr 1929, überschreitet der Median und Mittelwert schon im folgenden Jahr die Armutsgrenze von 960 Fr.; wird die 1937-Gruppe betrachtet, sinkt der Median schon 1932 und der Mittelwert 1933 unter die Armutsschwelle. Dies bedeutet, dass ein grosser Teil der Armen von 1929 relativ rasch ihre wirtschaftliche Lage etwas verbessern kann. Die Armen von 1937 geraten hingegen schon bald in ihre schwierige Situation, in der sie bis zum Schluss der Beobachtungsperiode verharren.

Die mittlere Schicht weist mit Abstand die grösste Häufigkeit auf. Ihre Median- und Mittelwerte liegen praktisch immer unter den entsprechenden Werten der Gesamtbevölkerung. In der 1929-Gruppe bleibt der Median ziemlich konstant zwischen 1750 und 1800 Fr., während er in der 1937-Gruppe beträchtlich fällt. In der oberen Schicht zeigen die Indikatoren des Median- und Mittelwertes eine deutliche Verbesserung der wirtschaftlichen Lage im Laufe der neun Jahre. Sie nehmen zwischen 200 und 500 Fr. zu und betragen 1937 immer noch das Vier- bis Sechsfache der Mediane und Mittelwerte der unteren Gruppen im gleichen Zeitpunkt.

Tabelle 9.4.3 Jährliche Entwicklung der Median- und Mittelwerte der Konsumäquivalente

Jahr	Konsumäquivalent Median	Mittel		Konsumäquivalent Median	Mittel	
unter 50% Median (1929):			A. Grenze:	unter 50% Median (1937):		
1929	800	731	960	1200	1188	
1930	1000	1119		1200	1213	
1931	1000	1187		1000	1079	A. Grenze:
1932	1000	1365		800	911	874
1933	1000	1031		750	869	
1934	1200	1579		800	912	
1935	1100	1223		750	827	
1936	1000	1376		800	818	
1937	1000	1224		800	732	
50%–150% Median (1929):			(Median aller Anwesenden)	50%–150% Median (1937):		
1929	1746	1799	(1924)	1754	1858	
1930	1800	1898	(1962)	1798	1878	
1931	1800	1891	(1905)	1750	1822	
1932	1750	1885	(1900)	1672	1794	
1933	1750	1878	(1900)	1640	1714	
1934	1776	1898	(1900)	1600	1684	
1935	1776	1897	(1846)	1598	1659	
1936	1746	1914	(1750)	1566	1640	
1937	1785	1962	(1750)	1582	1635	
über 150% Median (1929):				über 150% Median (1937):		
1929	3866	4770		3223	4047	
1930	3900	4811		3421	4175	
1931	4021	4877		3500	4279	
1932	4013	4912		3500	4306	
1933	4000	4774		3466	4198	
1934	4122	4870		3466	4298	
1935	4150	4878		3466	4257	
1936	4285	4954		3600	4372	
1937	4078	5133		3650	4575	

In einer differenzierteren Betrachungsweise, wonach die schichtspezifischen relativen Häufigkeiten der Aequivalentsveränderungen untersucht werden (vgl. Tabelle 9.4.4), kommt die unterschiedliche Krisenbetroffenheit noch deutlicher zum Ausdruck. In der unteren Schicht sind nach dem ersten Uebergang von 1929-30 in den folgenden Jahren meistens mehr negative als positive Veränderungen festzustellen. In der mittleren Schicht lässt sich eine Kriseninzidenz in den Jahren 1930-31, 1931-32 und 1932-33 beobachten, während in der oberen Schicht fast immer mehr Haushalte eine positive als eine negative Aenderung verzeichnen können.

Tabelle 9.4.4 Vergleich der relativen Häufigkeiten der jährlichen positiven und negativen Konsumäquivalentsänderungen (+ : mehr positive, –: mehr negative, = : gleich viel Aenderungen)

Jahr	<50% Median: (1929)	(1937)	50%–150% Median: (1929)	(1937)	über 150% Median: (1929)	(1937)
1929–30	+	=	+	+	+	+
1930–31	–	–	–	–	+	+
1931–32	=	–	–	–	+	+
1932–33	–	–	–	–	–	+
1933–34	+	–	+	+	+	+
1934–35	–	+	+	=	–	+
1935–36	+	=	+	+	+	+
1936–37	–	–	+	+	+	+

Wird die Dynamik der Konsumäquivalente schliesslich nach dem Kriterium des Ueber- bzw. Unterschreitens einer relativ zum jährlichen Median definierten Grenze untersucht, ergänzen die Resultate das bisher Gesagte (vgl. Tabelle 9.4.5). Die relativen Häufigkeiten der Ueberschreitungen der Armutsgrenze betragen in der 1929-Gruppe seit 1930 immer mehr als 50%, was das Uebersteigen des gruppenspezifischen Medians über die Armutsgrenze verständlich macht. In der 1937-Gruppe machen sie jedoch von 1932 an weniger als einen Drittel aus – daher der "vorzeitige" Fall des Medians. (Eine schichtspezifische interne untere Schwelle, z. B. 25% des Medians, ist nicht sinnvoll anzunehmen, da sie immer unter das definitionsgemässe Minimum des Konsumäquivalents zu liegen käme und gar nicht erfasst werden könnte.)

In der mittleren Schicht sind die Unter- und Ueberschreitungen der 50%- bzw. 150%-Median-Grenze auffallend gering, d. h. die grosse Mehrheit bleibt in den neun Jahren innerhalb dieses Intervalls. Die tendenziell zunehmenden Median- und Mittelwerte in der oberen Schicht lassen sich u. a. auf die wachsende Häufigkeiten der Ueberschreitungen

Tabelle 9.4.5 Relative Häufigkeiten der Ueber– und Unterschreitungen der Intervallgrenzen der Konsumäquivalentsschichten in % der jährlichen Anwesenden

Jahr	<50% Median: (1929) >50%	(1937) >50%	>50% <150% Median: (1929) <50%	(1929) >150%	(1937) <50%	(1937) >150%	>150% Median: (1929) <150%	(1929) >300%	(1937) <150%	(1937) >300%
1929	0%	65%	0%	0%	2%	5%	0%	17%	39%	15%
1930	55	58	1	4	1	4	10	17	33	15
1931	57	56	2	7	3	5	9	20	27	17
1932	60	33	4	8	5	6	10	21	26	16
1933	53	25	5	9	7	4	12	21	26	14
1934	67	28	4	10	8	3	14	22	24	16
1935	62	22	4	11	6	2	17	26	23	17
1936	67	24	2	15	2	3	13	30	11	20
1937	55	0	3	16	0	0	15	30	0	21

der schichtspezifischen internen Grenze von 300% des Medians und der im Vergleich zur 1937-Gruppe kleineren relativen Häufigkeiten der Unterschreitungen in der 1929-Gruppe zurückführen.

Nach der Untersuchung der Dynamik der Konsumäquivalente wird nach deren soziodemographischen und -ökonomischen Merkmalen gefragt. Die Armutsbevölkerung von 1929 (mit einem Aequivalent von weniger als 50% des jährlichen Medians) ist überproportional stark in den jüngsten (Bis-30-Jährige) und ältesten (Ueber-70-Jährige) Altersgruppen vertreten. Zu ihr zählen relativ viele Frauen, Ledige und Verwitwete, die einen Einperson-Haushalt führen. Ihr Bürgerort liegt vorwiegend ausserhalb des Kantons Waadt, in der übrigen Schweiz, in Frankreich oder Italien. Sie sind insbesondere in der Bekleidungs- und Maschinenbranche sowie im Handel und Gastgewerbe tätig, weitgehend ungelernt und unselbständig erwerbend.

Der "Mittelstand" (mit einem Aequivalent von 50-150% des Medians 1929) hat überverhältnismässig hohe relative Häufigkeiten bei den 21-40-Jährigen. Zu ihm gehören relativ viele Männer, Verheiratete mit einem grösseren Haushalt (3 und mehr Personen) und von waadtländischer oder italienischer Herkunft. Sie sind relativ stark in der Bau-, Maschinen- und Uhrenbranche vertreten, ungelernt oder gelernt und unselbständig erwerbstätig.

Der reiche Bevölkerungsteil (mit einem Aequivalent von über 150% des Medians 1929) besteht aus Haushaltvorstehern mit einem relativ hohen Alter (über 40 Jahre). Sie sind vorwiegend männlichen Geschlechts, verheiratet oder verwitwet, aus dem Kanton Waadt oder einem andern Kanton gebürtig und führen einen Haushalt von 2 oder 4 und mehr Personen. Sie sind relativ zahlreich in der Nahrungsmittelbranche, im privaten Verkehr und im öffentlichen Sektor und haben verhältnismässig oft eine Mittelschulausbildung und eine selbständige Stellung im Beruf.

10. Längsschnittmengen von Altersgruppen

10.1. Prozesse des Verschwindens und Erscheinens von Haushalten

Um die Krisenauswirkungen auf verschiedenartige Lebensabschnitte zu untersuchen, werden drei Altersgruppen gebildet:

- die 21-25-Jährigen, die ins erwerbstätige Leben eintreten bzw. kurz zuvor eingetreten sind,
- die 31-40-Jährigen, die in ihrer Erwerbstätigkeit bereits über eine gewisse Erfahrung verfügen, und
- die Ueber-60-Jährigen, die allmählich ins Pensionierungsalter übertreten.

Am Ende der Beobachtungsperiode (1937) ist die erste Gruppe 30-34 Jahre alt, die zweite 40-49 Jahre und die dritte über 69 Jahre alt. Werden hingegen die Gruppen - wie im 9. Kapitel - auch nach dem Stichjahr von 1937 konstituiert, kann in der Gruppe I von 1937, deren Mitglieder 1929 12-16-jährig sind, der Eintritt in die Erwerbstätigkeit (bzw. ins Steuerregister) beobachtet werden; die Haushaltvorsteher der Gruppe II sind zu Beginn der Beobachtungsperiode erst 22-31 Jahre alt und diejenigen der Gruppe III befinden sich zu einem grossen Teil noch im Erwerbsleben.

Wie sich die Häufigkeiten der einzelnen Gruppen von 1929 auf 1937 entwickeln, geht aus der Tabelle 10.1 hervor. Der Alterungsprozess der Gesamtbevölkerung, der schon an anderer Stelle (vgl. 4.7.) beschrieben wurde, kommt auch hier deutlich zum Ausdruck: der prozentuale Bevölkerungsanteil der Gruppe I mit Stichjahr 1937 ist kleiner als derjenige mit Stichjahr 1929, bei den Gruppen II und III nimmt er zu. Auch bezüglich Verweildauer zeigt sich ein aus den Kapiteln 7 und 8 bekanntes Phänomen: je älter die Haushaltvorsteher sind, desto eher haben sie Tendenz, sesshaft zu sein. Erst bei der obersten Altersgruppe (Ueber-60-Jährige 1929) ändert sich diese Tendenz; der Anteil der Permanenten liegt infolge zahlreicher jährlicher Todesfälle wieder unter 50%. Ein starker Rückgang der 1929-Gruppe I erfolgt insbesondere wegen Auswanderungen in den Jahren 1929 bis 1932, sinkt die Zahl der Haushalte doch von 237 (1929) auf 109 (1932) oder um 54%. In den höheren Altersgruppen finden dagegen weniger jährliche Anwesenheitsveränderungen, bezogen auf die jährliche Gesamtzahl, statt.

Tabelle 10.1 Häufigkeiten der permanent (P) und nichtpermanent (NP) Anwesenden nach Altersgruppen

Alters- gruppppe	1929 abs.	 rel.	 P/NP	Verän- derung	 P/NP	1937 abs.	 rel.
21-25 J. 1929 (1937: 30-34 J.)	237	17%	 P: 57 (24%) NP: 180 (76%)	-180		57	4%
21-25 J. 1937 (1929: 12-16 J.)	0	0%		+166	 P: 0 (0%) NP: 166 (100%)	166	13%
31-40 J. 1929 (1937: 40-49 J.)	276	20%	 P: 145 (53%) NP: 131 (47%)	-131		145	11%
31-40 J. 1937 (1929: 22-31 J.)	127	9%		+142	 P: 127 (47%) NP: 142 (53%)	269	21%
über 60 J. 1929 (1937: über 69 J.)	187	13%	 P: 84 (45%) NP: 102 (55%)	-103		84	6%
über 60 J. 1937 (1929: über 51 J.)	151	11%		+56	 P: 151 (73%) NP: 56 (27%)	207	16%
Gesamt- bevölkerung	1407	100%		-120		1287	100%

10.2. Dynamik der Einkommen und Vermögen

Die Entwicklung der Einkommen, gemessen am Median- und Mittelwert der verschiedenen Altersgruppen (vgl. Tabelle 10.2), scheint die Lebenszyklus-Hypothese zu bestätigen (vgl. III.5.2.1. und Tabelle 5.17 im IV. Teil). In den jüngeren Gruppen (21-25-Jährige 1937, 21-25-Jährige 1929 und 31-40-Jährige 1937) haben die Werte einen tendenziell steigenden Verlauf, die Gruppe der 31-40-Jährigen von 1929 verzeichnet eine hügelförmige Entwicklung und in den beiden älteren Gruppen fallen die Werte in der Regel. Figur 10.1 veranschaulicht, wie die Einkommensmediane der Altersgruppen gegenüber dem Median aller Anwesenden Jahr für Jahr zu situieren sind. Während die zwei Gruppen mittleren Alters immer Mediane haben, die grösser als der Median der Gesamtbevölkerung sind, liegen die Werte der jüngeren und älteren Gruppen immer unter dieser Referenzgrösse.

Inwiefern lässt sich neben dem Alterseinfluss auch ein Kriseneinfluss feststellen? Der Vergleich gleichaltriger Gruppen vor und nach der Krise, d. h. 1929 und 1937, zeigt bei den 21-25- und bei den 31-40-Jähri-

Figur 10.1 Jährliche Einkommensmediane von sechs Altersgruppen

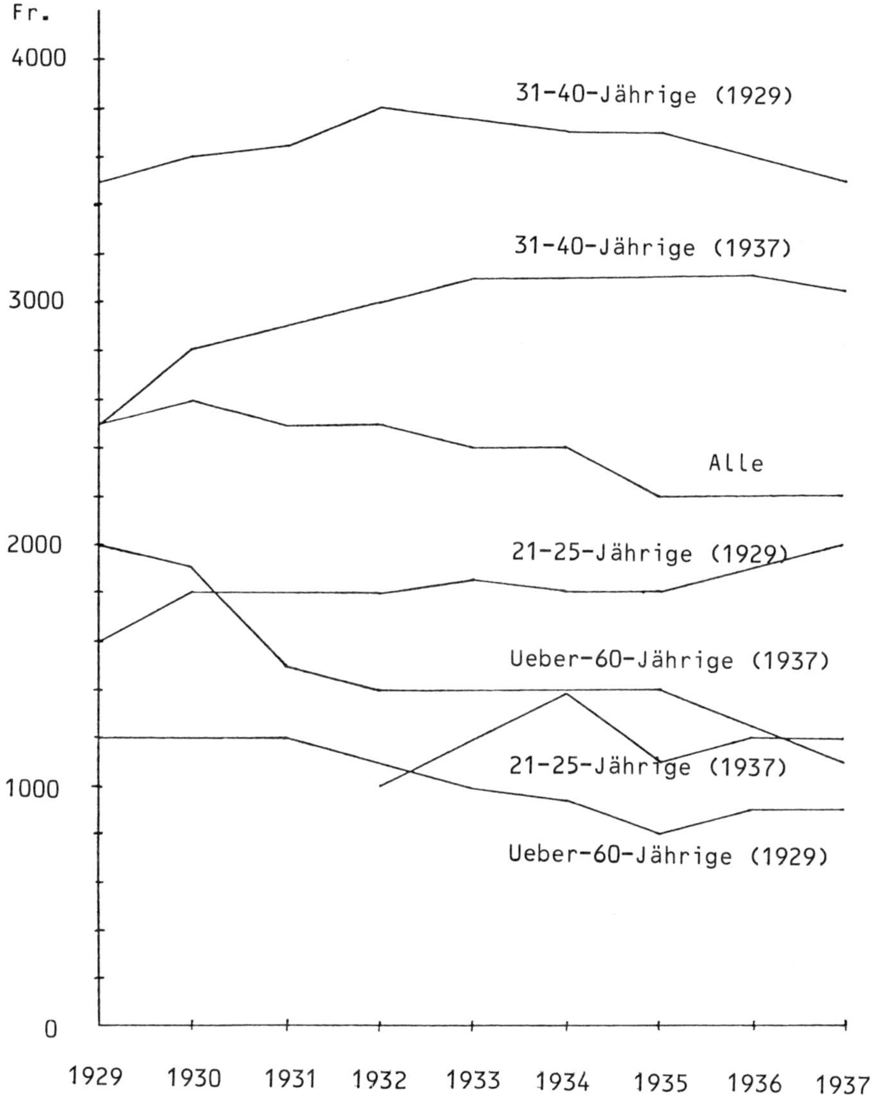

Tabelle 10.2 Jährliche Entwicklung der Median- und Mittelwerte der Einkommen und Vermögen nach Altersgruppen

Jahr	Einkommen Median	Einkommen Mittel	Vermögen Mittel	Einkommen Median	Einkommen Mittel	Vermögen Mittel
21-25-Jährige (1929):				21-25-Jährige (1937):		
1929	1600	1773	243	–	–	–
1930	1800	1951	325	–	–	–
1931	1800	1973	279	–	–	–
1932	1800	2041	312	1000	1158	0
1933	1850	2038	407	1200	1263	19
1934	1800	2023	337	1400	1450	102
1935	1800	2108	268	1100	1271	193
1936	1900	2077	773	1200	1341	208
1937	2000	2144	917	1200	1439	169
31-40-Jährige (1929):				31-40-Jährige (1937):		
1929	3500	3527	3609	2500	2896	1375
1930	3600	3609	4109	2800	2999	1577
1931	3650	3664	4507	2900	3057	1699
1932	3800	3722	4800	3000	3208	2006
1933	3750	3624	5469	3100	3211	2242
1934	3700	3629	5561	3100	3218	2457
1935	3700	3627	5620	3100	3278	2617
1936	3600	3596	6024	3100	3402	2893
1937	3500	3499	7453	3050	3300	3273
Ueber-60-Jährige (1929):				Ueber-60-Jährige (1937):		
1929	1200	1541	24.092	2000	2248	24.563
1930	1200	1634	25.251	1900	2292	24.259
1931	1200	1504	26.449	1500	2179	26.150
1932	1100	1382	28.048	1400	1968	25.988
1933	1000	1268	27.843	1400	1816	24.696
1934	950	1310	29.769	1400	1786	25.791
1935	800	1247	30.589	1400	1687	24.692
1936	900	1226	28.789	1250	1638	24.246
1937	900	1315	29.401	1100	1616	26.176

gen einen zumeist erheblichen Rückgang der Median und Mittelwerte von Einkommen und Vermögen. Auch bei der älteren Gruppe sinken die Mediane der Einkommen und Vermögen, während deren Mittelwerte zunehmen (vgl. Tabelle 10.3).

Die Lage und Entwicklung der Vermögen, vereinfachend ausgedrückt anhand der Mittel- und Medianwerte, gestaltet sich im wesentlichen so, dass das Niveau umso höher liegt, je älter die untersuchte Gruppe ist. Einzig bei der Gruppe der Ueber-60-Jährigen von 1937 (die also während der Krise etwas jünger sind) lassen sich vorübergehende Vermögensverluste, die als Krisenauswirkungen interpretiert werden können, verzeichnen.

Tabelle 10.3 Einkommens- und Vermögenslage von gleichaltrigen Gruppen zu verschiedenen Zeitpunkten (1929, 1937)

Altersgruppe	Indikator		Stichjahr 1929	Stichjahr 1937	Unterschied
21-25 Jahre	Einkommen:	Median	1600	1200	-400
		Mittel	1773	1439	-334
	Vermögen:	Mittel	243	169	-74
31-40 Jahre	Einkommen:	Median	3500	3050	-450
		Mittel	3527	3300	-227
	Vermögen:	Mittel	3609	3273	-336
Über 60 Jahre	Einkommen:	Median	1200	1100	-100
		Mittel	1541	1616	+75
	Vermögen:	Median	15500	13000	-2500
		Mittel	24092	26176	+2084

Um diese Durchschnittsbetrachtungen nach Verteilungsaspekten zu differenzieren, wurden die Tabellen 10.4 und 10.5 zusammengestellt. In der jüngeren Altersgruppe mit Stichjahr 1929 sind die positiven Einkommensänderungen in der Regel zahlreicher als die negativen; letztere überwiegen jedoch in den Jahren 1931-32 und 1932-33. In der mittleren Gruppe sind die Veränderungen von 1929-32 mehrheitlich positiv, anschliessend mehrheitlich negativ, und in der älteren Gruppe werden mit Ausnahme des ersten Uebergangs von 1929-30 fast jedes Jahr mehr Einkommen geringer als grösser. Für die Tabelle 10.5 sind fixe Intervallgrenzen von 1000 (UG) und 4000 Fr. (OG) bei allen Altersgruppen in allen Jahren angenommen, um die relativen Häufigkeiten der Unter- und Ueberschreitungen der Einkommen der einzelnen Gruppen sichtbar zu machen. Entsprechend des altersspezifischen Verlaufs der Medianeinkommen werden die Unterschreitungen relativ weniger häufig, wenn man die jüngsten drei Altersgruppen betrachtet. Von der vierten Altersgruppe an (31-40-Jährige von 1929) werden die relativen Häufigkeiten wieder zahlreicher. Umgekehrt verhält sich die Entwicklung der relativen Häufigkeiten der Ueberschreitungen. Sie sind zunächst sehr gering, steigen dann auf über 40% und gehen wieder auf weniger als 10% zurück. Innerhalb dieser allgemeinen Tendenzen sind gewisse krisenspezifische Unterschiede festzustellen. Bei den 21-25-Jährigen von 1929 fallen die Jahre 1932, 1933 und 1934 auf, da über 10% der Haushalte unter die 1000 Fr.-Grenze geraten (vgl.Tabelle 10.4), und bei den 31-40-Jährigen von 1937 wird die steigende relative Häufigkeit 1931 vorübergehend unterbrochen. Im grossen und ganzen sind aber die altersspezifischen Unterschiede bedeutend grösser als die krisenspezifischen.

Werden die wirtschaftlichen Ungleichheiten der Altersgruppen zudem nach Schichtzugehörigkeit im Jahr 1929 untersucht, ergeben sich recht

Tabelle 10.4 Vergleich der relativen Häufigkeiten der jährlichen positiven und negativen Einkommensänderungen +: mehr positive, —: mehr negative, =: gleich viel Aenderungen)

Jahr	21-25-Jährige: (1929)	(1937)	31-40-Jährige: (1929)	(1937)	Ueber-60-Jährige: (1929)	(1937)
1929-30	+		+	+	+	+
1930-31	+		+	+	–	–
1931-32	–		+	+	–	–
1932-33	–	+	–	–	–	–
1933-34	+	+	–	–	–	–
1934-35	+	–	–	–	–	–
1935-36	+	+	–	–	–	+
1936-37	+	+	–	–	–	–

Tabelle 10.5 Relative Häufigkeiten der Ueber- und Unterschreitungen der Intervallgrenzen der Einkommensschichten in % der jährlichen Anwesenden (UG: 1000 Fr., OG: 4000 Fr.)

Jahr	21-25-Jährige:				31-40-Jährige:				Ueber-60-Jährige:			
	(1929)		(1937)		(1929)		(1937)		(1929)		(1937)	
	<UG	>OG	<UG	>OG	<UG	>OG	<UG	>OG	<UG	>OG	<UG	>OG
1929	10%	1%			5%	40%	2%	19%	45%	6%	31%	13%
1930	4	1			4	40	3	22	43	7	32	18
1931	8	2			6	41	3	19	44	5	33	15
1932	11	5	17	0	6	42	6	23	44	4	35	13
1933	11	5	31	0	9	41	5	24	49	4	38	13
1934	10	3	20	0	9	40	6	24	50	5	40	13
1935	8	4	34	0	6	41	2	26	51	5	41	11
1936	5	3	20	0	5	37	3	29	52	5	42	9
1937	6	6	17	1	8	32	6	28	52	5	44	9

deutliche Resultate. Die 21-25-Jährigen weisen – im Vergleich zu den relativen Schichthäufigkeiten der Gesamtbevölkerung – überproportional hohe relative Häufigkeiten in den Einkommensschichten von 1-2500 Fr. auf, die 31-40-Jährigen sind überproportional in den Schichten von 2501-7000 Fr. vertreten, und die Ueber-60-Jährigen sind relativ häufig in den untersten Schichten von 0-2000 Fr.

Auch bei der Zuordnung zu den Vermögensschichten spielt das Alter eine wichtige Rolle. Die jüngste Gruppe verfügt zum grössten Teil über kein Vermögen. Die mittlere Gruppe hat überproportional grosse relative Häufigkeiten in den Schichten von 0 und 1-5000 Fr., und die älteste Gruppe ist in allen Vermögensschichten von über 5000 Fr. relativ häufig.

Um sich ein Gesamtbild der wirtschaftlichen Lage der Altersgruppen zu machen, wird die Verteilung der Konsumäquivalente betrachtet. Dabei zeigt sich – immer für das Jahr 1929 –, dass je höher das Alter desto höhere Schichten überproportional stark besetzt sind. Die 21-25-Jährigen haben überverhältnismässig oft ein Aequivalent von 500-1500 Fr., die 31-40-Jährigen ein Aequivalent von 1501-3000 Fr. und die Ueber-60-Jährigen eines von mehr als 4500 Fr.

10.3. Charakterisierung nach soziodemographischen und sozioökonomischen Merkmalen

Die Charakterisierung der Altersgruppen nach soziodemographischen Merkmalen bringt entsprechend den relativ hohen Werten der Verbundenheiten dieser Variablen mit dem Alter (vgl. 4.9.) ziemlich eindeutige Ergebnisse, die für die Gruppen mit den Stichjahren 1929 und 1937 gültig sind. Aufgrund des Steuergesetzes sind die verheirateten Haushaltvorsteher männlichen Geschlechts, sodass in der mittleren Altersgruppe wegen der grossen Zahl von Verheirateten die Männer überproportional stark vertreten sind. Demgegenüber gibt es relativ mehr Frauen in der jüngeren und älteren Gruppe. Bezüglich Zivilstand wird erwartungsgemäss eine hohe Zuordnung der Ledigen zu den Jüngeren, der Verwitweten zu den Aelteren und der Verheirateten zu den Haushaltvorstehern mittleren Alters deutlich. Dementsprechend sind die Einperson-Haushalte vor allem in der jüngeren und älteren Gruppe anzutreffen, und die Vorsteher von Haushalten mit 3 und mehr Personen gehören vorwiegend der mittleren Altersgruppe an.

Bei der Untersuchung des Heimatortes der Haushaltvorsteher ist es bedeutsam, ob die Altersgruppen 1929 oder 1937 konstituiert werden. Die relative Häufigkeit der Waadtländer ist überproportional hoch bei den Jüngsten (21-25-Jährige 1937, die hauptsächlich infolge Erreichung des steuerpflichtigen Alters ins Steuerregister "einwandern") sowie bei den Aelteren, d. h. bei den 31-40-Jährigen von 1929, bei den Ueber-60-Jährigen von 1937 und 1929. Nichtwaadtländische Schweizerbürger sind relativ zahlreich in den drei jüngsten Gruppen, die Italiener bei den 21-25-Jährigen von 1929 und 31-40-Jährigen von 1937 und die Franzosen wegen ihrer Beamtenstellung bei Bahn und Zoll bei den 31-40-Jährigen von 1929.

Die sozioökonomische Bestimmung der Altersgruppen zeigt für die 21-25-Jährigen von 1929 überproportional hohe Häufigkeiten in den Branchen Landwirtschaft, Bekleidung, Bau, Maschinen, Uhren, Handel und privater Verkehr. Die mittlere Gruppe ist besonders stark in der Landwirtschaft und im öffentlichen Sektor vertreten, während die älteren Steuerpflichtigen – abgesehen von der nicht nach Alter bestimmbaren Restgruppe – in der Metall- und Maschinenbranche relativ zahlreich sind. Nach Sektoren zusammengefasst, ergeben sich relativ hohe

Häufigkeiten der Jüngeren im 1. und 2. Sektor, der Vorsteher mittleren Alters im 2. und 3. Sektor und der Aelteren in der Gruppe, die keinem Sektor zugeordnet werden kann. Ausbildungsmässig betrachtet, sind die Ungelernten bei den Jüngeren, die Gelernten bei den Aelteren und die Mittelschulabsolventen in der mittleren Altersgruppe besonders stark vertreten. Und bezüglich Stellung im Beruf gibt es Selbständige relativ oft bei der mittleren und älteren Gruppe.

11. Längsschnittmengen von Berufsgruppen

11.1. Einleitung

Wegen der grossen Bedeutung, die der Beruf neben dem Alter für die Einkommens- und Vermögensentwicklung hat (vgl. III.5.), werden folgende Berufe bzw. Berufsgruppen im Längsschnitt von 1929 bis 1937 untersucht (zur Definition der Berufe vgl. 3.8.):

- Die Bauern (Gruppe I) als wichtigster Beruf des 1. Sektors umfassen 1929 51 Steuerpflichtige, das sind 63% des Primärsektors.
- Vom 2. Sektor werden einerseits alle Berufe, die der Befriedigung der Bedürfnisse nach Nahrung, Kleidung und Wohnung dienen, zur Gruppe II zusammengefasst und als wichtigster Teil der im lokalen Kreislauf integrierten Erwerbstätigkeit betrachtet. Anderseits stellen die Arbeiterinnen und Arbeiter, die zumeist in der Feilenindustrie tätig sind und damit zum translokalen Wirtschaftskreislauf gehören, eine grosse Gruppe (III) dar. Sie werden auf andere Weise von der Wirtschaftskrise betroffen. Gruppe II und III bestehen 1929 aus 114+265 = 379 Steuerpflichtigen oder 65% des 2. Sektors.
- Vom 3. Sektor werden zwei Berufsgruppen der staatlichen Beamten untersucht: die Angestellten der Schweizerischen Bundesbahnen (Gruppe IV) mit 174 und die Lehrer und Professoren (Gruppe V) mit 29 Steuerpflichtigen im Jahre 1929, das sind insgesamt 39% des Tertiärsektors.

11.2. Bauern (Gruppe I)

Erwartungsgemäss sind die Bauern (mit dem Code "AGRI") relativ sesshaft; 47% sind in allen neun Jahren anwesend. Im Vergleich zu den andern vier Berufsgruppen haben sie die tiefsten jährlichen Einkommensmediane, aber die höchsten Mittelwerte der Vermögen (vgl. Tabelle 11.1; Figuren 11.1, 11.2 und 11.3). Dementsprechend liegen relativ viele Einkommen unter der 1000 Fr. Grenze und wenige über der 3000 Fr.-Grenze (vgl. Tabelle 11.2). Die Einkommensveränderungen sind von 1931-32 bis 1936-36 mehrheitlich negativ, nur am Anfang und am Schluss der Beobachtungsperiode sind die relativen Häufigkeiten der positiven Aenderungen gleich oder grösser als diejenigen der negativen (vgl. Tabelle 11.3).

In der Einkommensverteilung von 1929 sind die Bauern vorwiegend im unteren Bereich situiert, d. h. bei einem Einkommen von null und 1001-2000 Fr. (vgl. Tabelle 11.4); in der Vermögensverteilung gehören

Figur 11.1 Jährliche Einkommensmediane von fünf Berufsgruppen

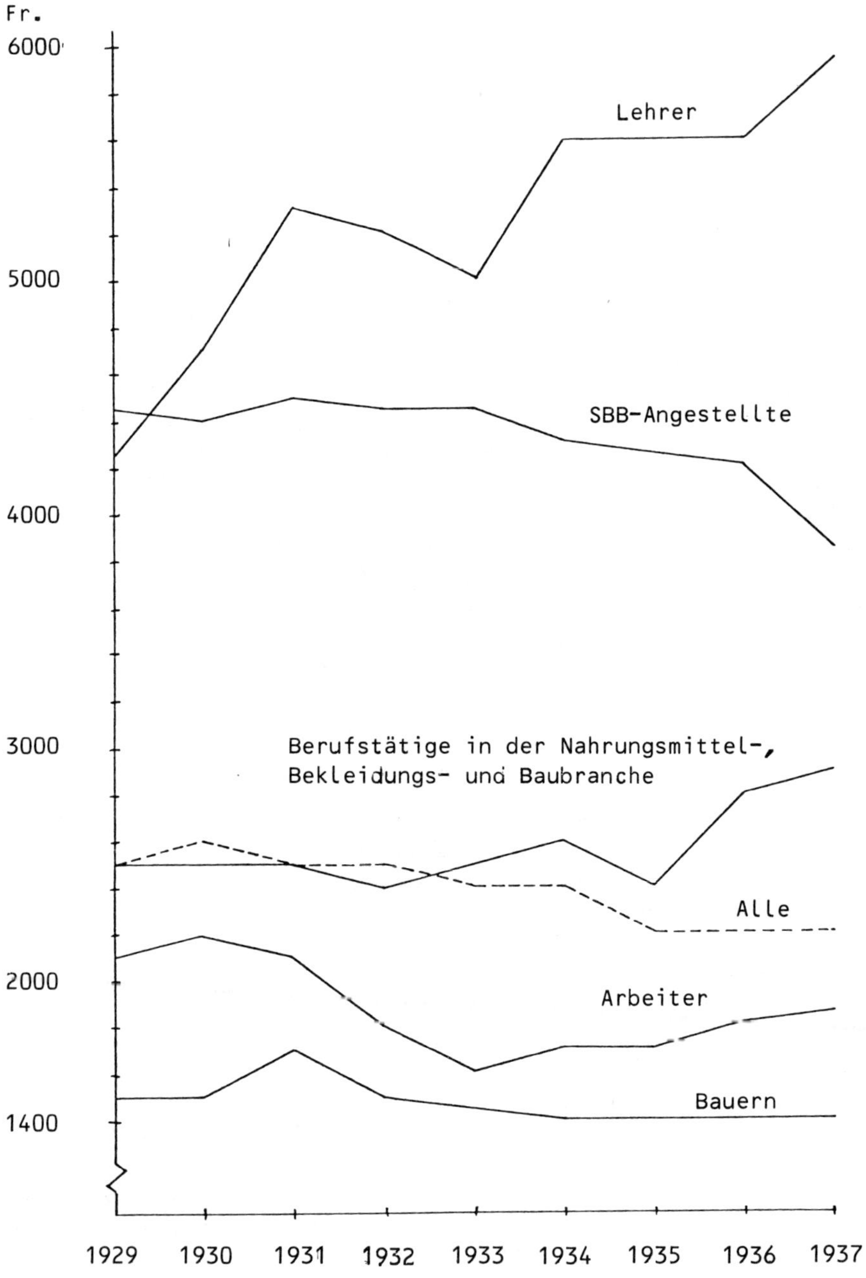

Figur 11.2 Jährliche Mittelwerte der Vermögen von fünf Berufsgruppen

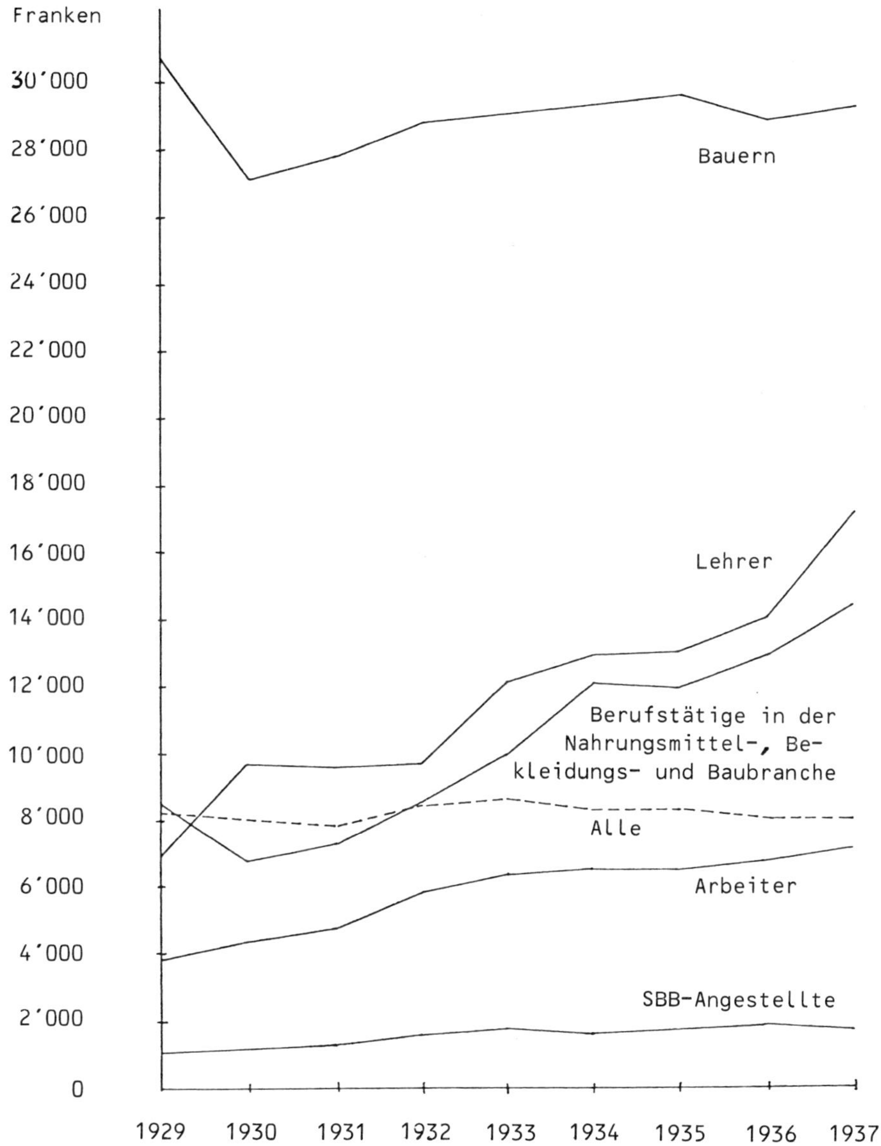

Figur 11.3 Jährliche Mediane der Konsumäquivalente von fünf Berufsgruppen

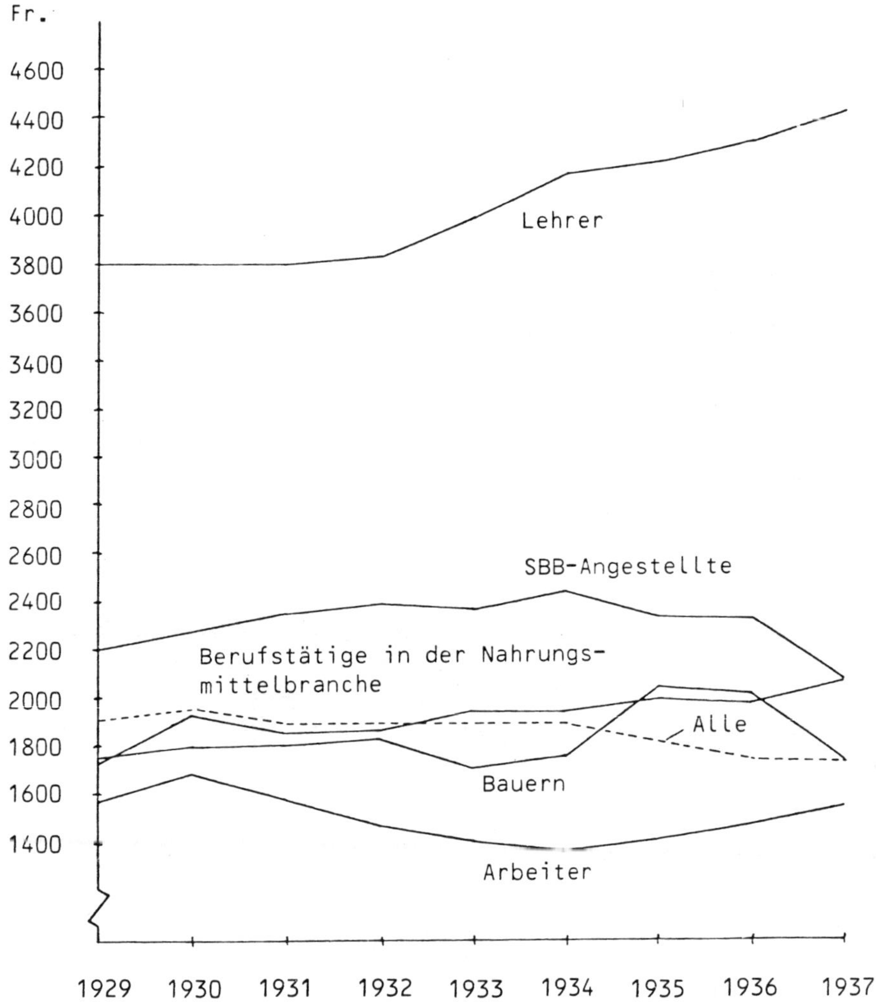

sie hauptsächlich zu den kleineren (1-10'000 Fr.) oder zu den grösseren Vermögensbesitzern (über 20'000 Fr.). Diese Zweiteilung kommt noch deutlicher beim Konsumäquivalent zum Ausdruck, wo einerseits die Schichten von 1001-2000 Fr. und anderseits die Schichten von über 4500 Fr. überproportional stark besetzt sind.

Auch in der Altersstruktur sind die Bauern überwiegend in zwei Gruppen vertreten, bei den 21-40- und bei den Ueber-60-Jährigen. Die Haushaltvorsteher sind zumeist männlichen Geschlechts, Waadtländer, verheiratet und leben in einem Haushalt von 2 oder 4 und mehr Personen. Der prozentuale Anteil der Selbständigerwerbenden unter den Bauern übertrifft bei weitem denjenigen bei der Gesamtbevölkerung.

Tabelle 11.1 Jährliche Entwicklung der Median- und Mittelwerte der Einkommen und Vermögen nach Berufsgruppen

Jahr	Einkommen Median	Einkommen Mittel	Vermögen Mittel		Einkommen Median	Einkommen Mittel	Vermögen Mittel
Gruppe I (Bauern 1929):				Gruppe II (1929):			
1929	1500	1596	30.747		2500	2526	8474
1930	1500	1494	27.171		2500	2861	6809
1931	1700	1621	27.838		2500	2780	7326
1932	1500	1564	28.672		2400	2841	8480
1933	1450	1507	29.053		2500	2920	10022
1934	1400	1554	29.306		2600	2945	12133
1935	1400	1486	29.552		2400	2895	11952
1936	1400	1442	28.970		2800	3095	12983
1937	1400	1476	29.362		2900	2898	14591
Gruppe III (Arbeiter 1929):				Gruppe IV (SBB 1929):			
1929	2100	2021	3875		4450	4554	1075
1930	2200	2153	4317		4400	4554	1240
1931	2100	2078	4804		4500	4680	1380
1932	1800	1821	5898		4450	4712	1673
1933	1600	1653	6350		4450	4636	1764
1934	1700	1702	6590		4300	4534	1643
1935	1700	1725	6582		4250	4441	1670
1936	1800	1736	6835		4200	4286	1953
1937	1850	1833	7246		3850	4042	1830
Gruppe V (Lehrer 1929):				Gruppe V (Lehrer 1929):			
1929	4250	4905	7000	1934:	5600	5760	12967
1930	4700	5098	9738	1935:	5600	5783	13000
1931	5300	5338	9650	1936:	5600	5936	14000
1932	5200	5455	9725	1937:	5950	6162	17208
1933	5000	5363	12125				

Tabelle 11.1 (Forts.) Jährliche Entwicklung der Median- und Mittelwerte der Konsumäquivalente nach Berufsgruppen

Jahr	Konsumäquivalent Median	Konsumäquivalent Mittel	Jahr	Konsumäquivalent Median	Konsumäquivalent Mittel
Gruppe I (Bauern 1929):			Gruppe II (1929):		
1929	1754	2919		1733	2270
1930	1800	2555		1933	2316
1931	1800	2638		1851	2255
1932	1825	2680		1866	2359
1933	1700	2608		1933	2487
1934	1765	2801		1933	2559
1935	2039	2842		1992	2477
1936	2000	2846		1984	2658
1937	1733	2796		2063	2662
Gruppe III (Arbeiter 1929):			Gruppe IV (SBB 1929):		
1929	1578	1693		2200	2458
1930	1691	1787		2275	2472
1931	1578	1734		2349	2552
1932	1466	1637		2400	2560
1933	1400	1540		2376	2565
1934	1366	1605		2433	2513
1935	1400	1636		2346	2512
1936	1466	1656		2333	2481
1937	1533	1774		2066	2345
Gruppe V (Lehrer 1929):			Gruppe V (Lehrer 1929):		
1929	3800	3809	1934:	4179	4750
1930	3800	4106	1935:	4232	4638
1931	3800	4220	1936:	4298	4744
1932	3833	4375	1937:	4444	5034
1933	3991	4502			

Tabelle 11.2 Relative Häufigkeiten der Ueber- und Unterschreitungen der Intervallgrenzen der Einkommensschichten in % der jährlich Anwesenden

Jahr	Gruppe I		Gruppe II		Gruppe III		Gruppe IV		Gruppe V	
	<1000	>3000	<1000	>3000	<1000	>3000	<3000	>6000	<3000	>0000
1929	27%	16%	14%	26%	11%	12%	11%	16%	10%	31%
1930	24	7	11	37	8	17	9	15	14	33
1931	24	9	10	35	12	16	8	16	10	30
1932	26	10	15	36	17	10	4	19	10	35
1933	26	5	12	40	22	4	4	18	13	31
1934	26	9	14	39	19	4	4	14	7	40
1935	21	0	15	42	13	4	6	10	7	47
1936	24	0	12	45	15	4	6	8	7	50
1937	24	3	11	40	19	7	11	3	8	50

Tabelle 11.4 Ueberproportional hohe relative Schichthäufigkeiten bei Einkommen, Vermögen und Konsumäquivalent nach Berufsgruppen (*: relative Häufigkeit der Gruppe in dieser Schicht ist grösser als diejenige der Gesamtbevölkerung)

	Gruppe I	Gruppe II	Gruppe III	Gruppe IV	Gruppe V
Einkommen:					
0 Franken	*				
1-1000			*		
1001-1500	*		*		
1501-2000	*	*	*		
2001-2500		*	*		
2501-3000		*	*	*	
3001-3500			*	*	
3501-4000		*		*	*
4001-4500				*	*
4501-5000				*	
5001-6000					*
6001-7000					*
über 7000					*
Vermögen:					
0 Franken		*	*	*	*
1-5000	*		*		
5001-10000	*				
10001-15000					*
15001-20000					
20001-30000	*				
30001-40000		*			*
40001-60000	*				*
über 60000	*				
Aequivalent:					
500-1000 Fr.		*			
1001-1500	*	*			
1501-2000	*	*	*	*	
2001-2500			*	*	
2501-3000			*	*	
3001-3500				*	*
3501-4000				*	*
4001-4500					*
4501-5000	*				*
5001-6000	*				
6001-7000					*
über 7000	*	*			

Tabelle 11.3 Vergleich der relativen Häufigkeiten der jährlichen positiven und negativen Einkommensveränderungen (+: mehr positive, –: mehr negative, =: gleich viel Aenderungen)

Jahr	Gruppe I	Gruppe II	Gruppe III	Gruppe IV	Gruppe V
1929–30	=	+	+	+	+
1930–31	+	–	–	+	+
1931–32	–	+	–	+	+
1932–33	–	–	–	–	+
1933–34	–	=	+	–	+
1934–35	–	–	+	–	+
1935–36	–	+	+	–	=
1936–37	+	–	+	–	–

11.3. Berufstätige in der Nahrungsmittel-, Bekleidungs-, Holz- und Baubranche (Gruppe II)

Die Gruppe II, die weitgehend im lokalen Wirtschaftskreislauf integriert ist, besteht aus folgenden Berufen: Bäcker, Konditor, Milchmann, Käser, Metzger, Wurster, Distillateur, Weinzubereiter, und Gehilfen in diesen Berufen; Coiffeur, Coiffeuse, Herren- und Damenschneider und -schneiderin, Modistin, Weissnäherin, Schuhmacher; Schreiner, Sägereiangestellter, Küfer, Korbflechter; Maurer, Gipser, Maler, Tapezierer, Strassenarbeiter, Architekt. Davon gehören je 25% zur Nahrungsmittel- und Bekleidungsbranche, 20% zur Holzbearbeitungs- und 30% zur Baubranche. Mit 40% permanent Anwesenden sind diese Berufstätigen tendenziell weniger sesshaft als die Bauern, aber sesshafter als die Arbeiter (vgl. 11.4.).

Ihre Einkommens- und Vermögensentwicklung verbessert sich - insgesamt betrachtet - während der neunjährigen Beobachtungsperiode (vgl. Tabelle 11.1; Figuren 11.1, 11.2 und 11.3). Diese Tendenz kommt auch in der Tabelle 11.2 zum Ausdruck, wobei freilich immer wieder Schwankungen der Einkommensveränderungen festzustellen sind (vgl. Tabelle 11.3). Die Einkommen dieser Berufsgruppen liegen vor allem im mittleren Bereich (1501-3000 Fr.). Was das Vermögen betrifft, befinden sich überproportional viele Berufstätige in der untersten Schicht (0 Fr.) und in der Schicht von 30'001-40'000 Franken. Die Untersuchung der Konsumäquivalente ergibt relativ hohe Häufigkeiten in den Schichten von 1001-2500 Fr. und von über 7000 Fr. (vgl.Tabelle 11.4).

Die Haushaltvorsteher sind meistens recht jung (bis 30 Jahre); aber auch die 51-60-Jährigen sind überproportional stark vertreten. Sie sind zum grossen Teil männlichen Geschlechts, ledig, aus andern Kantonen oder aus Italien gebürtig und leben in einem Haushalt von 1-2 oder von

4 und mehr Personen. Sie gehören fast ausschliesslich zur Gruppe der Gelernten und sind zu einem überproportional grossen Teil selbständig erwerbstätig.

11.4. Arbeiterinnen und Arbeiter der Feilenindustrie (Gruppe III)

Im Unterschied zu allen andern Berufsgruppen sind von der 1929 anwesenden Arbeiterschaft absolut und relativ am meisten im Laufe der neun Jahre aus dem Steuerregister verschwunden (168 Steuerpflichtige oder 63%) bzw. ausgewandert. Ihre jährlichen Einkommensmediane, die wie diejenigen der zumeist mit Vermögen ausgestatteten Bauern unter den Medianen der Gesamtbevölkerung liegen, gehen von 1930 bis 1933 erheblich zurück und steigen anschliessend wieder etwas an (vgl.Tabelle 11.1 und Figur 11.1). Auch die relativen Häufigkeiten der Unterschreitungen von 1000 Fr. und der Ueberschreitungen von 3000 Fr. zeigen diese Tendenz an (vgl. Tabelle 11.2). Ferner ist der Kriseneinbruch und die allmähliche Erholung (bei schrumpfender Population) auch aus der Tabelle 11.3 ersichtlich. Während die Arbeiter in den Einkommensschichten von 1-3500 Fr. überproportional stark vertreten sind, verfügen sie zum grossen Teil über kein oder nur ein kleines Vermögen (von höchstens 5000 Fr.; vgl. Figur 11.2). Dementsprechend besetzen sie im Vergleich zu den andern Berufsgruppen die niedrigsten Schichten der Konsumäquivalente (500-2000 Fr.) am häufigsten (vgl. Figur 11.3, Tabelle 11.4).

Die Arbeiterinnen und Arbeiter, deren zahlenmässiges Verhältnis ungefähr den Proportionen der Geschlechter bei der Gesamtbevölkerung entspricht, gehören vor allem den Altersgruppen von 21-40 und von 51-70 Jahren an. Zu einem überverhältnismässig grossen Teil sind sie ledig, von waadtländischer oder italienischer Herkunft und leben in einem Haushalt von 1 oder 2 Personen. Sie sind überproportional oft ungelernt und definitionsgemäss unselbständig erwerbstätig.

11.5. Angestellte der Schweizerischen Bundesbahnen (Gruppe IV)

Ueber die Hälfte (52%) dieser Kategorie von Berufstätigen sind während allen neun Jahren in J anwesend, womit sie die sesshafteste der fünf untersuchten Gruppen ist. Der jährliche Einkommensmedian liegt relativ hoch und nimmt erst im letzten Beobachtungsjahr deutlich ab (vgl.Tabelle 11.1 und Figur 11.1). Demgegenüber verfügen die SBB-Angestellten über praktisch kein Vermögen (vgl. Figur 11.2). Die Mediane ihrer

Konsumäquivalente liegen aber über denjenigen der Gruppen I, II und III (vgl. Figur 11.3). Die Tabellen 11.2 und 11.3 weisen darauf hin, dass die Krisenbetroffenheit dieser Gruppe im Vergleich zu den Arbeitern und Bauern erst mit einer zeitlichen Verzögerung auftritt.

Was schon die Median- und Mittelwerte der Einkommen und Vermögen aufgezeigt haben, wird noch deutlicher bei einer schichtdifferenzierten Betrachtungsweise. Die SBB-Angestellten haben überproportional häufig Einkommen von 2501-5000 Fr., aber kein Vermögen, sodass sie besonders stark in den Konsumäquivalentsschichten von 1501-4000 Fr. vertreten sind (vgl. Tabelle 11.4).

Altersmässig gehören sie vor allem zu den mittleren Jahrgängen (31-50 Jahre). Sie sind fast ausschliesslich männlichen Geschlechts, zum grossen Teil verheiratet, aus dem Waadtland oder aus einem andern Kanton gebürtig und leben in einem Haushalt von 3 oder mehr Personen. Nicht nur die Ungelernten (Bahnarbeiter), sondern auch die Mittelschulabsolventen weisen eine überproportional grosse relative Häufigkeit auf. Dass alle unselbständig erwerbend sind, versteht sich von selbst.

11.6. Lehrerinnen und Lehrer (Gruppe V)

Im Vergleich zu den andern Berufsgruppen bildet die Lehrerschaft eine kleine Gruppe, von der während aller neun Jahre etwa zwei Fünftel anwesend sind. Ihre jährlichen Einkommensmediane befinden sich im obersten Bereich und nehmen von 1929 bis 1937 – bei einer vorübergehenden Abnahme 1932 und 1933 – beachtlich zu (vgl.Tabelle 11.1 und Figur 11.1). Auch die jährlichen Mittelwerte der Vermögen liegen von 1930 an über dem Durchschnitt der Gesamtbevölkerung und steigen – ähnlich wie die entsprechenden Werte der in den lokalen Wirtschaftskreislauf integrierten Berufsgruppe II – kontinuierlich an. Es erstaunt deshalb nicht, dass diese Gruppe durchwegs die höchstens Medianwerte der Konsumäquivalente aufweist (vgl. Figur 11.3). Der allgemein zunehmenden Tendenz entsprechen die Entwicklungen, wie sie aus den Tabellen 11.2 und 11.3 hervorgehen. Dabei zeichnet sich freilich in den letzten zwei Jahren für die Mehrheit der Lehrer eine Aenderung der Einkommensentwicklung ab.

Die wirtschaftlich günstige Lage der Lehrer kommt ferner durch die überproportional grossen relativen Häufigkeiten in den obersten Einkommensschichten (3501 und mehr Fr.) von 1929 zum Ausdruck (vgl. Tabelle 11.4). Aehnlich wie in der Gruppe II und III haben jedoch relativ viele Steuerpflichtige kein Vermögen, sodass die Konsumäquivalente zwar noch immer zumeist im obersten Bereich liegen, aber nicht die höchsten Werte aufweisen.

Die Lehrkräfte sind etwa zur Hälfte Frauen. Sie sind überproportional bei den 31-40- und bei den 51-60-Jährigen vertreten, sehr häufig ledig, von waadtländischer Herkunft und in einem 1 Person- oder 3 Personen-Haushalt lebend. Alle haben eine Mittelschul- bzw. Seminarausbildung und sind wie die SBB-Angestellten und Arbeiter unselbständig erwerbstätig.

12. Einkommens- und Vermögensanalyse der Politiker der Gemeinde J

12.1. Einleitung

Nachdem die Entwicklung der Einkommens- und Vermögensverteilung der Gemeinde J in Querschnitt- und Längsschnittbetrachtungen untersucht und insbesondere nach alters- und berufsstrukturellen Aspekten weiter analysiert wurde, soll zum Schluss eine für das Gemeindeleben entscheidende Gruppe von Bewohnern auf deren wirtschaftliche Lage hin befragt werden; es handelt sich um die 70 Politiker der kommunalen Legislative ("conseil communal") und Exekutive ("syndic" und 4 "conseils municipaux"), die vor, während und nach der Krise vom Volk gewählt wurden.

Die Wahlen fanden in jeweils zwei Wahlgängen am 16./17. (bzw.22.) November 1929, am 18./19. (bzw.24.) November 1933 und am 20./21. (bzw. 26.) November 1937 statt. Die Wahlergebnisse wurden in der Zeitung der Gemeinde J veröffentlicht und konnten dank der mündlichen Auskünfte von Herrn E. Rochat, dem ehemaligen Gemeindekassier, bezüglich Parteizugehörigkeit weitgehend vervollständigt werden (vgl. Tabelle 12.1). Nur in relativ wenigen Fällen (1929: 8, 1933: 5, 1937: 3) war nicht mehr auszumachen, ob der Gewählte zur radikalen oder zur liberalen Partei gehörte. Und in drei Fällen blieb die Parteizugehörigkeit vollends unbekannt. Einige wenige Politiker konnten nicht im Steuerregister gefunden werden, sodass die Gesamtzahlen in der Tabelle 12.1 ein bisschen unter 70 liegen.

Die grösste Partei bildeten die Radikalen ("Grünen"), die - bis 1922 allein dominant - zusammen mit den Liberalen ("Schwarzen") 1929 eine gemeinsame Liste aufstellten und die absolute Mehrheit im Gemeinderat erlangten. 1933 schloss sich ihnen die Partei der Unabhängigen (parti "chocolat") an, die schon 4 Jahre zuvor auf lokaler Ebene tätig war, 1937 jedoch keine Wahlkandidaten mehr aufstellte. Zwischen diesen

Tabelle 12.1 Ergebnisse der Gemeinderatswahlen in J von 1929, 1933 und 1937

Partei	1929	1933	1937
radikale	30	31	28
liberale	8	10	10
sozialistische	16	21	25
unabhängige	3	2	–
unbekannt	10	5	4
Insgesamt	67	69	67

Parteien und den Sozialisten bestand 1929 und 1933 eine scharfe Opposition, die sich u. a. dadurch manifestierte, dass die meisten der roten Vertreter erst im zweiten Wahlgang gewählt wurden. Nach der Krise (1937) stellten schliesslich alle drei Parteien, die Radikalen, Liberalen und Sozialisten eine gemeinsame Liste auf.

12.2. Die Situierung der Politiker in der Gesamtbevölkerung

Bevor auf die parteispezifischen Differenzen eingegangen wird, werden die Politiker in ihrer Gesamtheit (Exekutive und Legislative) betrachtet. Dabei zeigt sich in den drei Wahljahren, dass ihre Einkommensmediane doppelt so gross wie diejenigen aller Steuerpflichtigen sind; die Mittelwerte der Vermögen liegen um das Zwei- bis Dreifache höher, und die Mediane der Konsumäquivalente sind anderthalbmal so gross (vgl. Tabelle 12.2 und Figuren 12.1, 12.2, 12.3). Werden die relativen Schichthäufigkeiten der Politiker mit denjenigen der Gesamtbevölkerung vergli-

Tabelle 12.2 Mediane und Mittelwerte der Einkommen, Vermögen und Konsumäquivalente der Politiker 1929, 1933 und 1937

Einkommen (in Fr.):

	1929		1933		1937	
	Median	Pers.*	Median	Pers.	Median	Pers.
Radikale	4400	30	4600	30	6000	25
Liberale	5250	7	2800	10	4800	9
Sozialisten	5050	15	4550	20	3600	22
Unabhängige	5550	3	2800	2	–	–
alle Politiker	5000	65	4850	67	4800	60
alle Steuerpflichtigen	2500	1407	2400	1282	2200	1287

	Vermögen (Mittelwert): 1929	1933	1937	Konsumäquivalent (Median): 1929	1933	1937
Radikale	37.350	33.983	30.300	3500	3596	4167
Liberale	25.929	22.000	20.667	2900	2800	3545
Sozialisten	1.867	3.725	2.977	2500	2116	1910
Unabhängige	15.667	4.750	–	3175	1720	–
alle Politiker	23.331	21.269	18.717	2857	2800	2610
alle Steuerpflichtigen	8.227	8.643	8.201	1924	1900	1750

*: Die Anzahl der Personen in dieser Tabelle entsprechen nicht immer derjenigen in Tabelle 12.1, weil in gewissen Fällen die Einkommens- und Vermögensangaben fehlen.

Figur 12.1 Einkommensmediane der Politiker 1929, 1933 und 1937

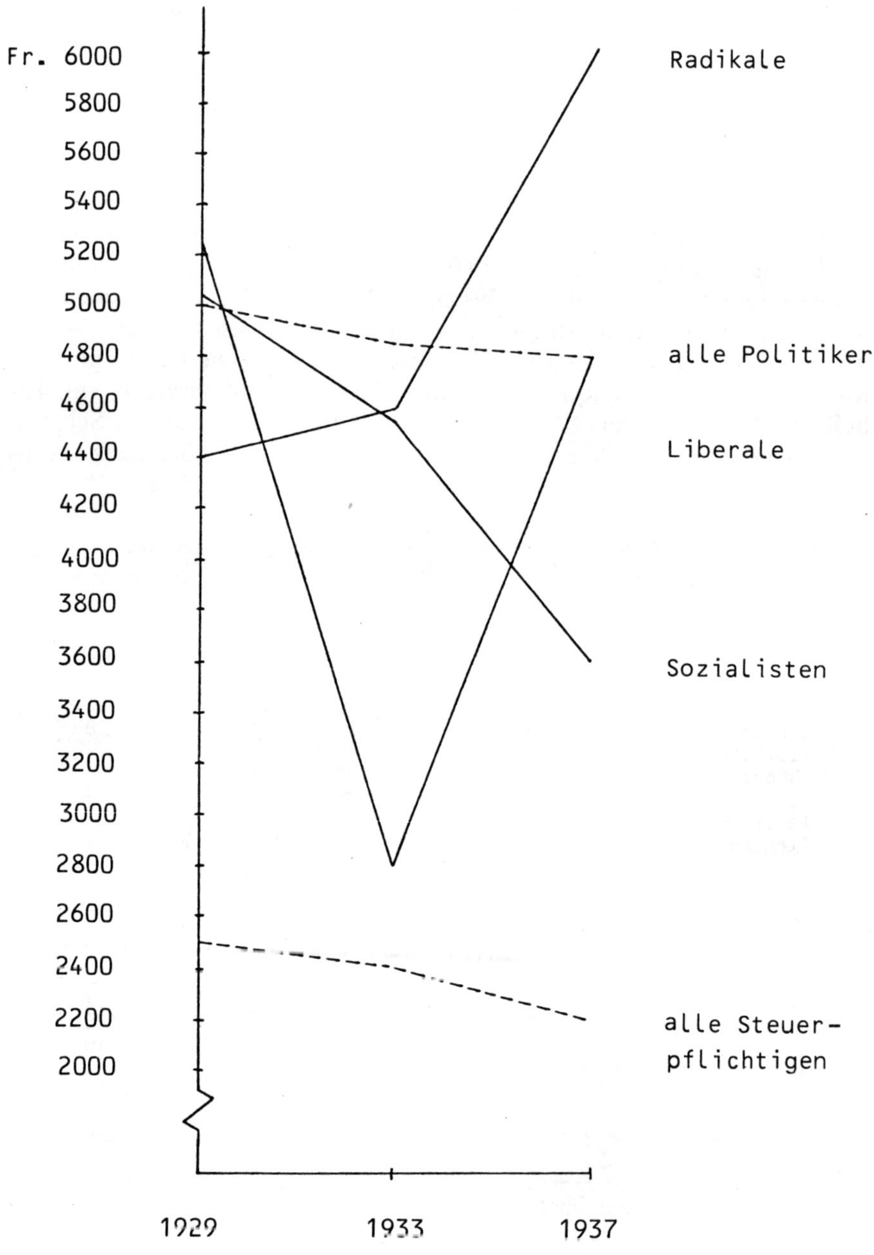

Figur 12.2 Mittelwerte der Vermögen der Politiker 1929, 1933 und 1937

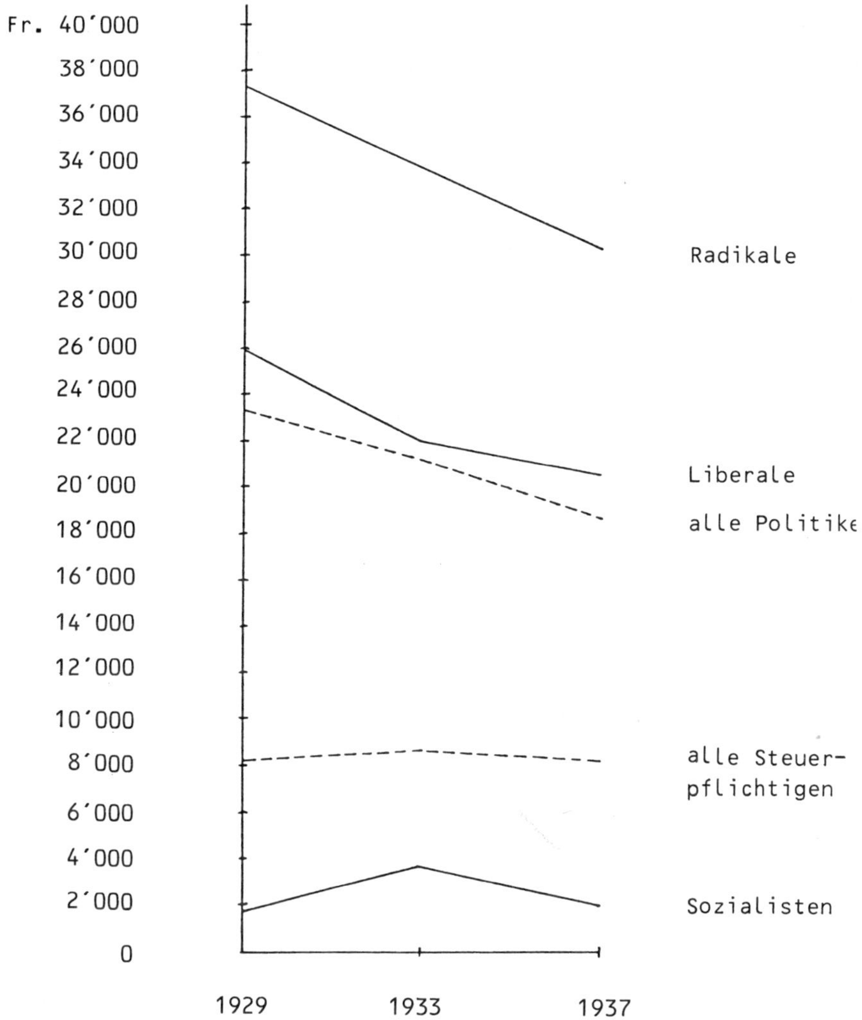

chen, so fällt beim Einkommen auf (vgl. Tabelle 12.3), dass die Politiker in der Schicht der Einkommenslosen (nur Vermögensbesitzer) und in den Schichten von über 5000 Fr. in allen drei Jahren überproportional stark vertreten sind. 1929 und 1937 ist auch die Schicht von 4001-5000 Fr. dazuzurechnen, während 1933 dies für die Schicht von 2001-3000 Fr. gilt. Die kumulierten Häufigkeiten in den Schichten bis 4000 Fr. machen 1929 nur 30% der Politiker gegenüber 77% aller Steuerpflichtigen aus;

Figur 12.3 Mediane der Konsumäquivalente der Politiker 1929, 1933 und 1937

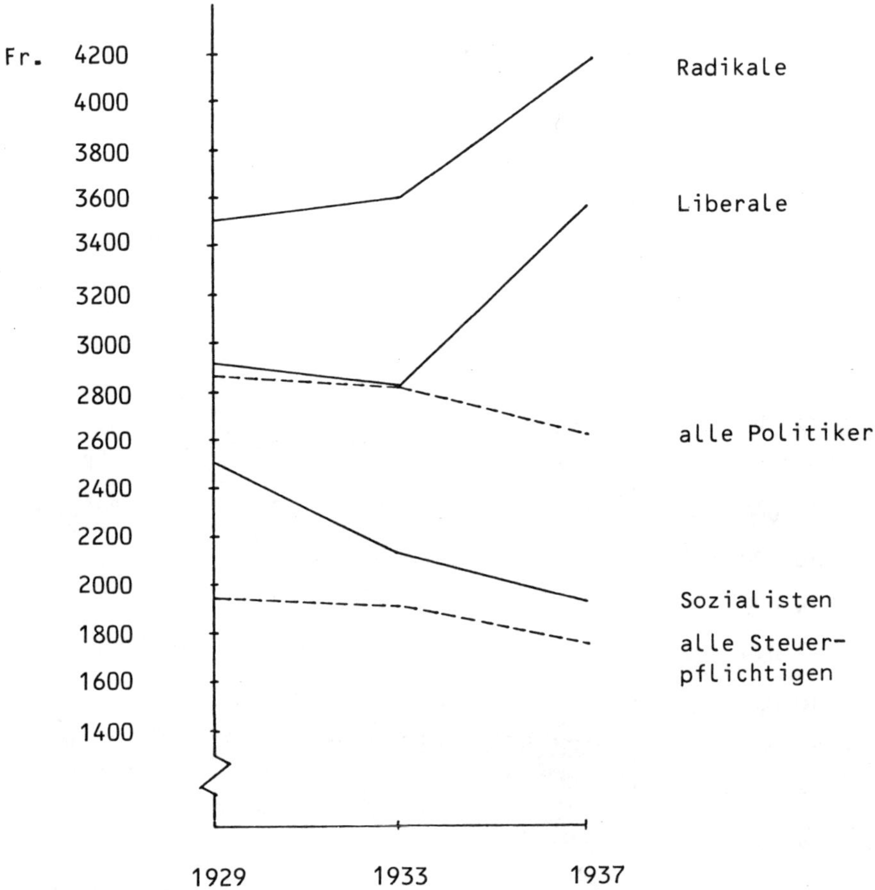

1933 liegen die entsprechenden Anteile bei 44% bzw. 76%, 1937 bei 40% bzw. 81%.

Die Verteilungsstruktur der Vermögen verändert sich in den drei Jahren praktisch nicht. In den Schichten von 1-10'000 Fr. und von über 20'000 Fr. weisen die Politiker im Vergleich zur Gesamtbevölkerung immer höhere relative Häufigkeiten auf. Was die Konsumäquivalente betrifft, sind die Politiker in den Schichten von über 2000 Fr., deren Aequivalent also grösser als der Median aller Steuerpflichtigen ist, praktisch immer gleich oder überproportional vertreten.

Tabelle 12.3 Relative Häufigkeiten der Politiker (P) und aller Steuerpflichtigen (A) in 9 Einkommensschichten

Schicht	1929		1933		1937	
	P:	A:	P:	A:	P:	A:
0 Franken	9%	9%	12%	9%	10%	9%
1-1000	–	9	–	11	–	14
1001-2000	3	22	2	22	2	23
2001-3000	15	22	21	17	15	20
3001-4000	3	15	9	17	13	15
4001-5000	20	14	10	11	12	9
5001-6000	17	4	13	6	20	5
6001-7000	14	4	18	4	13	4
über 7000	19	4	15	4	15	3

Die Charakterisierung der Politiker nach soziodemographischen Merkmalen ergibt mit grosser Deutlichkeit, dass sie im Vergleich zur allgemeinen Altersstruktur zum grössten Teil zwischen 31 und 60 Jahre alt sind (Durchschnittsalter 1929: 43, 1933: 43, 1937: 45). Sie sind (selbstverständlich) männlichen Geschlechts und schweizerischer Herkunft, von denen fast vier Fünftel Waadtländer sind. Ueber 90% aller Politiker sind verheiratet; zwei Drittel davon haben Kinder, was im Vergleich zur Gesamtbevölkerung überproportional hohe relative Häufigkeiten von 1-4 Kindern bedeutet.

Die Berufe der Politiker gehen aus der Tabelle 12.4 hervor (bzgl. Kodierung vgl. 3.8.). Werden sie zu den in der Fallstudie üblichen Berufsgruppen zusammengefasst, zeigt sich in allen drei Jahren aufgrund des Vergleichs der relativen Häufigkeiten eine "Uebervertretung" der Landwirtschaft (AGRI) und des öffentlichen Sektors (CFF, DEPU, DOUA, GREF, INST, MUNI, POST, PROF, SYND); dies trifft auch zu, wenn DEPU, GREF, MUNI, SYND nicht gezählt werden. Deutlich untervertreten sind die Maschinenbranche und das Handelsgewerbe; die Bekleidungsbranche ist in keinem Jahr vertreten.

Bei einer noch stärkeren Aggregierung der Berufe zu Sektoren ergibt sich eine Uebervertretung des Primär- und Tertiärsektors, während der Sekundärsektor vor und nach der Krise untervertreten, während der Krise aber gleich stark vertreten ist. (Dies ist möglich, weil nicht alle Berufe einem Sektor zugeordnet werden können.) Was die Ausbildung betrifft, gehören die Politiker relativ selten der Gruppe der Ungelernten an; ihre relative Häufigkeit bei den Gelernten entspricht etwa derjenigen der Gesamtbevölkerung und bzgl. Mittelschulstufe ist sie bei den Politikern bedeutend grösser. Selbständig erwerbstätig sind 1929 etwa ein Viertel der Politiker (gegenüber einem Achtel in der Gesamtbevölkerung); in den folgenden zwei Jahren geht der Anteil auf einen Fünftel und auf einen Sechstel zurück.

Tabelle 12.4 Berufe der Politiker 1929, 1933, 1937

1929:

CODE	FREQ	ADJ PCT	CODE	FREQ	ADJ PCT	CODE	FREQ	ADJ PCT
AGRI	6	9	ELEC	2	3	NOTA	1	1
BANQ	2	3	FABR	1	1	OUVR	1	1
BOUL	1	1	FORG	2	3	PEIN	1	1
CAFE	2	3	GERA	1	1	PHOT	1	1
CFF	13	19	GREF	1	1	POST	5	7
CHAR	1	1	INST	4	6	PROF	1	1
COMP	1	1	JOUX	1	1	SCIE	1	1
DANZ	1	1	LERE	1	1	SYND	1	1
DEPU	1	1	LIME	2	3	TRAN	1	1
DOCT	2	3	LIMO	1	1	UMV	3	4
DOUA	1	1	MUNI	1	1			
ELCH	2	3	NEGO	1	1			

1933:

CODE	FREQ	ADJ PCT	CODE	FREQ	ADJ PCT	CODE	FREQ	ADJ PCT
AGRI	7	10	FORG	2	3	NEGO	1	1
BANQ	2	3	GREF	1	1	OUVR	2	3
BOUL	2	3	INGE	1	1	PEIN	2	3
CFF	10	14	INST	4	6	PIER	1	1
CHAR	1	1	JOUX	1	1	POST	6	9
COMP	1	1	LERE	1	1	PROF	1	1
CONC	1	1	LIME	3	4	SCIE	1	1
DANZ	1	1	LIMO	1	1	SYND	1	1
DOCT	2	3	MAGA	1	1	TECH	1	1
DOUA	2	3	MARE	1	1	UMV	2	3
ELCH	2	3	MECA	2	3			
ELEC	1	1	MUNI	1	1			

1937:

CODE	FREQ	ADJ PCT	CODE	FREQ	ADJ PCT	CODE	FREQ	ADJ PCT
AGRI	7	10	INGE	1	1	OUVR	2	3
AIGU	1	1	INST	4	6	PEIN	2	3
BANQ	2	3	JOUX	1	1	PIER	1	1
CFF	17	25	JUGE	1	1	POST	2	3
CHIM	1	1	LERE	1	1	PROF	1	1
CONC	1	1	LIME	2	3	SCIE	1	1
DOCT	2	3	LIMO	1	1	SYND	1	1
DOUA	2	3	MAGA	1	1	TECH	1	1
ELCH	2	3	MECA	3	4	UMV	2	3
ELEC	1	1	NEGO	1	1			
FORG	1	1	NOTA	1	1			

Die Exekutive bestand aus einem Gemeindepräsidenten und 4 Gemeinderäten, die alle von 1929 bis 1937 mit Ausnahme des sozialistischen Gemeinderates der radikalen Partei angehörten. Mit einem Durchschnittsalter von 52 Jahren (1929), 53 (1933) und 57 (1937) sind sie um etwa 10 Jahre älter als der "Durchschnittspolitiker". Ihre wirtschaftliche Lage, gemessen anhand des Konsumäquivalents, ist besser als die der untersten 50% aller Politiker. Nur ein Gemeinderat weist 1933 und 1937 ein Aequivalent auf, das kleiner als der Median ist. Demgegenüber verfügt der Gemeindepräsident 1929 mit 16'772 Fr. und 1937 mit 17'400 Fr. über das vierthöchste, 1933 mit 18'067 Fr. über das zweithöchste Konsumäquivalent aller Steuerpflichtigen. Es ist etwa 9 bis 10 Mal so gross wie der Median der Gesamtbevölkerung und ungefähr 6 bis 7 Mal grösser als der Median aller Politiker.

12.3. Parteispezifische Unterschiede

Die wirtschaftliche Lage der Politiker nach Parteizugehörigkeit betrachtet, geht in stark vereinfachter Weise aus der Tabelle 12.2 und aus den Figuren 12.1, 12.2 und 12.3 hervor. (Die Unabhängigen wurden wegen ihrer geringen Anzahl nicht in die Figuren eingezeichnet.) Während der Einkommensmedian der Radikalen von 4400 Fr. (1929) auf 6000 Fr. (1937) steigt, fällt derjenige der Sozialisten um einen ähnlichen Betrag von 5050 Fr. (1929) auf 3600 Fr. (1937). Die Liberalen haben vorübergehend eine grosse Einkommenseinbusse hinzunehmen, wobei diese Schwankung auch durch die kleine Zahl der Parteivertreter bedingt ist. (Der sechsunterste liberale Einkommensbezieher hat ein Einkommen von 4000 Fr.) Das Durchschnittsvermögen der Politiker ist parteimässig stark verschieden. Bei den Radikalen und Liberalen liegt es über dem Vermögensmittelwert aller Politiker und nimmt – wie dieses – von 1929 bis 1937 beträchtlich ab. Die Vermögenslage der Sozialisten, die sich vorübergehend ein wenig verbessert, ist schlechter als die durchschnittliche Vermögenssituation aller Steuerpflichtigen.

Auch bei den Medianen der Konsumäquivalente lassen sich grosse parteispezifische Unterschiede feststellen. Die Mediane der Radikalen und Liberalen liegen über demjenigen aller Politiker und nehmen im Lauf der Zeit beachtlich zu, während die Mediane der Sozialisten tiefer – zwischen denjenigen aller Politiker und aller Steuerpflichtigen – liegen und um fast den gleichen Betrag geringer werden. Man muss deshalb wohl zu Recht von einer wirtschaftlichen Polarität und Polarisierung zwischen den bürgerlichen und sozialistischen Parteivertretern sprechen, wobei sich der zahlenmässige Anteil der Sozialisten von 1929 bis 1933 verstärkte.

Die Untersuchung nach Schichtzugehörigkeit der Politiker ergibt bei den Einkommen eine sehr breite Streuung bei den Radikalen, d. h. sie sind in allen Schichten vertreten, wobei die untersten und obersten überproportional stark besetzt sind. Bei den Liberalen ist die Streuung etwas weniger stark, und bei den Sozialisten ist sie am geringsten, da 1929 und 1937 im wesentlichen nur drei Schichten (4001-7000 Fr. bzw. 3001-6000 Fr.) belegt sind. Auch die Vermögensverteilung gestaltet sich je nach Parteizugehörigkeit verschieden. Radikale gibt es in allen Schichten, überproportional viele in den oberen Schichten. Die Liberalen teilen sich in zwei Gruppen von kleinerem und grösserem Vermögen, während alle Sozialisten nur über ein kleineres oder gar kein Vermögen verfügen.

Die Verteilung der Konsumäquivalente von 1929 geht aus der Tabelle 12.5 hervor. In den Schichten bis 3000 Fr. sind nur 38% der Radikalen vertreten, wodurch sie sich von den Liberalen mit 63% und noch mehr von den Sozialisten mit 94% unterscheiden. 1933 und 1937 bleiben diese Prozentsätze bei den Radikalen und Sozialisten ungefähr gleich, bei den Liberalen sinkt er auf 50%.

Ein wichtiger altersmässiger Unterschied besteht in allen drei Jahren darin, dass die Radikalen in der jüngsten (21-30 Jährige) und in den älteren (51-70-Jährige) Altersgruppen überproportional hohe relative Häufigkeiten aufweisen, die Liberalen und Sozialisten gehören vor allem den mittleren Gruppen von 31-50 Jahren an. Bezüglich Herkunft fällt auf, dass die Radikalen überproportional oft aus dem Waadtland, die Liberalen aus andern Kantonen stammen, während die relativen Häufigkeiten der Sozialisten ungefähr denjenigen der Politiker insgesamt entsprechen. Was den Zivilstand betrifft, sind fast alle Politiker, gleichgültig welcher Partei sie angehören, verheiratet. Sie unterscheiden sich aber bezüglich Kinderhäufigkeit, die bei den Sozialisten am höchsten ist.

Verschiedene Branchen sind besonders durch bestimmte Parteien vertreten, so die Landwirtschaft und der Handel durch die Radikalen, die elektrochemische Industrie durch die Liberalen und die Maschinenbranche und der öffentliche Sektor durch die Sozialisten. Letztere sind vor allem Bahn- und Postangestellte und nehmen von 1929 bis 1937 beträchtlich zu, sodass sie nach der Krise mehr als die Hälfte der im öffentlichen Sektor beschäftigten Politiker ausmachen. Die Lehrer, die eine andere wichtige Berufsgruppe des öffentlichen Sektors darstellen, gehören der radikalen und vereinzelt der liberalen Partei an. Werden die relativen Häufigkeiten der Politiker in den Sektoren betrachtet, so sind in den drei Jahren die Radikalen im 1., die Liberalen im 2. und die Sozialisten im 3. Sektor überproportional stark vertreten. Ausbildungsmässig haben die Radikalen und Liberalen 1933 und 1937 relativ oft eine Mit-

Tabelle 12.5 Konsumäquivalentsschichten nach Parteizugehörigkeit

COUNT ROW PCT COL PCT TOT PCT		RADIKAL 1	LIBERAL 2	SOZIALI- STISCH 3	UNABHAEN- GIG 4	UNBEK. 5	ROW TOTAL
	1	0	1	1	0	0	2
0 FRANKEN		0.0	50.0	50.0	0.0	0.0	3.0
		0.0	12.5	6.3	0.0	0.0	
		0.0	1.5	1.5	0.0	0.0	
	3	3	2	4	1	3	13
1001 - 2000		23.1	15.4	30.8	7.7	23.1	19.4
		10.0	25.0	25.0	33.3	30.0	
		4.5	3.0	6.0	1.5	4.5	
	4	8	2	10	0	2	22
2001 - 3000		36.4	9.1	45.5	0.0	9.1	32.8
		26.7	25.0	62.5	0.0	20.0	
		11.9	3.0	14.9	0.0	3.0	
	5	8	2	0	1	3	14
3001 - 4000		57.1	14.3	0.0	7.1	21.4	20.9
		26.7	25.0	0.0	33.3	30.0	
		11.9	3.0	0.0	1.5	4.5	
	6	2	0	1	1	0	4
4001 - 5000		50.0	0.0	25.0	25.0	0.0	6.0
		6.7	0.0	6.3	33.3	0.0	
		3.0	0.0	1.5	1.5	0.0	
	7	1	0	0	0	0	1
5001 - 6000		100.0	0.0	0.0	0.0	0.0	1.5
		3.3	0.0	0.0	0.0	0.0	
		1.5	0.0	0.0	0.0	0.0	
	8	3	0	0	0	1	4
6001 - 7000		75.0	0.0	0.0	0.0	25.0	6.0
		10.0	0.0	0.0	0.0	10.0	
		4.5	0.0	0.0	0.0	1.5	
	9	5	1	0	0	1	7
UEBER 7000		71.4	14.3	0.0	0.0	14.3	10.4
		16.7	12.5	0.0	0.0	10.0	
		7.5	1.5	0.0	0.0	1.5	
COLUMN		30	8	16	3	10	67
TOTAL		44.8	11.9	23.9	4.5	14.9	100.0

telschulausbildung, während die Sozialisten höhere relative Häufigkeiten in den Gruppen der Ungelernten und Gelernten aufweisen. Die Selbständigerwerbenden sind fast ausschliesslich durch radikale und liberale Politiker vertreten.

13. Zusammenfassung: Krisenauswirkungen

Wegleitend für die vorliegende Fallstudie war die in der wirtschaftswissenschaftlichen Literatur selten behandelte Frage nach dem Zusammenhang von Konjunktur und personeller Einkommens- und Vermögensverteilung. Insbesondere ging es darum, die Auswirkungen der Weltwirtschaftskrise der dreissiger Jahre – eines äusserst dramatischen Beispiels konjunktureller Entwicklung – auf eine ländliche Industriegemeinde im Schweizer Jura zu untersuchen. Als Datenmaterial diente neben zahlreichen anderen Quellen hauptsächlich das Steuerregister der Gemeinde, wodurch – in einer Vollerhebung der steuerpflichtigen Haushalte – von der Wohnbevölkerung von ungefähr 4000 Personen etwa drei Viertel erfasst werden konnten.

Bei der Analyse der Kriseninzidenz stellten sich vielfältige Probleme bezüglich Mengendefinition, Erfassungsgrad und Qualität des Datenmaterials. Darüber hinaus war zu fragen, inwiefern die beobachteten Einkommens- und Vemögensentwicklungen als Krisenauswirkungen im eigentlichen Sinn interpretiert werden können. Denn streng genommen kann nur von Kriseninzidenz gesprochen werden, wenn die beobachtete Lage und Entwicklung mit dem "normalen", gerade nicht beobachtbaren Wirtschaftsverlauf in Beziehung gesetzt werden können. Es ist aber äusserst schwierig, wenn nicht unmöglich, zu bestimmen, was Normalität bedeutet, sodass auch die Kriseninzidenz in diesem strengen Sinn höchstens anvisiert, aber nicht vollumfänglich erfasst werden kann.

Die Fallstudie beschränkt sich deshalb auf eine vorsichtige Interpretation der Krisenauswirkungen, indem im wesentlichen die jährlichen Entwicklungen von Einkommen und Vermögen von 1929 bis 1937 untersucht und auf ihre unterschiedlichen Veränderungen hin befragt werden.

Wie die Gemeindechronik und andere Quellen berichten, setzte die Krise in der Gemeinde mit grosser Heftigkeit im Herbst 1931 ein und zeitigte in den Jahren 1932 und 1933 die grössten (kurzfristigen) Auswirkungen. Anschliessend nahm der Kriseneinfluss allmählich ab, bis 1937 wieder eine einigermassen normale Wirtschaftssituation erreicht wurde.

Im Laufe der neunjährigen Beobachtungsperiode sank die Bevölkerung vor allem wegen starken Auswanderungen 1932 und 1933 um fast 10%. Die Arbeitslosigkeit wuchs gemäss offizieller Statistik, die mit Sicherheit zu niedrige Werte angibt, im November 1932 auf 346 Ganzarbeitslose und 27 Teilarbeitslose. Die Zahl der Betreibungen pro steuerpflichtigen Haushalt war 1933 und 1934 mit 0.53 und 0.52 besonders hoch, und die Häufigkeiten von Konkursen, Nachlassverträgen, Notstundungen und verweigerten Erbschaften lagen in den Jahren 1927 bis 1937 bedeutend höher als in der Zeit von 1920-1926 und 1938-1950.

Die Branchen wurden von der Krise in unterschiedlicher Weise betroffen. Während die Nahrungsmittelbranche und das Gastgewerbe wegen ihrer Integration in den lokalen Wirtschaftskreislauf eine recht grosse Konstanz – bei gleichzeitig grosser migratorischer Rotation der Berufstätigen in diesen Branchen – aufwiesen, fanden in der Baubranche grosse Umwälzungen statt, und auch die privaten Transportunternehmen hatten geringe Ueberlebenschancen. Am eindeutig stärksten litten die in den internationalen Wirtschaftskreislauf eingebundenen Metall- und Maschinenbranche unter der Krise. In der Privatwirtschaft verzeichneten einzig die Herstellung und der Vertrieb technologisch neuer Produkte sowie die Energiewirtschaft einen leichten Aufschwung. Im öffentlichen Sektor war demgegenüber eine bedeutend grössere Krisenresistenz festzustellen. Sowohl die eidgenössischen Bahn- und Zollangestellten wie auch die kantonalen und kommunalen Beamten in der Verwaltung und im Unterricht überstanden die Krisenjahre relativ gut, auch wenn sie gegen Ende des Beobachungszeitraums Lohnkürzungen hinnehmen mussten.

Gemäss den Steuerregisterangaben der Gemeinde J, die sich immer auf die steuerpflichtigen Haushalte bzw. auf deren Vorsteher beziehen, nahm die nominelle Einkommenssumme von 4'023'450 Fr. (1929) auf 3'367'000 Fr. (1937) ab; das arithmetische Mittel sank von 2860 Fr. auf 2616 Fr. und der Median von 2500 Fr. auf 2200 Fr. Gleichzeitig wurde die Einkommensungleichheit, gemessen mit unterschiedlich sensitiven, auf relative Disparitäten reagierenden Massen (Variationskoeffizient, Mass von Theil, Gini-Index, Mass von Atkinson 0.9) grösser; nach absoluten Disparitäten gemessen (Kolm 0.5 und 2.0), wurde sie im Gefolge des allgemeinen wirtschaftlichen Rückgangs kleiner.

Diese Resultate decken sich also mit den Ergebnissen der Studie von Mendershausen (1946, bes. 114f), der die Krisenauswirkungen auf die personelle Einkommensverteilung in 33 Städten der USA 1929 bis 1933 untersuchte.

Auch die nominelle Vermögenssumme verkleinerte sich im Laufe der neun Jahre (1929: 11'575'100 Fr., 1937: 10'554'500 Fr.), wenn auch prozentual weniger stark (9%) als die Einkommenssumme (16%). Dabei blieb das arithmetische Mittel mehr oder weniger konstant auf 8200 Fr. Der Verlauf der Ungleichheitsmasse zeigt gemäss Variationskoeffizient, der besonders sensibel im obersten Vermögensbereich ist, einen vorübergehenden Rückgang und 1937 einen starken Anstieg der Konzentration; gemäss Theil und Gini mit spezieller Sensitivität im oberen und mittleren Bereich ist eine leichte Abnahme der Ungleichheit festzustellen; und das Mass von Atkinson 0.9, das besonders empfindlich im unteren Bereich reagiert, bleibt wegen der grossen Zahl von vermögenslosen steuerpflichtigen Haushalten (ca. 60%) immer auf dem höchsten Wert 1.0.

Das Konsumpotential, das sich definitionsgemäss aus dem Einkommen und dem Zehntel des Vermögens zusammensetzt und einen Indikator für den Wohlstand der Haushalte ohne Berücksichtigung ihrer Grösse darstellt, nahm insgesamt von 5'180'960 Fr. (1929) auf 4'422'450 Fr. (1937) oder um 15% ab. Auch der Median, der wegen des Vermögens über demjenigen des Einkommens lag, ging von 3000 Fr. (1929) auf 2800 Fr. (1937) zurück. Die Ungleichheit, gemessen mit den vier erwähnten relativen Massen, war bedeutend geringer als beim Vermögen und auch ein wenig kleiner – abgesehen vom Wert des Variationskoeffizienten – als beim Einkommen; über die neun Jahre betrachtet, nahm sie eindeutig zu.

Als vierter Indikator wurde das Konsumäquivalent untersucht, das zusätzlich zum Einkommen und Vermögen auch der unterschiedlichen Haushaltgrösse und -zusammensetzung Rechnung trägt und damit noch besser als das Konsumpotential den Wohlstand der Haushalte zum Ausdruck bringt. Der Median von 1924 Fr. (1929), etwa 600 Fr. unter dem Einkommensmedian, sank bis 1937 auf 1750 Fr., und die Verteilung, obschon entsprechend den Massen von Theil, Gini und Atkinson 0.9 gleichmässiger als bei den andern drei Indikatoren, wurde durch die Krise ungleichmässiger.

Die soziodemographische und sozioökonomische Charakterisierung aller jährlich registrierten Haushalte bzw. derer Vorsteher ergab in verschiedener Hinsicht markante Aenderungen. Die Bevölkerungsstruktur erfuhr infolge einer grossen Abwanderungsquote der Jungen, die durch die Einwanderungen nicht voll kompensiert wurden, eine starke Alterung. Der Anteil der Jungen bis 30 Jahre sank von 29% (1929) auf 24% (1936), während die relative Häufigkeit der Ueber-60-Jährigen im gleichen Zeitraum von 15% auf 18% stieg. Der Prozentsatz der 31-60-Jährigen blieb bis 1933 praktisch konstant und vergrösserte sich in den folgenden Jahren um 3%. Entsprechend verlagerte sich auch die Struktur des Zivilstandes; der Bevölkerungsanteil der Ledigen und Verheirateten nahm ab, während derjenige der Verwitweten beträchtlich (um 5%) zunahm.

Die Steuerregisterangaben bezüglich Beruf und Sektorzugehörigkeit bestätigen und erweitern die Ergebnisse, die schon aus andern Quellen hervorgingen. Die Berufstätigen in der Landwirtschaft und in den Branchen zur Deckung der Grundbedürfnisse nach Nahrung, Kleidung und Wohnung, die also im grossen und ganzen zum lokalen Wirtschaftskreislauf gehörten, waren "krisenimmun". Die im privaten, translokalen Wirtschaftskreislauf integrierte Metall- und Maschinenbranche erlitten von 1932 bis 1934 erhebliche Einbrüche, während die Berufstätigen im öffentlichen Sektor über die schärfsten Krisenjahre hinweg relativ zu allen Berufstätigen zahlreich blieben und erst 1936 und 1937 nicht nur absolut, sondern auch relativ abnahmen.

Die Makroanalyse der vier wirtschaftlich-finanziellen Variablen aller jährlich anwesenden Haushalte wurde daraufhin nach soziodemographischen und -ökonomischen Merkmalen aufgebrochen, um die je nach Merkmal unterschiedliche Krisenbetroffenheit zu analysieren. Während beim Einkommen, Vermögen und Konsumpotential fast alle der 9 Kombinationsfelder (3 Veränderungstypen des Medians mal 3 Veränderungstypen des Gini-Indexes) besetzt wurden, lagen beim Konsumäquivalent die Untermengen nur in 4 Feldern, hauptsächlich im Feld III mit der Kombination fallender Median/zunehmender Gini-Index; d. h. folgende Gruppen wiesen von 1929 bis 1937 einen fallenden Median des Konsumäquivalents bei gleichzeitiger Zunahme der Ungleichheit, gemessen mit dem Gini-Index, auf: Altersgruppe der Ueber-70-Jährigen, verwitwete Männer, verwitwete Frauen, Waadtländer, Schweizer, Haushalte mit 1 und 2 Personen, Berufstätige im lokalen und translokalen Wirtschaftskreislauf sowie im öffentlichen Sektor, 2. und 3. Wirtschaftssektor, Ausbildungsgruppe der Gelernten, Unselbständigerwerbende, alle Anwesende insgesamt.

Aufgrund theoretischer Ueberlegungen wurde den Alters- und Berufsgruppen wie auch den Sektoren besondere Beachtung geschenkt. Unabhängig vom Beobachtungszeitpunkt war bei den Altersgruppen die Einkommensverteilung umso ungleichmässiger, je höher das Alter war; die Vermögensverteilung jedoch wurde mit zunehmendem Alter gleichmässiger. Deutlicher als bei den Altersgruppen liess sich die Kriseninzidenz auf die Einkommensverteilung in den Sektormengen feststellen. Im 1. Sektor war die Konzentration 1929 am grössten, nahm dann vorübergehend 1931, 1933 und 1935 ab und wurde 1937 wieder grösser, ohne wieder den Grad von 1929 zu erreichen. Im 2. Sektor brachte die Krise für die Jahre 1933, 1935 und 1937 eine deutlich grössere Ungleichheit im Vergleich zu 1929 und 1931 mit sich, und im 3. Sektor nahm die Einkommenskonzentration 1935 und 1937 nur ein wenig zu.

Weil die Kriseninzidenz in erster Linie an den Veränderungen von Einkommen und Vermögen sichtbar wird, wurden in einem weiteren Kapitel alle in zwei aufeinanderfolgenden Jahren anwesenden Haushalte untersucht. Dabei stellte sich heraus, dass in den Jahren 1931-32 und 1932-33 die geringsten absoluten durchschnittlichen Veränderungen eintraten, die beim Einkommen, Konsumpotential und Konsumäquivalent sogar negativ waren. Auch die relativen, auf die jeweilige jährliche

Menge der Haushalte bezogenen durchschnittlichen Veränderungen lagen in dieser Zeit mit Ausnahme der Vermögen 1934-1935 am tiefsten. Dass die Kriseninzidenz beim Vermögen bedeutend geringer als bei den drei andern wirtschaftlich-finanziellen Variablen war, ging auch aus der Betrachtung der Streuung der Veränderungen hervor. Während nämlich in allen Jahren höchstens 9% der jährlich Anwesenden Vermögensveränderungen von weniger als -5% aufwiesen, zählte man in den Jahren 1930-31, 1931-32 und 1932-33 über 20% der jährlich Anwesenden, deren Einkommen, Konsumpotential und Konsumäquivalent um mehr als 5% zurückging.

Die Weltwirtschaftskrise wirkte sich nicht nur auf die Höhe von Einkommen und Vermögen, sondern auch schlechthin auf die Anwesenheit der Haushalte in der Gemeinde J aus. Auch wenn die individuellen Motivationen zur Wanderung nicht erfasst werden konnten, waren in den Jahren 1932 und 1933 ungewöhnlich grosse Auswanderungen zu beobachten, die ausserdem - wie in den andern Jahren auch - ausgesprochen selektiven Charakter aufwiesen. Die Emigranten gehörten mehrheitlich den untersten Einkommensschichten an und verfügten sehr selten über Vermögen. Sie waren jung und ledig, oft weiblichen Geschlechts, in der Nahrungsmittel- und Bekleidungsbranche sowie im Gastgewerbe tätig, ungelernt und unselbständig erwerbend.

Auch die jährlichen Einwanderermengen stellten in bezug auf die jährlichen Mengen aller Anwesenden eine "verzerrte Stichprobe" dar, die im wesentlichen ähnliche Charakteristiken wie die Auswanderermengen zeigten. Auf diese Weise neutralisierten sich die Aus- und Einwanderungsbewegungen zu einem grossen Teil, wobei die Einkommens- und Vermögensverteilung in der Gemeinde insgesamt trotz (oder wegen?) der hohen migratorischen Rotation relativ stabil blieb und nur ein wenig ungleicher wurde und zugleich eine Alterung der Bevölkerung eintrat.

Im Vergleich zu den Aus- und Einwanderern unterschieden sich die permanent Anwesenden durch erheblich höhere Einkommen und Vermögen; sie waren gewöhnlich bedeutend älter, von männlichem Geschlecht und waadtländischer Herkunft, verheiratet und hatten Kinder. Sie arbeiteten vor allem in der Landwirtschaft, in der Nahrungsmittelbranche und im öffentlichen Sektor, waren gelernt und häufig selbständig erwerbend.

Da die permanent Anwesenden definitionsgemäss gleich viele Jahre anwesend waren, konnte bei ihnen die Kriseninzidenz mit Hilfe von Mobilitätstypen erfasst werden. So wiesen über den neunjährigen Beobachtungszeitraum 50% der Einkommen einen "Zickzack"-Verlauf auf, 12% waren konstant, nur 4% hatten einen steigenden, aber 10% einen fallenden Verlauf und bei 13% erreichten die Einkommen ein Maximum, bei 11% ein Minimum. Beim Vermögen waren hingegen die Anteile der konstanten und sich positiv entwickelnden Verläufe bedeutend grösser (konstant: 38%, steigend: 17%, 1 Maximum: 10%) und diejenigen der negativen Verläufe geringer (fallend: 4%, 1 Minimum: 5%).

Die Analyse der Mobilitätstypen nach soziodemographischen und -ökonomischen Merkmalen ergab, dass die Haushaltvorsteher mit konstantem Einkommensverlauf vorwiegend älter (61-70 Jahre), verwitwet, weiblichen Geschlechts, waadtländischer Herkunft, in der Landwirtschaft tätig, ungelernt und unselbständig erwerbend waren. Einen aufsteigenden Verlauf verzeichneten vor allem junge (21-30 Jahre), ledige Personen, die relativ häufig Frauen waren und in der Nahrungsmittelbranche arbeiteten. Fallend war das Einkommen besonders bei den ins Pensionierungsalter übertretenden alten Leuten (61-70 Jahre), bei Verheirateten, Waadtländern, Gelernten, in der Maschinenbranche Tätigen und Selbständigerwerbenden. Einen vorübergehenden Einkommenszuwachs (Verlauf mit 1 Maximum) erlebten mehrheitlich 41-50-Jährige, Verheiratete, Italiener oder Franzosen, Berufstätige mit Mittelschulausbildung, die im öffentlichen Sektor arbeiteten oder selbständig erwerbstätig waren. Das Einkommen nahm vorübergehend ab vor allem bei 31-40-Jährigen, Verheirateten, Italienern oder Franzosen, Gelernten, Unselbständigerwerbenden und in der Maschinenbranche Tätigen. Schliesslich erfuhren mehrfache Einkommensschwankungen insbesondere 31-40-Jährige, Verheiratete, Gebürtige aus andern Kantonen, Unselbständigerwerbende, die im öffentlichen Sektor angestellt waren.

In den Längsschnittanalysen wurden sowohl die Dynamik der Einkommen und Vermögen wie auch die Wanderungsprozesse betrachtet. Je nach Schicht der Einkommen, Vermögen und Konsumäquivalente war die Verweildauer in der Gemeinde J unterschiedlich. Wie aus dem Wanderungskapitel schon deutlich wurde, verzeichneten insbesondere die untere Einkommens- (500-2000 Fr.) und Vermögensgruppe (0 Fr.) grosse migratorische Veränderungen. Beim Vergleich der relativen Häufigkeiten der jährlichen positiven und negativen Einkommensveränderungen zeigten sich in allen Einkommensschichten überwiegend negative Veränderungen (Kriseninzidenz) im Jahr 1932-33, wobei in der unteren (500-2000 Fr.) und mittleren (2001-4000 Fr.) Schicht schon 1930-31 und 1931-32, in der oberen Schicht (über 4000 Fr.) erst 1932 und später mehrheitlich negative Veränderungen auftraten. Beim Vermögen waren hingegen in allen Schichten die positiven Veränderungen praktisch immer häufiger als die negativen.

Nach Konsumäquivalentsschichten betrachtet, musste die Armutsbevölkerung (mit einem Aequivalent von weniger als 50% des Medians), die durch das Steuerregister nur bruchstückhaft erfasst werden konnte, in der Mehrzahl der Jahre überwiegend negative Veränderungen in Kauf nehmen. Der "Mittelstand" (mit einem Aequivalent von 50-150% des Medians) war davon in den Jahren 1930 bis 1933 betroffen, während die Reichen zumeist mehr positive als negative Veränderungen verzeichnen konnten.

Die Lage und der Verlauf der jährlichen Einkommensmediane von 6 Altersgruppen bestätigte die grosse Bedeutung des Alters für die Einkommensentwicklung. Während die jüngsten und ältesten Gruppen mit ihren Medianen in allen neun Jahren unter demjenigen der Gesamtbevölkerung lagen, befanden sich die Mediane der Haushaltvorsteher mittleren Alters über dieser Referenzgrösse. Der allgemeine, durch die Krise bewirkte Rückgang der Einkommens- und Vermögenslage manifestierte sich u. a. darin, dass die Einkommensmediane der drei Altersgruppen im Jahr 1937 beträchtlich geringer als die Mediane der Gleichaltrigen 1929 waren.

Von nicht weniger grosser Relevanz für die wirtschaftliche Lage und Entwicklung der Haushalte erwies sich die Berufszugehörigkeit der Haushaltvorsteher. Die Bauern waren mit relativ konstantem und die Arbeiter mit 1932 und 1933 markant abnehmendem Einkommensmedian deutlich unter dem Median der Gesamtbevölkerung situiert. Die staatlichen Beamten, die Lehrer und SBB-Angestellten, lagen hingegen weit über dem allgemeinen Medianwert, wobei sich die Entwicklung bei den ersten tendenziell positiv, bei den zweiten tendenziell negativ gestaltete. Die Berufstätigen in der Nahrungsmittel-, Bekleidungs-, Holz- und Baubranche kamen bis 1935 dem allgemeinen Median nahe und konnten darauf ihre Situation verbessern.

Wie ungenügend ein einziger Indikator für die Beurteilung der wirtschaftlichen Lage der Haushalte ist, zeigte der Vergleich der Einkommens- und Vermögenssituation der Berufsgruppen. Die Bauern mit dem niedrigsten Einkommensmedian wiesen den weitaus höchsten Mittelwert der Vermögen aus, und die SBB-Angestellten mit relativ hohen Lohneinkommen verfügten praktisch über kein Vermögen. Auch die Lehrer waren vermögensmässig bedeutend weniger gut situiert. Die kleinsten Unterschiede zwischen den beiden Indikatoren waren bei den Arbeitern und bei den Berufstätigen in der Nahrungsmittel-, Bekleidungs-, Holz- und Baubranche festzustellen.

Zum Schluss wurde die Einkommens- und Vermögenssituation der gewählten Volksvertreter (Exekutive und Legislative) in den Wahljahren 1929, 1933 und 1937 untersucht. Gemäss Einkommensmedian befanden sich alle Politiker zumeist beträchtlich über dem Median der Gesamtbevölkerung, wobei der Median nach der Krise bei den Radikalen stark anwuchs und bei den Sozialisten ebenso stark abnahm. Die Vermögensmittelwerte der Radikalen und Liberalen lagen über demjenigen aller Politiker, die Mittelwerte der Sozialisten unter demjenigen aller Haushalte. Die Mediane der Konsumäquivalente entwickelten sich bei den Radikalen und Liberalen über demjenigen aller Politiker auf ähnliche Weise; sie stagnierten während der Krise und nahmen nachher erheblich zu. Bei den Sozialisten lag der Median zwischen demjenigen aller Politiker und aller Haushalte und sank während und nach der Krise.

* * *

Abschliessend sei nochmals darauf hingewiesen, dass wegen des "dämpfenden Informationsfilters" des Steuerregisters insbesonders bezüglich der untersten Einkommensschichten und aufgrund des Vergleichs mit andern Informationsquellen und analogen Untersuchungen (vgl. u. a. Jahoda et al. 1975) die zum Teil massiven Krisenauswirkungen in der Gemeinde J, wie sie in dieser Fallstudie analysiert wurden, in Wirklichkeit noch bedeutend dramatischer ausgefallen sein mussten.

Umso stärker erhebt sich deshalb die Forderung nach differenzierten Analysen der Verteilungswirkungen von wirtschaftlicher Rezession und Krise, um entsprechende wirtschafts- und sozialpolitische Massnahmen zu Gunsten der Zumeistbetroffenen realisieren zu können. In diesem Sinn vermag vielleicht der Blick in die Vergangenheit das Bewusstsein für Probleme von heute und morgen zu schärfen.

Anhänge

Statistische Verfahren

1. Kolmogorov-Smirnov-Test (K-S-Test)

Je nach Verteilungstyp und Skalenart der Variablen sind für die Operationalisierung des Vergleichs von Verteilungen die geeigneten statistischen Tests anzuwenden (vgl. Billeter 1972). Da sich die in der sozioökonomischen Forschung vorfindlichen empirischen Verteilungen nur in seltenen Fällen auf parametrische Verteilungen zurückführen lassen, ist zunächst diese Möglichkeit zu prüfen und gegebenenfalls auszuschliessen. Hernach ist zu fragen, welche "verteilungsfreien" (nichtparametrischen) Tests sich am besten eignen. Für die metrischen Variablen kommt wegen seiner Güte der Kurvenanpassung (goodness of fit) insbesondere der K-S-Test in Frage; für die nominalen Variablen wegen seiner Robustheit vor allem der Chi-Quadrat-Test, der im übrigen auch bei ordinalen und bei metrischen, zu Klassen zusammengefassten Werten angewendet werden kann (vgl. Siegel 1956).

Der K-S-Test, der die Genauigkeit der Kurvenanpassung prüft, kann für den Ein-Stichproben-Fall (Vergleich einer empirischen mit einer theoretischen Verteilung) und für den Zwei-Stichproben-Fall (Vergleich von zwei empirischen Verteilungen) Verwendung finden. Die Formel lautet (Billeter 1972,87):

$$D_n = \sup \mid F_n(x) - F(x)$$

wobei $F_n(x)$ eine relative empirische Summenverteilung und F(x) die zu Vergleichszwecken herangezogene relative theoretische (bzw. empirische) Summenverteilung darstellen.

Die kritischen Testwerte D_{kr}, d. h. die Testwerte bei bestimmten Bedeutungsschwellen, sind für verschiedene Stichprobenumfänge ermittelt und in Testtabellen zusammengestellt. Liegt nun bei einer zuvor bestimmten Bedeutungsschwelle der kritische Wert D_{kr} unter dem empirischen Wert D_n, bedeutet dies, dass die Wahrscheinlichkeit, aus einer andern zufälligen Stichprobe einen Testwert, der gleich oder grösser als D_n ist, zu erhalten, kleiner ist als die Bedeutungsschwelle. Die Nullhypothese muss folglich verworfen werden.

Das Statistik-Programm-System für die Sozialwissenschaften (SPSS: Nie et al. 1975, Hull et al. 1979, Beutel et al. 1980), mit dem für die Fallstudie K-S-Tests durchgeführt wurden, gibt im Ausdruck folgende Werte an (vgl. Beispiel 1.1): Anzahl der Fälle, arithmetisches Mittel und Streuung der Stichprobe, positive, negative und absolute maximale Differenz zwischen der theoretischen und empirischen kumulativen Verteilung, den K-S Z-Wert und das zweiseitige Wahrscheinlichkeitsniveau

P für Z gemäss Smirnov (1948). Z ist definiert als das Produkt aus der Wurzel des Stichprobenumfangs n und des Extremwertes D_n. Es gilt also:

$$Z = n^{1/2} D_n.$$

Je grösser - bei gegebenem Stichprobenumfang - der Wert Z, desto geringer ist die Wahrscheinlichkeit, dass die Daten der theoretischen (bzw. der zweiten empirischen) Verteilung entsprechen.

Beispiel 1.1

```
- - - - - KOLMOGOROV - SMIRNOV GOODNESS OF FIT TEST

    LK

TEST DIST. - NORMAL (MEAN =          3.3360 STD. DEV. =          0.3009)

             CASES        MAX(ABS DIFF)       MAX(+ DIFF)       MAX(- DIFF)
              185           0.0886              0.0886           -0.0667

             K-S Z          2-TAILED P
             1.205            0.109
```

Die zweiseitige Wahrscheinlichkeit, dass eine andere zufällige Stichprobe den Z-Wert von 1.205 ergibt, ist 10,9%. Bei einer Bedeutungsschwelle von z. B. 5% muss die Nullhypothese also angenommen werden.

2. Chi-Quadrat-Test (Chi-Q-Test)

Aehnlich wie der K-S-Test ist der Chi-Q-Test bezüglich der Verteilungsart der Grundgesamtheit wenig empfindlich [1] und prüft, ob sich die beobachteten und die erwarteten Häufigkeiten bei nominalskalierten Variablen sowohl beim Ein- wie beim Zwei-Stichproben-Fall signifikant unterscheiden. Die Grundformel lautet (Billeter 1972,67):

$$\chi^2 = \sum_{i=1}^{k} \frac{(f_i - F_i)^2}{F_i}$$

wobei f_i die empirische Häufigkeit des Merkmals bei n Beobachtungen und F_i die entsprechende zu erwartende (theoretische) Merkmalshäufigkeit bedeuten. Die Anzahl der Freiheitsgrade (D.F.) ist gleich der Anzahl der Differenzen $(f_i - F_i)$, die voneinander linear unabhängig sind, d. h. also D.F. = k-1.

---

[1] Wenn der Chi-Q-Test trotzdem zu den verteilungsgebundenen Tests gerechnet wird, so geschieht dies aufgrund eines andern Einteilungskriteriums; er beruht nicht auf indirekten Merkmalen wie z. B. die Rangfolge (vgl. Billeter 1972,66).

Die theoretischen Chi-Q_{kr}-Werte finden sich für verschiedene Bedeutungsschwellen und Freiheitsgrade in Tafeln zusammengestellt. Ist bei gegebener Bedeutungsschwelle und gegebenen Freiheitsgraden der empirische Chi-Q_e-Wert grösser als der theoretische Chi-Q_{kr}-Wert, muss die Nullhypothese zurückgewiesen werden; oder anders formuliert, die Nullhypothese ist zu verwerfen, wenn die Wahrscheinlichkeit des Auftretens des erhaltenen empirischen Chi-Q_e-Wertes bei gegebenen Freiheitsgraden gleich oder kleiner als die erwünschte Bedeutungsschwelle ist.

Das SPSS gibt für den Chi-Q-Test die Werte der Variablen, ihre gezählten und erwarteten Häufigkeiten sowie den empirischen Chi-Q_e-Wert, die Freiheitsgrade und die Bedeutungsschwelle an (vgl. Beispiel 2.1).

Beispiel 2.1

```
CHI-QUADRAT-TEST:  ALLE STEUERPFLICHTIGEN 1930

FILE    NONAME    (CREATION DATE = 03/12/81)

- - - - - CHI-SQUARE TEST

    A           ALTER

   VALUE          2.        3.        4.        5.        6.        7.
   COUNT        430.      282.      274.      217.      120.       70.
  EXPECTED      412.28    287.35    290.47    208.22    121.81     72.88

          CHI-SQUARE             D.F.          SIGNIFICANCE
             2.306                5               0.805
```

Wenn die Bedeutungsschwelle z. B. bei 10% (0.10) festgelegt wird, ist die Signifikanz von 0.805 bedeutend grösser, d. h. die empirischen Häufigkeiten in den einzelnen Altersgruppen sind von den vorgegebenen (theoretischen) Häufigkeiten nicht signifikant verschieden; die Nullhypothese muss angenommen werden.

Dem Chi-Q-Test kommt bei der Benutzung des SPSS eine besonders wichtige praktische Bedeutung zu, weil er nach geeigneter Aufbereitung der metrischen Daten zu nominalskalierten Werten im Unterschied zum K-S-Test auch dort durchgeführt werden kann, wo die theoretische Verteilung für den Ein-Stichproben-Fall nicht im SPSS verfügbar und die empirische Referenzverteilung im Zwei-Stichproben-Fall nicht auf eine im SPSS vorhandene theoretische Verteilung zurückführbar ist.

3. Ungleichheitsmasse

Zum Vergleich von Verteilungen können neben den erwähnten Tests auch verschiedenartige Ungleichheitsmasse verwendet werden, die je nach ihren Eigenschaften bestimmte Sensitivitäten und wohlfahrtsökonomische bzw. wirtschaftspolitische Implikationen haben (vgl. Lüthi 1981,23-95).

In der Fallstudie werden folgende Masse gebraucht (vgl. Abele et al. 1980,6), wobei y_i einzelne Einkommen bzw. Vermögen, $\bar{x}$ das Durchschnittseinkommen bzw. -vermögen, n die Anzahl Individuen und p_i den relativen Einkommensanteil des Individuums i bedeuten:

Variationskoeffizient:

$$V = 1/\bar{x}\sqrt{1/n \sum_{i=1}^{n} (y_i - \bar{x})^2}$$

Mass von Theil:

$$T = \sum_{i=1}^{n} p_i \log (n\, p_i)$$

Gini-Index:

$$G = 1 + 1/n - 2/n^2 \bar{x} \sum_{i=1}^{n} i\, y_i$$

$$\text{mit } y_1 \geq y_2 \geq \ldots\ldots \geq y_n$$

Atkinson:

$$A = 1 - 1/\bar{x} \left[1/n \sum_{i=1}^{n} y_i^{1-\varepsilon} \right]^{\frac{1}{1-\varepsilon}} \qquad \varepsilon \neq 1$$

$$A = 1 - \exp (1/n \sum_{i} \ln y_i)/\bar{x} \qquad \varepsilon = 1$$

Kolm:

$$K = 1/\alpha \ln \left[1/n \sum_{i=1}^{n} e^{\alpha(\bar{x} - y_i)} \right] \qquad \alpha > 0$$

Der *Variationskoeffizient* ist besonders empfindlich auf die Ungleichheit der allerhöchsten Einkommen oder Vermögen, das *Mass von Theil* hauptsächlich auf die Einkommen der oberen Mitte. Der *Gini-Index* weist bei gängigen Verteilungen eine ausgesprochene Empfindlichkeit auf die Ungleichheit der mittleren Einkommen auf, und das *Mass von Atkinson* (mit $\varepsilon = 0.5$) ist eher empfindlich im Bereich der unteren Einkommen. Durch eine Erhöhung des Parameters ε (z. B. $\varepsilon = 2$) liesse sich die Empfindlichkeit des Masses von Atkinson auf die untersten Einkommen noch wesentlich steigern. Eine solche Erhöhung von ε hat jedoch wenig Sinn bei steuerbaren Einkommen und Vermögen, wo nach Vornahme sämtlicher Abzüge bei vielen Steuerpflichtigen der Wert null erreicht wird, da für Werte von null das Mass von Atkinson mit ε 1 nicht mehr definiert ist.

Die bisher besprochenen Ungleichheitsmasse sind geeignet, *relative* Disparitäten zu beschreiben, da sie invariant sind in bezug auf proportionale Transformationen aller Einkommen oder Vermögen. Das vorwissenschaftliche Verständnis von Ungleichheit enthält jedoch nicht nur Aspekte relativer, sondern auch absoluter Disparität. Beispielsweise würde es niemandem einfallen, bei der Gruppe der jüngsten Steuerpflichtigen, wo die allermeisten gar kein Vermögen aufweisen, von einer krassen Vermögensungleichheit zu sprechen. Alle bisher besprochenen Masse ergeben jedoch in einem solchen Fall eine ausnehmend hohe Ungleichheit. Aus diesem Grunde sind auch Ungleichheitsmasse zu empfehlen, die die *absoluten* Disparitäten wiedergeben. Ein gängiges Mass für solche absoluten Ungleichheiten ist die *Standardabweichung*. Wie der Variationskoeffizient reagiert auch die Standardabweichung empfindlich auf die Ungleichheit der allerhöchsten Einkommen und Vermögen. Das *Mass von Kolm* schliesslich ist ein auf absolute Disparitäten empfindliches Ungleichheitsmass, das bei niedrigen Werten des Parameters α eher im oberen Einkommensbereich, bei höheren Werten von α eher im unteren Bereich besonders empfindlich ist.

4. Relative Häufigkeiten

Handelt es sich um Verteilungen nominaler und ordinaler Variablen, wird die Beschreibung bekanntlich mit Hilfe von relativen Häufigkeiten vorgenommen, um den Vergleich ungleich grosser Mengen zu ermöglichen. Obschon diese Masszahl sehr einfach und elementar ist, hat sie doch sowohl für die Deskription wie auch für die Hypothesenbildung eine unverzichtbare Bedeutung. So kann sich beispielsweise – wie dies in

Tabelle 4.1 Absolute und relative Häufigkeiten der steuerpflichtigen nach Wirtschaftssektoren in J von 1931 und 1932 (nur zugeordnete Fälle)

Wirtschaftssektor	1931		1932	
	absolut	%	absolut	%
1. Sektor	91	7	85	7
2. Sektor	616	50	521	46
3. Sektor	535	43	529	47
total	1242	100	1135	100

der Gemeinde J von 1931 auf 1932 geschah (vgl. Tabelle 4.1) – die relative Position eines Wirtschaftssektors erheblich verändern, nicht weil er, in absoluten Zahlen ausgedrückt, stark zu- oder abgenommen hat, sondern weil ein anderer Sektor (bzw. andere Sektoren) einem enormen Wandel unterworfen ist (bzw. sind).

Neben den erwähnten Methoden können zum Vergleich von Verteilungen einer einzigen Variablen auch die Masszahlen der Verbundenheit verwendet werden, die im 5. Kapitel behandelt sind.

5. Masszahlen der Verbundenhheit (Korrelation)

Zur genaueren Beschreibung, Hypothesenbildung und Erklärung sozioökonomischer Phänomene ist es notwendig, dass entsprechend der Fragestellung und der Verfügbarkeit von Datenmaterial eine Vielzahl von Variablen untersucht wird. Deshalb werden im folgenden Probleme der Verbundenheit (vgl. Billeter 1970,159-187) besprochen, deren Analyse je nach der Skalenart der Variablen unterschiedliche Methoden erfordert. Es versteht sich im übrigen von selbst, dass die Masszahlen der Verbundenheit auch für den Vergleich von verschiedenen Verteilungen derselben Variablen verwendet werden können.

5.1. Bei metrischen Variablen

Bei dieser Variablenart wird die Verbundenheit üblicherweise anhand von Zwei-Variablen- und multiplen Regressionsmodellen überprüft. Für eine ausführliche Darstellung dieser Methoden sei z.B. auf Pindyck et al. (1976), für deren Anwendung auf die entsprechenden SPSS-Programme (PARTIAL CORR, PEARSON CORR, REGRESSION, SCATTERGRAM) verwiesen.

5.2. Bei ordinalen Variablen

Die Verbundenheit von ordinalen Variablen kann mit Hilfe verschiedener Masszahlen beschrieben werden, von denen im SPSS (CROSSTABS, NONPAR CORR) folgende zur Verfügung stehen: Kendall's Tau b, Kendall's Tau c, Gamma, Somers's D und der Spearman'sche Rangordnungs-Korrelationskoeffizient (vgl. Nie et al. 1975,227f; 288f).

Mit Ausnahme der letzten Masszahl verwenden sie alle die Information bezüglich der Ordnung der Variablenwerte, indem jedes mögliche Paar der Fälle in der Matrix betrachtet und geprüft wird, ob ihre relativen Ränge bei der ersten Variablen denjenigen bei der zweiten Variablen entsprechen, d. h. konkordant sind, oder sich voneinander unterscheiden, d. h. diskordant sind. Wenn die beiden Individuen des Paares den gleichen Rang bei der einen oder bei beiden Variablen innehaben, wird das Paar als "verbunden" definiert. Je nach der Art, wie diese Verbindungen gezählt werden, unterscheiden sich diese vier Masszahlen.

Zunächst wird die Zahl der konkordanten (P) und diskordanten (Q) Paare errechnet. Wenn P grösser als Q ist, d. h. wenn also vorwiegend Paare mit der gleichen Ordnungsrichtung bei beiden Variablen vorhanden sind, wird die Masszahl positiv ausfallen. Auf diese Weise ist erkennbar, ob eine positive oder negative Verbundenheit (Korrelation) zwischen den Variablen vorliegt.

Kendall's Tau b ist definiert:

$$\text{Tau b} = \frac{P - Q}{(1/2[N(N-1) - \sum T_1(T_1 - 1)]\, 1/2[N(N-1) - \sum T_2(T_2 - 1)])^{1/2}}$$

wobei N die Zahl der Ränge, T_1 die Zahl der Verbindungen bei der Zeilenvariablen und T_2 die Zahl der Verbindungen bei der Spaltenvariablen bedeuten.

Die vom SPSS verwendete Rechenformel lautet:

$$\text{Tau b} = \frac{P - Q}{[1/2(N^2 - \sum 1/2(N^2 - \sum T_2^2)]^{1/2}}$$

Tau b eignet sich für quadratische Matrizen. Sein Wertebereich liegt zwischen + 1 und - 1. Es ist gleich + 1, wenn eine vollständige Uebereinstimmung der Rangsordnungszahlen der einen Variablen entgegengesetzt zu den Rangordnungszahlen der andern Variablen verlaufen. Keine Verbundenheit besteht, wenn P gleich Q ist.

Kendall's Tau c ist bei rechteckigen Matrizen (Zeilenzahl ≠ Spaltenzahl) anwendbar und basiert auf einer Annäherung der Gesamtzahl der Paare, die für die kleinere Zahl (m) der Zeilen bzw. Spalten angepasst ist. Sein Wertebereich liegt auch zwischen + 1 und - 1.

$$\text{Tau c} = \frac{2m(P - Q)}{N^2(m - 1)}$$

Gamma enthält keine Anpassungen weder für Verbindungen noch für Matrixgrösse. Seine Werte liegen deshalb gewöhnlich über denjenigen von Tau b und Tau c. Die Extremwerte von + 1 und - 1 können auch unter gewissen Umständen erreicht werden, wenn nicht alle Fälle auf einer Diagonalen liegen. Ueberdies lassen sich partielle Gammas bei drei bis n-dimensionalen Matrizen berechnen.

$$\text{Gamma} = \frac{P - Q}{P + Q}$$

Somers's D berücksichtigt Verbindungen bei der Berechnung des Nenners; die Anpassungen aber werden anders als bei Tau b und Tau c vorgenommen. Die asymmetrische Version setzt ein Abhängigkeitsverhältnis der Variablen voraus, die symmetrische Version lässt es ausser Betracht.

Asymmetrisches D (Zeilenvariable ist abhängig):

$$D(\text{asym}) = \frac{2(P - Q)}{N^2 - \sum_j C_j^2} = \frac{P - Q}{P + Q + T_1}$$

wobei ${}_jC_j$ die Anzahl in jeder Zeile bedeutet.

Asymmetrisches D (Spaltenvariable ist abhängig):

$$D(\text{asym}) = \frac{2(P - Q)}{N^2 - \sum_j R_j^2} = \frac{P - Q}{P + Q + T_2}$$

wobei ${}_jR_j$ die Anzahl in jeder Spalte bedeutet.

Symmetrisches D (ohne Abhängigkeitsverhältnis):

$$D(\text{sym}) = \frac{2(P - Q)}{1/2[(N^2 - \sum_j C_j^2) + (N^2 - \sum_j R_j^2)]} = \frac{P - Q}{P + Q + 1/2(T_1 + T_2)}$$

Schliesslich ist der *Rangordnungs-Korrelationskoeffizient von Spearman* zu erwähnen, der auf der Differenz (D) der Rangordnungszahlen der beiden Vergleichsvariablen beruht und folgendermassen definiert ist (Billeter 1970,180; Nie et al. 1975,289):

$$r_s = \frac{6 \sum_{j=1}^{n} D_j}{n(n^2 - 1)}$$

Auch dieser Koeffizient hat den Wertebereich zwischen + 1 und - 1.

5.3. Bei nominalen Variablen

Für diese Variablenart können im SPSS (CROSSTABS) nebem dem Chi-Quadrat (vgl. Kapitel 2.) folgende Masszahlen der Verbundenheit errechnet werden: Phi, Cramer's V, Kontingenzkoeffizient, Lambda, Unsicherheitskoeffizient (vgl. Nie et al. 1975,224f).

Phi (Φ) eignet sich für 2x2-Matrizen und korrigiert den Chi-Q-Wert, der direkt proportional zur Anzahl der Fälle ist. Die Verbundenheit ist vollständig beim Wert + 1 und inexistent beim Wert von null.

$$\Phi = \left(\frac{\chi^2}{N}\right)^{1/2}$$

Cramer's V ist eine leicht modifizierte Version von Phi und für grössere Matrizen anwendbar. Es passt Phi für die kleinere Zahl der Zeilen bzw. Spalten an und hat den gleichen Wertebereich wie Phi für die 2x2-Matrix.

$$V = \left(\frac{\Phi^2}{\min(r-1),(c-1)}\right)^{1/2}$$

Der *Kontingenzkoeffizient*, der ebenfalls auf dem Chi-Quadrat beruht, kann bei jeder Matrixgrösse verwendet werden. Während sein minimaler Wert immer gleich null ist, hängt sein Maximum von der Matrixgrösse ab. Er sollte deshalb nur zum Vergleich von gleich grossen Matrizen gebraucht werden.

$$C = \left(\frac{\chi^2}{\chi^2 + N}\right)^{1/2}$$

Lambda basiert auf dem Modus. Sein Wertebereich liegt zwischen + 1 und 0.

$$\text{Lambda (asym)} = \frac{\sum_k \text{max.}\ f_{jk} - \text{max.}\, f_{.k}}{N - \text{max.}\, f_{.k}}$$

wobei Σ max. f_{jk} die Summe der maximalen Werte der Zellhäufigkeiten in jeder Spalte und max. $f_{.k}$ den maximalen Wert der Zeilensumme darstellen.

$$\text{Lamda (sym)} = \frac{\sum_k \text{max.}\ f_{jk} + \sum_j \text{max.}\ f_{jk} - \text{max.}\, f_{.k} - \text{max.}\, f_{j.}}{2N - \text{max.}\, f_{.k} - \text{max.}\, f_{j.}}$$

wobei Σ max. f_{jk} und max.$f_{.k}$ wie beim asymmetrischen Lambda definiert sind, max. $f_{j.}$ der maximale Wert der Spaltensummen und Σ max. f_{jk} die Summe der maximalen Werte der Zellhäufigkeiten in jeder Zeile sind.

Der *Unsicherheitskoeffizient (U)* gründet auf der ganzen Verteilung, nicht nur wie Lambda auf dem Modus. Sein Maximalwert von 1.0 bedeutet die vollständige Eliminierung von Unsicherheit, d.h. vollkommene Verbundenheit. Bei der asymmetrischen Version heisst dies, dass jede Kategorie der unabhängigen Variablen mit einer bestimmten Kategorie der abhängigen Variablen assoziiert ist. Wenn hingegen die Werteverteilung der abhängigen Variablen genau die gleichen Proportionen innerhalb jeder Kategorie der unabhängigen Variablen wie bei der Gesamtzahl der entsprechenden Fälle hat, ist der Koeffizient gleich 0.

$$U(asym) = \frac{U(Y) - U(Y|X)}{U(Y)}$$

wobei U(Y) die durchschnittliche Unsicherheit der Randverteilung von Y darstellt und wie folgt berechnet wird:

$$U(Y) = -\sum_{j} p(Y_j) \log p(Y_j).$$

$p(Y_j)$ bedeutet die Wahrscheinlichkeit einer einzelnen Kategorie j in Y oder den Anteil von Y_j.
U(YX) ist die bedingte Wahrscheinlichkeit von Y bei gegebenem X und wird berechnet:

$$U(Y|X) = -\sum_{kj} \sum p(Y_j, X_k) \log p(Y_j|X_k).$$

In ähnlicher Weise kann ein asymmetrisches Mass definiert werden, wo X die abhängige Variable ist:

$$U(asym) = \frac{U(X) - U(X|Y)}{U(X)}$$

Der symmetrische Unsicherheitskoeffizient misst die proportionale Reduzierung von Unsicherheit, die gewonnen wird, wenn die verbundene Verteilung der Fälle gekannt und der kombinierten Unsicherheit der Zeilen- und Spaltenrandverteilungen gegenübergestellt wird. Die Formel lautet:

$$U(sym) = \frac{U(Y) + U(X) - U(Y,X)}{U(Y) + U(X)}$$

wobei U(X,Y) die verbundene Unsicherheit bedeutet:

$$U(Y,X) = -\sum_{j} \sum_{k} p(Y_j, X_k) \log p(Y_j, X_k).$$

5.4. Vergleich der Verbundenheit

Aus der obigen Darstellung verschiedener Masszahlen dürfte deutlich geworden sein, dass sich die Verbundenheiten nicht ohne weiteres miteinander vergleichen lassen. Zum Vergleich und zur Beurteilung der Verbundenheit einer Menge von Variablen müssen drei Bedingungen erfüllt sein:

1. Gemäss der Skalenart der Variablen sind die dafür geeigneten Masszahlen der Verbundenheit anzuwenden. Masszahlen, die bei niedrigerer Skalenart brauchbar sind, können auch nach entsprechender Gruppierung der Variablenwerte bei Variablen höherer Skalenart verwendet werden. Die umgekehrte Anwendung ist jedoch nicht zulässig. Um Informationsverluste zu vermeiden, soll – soweit als möglich – die der Skalenart am besten entsprechende Masszahl gebraucht werden. Wenn aber zur Hypothesenbildung Variablen aller drei Skalenarten auf ihre Verbundenheit hin geprüft werden, müssen Masszahlen der dritten Gruppe (vgl. 5.3.) genommen werden.
2. Da die Matrizen je nach Variablen unterschiedlich gross sind, müssen die Masszahlen unabhängig von der Grösse der Matrizen sein.
3. Schliesslich ist eine Bedeutungsschwelle von aussen festzulegen, die für alle Relationen zwischen den Variablen angibt, von welchem Wert an die Verbundenheit "stark", "schwach" usw. ist.

Ist die Vergleichbarkeit der Verbundenheit zwischen den Variablen gewährleistet, können die Werte der Masszahl in einer Matrix dargestellt werden. Bei asymmetrischen Masszahlen lassen sich ihre Werte oberhalb bzw. unterhalb der Diagonalen einordnen. Eine solche Darstellung der Verbundenheit in Matrizenform ist ein geeignetes Instrument, um aus der Fülle der möglichen Variablenkombinationen relevante Beziehungen für die Hypothesenbildung herauszufinden (vgl. Tabelle 5.1 sowie die Tabellen 4.9.1 und 4.9.2 im IV. Teil).

Tabelle 5.1 Wertematrix einer Masszahl der Verbundenheit (Beispiel)

	Variable 1	Variable 2	Variable 3	Variable 4
Variable 1	–	0.231	0.001	0.635
Variable 2		–	0.378	0.451
Variable 3			–	0.127
Variable 4				–

Andere Methoden zur Analyse der Verbundenheit von Variablen, die der ordinalen und nominalen Skalenart ausdrücklich Rechnung tragen, sind bedeutend raffinierter. Da das SPSS die Operationalisierung dieser Ansätze nicht zulässt, sei hier lediglich auf Bishop et al. (1975) verwiesen, wo die Thematik der diskreten multivariaten Analyse gründlich und umfassend behandelt wird.

Auszüge aus der Chronik der Gemeinde J: "Registre des faits mémorables"

1929

Industrie

Il est ressorti, de l'assemblée générale des Usines Métallurgiques de Vallorbe, à fin octobre, que la situation industrielle, d'une façon générale, s'améliorait quelque peu. Mentionnons, en passant, que cette belle organisation industrielle a obtenu, en novembre, le grand prix à l'Exposition Internationale de Barcelone.

Agriculture

Cette branche d'activité a suivi, cette année, son cours normal. Les prix n'ont pas subi de fluctuations notables.

1930

Industrie

Les Usines Métallurgiques de Vallorbe obtiennent 2 grands prix à l'Exposition de Liège. Ce sont là les plus hautes récompenses possibles. Malheureusement, une crise économique qui étreint le monde entier prend une ampleur toujours plus redoutable. Elle a inévitablement une immédiate répercussion sur les usines de la localité, qui se voient contraintes de faire chômer partiellement leur personnel, dès le début d'octobre.

Agriculuture

Cette branche d'activité a beaucoup souffert des intempéries que nous avons relatées plus haut. D'autre part, la crise économique a également produit sur elle des effets fâcheux.

1931

Industrie

L'année 1931, loin de voir s'améliorer les conditions économiques, les vit, au contraire, s'aggraver encore. Le malaise politique général, les faillites de banques, les fluctuations boursières exagérées, furent autant de causes malheureuses. Nos industries villageoises en subirent l'inévitable contre-coup. Les Usines Métallurgiques, la Société d'Electro-Chimie du Day, les Usines de pierres fines de la Foulaz durent prendre des mesures concernant la restriction de leur personnel. En automne, on comptait 320 chômeurs totaux et 120 partiels. Le Conseil d'Etat fit distribuer à l'intention de tous les sans-travail des paquets de Noël, contenant des denrées alimentaires. (Fr. 5.- pour célibataires, et Fr. 10.- pour mariés.) Ce geste fut très apprécié.

A la fin de l'année, la Direction des Forges de Vallorbe, Leresche et Cie, distribua aux ouvriers qui avaient atteint ou dépassé leur 20ème année de service, un diplôme magnifique avec gratification.

Agriculture

Les mauvaises conditions économiques ont également éprouvé les agriculteurs. D'autre part, l'été très pluvieux dont nous avons été gratifiés a contrecarré assez sérieusement les travaux de la campagne. Les récoltes, cependant, n'ont pas été trop compromises. Nous saisirons l'occasion de ce chapitre pour dire que la mévente des bois de la commune de Vallorbe obère singulièrement la situation financière de cette dernière. Le rendement a accusé, en ce qui concerne la vente de nos bois, une différence en moins de Fr. 52'000.-.

1932

Industrie

Au point de vue financier, les UMV périclitent. La crise économique a fait diminuer de moitié environ les demandes d'achat. Les coupons des obligations 6% de cette Société, au 30 avril, emprunt de 1930, et au 1er mai, emprunt de 1919, ne sont pas payables. Les autres industries de la localité souffrent violemment de la crise. Leur situation financière demeure saine.

Chômage

Sur proposition de la Municipalité, le Conseil communal dans sa séance du 28 décembre 1931, a décidé d'ouvrir une souscription publique en faveur des chômeurs; celle-ci servira à l'organisation d'un service de distribution de soupe, pain et lait, au moment opportun. La crise économique s'aggravant sans cesse, il est indispensable de soutenir les chômeurs de toutes les forces de la collectivité.

Le 21 janvier 1932, un comité de secours s'est constitué des délégués des organisations laïques et ecclésiastiques de la localité. Le bureau dudit comité comprend deux membres de la Municipalité et les employés du Greffe municipal. Les opérations principales se passent dans les locaux dudit office.

D'entente entre les communes de l'Abbaye, du Lieu, du Chenit et de Vallorbe, il a été décidé de construire une route carrossable de Vallorbe au Pont, par l'Echelle et la Tornaz. Ce chantier important, devisé à Fr. 300'000.-, permettra d'occuper de nombreux chômeurs des 4 communes.

A la fin novembre 1932, on note ce qui suit au sujet de la situation économique: loin de s'améliorer, la situation, du point de vue général, s'est encore aggravée au cours de ces derniers mois. Toutes les activités locales subissent l'inévitable contre-coup du marasme mondial. 275 chômeurs totaux et 30 chômeurs partiels sont régulièrement inscrits à l'Office communal. Depuis le début de la crise, les chantiers suivants ont été ouverts, en outre, par la commune de Vallorbe: chemin forestier de Bataillard, collecteur d'égouts Day-Vallorbe, collecteur d'égouts sur la Ville-Eterpaz, route des Fontaines. D'autre part, la correction de la route de la Voète s'est fait en collaboration avec l'Etat de Vaud.

Agriculture

Les travaux agricoles ont été fortement contrecarrés par le mauvais temps. En plus, les agriculteurs ont souffert de la baisse générale des prix de vente de leurs produits. On note, fin 1932, les prix suivants touchant de près ou de loin, à cette activité: le litre de lait Fr. 0.25; le kg de pain bis: Fr. 0.34; le kg de pain blanc: Fr. 0.40; les 100 kg de pommes de terre: Fr. 10.-.

1933

Industrie et commerce

Au point de vue local, l'industrie reste stationnaire. Dans le canton, on cherche à prendre diverses mesures tendant à donner du regain à l'activité économique. Le dimanche 23 juillet, a eu lieu au "Comptoir suisse" à Lausanne, une "landsgemeinde" importante des artisans et commerçants vaudois, lesquels, considérant l'augmentation du malaise, réclame, du Conseil d'Etat, une intervention énergique, par des moyens légaux, contre les entreprises tentaculaires, telles que Migros, Uniprix SA, et autres. Nous signalons cela, car nous savons que de nombreuses personnes de notre localité approuvent cette initiative. Un seuil semble acquis: une tendance se manifeste de plus en plus en faveur de l'intrusion de l'Etat dans les affaires privées.

Chômage

Au cours de l'année 1933, le Conseil d'Etat s'est proposé de continuer sa lutte contre le chômage par diverses mesures que l'on peut résumer comme suit: essai de réadaptation de la main-d'oeuvre indigène à d'autres professions que celles qu'elle pratiquait auparavant.

La Chambre vaudoise d'agriculture et l'Office cantonal du travail s'y employeront. Un subside de Fr. 400'000.- sera affecté à l'assurance-chômage. Un subside de Fr. 400'000.- également, sera spécialement accordé aux autorités communales pour faciliter les travaux publics à entreprendre contre le chômage; une somme de Fr. 200'000.-, en dehors de celles qui sont ci-dessus prévues, sera allouée pour subsides de crise spéciaux, installations de cuisines populaires et secours divers. A Vallorbe, l'action sera continué sur la base de l'organisation de 1932.

Agriculture

Les récoltes ont été bonnes et ont pu être rentrées dans de favorables conditions. Il est bien évident, néanmoins, que le marasme général n'est pas sans retenir fâcheusement sur la situation de l'agriculture.

1934

Industrie et commerce

Le vendredi 1er juin 1934, les "Forges de Vallorbe" dénommées aussi "Usines des Eterpaz" étaient en fête. Elles célébraient leur 50ème anniversaire de leur achat, en 1884, par M. Jean Leresche, père du directeur, M. Gustave Leresche.

Ces usines, dont la prospérité fait le bonheur d'une intéressante fraction de la population ouvrière, doivent cet état réjouissant à la simplicité qui préside à leur administration.

Les Usines Métallurgiques du Moûtier ont vu s'augmenter quelque peu le nombre des commandes de leur clientèle. Malheureusement, la situation financière de ces établissements est toujours très précaire. Les actions ne rapportent aucun dividende, et sont faiblement cotées; les obligations ne produisent aucun intérêt. Vallorbe souffre beaucoup de cet état de chose, et chacun soupire après le retour des beaux jours.

Les Usines de pierres fines de la Foulaz n'ont pas pu rouvrir leurs portes. La Société d'Electro-Chimie du Day, la fabrique des chaînes des Grandes Forges, maintiennent une activité relativement bonne.

Quant aux Forges des Eterpaz, elles travaillent toujours à plein rendement. Espérons que la mort du directeur, M. G. Leresche, survenue dans le 2e semestre de 1934, ne ralentira pas cette ardeur.

Chômage

Le chômage sévit avec intensité. Il n'y a pas grand changement dans la situation générale à l'égard à celles des années précédentes. Voici les chantiers ouverts à l'intention des sans-travail: Route de Vallorbe-Le Pont (achèvement), chemin de Bataillard (achèvement), Route de la Dent-Bébon (travaux complémentaires de consolidation).

Agriculture

L'année 1934 fut excellente pour l'agriculture. La récolte de foin à Vallorbe, fut, il est vrai, un peu au-dessous de la moyenne relativement aux années précédentes. On récolta, par contre, beaucoup de regain et de blé. Les fruits furent d'une abondance exceptionnelle. Les agriculteurs furent évidemment favorisés dans leur travaux par le temps clément.

1935

Industrie et commerce

La crise économique qui sévit dans le monde et qui tarde à se résorber, si jamais elle se résorbe, entrave toujours considérablement nos industries locales. La Société de la Clématéite, les Usines Métallurgiques de Vallorbe, la Société d'Electro-Chimie, travaillent avec un effectif d'ouvriers réduit. La situation financière de ces deux premières organisations est assez précaire. Les pays à change bas ont fréquemment l'avantage sur la Suisse, dont le franc n'a pas encore été avili. La Société du Gaz et la Société Electrique du Châtelard sont par contre en très bonne posture.

Chômage

En corollaire évident avec ce qui précède, le chômage atteint de nombreuses personnes. L'Office communal, en hiver, en enregistrait 80, et en été 20, en moyenne. La Commune a ouvert, vers la fin de l'année, le chantier du "Chalet d'Essert", intéressant la construction à travers le pâturage de dite montagne. Des distributions de soupe, pain et lait, ont été organisées par les autorités en faveur des chômeurs et de leurs familles.

Agriculture

Malgré des conditions météorologiques très discutables, l'année 1935 a marqué une époque favorable pour l'agriculture locale. Les récoltes en foin, fruits, légumes et céréales, furent relativement abondantes et bonne fut la qualité des produits recueillis.

1936

Industrie et commerce

Jusqu'au mois d'octobre 1936, la crise économique mondiale semblait ne vouloir jamais se résorber. Cependant, dès la déflation du franc suisse, survenue dans l'automne de la même année, une reprise sensible s'est fait sentir dans toutes nos industries locales, ainsi que dans tous les genres de commerce. Néanmoins, la déflation du franc diminuait le pouvoir d'achat des masses, étant donné la hausse des prix qui gêne encore considérablement une réelle reprise économique.

Finances

La dévaluation du franc suisse, décidé au 30% par le Conseil fédéral, a causé à Vallorbe, comme dans le reste du pays, une énorme sensation. Il est encore difficile de dire si la mesure sera utile ou non à l'économie en général. Nous avons été contraints à cette détermination, par suite de la défaillance du franc français à un certain moment.

Chômage

Ensuite de la reprise indiquée plus haut, le nombre de chômeurs a diminué de moitié à la fin de l'année et la statistique de décembre ne comptait qu'une quarantaine de "sans-travail". L'Etat, comme les années précédentes, a accordé le "Paquet de Noël" très apprécié. Le "Fonds en faveur des chômeurs" a encore permis de distribuer les soupes, le pain et le lait, mais ces deux dernières denrées n'ont pu être offertes aux célibataires et aux étrangers.

Agriculture

L'agriculture a beaucoup souffert, en 1936, des conditions météorologiques défavorables. Le foin, notamment, de mauvaises qualité, n'a pu être rentré dans de bonnes conditions.

1937

Industrie et commerce, finances

La dévaluation du franc suisse, ainsi que la fin de la crise de 1930, qui assaillait le monde des affaires, se traduisirent, en 1937, par une reprise réjouissante de l'activité économique.

Le nombre des chômeurs diminua considérablement. Les usines de la place travaillèrent toutes à plein rendement. Cet état de choses influença heureusement la situation financière de la commune de Vallorbe. Le bon résultat de l'exercice de 1937 permit aux autorités de faire boucler les comptes par un léger déficit, tout en effectuant sur nos dettes de forts amortissements.

Cette situation durera-t-elle? On n'ose trop l'espérer. La situation politique générale reste tendue et la menace de crises économiques cycliques se fait toujours sentir.

En 1937, les Usines Métallurgiques ont introduit les vacances payées et les allocations familiales. Heureuses mesures bien accueillies, cela va de soi, par les bénéficiaires.

Le 27 décembre de la même année, les UMV, au cours d'une fête, remettaient â leurs retraîtés et â leurs collaborateurs actuels, un diplôme pour 25 ans d'activité et plus.

Les Usines du Day ont également, en 1937, introduit les vacances payées. Depuis longtemps déjà, elles payaient les allocations familiales.

Fin janvier 1937, on notait une assez forte hausse de prix des denrées due à la dévaluation du franc suisse.

Agriculture

L'année 1937, ayant bénéficié de conditions atmosphériques tout spécialement favorables, l'agriculture s'en ressentit immanquablement. Les récoltes furent abondantes, en général.

En juin, par contre, une rebuse détruisit les promesses de certains légumes, des haricots, en particulier.

A fin juin, nous apprenions que le doryphore du Colorado, l'un des plus dangereux ennemis de la pomme de terre, venait d'être découvert à la Vallée de Joux.

Toutes les mesures ont été énergiquement prises en vue d'éteindre ce foyer, le premier que l'on notait en Suisse. A Vallorbe et dans d'autres localités du canton, on trouva quelques insectes parfaits et des larves. Les dégâts furent, toutefois, insignifiants. La lutte continua en 1938.

Zur Steuergesetzgebung im Kanton Waadt von 1923 bis 1937

1. Einleitung

In der Zeit von 1923 bis 1937 ist die Besteuerung im Kanton Waadt durch das Gesetz vom 24.1.1923, Loi sur la fortune et le produit du travail, sowie die in diesem Zeitraum aufgetretenen Gesetzesänderungen geregelt. Der Bericht des Staatsrates vom 28.8.1922, Exposé des motifs du projet de loi d'impôt sur la fortune et sur le produit du travail[1] und der darauffolgende Bericht der Kommission des Grossen Rates, Rapport de la commission du Grand Conseil chargée d'examiner le projet de loi d'impôt sur la fortune et sur le produit du travail adopté par le Conseil d'Etat le 28 août 1922[1] legen die Motive der Reform dar und diskutieren deren Inhalt; sie zeigen somit die Beweggründe und den Willen des Gesetzgebers auf, was zur Interpretation des Gesetzes heranzuziehen ist. Hilfreiche Hinweise zur Gesetzesinterpretation finden sich schliesslich auch im "Steuerführer" von N. Démétriades, La loi vaudoise en matière d'impôts cantonaux et son application, Lausanne 1946. Obschon er erst neun Jahre nach unserer Beobachtungsperiode erschienen ist, ist sein Kommentar – von wenigen Abschnitten, die sich auf Gesetzesänderungen zwischen 1938 und 1945 beziehen, abgesehen – immer noch zutreffend.

Da für die Fallstudie nur Daten zu den persönlichen Einkommens- und Vermögensverhältnissen erfasst wurden, beschränken wir uns in der Darstellung auf die für natürliche Personen relevanten Artikel der Steuergesetzgebung. Im ersten Teil wird das rückwirkend auf den 1.1.1923 in Kraft getretene Steuergesetz behandelt; im zweiten Teil werden die Gesetzesänderungen bis Ende 1937 dargestellt.

Erster Teil: Das Steuergesetz vom 24.1.1923

1. Steuersubjekte

Als natürliche steuerpflichtige Personen gelten die im Kanton Waadt wohnhaften und niedergelassenen sowie die ausserkantonalen, die an bewirtschafteten Unternehmen im Kanton als Besitzer, Nutzniesser, Verwalter, Direktor, Leiter oder Angestellter beteiligt sind und die Nieder-

[1] in: Bulletin des séances du Grand Conseil, 1922.

lassungen im Kanton besitzen; zudem auch die Ausserkantonalen, die nur Liegenschaften im Kanton besitzen, nicht aber hier leben oder erwerbstätig sind. (Art. 3)

Mit Ausnahme der zwei folgenden Einschränkungen bilden die Vermögen der Gatten und der unter väterlicher Gewalt stehenden Kinder eine steuerliche Einheit, die vom Familienvorstand in einer einzigen Steuererklärung deklariert wird. Das gleiche gilt für das Erwerbseinkommen. (Art. 3)

Als unterschiedliche Steuerpflichtige gelten Ehepartner mit rechtlicher Gütertrennung und die Minderjährigen, die nicht im Haushalt ihrer Eltern leben und eine Berufs-, Handels-, Industrie- oder Handwerkertätigkeit ausüben. (Art. 4,5)

Die Steuerpflichtigen, die sich in einem Krankenhaus, Alters- oder Erholungsheim oder im Gefängnis befinden, bleiben steuerpflichtig in derjenigen Gemeinde, von der sie in die Anstalt eingeliefert wurden. (Art. 11)

Abgesehen vom Liegenschaftsbesitz, sind die Ausländer, die weder in der Schweiz geboren sind noch hier eine Erwerbstätigkeit ausgeübt haben noch ausüben, während des ersten Jahres ihres Aufenthaltes oder ihrer Niederlassung im Kanton von der Steuerpflicht befreit. Für die Zeit vom 2. bis zum Ende des 5. Jahres ihres Aufenthaltes oder ihrer Niederlassung sind sie einer Steuer unterworfen, die ihre wirtschaftlichen Ressourcen berücksichtigt. Für die ausländischen Hotelgäste ist die Taxe auf die Hälfte reduziert. (Art. 12,13)

Die Güter, die der Nutzniessung anderer überlassen sind, sind nicht vom Eigentümer, sondern vom Nutzniesser zu versteuern, wobei der Eigentümer für die Versteuerung solidarisch haftet. (Art. 6)

2. Zeitliche Abgrenzung

Die Steuer gilt vom 1. Januar für die ganze Dauer des Rechnungsjahres, es sei denn, es liege Doppelbesteuerung vor. (Art. 8)

Wenn die Steuerpflicht erst im Verlauf des Rechnungsjahres entsteht, gilt für die restliche Zeit die Pro-Rata-Berechnung. Für Personen, die sich länger als 90 Tage im Kanton aufhalten, wird der Steuerbetrag proportional zur Aufenthaltsdauer berechnet. (Art. 9,10)

3. Steuerobjekte, Steuerbemessungsgrundlage

3.1. Allgemeines

Das alte Gesetz vom 21.8.1886 unterschied zwischen einer "Mobiliensteuer" (impôt mobilier), die das mobile Vermögen und das Erwerbseinkommen umfasste, und einer "Liegenschaftssteuer" (impôt foncier), die nur das Liegenschaftsvermögen betraf. Hypothekarschulden konnten nur von der zweiten, die übrigen Schulden nur von der ersten Art des Vermögens abgezogen werden. Das neue Gesetz vom 24.1.1923 definierte die Steuerobjekte völlig anders, was die Vergleichbarkeit der einzelnen Steuerobjekte vor und nach 1923 praktisch verunmöglicht. Es fasste einerseits die verschiedenen Vermögensarten zusammen und unterstellte sie einer einzigen Steuer, der Vermögenssteuer (impôt sur la fortune). Auf diese Weise wurde es möglich, bei jeder Art der Vermögenszusammensetzung alle Schulden abzuziehen. Von dieser Massnahme profitierten also z. B. die Bauern mit Grundeigentum, die sich beim Erwerb von Maschinen verschuldet hatten oder Wertschriftenbesitzer, die grosse Hypothekarschulden aufwiesen. Anderseits wurde die Einkommenssteuer von Vermögenselementen gereinigt.

Trotz der klaren Unterscheidung der Steuerobjekte wurden Einkommen und Vermögen – im Unterschied zum Gesetz von 1886 – nicht als voneinander völlig getrennte Objekte erachtet, sondern in ein bestimmtes Verhältnis, Vermögen zu Einkommen gleich 1 zu 10, gesetzt. Das Einkommen wird als Vermögen versteuert, das dem zehnfachen Betrage des Einkommens entspricht (Art. 30). Ein Zehntel der Restschuld des Vermögens kann vom Einkommen abgezogen werden (Art. 31,34), und die Familienabzüge sind bei geringem Einkommen und bei einem Vermögen bis Fr. 100'000.– als zehnfacher Restbetrag vom Vermögen deduzierbar. (Art. 26)

3.2. Vermögenssteuer (impôt sur la fortune)

Die Veranlagung des Vermögensbestandes erfolgt auf den 1. Januar bzw. auf das Datum, an dem die Steuerpflicht wirksam wird. (Art. 19)

3.2.1. Vermögenselemente und ihre Bewertung (Art. 17–20)

1. Die Liegenschaften sind im Unterschied zum Gesetz von 1886 nicht mehr zu 100%, sondern nur noch zu 80% des fiskalischen Wertes (arithmetisches Mittel aus dem Verkehrs- und Ertragswert) zu versteuern.

2. Zu den beweglichen Vermögenselementen gehören:
   - kotierte Wertpapiere zum mittleren Börsenwert des Monats vor der Veranlagung
   - nichtkotierte Wertpapiere zum Verkehrswert
   - Aktien und Gesellschaftsbeteiligungen von waadtländischen Gesellschaften (falls ihr Wert über dem Nominalwert liegt) zum Nominalwert
   - Lebensversicherungspolicen zum Rückkaufswert
   - Motorfahrzeuge, Bilder, Bücher, Schmuck, Edelmetalle: zum Verkehrswert
   - Renten und Pensionen, die nicht aus Lohn- oder Anstellungsverhältnissen, aus einer Kranken-, Pensions-, Invaliden- oder Haftpflichtversicherung stammen, werden gemäss der Tabelle vom 26.1.1923 kapitalisiert.

3.2.2. Abzugsmöglichkeiten

1. Hausrat im Wert von Fr. 10'000.- (Art. 21)
2. Der im Kanton wohnhafte oder niedergelassene Steuerpflichtige, der im Kanton sein ganzes Vermögen zu versteuern hat, kann die Gesamtheit seiner Schulden abziehen. Wenn die Gesamtschuld das Vermögen übersteigt, ist ein Zehntel der Restschuld vom Einkommen abziehbar. (Art. 31)
3. Der ausserhalb des Kantons in der Schweiz wohnhafte oder niedergelassene Steuerpflichtige, der nicht für sein ganzes Vermögen dem Kanton Steuern schuldet, kann nur denjenigen Anteil von seinen Gesamtschulden abziehen, der durch das Verhältnis des im Kanton versteuerbaren Vermögens zum Gesamtvermögen bestimmt ist. (Art. 32)
4. Die nichthypotekarischen Schulden gegenüber waadtländischen Firmen können nur in reduzierter Form (um die Differenz zwischen Nominal- und Verkehrswert, falls der zweite grösser ist als der erste) abgezogen werden. Wenn die Gesamtschuld das Vermögen übersteigt, ist ein Zehntel der Restschuld vom Einkommen deduzierbar. (Art. 33)
5. Keine Abzugsmöglichkeit ist den im Ausland lebenden Steuerpflichtigen erlaubt, die nicht aufgrund des Art. 13 (siehe oben) begünstigt sind.

3.3. Einkommenssteuer (impôt sur le produit du travail)

Sie wird auf der Grundlage des Einkommens des vorhergegangenen Jahres berechnet. Wenn die Rechnungsperiode nicht mit dem zivilen Jahr übereinstimmt, wird das letzte Rechnungsjahr zugrundegelegt. (Art. 23)

3.3.1. Einkommenselemente (Art. 22)

1. Erwerb aus jeglicher Berufstätigkeit (Handwerk, Handel, Industrie, Landwirtschaft, Weinbau etc.)
2. Gehälter, Bezüge, Löhne, Honorare, Tantiemen, Sitzungsgelder, Gratifikationen, Gehaltszulagen oder andere Einkünfte aus Haupt- und Nebenerwerben. Ebenfalls: Naturallohn und -gaben (Wohnung, Unterhalt usw.)
3. Renten und Pensionen aus Lohn- und Anstellungsverhältnissen, von einer Kranken-, Pensions-, Invaliden- oder Haftpflichtversicherung bis zum Wert von Fr. 6000.-. (Die Steuer kann jedoch den Betrag nicht übersteigen, der geschuldet wäre, wenn die Renten und Pensionen nach dem in Art. 18 geschilderten Verfahren kapitalisiert würden.)

3.3.2. Familienabzüge (Art. 25, 26)

1. Fr. 500.- für Ledige und Witwer, die kein Kind von weniger als 18 Jahren haben.
2. Je Fr. 700.- für den Familienvorstand, die Gattin und die unter 18-jährigen Kinder.
3. Fr. 500.- pro Person, für deren Unterhalt der Steuerpflichtige gemäss Zivilrecht aufkommen muss.
4. Wenn die Familienabzüge das Einkommen übersteigen, weil es kleiner oder gar nicht vorhanden ist, können sie auf dem Vermögen erfolgen. Für Vermögen bis Fr. 100'000.- sind die Abzüge mit 10 zu multiplizieren, für Vermögen von Fr. 100'001.- bis Fr. 200'000.- mit 5. Bei Vermögen von über Fr. 200'000.- sind keine Abzüge mehr erlaubt. (Art. 26)

4. Zu den Ausführungsbestimmungen

Die Gemeindeverwaltung erstellt jedes Jahr ein Register aller Steuerpflichtigen der Gemeinde gemäss den erhaltenen Instruktionen (Art. 45). Jeder Steuerpflichtige muss die verschiedenen Elemente seines Vermögens und seines Einkommens erklären, die Schulden und Lasten, die er abzuziehen wünscht, präzisieren und die vom Reglement vorgeschriebenen Formulare ausfüllen (Art. 50).

Die Steuererklärungen sind in den ersten 14 Tagen des Monats Januar von der Gemeindeverwaltung an alle im Steuerregister eingetragenen Personen zu verteilen. Wer keine Erklärung erhalten hat, muss eine solche bei der Gemeindebehörde anfordern (Art. 51). Die vom Steuerpflichtigen oder seinem Vertreter unterzeichneten Erklärungen werden der Gemeindekanzlei vor dem 1. Februar eingereicht. Diese Frist kann auf begründetes Ersuchen hin verlängert werden (Art. 52).

Die gemäss den Erklärungen ausgefüllten Steuerregister werden zusammen mit den Steuererklärungen an die Bezirkskommissionen weitergereicht (Art. 53).

Die Veranlangung des Liegenschaftsvermögens erfolgt parallel:

Die Grundbuchverwalter erstellen die Liste der Steuerpflichtigen, die im Kanton ein Liegenschaftsvermögen besitzen. Die Liste der im Kanton wohnenden Steuerpflichtigen geht an die Steuerkommission, die Liste der übrigen Steuerpflichtigen ans Steuerkommissariat (Art. 54).

Nachdem die Steuerkommission die Register, Erklärungen und Listen der Steuerpflichtigen erhalten hat, überprüft sie die Angaben, wobei sie von der Gemeindeverwaltung zusätzliche Auskünfte anfordern kann. Auf Bitte der Kommission oder der Gemeindeverwaltung nimmt ein Gemeindevertreter an den Kommissionssitzungen mit beratender Stimme teil (Art. 55).

Wenn der Kommission die Steuererklärung unvollständig oder ungenau erscheint, benachrichtigt sie den Steuerpflichtigen und lädt ihn zu sich ein, die Rechtfertigungsgründe darzulegen. Wenn der Steuerpflichtige der Einberufung nicht folgt, ändert oder vervollständigt die Kommission die Erklärung aufgrund der Angaben, die sie besitzt. Der eingeladene Steuerpflichtige kann verlangen, direkt vom kantonalen Steuerkommissar angehört zu werden, wenn er die Darlegung seiner Buchhaltung für notwendig hält (Art. 56).

Jede Person, die keine Steuererklärung gemacht hat und die von der Kommission als steuerpflichtig erachtet wird, wird mit mindestens Fr. 2500.- für das Vermögen - unabhängig der Liegenschaften - und mit Fr. 500.- für das Einkommen veranlagt (Art. 57).

Die Kommission muss um mindestens 10% die Erklärung oder die Steuer des vorhergegangenen Jahres auf Vermögen (ohne Liegenschaften) und Einkommen des Steuerpflichtigen erhöhen, der für das Rechnungsjahr keine Erklärung eingereicht hat. Wenn derselbe Steuerpflichtige auch im zweiten Jahr keine Erklärung macht, geht die Erhöhung auf 20%, im dritten Jahr auf 30% usw. (Art. 58).

Die Kommission erstellt die endgültige Liste pro Gemeinde. Sie teilt jedem Steuerpflichtigen, der eine Steuer zu zahlen hat und dessen Erklärung abgeändert wurde, mit eingeschriebenem Brief ihre Entscheidung mit (Art. 59).

Zweiter Teil: Gesetzesänderungen bis Ende 1937

Das Steuergesetz für natürliche Personen bleibt in der Zeit von 1923 bis 1937 mit wenigen Ausnahmen unverändert.

1. Steuersubjekte

Die Art. 2-13 bleiben gültig. Geringfügige Abänderungen betreffen nur den Art. 13, wonach die steuerliche Regelung für die Ausländer mit einem Aufenthalt von höchstens 5 Jahren fortgeschrieben wird (24.11.1926, 21.12.1931, 15.12.1935).

2. Vermögenssteuer

Mit dem Gesetz vom 2.9.1935 wird die Möglichkeit, die Restschuld des Vermögens als zehnten Teil vom Einkommen abzuziehen, abgeschafft. (Art. 31,33)

3. Einkommenssteuer

Am 28.11.1928 wird der Art. 22,c gekürzt: es wird kein Höchstbetrag der Renten und Pensionen mehr festgelegt. Die alternative Steuerbemessungsgrundlage der kapitalisierten Renten und Pensionen ist nicht mehr zulässig.

Ferner sind nur noch diejenigen Versicherungsprämien (bis zu einem Wert von Fr. 200.-) abzugsberechtigt, die nicht im Arbeitsvertrag festgelegt sind (Art. 24,e).

4. Neueinschätzung der Liegenschaften, Steueramnestie

Neben den angeführten legistischen Aenderungen ist auf die steuerliche Neueinschätzung der Liegenschaften vom 18.11.1935 und auf die Steueramnestie für 1937 (Beschluss vom 7.12.1936) hinzuweisen.

5. Schlussbemerkung

Wie aus den Gesetzesänderungen der Art. 31, 33 und 22,c hervorgeht, wird nun eine stärkere Trennung zwischen Einkommen und Vermögen vorgenommen. Die Möglichkeit der Familienabzüge vom Vermögen (Art. 26) bleibt aber nach wie vor bestehen.

Literaturverzeichnis

ABEL-SMITH, B. and C. BAGLEY (1970), 'The problem of establishing equivalent standards of living for families of different composition', in TOWNSEND (1970),86-99.
ABELE, H., G. ENDERLE und A. LÜTHI (1980), 'Wirtschaftliche Ungleichheit in drei Gemeinden des Kantons Waadt vor der Weltwirtschaftskrise (1930)', Forschungspapier Nr. 2, Universität Freiburg/Schweiz.
AKERLOF, G.A. (1979), 'The case against conservative macroeconomics: an inaugural lecture', Economica 46,219-237.
ALBERT, H. (1972)(Hrsg.), Theorie und Realität. Tübingen. 2.Aufl.
ANNALES de l'INSEE 30-31 (1978), The econometrics of panel data. Paris.
ARENSBERG, C.M. (1974), 'Die Gemeinde als Objekt und als Paradigma', in KÖNIG (1974b),82-116.
ATKINSON, A.B. (1975), The economics of inequality. London.
ATKINSON, A.B. (1976), The personal distribution of incomes. London.
BAECHTOLD, H. (1914), 'Die Schweizerische Statistische Gesellschaft 1864-1914', Zeitschrift für Schweiz. Statistik 50,247-280.
BÄR, J. (1973), 'Regressionsanalysen in der Migrationsforschung. Das Beispiel der Zuwanderung nach Antofagasta, Nordchile', in KULS (1978),315-334.
BARRO, R. J. (1979), 'Second thoughts on Keynesian economics', American Economic Review 69,54-59.
BARRO, R.J. and H. I. GROSSMAN (1971), 'A general disequilibrium model of income and employment', American Economic Review 61,82-93.
BARRO, R.J. and H. I. GROSSMAN (1976), Money, employment and inflation. Cambridge.
BEACH, C.M. (1977), 'Cyclical sensitivity of aggregate income inequality', Review of Economics and Statistics 59,56-66.
BECKER, G.S. (1967), Human capital and the personal distribution of incomes: an analytical approach. Ann Arbor.
BECKERATH, E.v. et al. (1965)(Hrsg.), Handwörterbuch der Sozialwissenschaften, XII. Band. Tübingen.
BECKERATH, E.v., N. KLOTEN und H. KUHN (1965a), 'Wirtschaftswissenschaft: Methodenlehre', in BECKERATH (1965),288-328.
BENUS, J. (1974), 'Income instability', in MORGAN (1974), 277-304.
BEST, H. und R. MANN (1977) (Hrsg.), Quantititative Methoden in der historisch-sozialwissenschaftlichen Forschung (HSF Bd. 3). Stuttgart.
BEUTEL, P., H. KÜFFNER und W. SCHUBÖ(1980), SPSS 8. StatistikProgramm-System für die Sozialwissenschaften nach Norman H. NIE, C. H. HULL. Eine Beschreibung der Programmversionen 6, 7 und 8. Stuttgart.
BICK, W. und P.J. MÜLLER (1977),'Die Buchführung der Verwaltungen als sozialwissenschaftliche Datenbasis',in MÜLLER (1977),42-88.
BICK, W. und P.J. MÜLLER (1980), 'The nature of process-produced data - Towards a social-scientific source criticism', in CLUBB (1980),369-413.
BILLETER, E.P. (1972), Grundlagen der erforschenden Statistik. Statistische Testtheorie. Wien.
BISHOP, Y.M.M., S.E. FIENBERG and P.W. HOLLAND (1976), Discrete multivariate analysis: theory and practice. Cambridge Mass.
BLAU, P.M. and O.D. DUNCAN (1967), The American occupational structure. New York.
BLAUG, M. (1976), An introduction to the economics of education. Harmondsworth.

BLAUG, M. (1976a), 'The empirical status of human capital theory: a slightly jaundiced survey', Journal of Economic Literature 14,827-855.
BLAUG, M., R. LAYARD and M. WOODHALL (1969), Causes of graduate unemployment in India. Allen Lane The Penguin Press.
BOLTE, K.M. und H. RECKER (1976), 'Vertikale Mobilität', in KÖNIG (1976),40-103.
BOTTOMORE, T.B. (1976), 'Soziale Schichtung', in KÖNIG (1976), 1-39.
BRONFENBRENNER, M. (1977), 'Ten issues in distribution theory', in WEINTRAUB S. (1977), 395-419.
BUDD, E.C. (1971), 'The creation of a microdata file for estimating the size distribution of income', Review of Income and Wealth, December.
BURNS, A.F. (1972), 'Business cycles (general)', in SILLS (1972), 226-245.
CAIN, G.C. (1976), 'The challenge of segmented labor market theories to orthodox theory: a survey', Journal of Economic Literature 14,1215-1257.
CAMERON, R. (1976), 'Economic history, pure and applied', Journal of Economic History 36,3-27.
CARNOY, M. (1967), 'Rates of return of schooling in Latin America', Journal of Human Ressources 2 (Summer).
CHISWICK, B.R. and J. MINCER (1972), 'Time-series changes of personal income inequality in the United States form 1939, with projections to 1985', Journal of Political Economy 80,S34-S66.
CLUBB, J.M. (1980), 'The "new" quantitative history: social science or old wine in new bottles?', in CLUBB (1980),13-24.
CLUBB, J.M. and E.K. SCHEUCH (1980)(eds.), Historical social research. The use of historical and process-produced data. (HSF Bd.6). Stuttgart.
COHEN, J.S. (1978), 'The achievements of economic history: the marxist school', Journal of Economic History 38,29-57.
COLLINS, R. (1981), 'On the microfoundations of macrosociology', American Journal of Sociology 87,984-1014.
DAHEIM, H. (1977), 'Berufssoziologie', in KÖNIG (1977),1-100.
DOERINGER, P.B. and M.J. PIORE (1971), Internal labor markets and manpower analysis. Lexington.
DRAZEN, A. (1980), 'Recent developments in macroeconomic disequilibrium theory', Econometrica 48,283-306.
ECKSTEIN, O. (1976)(ed.), Parameters and policies in the U.S. Economy. Amsterdam.
EIDG. STAT. AMT (1930), Schweizerische Fabrikstatistik. Heft 1 der Ergebnisse der eidg. Betriebszählung vom 22. Aug. 1929. Stat. Quellenwerke der Schweiz, Heft 3. Bern.
EIDG. STAT. AMT (1931), Eidg. Volkszählung 1930, Schema der Unternehmerberufe. Bern.
EIDG. STAT. AMT (1931a), Die Gewerbebetriebe in der Schweiz. Band 3 der eidg. Betriebszählung 1929. Stat. Quellenwerke der Schweiz, Heft 17. Bern.
EIDG. STAT. AMT (1933), Die Landwirtschaftsbetriebe in der Schweiz. Tabellenteil. Band 6 der eidg. Betriebszählung 1929. Stat. Quellenwerke der Schweiz, Heft 31. Bern.
EIDG. STAT. AMT (1933a), Die Landwirtschaftsbetriebe in der Schweiz. Textteil. Band 7 der eidg. Betriebszählung 1929. Stat. Quellenwerke der Schweiz, Heft 36. Bern.
EIDG. STAT. AMT (1933b), Eidg. Volkszählung 1. Dez. 1930, Band 4, Kanton Zürich. Stat. Quellenwerke der Schweiz, Heft 38. Bern.
EIDG. STAT. AMT (1934), Recensement fédéral de la population 1er décembre 1930. 10me volume, Canton de Vaud. Statistiques de la Suisse, 47me fascicule. Berne.
EIDG. STAT. AMT (1939), Schweizerische Fabrikstatistik vom 16. Sept. 1937. Stat. Quellenwerke der Schweiz, Heft 84. Bern.

EIDG. VOLKSWIRTSCHAFTSDEPARTEMENT (1943), Beitrag zur Frage des existenzminimalen Bedarfs, Sonderheft 44 der "Volkswirtschaft". Bern.
ENDERLE, G. (1980), 'Individuelle Einkommensdynamik und Wanderung: ein Ansatz zur Analyse der Auswirkungen der Weltwirtschaftskrise der dreissiger Jahre', Forschungspapier Nr.6, Universität Freiburg/Schweiz.
ENDERLE, G. (1981), 'Definition, Erklärung und Bekämpfung von Armut. Grundsätzliche Ueberlegungen', Forschungspapier Nr. 10, Universität Freiburg/Schweiz.
ENDERLE, G. (1981a), 'Wanderung und sozioökonomische Entwicklung. Korreferat', Schweiz. Zeitschrift für Volkswirtschaft und Statistik 117,393-406.
ERBE, M. (1979), Zur neueren französischen Sozialgeschichtsforschung. Die Gruppe um die "Annales". Darmstadt.
ERICKSON, C. (1975), 'Quantitative history. A review article', American Historical Review 81,351-365.
FEYERABEND, P.K. (1965), 'Wissenschaftstheorie', in BECKERATH et al. (1965),331-336.
FOGEL, R.W. (1975), 'The limits of quantitative methods in history', American Historical Review 81,329-350.
FORSTER, R. (1978), 'Achievements of the Annales school', Journal of Economic History 38,58-76.
FREI, G. (1941), Kontingentierung und Einfuhrbeschränkung als Mittel der schweiz. Aussenhandelspolitik (1931-1936). Bern.
GABLER, T. (1980), Handwörterbuch der Volkswirtschaft (2. Aufl.), 'Wirtschaftsstruktur'. Wiesbaden.
GLENN, N.D. (1977), Cohort analysis. Beverly Hills.
GOETTISHEIM, E. (1935), Der Einfluss der Wirtschaftskonjunktur auf den schweizerischen Bundeshaushalt in den Jahren 1924-1933. Köln.
GORDON, D.M. (1972), Theories of poverty and underemployment. Lexington.
GRANT, E.K. and J. VANDERKAMP, (1980), 'The effects of migration on income: a micro study with Canadian data 1965-71', Canadian Journal of Economics 13,381-406.
GREENWOOD, M.J. (1975), 'Research on internal migration in the United States', Journal of Economic Literature 13,397-433.
GREYERZ, H.v. (1977), 'Der Bundesstaat seit 1848. Mit einem Nachwort von H.U. JOST', in IM HOF et al. (1977), 1019-1254, bes. 'Wirtschafts- und Sozialpoli tik',1183-1195.
GROSSMAN, H.I. (1979), 'Why does aggregate employment fluctuate', American Economic Review 69,64-69.
HANSEN, W.L. (1963), 'Total and private rates of return to investment in schooling', Journal of Political Economy 71.
HART, P.H. (1976), 'The dynamics of earnings, 1963-1973', Economic Journal 86,551-565.
HENDERSON-STEWART, D. (1965), 'Appendix: estimate of the rate of return to education in Great Britain', Manchester School 33.
HIRSCHMAN, A.O. (1970), Exit, voice and loyality. Cambridge/Mass. Deutsch: Abwanderung und Widerspruch. Reaktionen auf Leistungsabfall bei Unternehmungen, Organisationen und Staaten. Tübingen 1974.
HORSTMANN, K. (1976), 'Zur Soziologie der Wanderungen', in KÖNIG (1976),104-186.
HOWITT, P. (1979), 'Evaluating the non-market-clearing approach', American Economic Review 69,60-63.
HULL, C.H. and N.H. NIE (1979), SPSS Update. New procedures and facilities for releases 7 and 8. New York.
IM HOF, U. et al. (1977), Handbuch der Schweizer Geschichte. Zürich.

IMMENKÖTTER, R. (1978), Wirtschaftsgeschichte und Wirtschaftstheorie. Methodologische Probleme quantitativer Wirtschaftsgeschichtsschreibung. Köln.

ISAAC, J. (1947), Economics of migration. London.

JAHODA, M., P.F. LAZARSFELD und H. ZEISEL (1975), Die Arbeitslosen von Marienthal. Ein soziographischer Versuch. Frankfurt am Main (1. Aufl. 1933, Leipzig).

JOCHIMSON R. und H. KNOBEL (1971)(Hrsg.), Gegenstand und Methoden der Nationalökonomie. Köln.

JÖHR, W.A. (1979), Einführung in die Wissenschaftstheorie für Nationalökonomen. Band 1. St. Gallen.

JÖHR, W.A. und B. SCHIPS (1980), Einführung in die Wissenschaftstheorie für Nationalökonomen. Band 2. St. Gallen.

JUSTER, F.T. (1977)(ed.), The distribution of economic wellbeing. Cambridge Mass.

JUSTER, F.T., P.N. COURANT and G.K. DOW (1981), 'A theoretical framework for the measurement of well-being', Review of Income and Wealth 27,1-31.

KAUFMANN, F.X. (1960), Die Ueberalterung. Ursachen, Verlauf, wirtschaftliche und soziale Auswirkungen des demographischen Alterungsprozesses. Winterthur.

KEYNES, J.M. (1974), The general theory of employment, interest and money. London. (1. Aufl. 1936).

KINDLEBERGER, C.P. (1973), Die Weltwirtschaftskrise 1929-1939. München.

KNESCHAUREK, F. (1952), Der schweizerische Konjunkturverlauf und seine Bestimmungsfaktoren, dargestellt auf Grund der Periode 1929-1939. Zürich und St. Gallen.

KOCKA, J. (1977), 'Quantifizierung in der Geschichtswissenschaft', in BEST (1977),4-10.

KOHEN, A.I., H.S. PARNES and J.R. SHEA (1975), 'Income instability among young and middle-aged men', in SMITH (1975),151-207.

KOLLER, A. (1949), 'Entvölkerung und Landflucht', Schweiz. Zeitschrift für Volkswirtschaft und Statistik 85,193-208.

KÖNIG, R. (1972), 'Soziologie der Gemeinde', Kölner Zeitschrift für Soziologie und Sozialpsychologie, Sonderheft 1, 4. Aufl.

KÖNIG, R. (1974c), 'Neuere Strömungen der Gemeindesoziologie', in KÖNIG (1974b),117-141.

KÖNIG, R. (1973)(Hrsg.), Handbuch der Sozialforschung, 3. Aufl. Stuttgart. Band 1, Geschichte und Grundprobleme der empirischen Sozialforschung.

KÖNIG, R. (1973a)(Hrsg.), Handbuch der Sozialforschung, 3. Aufl. Stuttgart. Band 2, Grundlegende Methoden und Techniken der empirischen Sozialforschung. Erster Teil.

KÖNIG, R. (1974)(Hrsg.), Handbuch der Sozialforschung, 3. Aufl. Stuttgart. Band 3a, Grundlegende Methoden und Techniken der empirischen Sozialforschung. Zweiter Teil.

KÖNIG, R. (1974a)(Hrsg.), Handbuch der Sozialforschung, 3. Aufl. Stuttgart. Band 3b, Grundlegende Methoden und Techniken der empirischen Sozialforschung. Dritter Teil.

KÖNIG, R. (1974b)(Hrsg.), Handbuch der Sozialforschung, 3. Aufl. Stuttgart. Band 4, Komplexe Forschungsansätze.

KÖNIG, R. (1976)(Hrsg.), Handbuch der Sozialforschung, 3. Aufl. Stuttgart. Band 5, Soziale Schichtung und Mobilität.

KÖNIG, R. (1977)(Hrsg.), Handbuch der Sozialforschung, 3. Aufl. Stuttgart. Band 8, Beruf. Industrie. Sozialer Wandel in unterentwickelten Ländern.

KOOPMANS, T.C. (1947), 'Measurement without theory', Review of Economics and Statistics 29, in READINGS (1965),186-203.

KOOPMANS, T.C. (1949), 'A reply', Review of Economics and Statistics 31, in READINGS (1965),218-225.

KOOPMANS, T.C. (1957), 'Additional comment', in READINGS (1965), 231.

KORTMANN, K. und H.-J. KRUPP (1977), 'Verknüpfung und Generierung von Mikrodaten', in MÜLLER (1977),109-178.

KROMPHARDT, J., P. CLEVER und H. KLIPPERT (1979), Methoden der Wirtschafts- und Sozialwissenschaften. Wiesbaden.

KULS, W. (1978)(Hrsg.), Probleme der Bevölkerungsgeographie. Darmstadt.

KUZNETS, S. (1955), 'Economic growth and income inequality', American Economic Review 45,1-28.

LABER, G. and R.X. CHASE (1971), 'Interprovincial migration in Canada as a human capital decision', Journal of Political Economy 79,795-804.

LANDES, D.S. (1978), 'On avoiding Babel', Journal of Economic History 38,3-12.

LAZEAR, E.P. and R.T. MICHAEL (1980), 'Family size and the distribution of real per capita income', American Economic Review 70,91-107.

LESCURE, J. (1949), 'Crises', in SELIGMAN et al. (1949),595-599.

LILLARD, L.A. and R.J. WILLIS (1978), 'Dynamic aspects of earnings mobility', Econometrica 46,985-1012.

LUCKMANN, T. und W.M. SPRONDEL (1972), Berufssoziologie. Köln.

LÜTHI, A.P. (1981), Messung wirtschaftlicher Ungleichheit. Berlin.

LYDALL, H.F. (1968), The structure of earnings. Oxford.

MASON, K.O., W. MASON, H.H. WINDSBOROUGH and W.K. POOLE (1973), 'Some methodological issues in the cohort analysis of archival data', American Sociological Review 38,242-258.

MCCANN, J.C. (1977), 'A theoretical model of the interpretation of tables of social mobility', American Sociological Review 42, 74-90.

MCCLENDON, M.J. (1977), 'Structural and exchange components of vertical mobility', American Sociological Review 42,56-73.

MCCLOSKEY, D.N. (1976), 'Does the past have useful economics?', Journal of Economic Literature 14,434-461.

MCCLOSKEY, D.N. (1978), 'The achievements of the Cliometric school', Journal of Economic History 38,13-28.

MENDERSHAUSEN, H. (1946), Changes in income distribution during the Great Depression. New York.

MEIER, C. (1981), 'Einkommensungleichheit in einer Alterskohorte: eine Längsschnittuntersuchung', Forschungspapier Nr. 13, Universität Freiburg/Schweiz.

METCALF, C.E. (1969), 'The size distribution of personal income during the business cycle', American Economic Review 59, 657-668.

MINCER, J. (1970), 'The distribution of labor incomes: a survey. With special reference to the human capital approach', Journal of Economic Literature 8,1-26.

MINCER, J. (1978), 'Family migration decisions', Journal of Political Economy 86,749-773.

MIRER, T.W. (1973), 'The distributional impact of the 1970 recession', Review of Economics and Statistics 55,214-224.

MIRER, T.W. (1974), 'Aspects of the variability of family income', in MORGAN (1974a),201-212.

MITCHELL, W.C. (1949), 'Business cycles', in SELIGMAN (1949), 92-107.

MODIGLIANI, F. and A. ANDO (1960), 'The "permanent income" and the "life cycle" hypothesis of saving behavior: comparisons and tests', in PROCEEDINGS of the Conference on consumption and saving, 2. Philadelphia,49-174.

MORGAN, J.N. (1974)(ed.), Five thousand American families - Patterns of economic progress. Ann Arbor. Vol.1, An analysis of the first five years of the panel study of income dynamics.

MORGAN, J.N. (1974)(ed.), Five thousand American families - Patterns of economic progress. Ann Arbor. Vol.2, Special studies of the first five years of the panel study of income dynamics.

MUELLBAUER, J. and R. PORTES (1978), 'Macroeconomic models with quantity rationing', Economic Journal 88,788-821.

MÜLLER, P.J. (1977)(Hrsg.), Die Analyse prozess-produzierter Daten. Stuttgart.

MUMENTHALER, M. (1953), Die Arbeitsmarktpolitik des Kantons Basel-Stadt unter besonderer Berücksichtigung der Zwischenkriegszeit. Basel.

NEHNEVAJSA, J. (1973), 'Analyse von Panel-Befragungen', in KÖNIG (1973a),191-227.

NIE, N.H., C.H. HULL, J.G. JENKINS, K. STEINBRENNER and D.H. BENT (1975), SPSS - Statistical package of the social sciences. Second edition. New York.

NIEDERER, G. (1878), Statistik des Armenwesens in der Schweiz im Jahre 1870. Zürich.

NORTH, D.C. (1972), 'Economic history', in SILLS (1972),468-474.

NORTH, D.C. (1977), 'The New Economic History after twenty years', American Behavioral Scientist 20,187-200.

NORTH, D.C. (1978), 'Comment', Journal of Economic History 38,77-80.

NORTH, D.C. (1978a), 'Structure and performance: the task of economic history', Journal of Economic Literature 16,963-978.

NORTH, D.C. (1979), 'Structural change in Western economies: an historian's perspective', Paper presented to Austrian Economic Association, Vienna October 4, 1979.

OSBERG, L. (1975), A structural approach to the distribution of earnings. Yale.

OSBERG, L. (1976), 'Tinbergen and the "blurring" of the human capital paradigm: a review', Review of Income and Wealth 22,93-97.

PAMPEL, F.C., K.C. LAND and M. FELSON (1977), 'A social indicator model of changes in the occupational structure of the United States: 1947-1974', American Sociological Review 42,951-964.

PECHOTA, W. (1938), Das Problem der staatlichen Arbeitsbeschaffung mit besonderer Berücksichtigung der Massnahmen des Bundes in den Jahren 1930-1938. Zürich.

PELET, P.-L. (1974), Tradition et technique de pointe, Les Usines Métallurgiques de Vallorbe 1899-1974. Lausanne.

PINDYCK, R.S. and D.L. RUBINFELD (1976), Econometric models and economic forecasts. New York.

POPPER, K. (1972), 'Die Zielsetzung der Erfahrungswissenschaft', in ALBERT (1972),29-41.

RAWLS, J. (1971), A theory of justice. Cambridge Mass.

READINGS in Business Cycles (1965), Selected by a Committee of The American Economic Association. Homewood.

REDER, M.W. (1969), 'A partial survey of the theory of income size distribution', in SOLTOW (1969),205-253.

REINHARDT, F. und H. SCHROEDER (1978), dtv-Atlas zur Mathematik. Tafeln und Texte. Band 1 und 2. München.

RIEBEN, H., M. NATHUSIUS, R. BUGGE, P. PIFFARETTI et C. LAGGER (1980), Portraits de 250 entreprises vaudoises. Lausanne.

ROBINSON, J.A. (1972), 'Crisis', in SILLS (1972), 510-514.

RONZANI, S. (1979), Migration als individuelle und als gesellschaftliche Problemlösungsstrategie. St. Gallen.

ROSEMAN, C.C. (1971), 'Wanderung als räumlicher und zeitlicher Prozess', in KULS (1978),250-275.

RUESCHEMEYER, D. (1977), 'Structural differentiation, efficiency and power', American Journal of Sociology 83,1-25.

RUFFIEUX, R. (1974), La Suisse de l'entre-deux-guerres. Lausanne.

RUGGLES, R. and N.D. (1975), 'The role of microdata in the national economic and social accounts', Review of Income and Wealth, 203-216.

RUGGLES, N.D. and R. RUGGLES (1977), 'The anatomy of earnings behavior', in JUSTER (1977),115-158.
RUTZ, W. (1970), Die schweizerische Volkswirtschaft zwischen Währungs- und Beschäftigungspolitik in der Weltwirtschaftskrise - wirtschaftspolitische Analyse der Bewältigung eines Zielkonfliktes. Zürich.
RYDER, N.B. (1965), 'The cohort as a concept in the study of social change', American Sociological Review 30,843-861.
SAHOTA, G.S. (1978), 'Theories of personal income distribution: a survey', Journal of Economic Literature 16,1-55.
SCHENKEL, F. (1940), Der Einfluss der Wirtschaftskrise 1930/36 auf den Finanzhaushalt der Schweiz und die Folgen und Perspektiven für Fiskus und Wirtschaft. Bern.
SCHERRER, H.R. (1949), Die Steuerpolitik des Bundes während der Wirtschaftsdepression der Dreissigerjahre (1930-1938). Zürich.
SCHEUCH, E.K. (1977), 'Die wechselnde Datenbasis der Soziologie - Zur Interaktion zwischen Theorie und Empirie', in MÜLLER (1977),5-41.
SCHRÖDER, W.H. und R. SPREE (1980)(Hrsg.), Historische Konjunkturforschung. (HSF Bd.11). Stuttgart.
SCHRÖDER, W.H. und R. SPREE (1980a), 'Historische Konjukturforschung: Aufriss und Desiderata', in SCHROEDER et al.(1980),7-17.
SCHULTZ, T.P. (1969), 'Secular trends and cyclical behavior of income distribution in the United States: 1944-1965', in SOLTOW (1969),75-100.
SCHWARB, E.E. (1948), Gewerkschaftliche Lohnpolitik im Rahmen der schweizerischen Wirtschaftspolitik von 1919-1939. Basel.
SCHWEIZERISCHES RAGIONENBUCH, Verzeichnis der im Schweiz. Handelsregister eingetragenen Firmen. Zürich. Band 1929-1933 (Stand: 31.Januar), Band 1934-1937 (Stand: 28.Februar).
SELIGMAN, E.R.A. and A. JOHNSON (1949)(eds.), Encyclopedia of the Social Sciences, Vol.3. New York.
SEN, A. (1979), 'The welfare basis of real income comparison: a survey', Journal of Economic Literature 17,1-45.
SIEBERT, H. (1970), Regionales Wirtschaftswachstum und interregionale Mobilität. Tübingen.
SIEGEL, S. (1956), Nonparametric statistics for the behavioral sciences. Tokyo.
SILLS, D.L. (1972)(ed.), International Encyclopedia of the Social Sciences. New York.
SJAASTAD, L.A. (1962), 'The costs and returns of human migration', Journal of Political Economy 70, Suppl. Oct.,80-93.
SMIRNOW, N. (1948), 'Table for estimating the goodness of fit of empirical distributions', Annales of Mathematical Statistics, 1948,279-281.
SMITH, J.D. (1975)(ed.), The personal distribution of income and wealth. New York.
SOLOW, R.M. (1980), 'On theories of unemployment', American Economic Review 70,1-11.
SOLTOW, L. (1969)(ed.), Six papers on the size distribution of wealth and income. New York.
SOMBART, W. (1929), 'Economic theory and economic history', Economic History Review 3,1-19.
STUDER, M.A. (1956), Beschäftigungspolitik und Krisenbekämpfung. Eine wirtschaftswissenschaftliche Untersuchung anhand schweizerischer Verhältnisse. Bern.
THATCHER, A.R. (1976), 'The new earnings survey and the distribution of earnings', in ATKINSON (1976),227-268.
THUROW, L.C. (1969), Poverty and discrimination. Washington D.C.

THUROW, L.C. (1975), Generating inequality: mechanics of distribution in the U.S. economy. New York.
THUROW, L.C. and R.E.B. LUCAS (1976), 'The distribution of earned income', in ECKSTEIN (1976),11-75.
TINBERGEN, J. (1970), 'A positive and normative theory of income distribution', Review of Income and Wealth 16,221f.
TINBERGEN, J. (1972), 'The impact of education on income distribution', Review of Income and Wealth 18,255f.
TINBERGEN, J. (1976), 'The demand-supply theory of incomes by 1970 census figures', Review of Income and Wealth 22,199-202.
TINBERGEN, J. (1978), Einkommensverteilung. Auf dem Weg zu einer neuen Einkommensgerechtigkeit. Wiesbaden.
TOPITSCH, E. (1967)(Hrsg.), Logik der Sozialwissenschaften. Köln.
TOWSEND, P. (1970)(ed.), The concept of poverty. London.
VEYRET-VERNER, G. (1971), 'Ueberalterte Bevölkerungen. Typen, unterschiedliche Prozesse und Auswirkungen auf die Erwachsenenbevölkerung', in KULS (1978),208-236.
LA VIE ECONOMIQUE (1938), 'Statistiques des faillites, des réalisations forcées d'immeubles et des concordats, en 1937', La Vie Economique 11,468-476.
VINIG, R. (1949), 'Koopmans on the choice of variables to be studied and of methods of measurement', Review of Economics and Statistics 31, in READINGS (1965),204-217.
VINIG, R. (1949a), 'A rejoinder', Review of Economics and Statistics 31, in READINGS (1965),226-230.
DE VRIES, J. (1980), 'Problems of handling process-produced data', in CLUBB (1980),431-443.
DE VRIES REILINGH, H.D. (1974), 'Soziographie', in KÖNIG (1974b).
WALL, W.D. and H.L. WILLIAMS (1970), Longitudinal studies and the social sciences. London.
WEINTRAUB, E.R. (1977), 'General equilibrium theory', in WEINTRAUB S. (1977),107-123.
WEINTRAUB, S. (1977), Modern economic thought. Oxford.
WELLS, P. (1977), 'Keynes' disequilibrium theory of employment', in WEINTRAUB S. (1977),93-101.
WEYRAUCH, E. (1977), 'Datenverarbeitung als Quellenkritik? Untersuchungen zur Notwendigkeit und Methode der Analyse prozessproduzierter historischer Daten am Beispiel der Stichprobenziehung aus fiskalischen Registern frühneuzeitlicher Städte', in MÜLLER (1977),141-198.
WILLIAMSON, J.G. (1976), 'The sources of American inequality, 1896-1948', Review of Economics and Statistics 58,387-397.
WINCHESTER, I. (1980), 'Priorities for record linkage: a theoretical and practical checklist', in CLUBB (1980),414-430.
WINKLER, H. (1939), Schweizerische Arbeitsmarktpolitik. Zürich.
WRIGHT, E.O. and L. PERRONE (1977), 'Marxist class categories and income inequality', American Sociological Review 42,32-55.
ZENGER, A.W. (1953), Geschichte der neueren Besoldungspolitik des Bundes (seit 1928) mit Einschluss der Gehalts- und Lohnpolitik und möglichen Vergleichen der Privatwirtschaft. Bern.